乡村振兴战略与精准脱贫研讨会暨第十四届全国社科农经协作网络大会

精准脱贫与乡村振兴的理论和实践

TARGETED POVERTY ALLEVIATION AND RURAL REVITALIZATION

Theory and Practice

主　编　魏后凯　吴大华
副主编　崔红志　许　峰

社会科学文献出版社
SOCIAL SCIENCES ACADEMIC PRESS (CHINA)

《精准脱贫与乡村振兴的理论和实践》
编委会委员

目 录

一 精准脱贫

二 乡村振兴的实现路径

三　乡村产业振兴

四　乡村环境、文化与治理

五　会议小结

一 精准脱贫

2020年后中国减贫的新战略

魏后凯*

摘　要： 减缓贫困是各国推进现代化进程中的一个永恒课题。在2020年中国实现现行标准下农村贫困人口脱贫目标后，将面临如何建立可持续的农村减贫长效机制和新形势下如何统筹城乡贫困治理两大战略任务。为此，要立足第二个百年目标，着手研究制定2020年后中国减贫的新战略，把农村减贫与乡村振兴有机结合起来，建立可持续的农村减贫和农民增收长效机制，并实行农村减贫与城市减贫并重，全面统筹城乡贫困治理。

关键词： 减缓贫困　乡村振兴　农民增收　城乡统筹

减缓贫困是各国推进现代化进程中的一个永恒课题。随着国家现代化的不断推进，贫困的标准也在不断提升，并逐步由绝对贫困转变为相对贫困、由收入贫困转变为多维贫困、由农村贫困转变为城市贫困。可以说，一个国家全面实现现代化的过程，也是不断地减缓和消除贫困的过程。努力减缓贫困，实

---

* 魏后凯，中国社会科学院农村发展研究所。

现共同富裕，将伴随着整个国家现代化的全过程，也是世界各国共同追求的目标。因此，在2020年中国实现现行标准下农村贫困人口脱贫这一阶段性目标后，中国的减贫任务并没有最终完成，而是应该站在新的起点上，从实现第二个百年目标出发，着手研究并制定实施2020年后中国减贫的新战略，为实现中华民族的伟大复兴和全面建成社会主义现代化强国奠定坚实的基础。

一　中国减贫的进程及长期战略任务

中国政府历来高度重视农村减贫问题。改革开放以来，中国政府投入了大量的人力、物力和财力，帮助农村贫困地区加快发展和贫困人口脱贫致富，全国农村减贫工作取得了巨大成效。按照2010年农村贫困标准（每人每年2300元，2010年不变价），中国农村贫困人口从1978年的77039万人下降到2017年的3046万人，贫困发生率从1978年的97.5%下降到2017年的3.1%（见图1）。这期间，中国农村贫困人口减少7.4亿，平均每年减少1897万人；贫困发生率下降94.4个百分点，平均每年下降2.42个百分点。这种长达近40年的大规模持续减贫，在世界上是绝无仅有的。

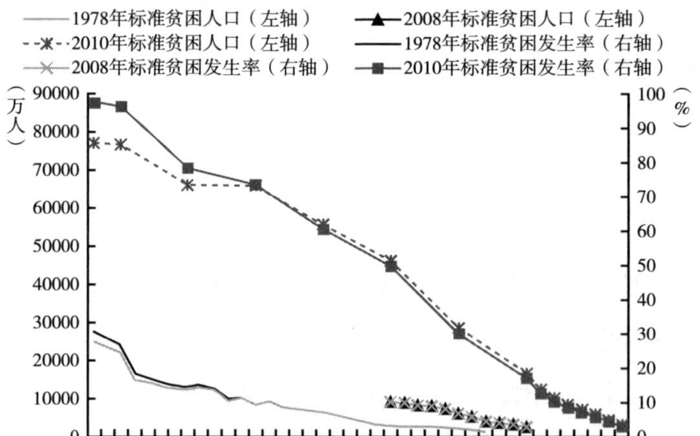

图1　中国农村贫困人口和贫困发生率变化

资料来源：《中国统计摘要2018》。

总体上看，改革开放以来中国农村的大规模持续减贫主要得益于三方面的成效：一是中国经济的持续快速增长，这种发展减贫对减缓农村贫困是至关重要的；二是中国农村人口向城镇的持续快速迁移，这种大规模快速城镇化在农村减贫中起到了重要作用；三是中国政府高度重视，积极探索中国特色的农村减贫之路，各项扶贫政策的减贫效果日益凸显。40 年来，中国农村减贫的成效得到了世界的公认，为世界减贫事业做出了重大贡献。据估算，按 2011 年购买力平价（PPP）每天 1.9 美元标准，在 1981~2012 年世界减少的 11.01 亿贫困人口中，中国的贡献率达到 71.82%。①

但是，应该看到，目前中国各地区农村减贫的进程很不平衡。在农村减贫的过程中，东部地区减贫的速度最快，西部地区减贫的规模最大。从 2010 年到 2017 年，中国农村贫困人口下降了 81.6%，其中东部地区下降了 88.4%，而中西部地区仅下降了 80% 左右（见表 1）。在此期间，全国农村贫困人口减少了 13521 万人，其中，西部地区对全国减贫的贡献为 50.3%，中部地区为 32.8%，而东部地区仅有 16.9%。东部地区由于减贫速度较快，其农村贫困人口占全国的比重近年来逐步下降，而中西部地区所占的比重不断提升。到 2017 年，中国农村贫困人口的 90% 以上集中在中西部地区。在全国农村贫困人口总量中，西部地区占 53.6%，贫困发生率为 5.6%；中部地区占 36.5%，贫困发生率为 3.4%；而东部地区仅占 9.9%，贫困发生率为 0.8%。从省级行政区看，2017 年贵州、云南、河南、广西、湖南、四川 6 省份农村贫困人口规模超过 200 万人；贵州、云南、西藏、甘肃、新疆 5 省份贫困发生率超过 7%，山西、河南、湖南、广西、海南、四川、陕西、青海、宁夏 9 省份贫困发生率在 3%~7%，而北京、天津、上海、江苏、浙江、福建、广东 7 省份贫困发生率已下降到 0.5% 以下。②

党的十九大报告明确指出，要确保到 2020 年现行标准下农村贫困人口实现脱贫，贫困县全部摘帽，解决区域性整体贫困。要实现上述目标，当前农村减贫将面临两个十分艰巨的任务。一个是贫困县全部摘帽。目前，全国共

① 李培林、魏后凯主编《中国扶贫开发报告（2016）》，社会科学文献出版社，2016。

② 魏后凯、黄秉信主编《中国农村经济形势分析与预测（2017~2018）》，社会科学文献出版社，2018。

表1　2010~2017年中国农村贫困人口数量及分布

单位：万人，%

项目	贫困人口数量				贫困人口分布			
	全国	东部	中部	西部	全国	东部	中部	西部
2010年	16567	2587	5551	8430	100	15.6	33.5	50.9
2011年	12238	1655	4238	6345	100	13.5	34.6	51.9
2012年	9899	1367	3446	5086	100	13.8	34.8	51.4
2013年	8249	1171	2869	4209	100	14.2	34.8	51.0
2014年	7017	956	2461	3600	100	13.6	35.1	51.3
2015年	5575	653	2008	2914	100	11.7	36.0	52.3
2016年	4335	490	1594	2251	100	11.3	36.8	51.9
2017年	3046	300	1112	1634	100	9.9	36.5	53.6
变化量	–13521	–2287	–4439	–6796	—	–5.8*	3.0*	2.8*
增长率	–81.6	–88.4	–80.0	–80.6	—	—	—	—

注：*表示单位为“个百分点”。东部包括北京、天津、河北、辽宁、上海、江苏、浙江、福建、山东、广东、海南；中部包括山西、吉林、黑龙江、安徽、江西、河南、湖北、湖南；西部包括内蒙古、广西、重庆、四川、贵州、云南、西藏、陕西、甘肃、青海、宁夏、新疆。

资料来源：根据各年度《中国统计年鉴》和《中国统计摘要》计算。

有592个扶贫开发工作重点县，有680个集中连片特困地区县，扣除交叉后总县数达832个。至2017年11月初，全国已有28个贫困县摘帽，还有804个贫困县需要在2020年前陆续摘帽。在短短三年多时间里，要确保这么多的贫困县真正全部摘帽，实现脱贫致富奔小康，将是一项十分繁重而艰巨的任务。另一个是深度贫困地区脱贫攻坚。根据安排，中央将重点支持“三区三州”（西藏、四省藏区、新疆南疆四地州和四川凉山州、云南怒江州、甘肃临夏州）的脱贫攻坚，其他深度贫困地区的脱贫攻坚主要依靠各级地方政府。截至2017年底，“三区三州”共有建档立卡贫困人口308万人，约占全国农村贫困人口总量的10.1%，贫困发生率约为14.6%，相当于全国平均水平的4.7倍；同时，全国还有110个县的贫困发生率超过18%，有16000多个村的贫困发生率超过20%。2016年，在全国14个集中连片特困地区中，还有西藏、四省藏区、新疆南疆三地州、吕梁山区、六盘山区、乌蒙山区和滇西边境山区7个片区的贫困发生率高于 12%。[①] 这些地区贫困人口规模大，贫困程度深，自然环境条件差，脱贫攻坚难度大。

即使在 2020 年确保现行标准下农村贫困人口实现脱贫之后，也只是按照现行标准解决了农村绝对贫困问题，中国的减贫进程并没有最终完成，而是应该站在一个新的起点上重新开始。从国际经验看，减缓贫困是伴随现代化进程的一个永恒课题。即使我们消除了特定标准下的绝对贫困，但相对贫困将是永远存在的。我们通常所说的“消灭贫困”，只是就特定标准下的绝对贫困而言，严格地讲，这种表述并不十分准确，也容易引起歧义。在 2020 年之后，中国将开启全面建设社会主义现代化国家的新征程。在新时期，中国的减贫将面临两大战略任务：一是如何建立可持续的农村减贫长效机制，从而打破现行农民增收高度依赖外出打工的工资性收入和转移净收入的局面，使脱贫的农民家庭能够长期稳定致富，确保不返贫；二是如何把城市与农村看成一个有机的整体，统筹城乡贫困治理，建立城乡统一的国家贫困标准、治理制度和政策体系，这是确保全面实现现代化的重要前提条件。这将是 2020 年后中国实行减贫新战略的两大核心任务。

二　农村减贫中的农民持续增收问题

农村减贫的关键在于农民持续稳定增收。自 2009 年以来，中国农村居民收入呈现快速增长态势，其增速已连续 8 年高于城镇居民。2014~2017 年，全国农村居民人均可支配收入年均增长 7.5%，比城镇居民高 1.1 个百分点。其中，2017 年，全国农村居民人均可支配收入比上年增长 7.3%，增速比城镇居民高 0.8 个百分点。农民收入的持续快速增长，说明中央实施的强农惠农政策起到了作用。但是，应该看到，这些年来农民收入的快速增长主要不是来自农业农村，而是依靠农民外出打工的工资性收入和政府转移净收入的快速增长。

① 李培林、魏后凯、吴国宝主编《中国扶贫开发报告（2017）》，社会科学文献出版社，2017。

无论是按人均纯收入还是按人均可支配收入计算，农民人均工资性收入和转移性（净）收入增长速度较快，而人均家庭经营纯（净）收入增长速度较慢。比如，在2014~2017年，农民人均工资性收入年均名义增长10.8%，农民人均转移净收入年均名义增长12.1%，分别比农民人均可支配收入平均增速高1.6个和2.9个百分点；而农民人均经营净收入年均名义增长仅有6.3%，比农民人均可支配收入平均增速低2.9个百分点。

由于这种增长速度的悬殊，在农民人均可支配收入构成中，工资性收入和转移净收入占比不断提升，而经营净收入占比不断下降。从2013年到2017年，工资性收入和转移净收入的占比分别提高了2.2个和1.9个百分点，而经营净收入占比下降了4.3个百分点，其中，第一产业经营净收入占比下降了4.9个百分点。从农民增收来源看，2014~2017年，农民人均可支配收入增长有46.1%来源于工资性收入，有23.9%来源于转移净收入，二者合计占70%。在工资性收入中，有相当一部分是农民离开农村到城市，尤其是到珠江三角洲、长江三角洲、京津冀等地区打工所获得的农业农村之外的工资性收入。相反，在此期间经营净收入对农民增收的贡献率仅有27.3%，财产净收入的贡献率只有2.7%。特别是，农业经营净收入对农民增收的贡献率很低，2017年只有7.9%。很明显，要实现农村持续减贫和农民脱贫致富，农民增收不能过度依赖外出打工的工资性收入和转移净收入，因为这种外源性的农民增收模式缺乏可持续性。如果农民增收过度依赖外出打工的工资性收入和转移净收入，说明城镇化尚不彻底、不完全，农村缺乏产业支撑和就业岗位。这样的减贫和增收模式虽然短期内可以促进农民增收，但很容易导致乡村凋敝和产业衰败，从长远发展看，它是不可持续的。

在脱贫攻坚过程中，由于国家扶贫资金的大量投入和采取“超常规”的办法，贫困地区农民增收效果显著。从2013年到2017年，中央财政每年投入的专项扶贫资金从394亿元增加到861亿元，累计达到2822亿元，平均每年增长22.7%。在此期间，中央还安排地方政府债务1200亿元用于改善贫困地区生产生活条件，安排地方政府债务994亿元和专项建设资金500亿元用于易地扶贫搬迁。2018 年，中央财政又安排补助地方财政专项扶贫资金 1061 亿元，比上年增加 200 亿元，增长 23.2%。在全社会的通力支持下，贫困地区农民收入获得了快速增长，与其他地区之间的差距在不断缩小。2013~2017 年，贫困地区农村居民人均可支配收入年均名义增长 12.4%，扣除价格因素，年均实际增长 10.4%，分别比全国农村居民平均增速高 2.6 个和 2.5 个百分点。2013 年，贫困地区农村居民人均可支配收入仅相当于全国平均水平的 64%，2017 年该比重已经提高到 70%（见表 2），这是一个了不起的成就。

表2　贫困地区农村居民人均可支配收入增长比较

项目	全国		贫困地区		贫困地区/全国平均（%）
	人均可支配收入（元）	名义增速（%）	人均可支配收入（元）	名义增速（%）	
2013年	9430	12.4	6079	16.6	64
2014年	10489	11.2	6852	12.7	65
2015年	11422	8.9	7653	11.7	67
2016年	12363	8.2	8452	10.4	68
2017年	13432	8.6	9377	10.9*	70
2013~2017年年均	—	9.8	—	12.4	—

注：*表示2017年名义增速按两年实际数计算，国家统计局发布的《2017年国民经济和社会发展统计公报》数据为10.5%。

资料来源：根据各年度《中国统计摘要》和《国民经济和社会发展统计公报》计算整理。

然而，也应该看到，随着扶贫开发的深入推进，现行标准下的农村贫困人口规模日益减少，在这种情况下，大量资源尤其是扶贫资金向贫困人口高度集中，使贫困线之上的低收入边缘人口受到“忽视”和“挤压”，导致低收入户农民收入增长缓慢，甚至出现下降趋势，由此加剧了农村居民收入差距的扩大趋势。如果按收入五等份分组，2014~2017 年，处于最底层 20% 的农村居民低收入户人均可支配收入年均名义增长率仅有 3.5%，而中等偏下户年均名义增长率为 8.8%，中等收入户为 9.2%，中等偏上户为

9.4%，高收入户为 10.1%，均远高于低收入户年均增速（见表 3）。在此期间，全国农村居民人均可支配收入年均名义增长 9.2%，低收入户比全国平均增速低 5.7 个百分点。更为重要的是，近年来农村居民低收入户收入增长大起大落，其增速很不稳定。2014 年，农村居民低收入户人均可支配收入比上年下降 3.8%，2015 年增速回升到 11.5%，2016 年农村居民低收入户人均可支配收入比上年又下降 2.6%，2017 年增速又回升到 9.8%。很明显，2015 年和 2017 年农村居民低收入户收入的快速增长，是与上年的收入下降紧密联系在一起的。

表3　农村居民按收入五等份分组的人均可支配收入增长

项目	人均可支配收入（元）					名义增长率（%）				
	2013年	2014年	2015年	2016年	2017年	2014年	2015年	2016年	2017年	2014~2017年年均
低收入户（20%）	2877.9	2768.1	3085.6	3006.5	3301.9	−3.8	11.5	−2.6	9.8	3.5
中等偏下户（20%）	5965.6	6604.4	7220.9	7827.7	8348.6	10.7	9.3	8.4	6.7	8.8
中等收入户（20%）	8438.3	9503.9	10310.6	11159.1	11978.0	12.6	8.5	8.2	7.3	9.2
中等偏上户（20%）	11816.0	13449.2	14537.3	15727.4	16943.6	13.8	8.1	8.2	7.7	9.4
高收入户（20%）	21323.7	23947.4	26013.9	28448.0	31299.3	12.3	8.6	9.4	10.0	10.1
高收入户/低收入户	7.41	8.65	8.43	9.46	9.48	—	—	—	—	—
变异系数	0.703	0.720	0.717	0.732	0.744	—	—	—	—	—

资料来源：根据各年度《中国统计摘要》计算整理。

需要指出的是，近年来，低收入户收入增长缓慢，导致农村居民高收入户与低收入户之间的收入差距迅速扩大，二者人均可支配收入之比 2013 年为 7.41，2015 年为 8.43，2017 年又扩大到 9.48。高收入户与低收入户之间人均可支配收入的绝对差距，则由 2013 年的 18446 元扩大到 2017 年的 27997 元，

4 年内扩大了 51.8%。按收入五等份分组计算的农村居民人均可支配收入变异系数，由 2013 年的 0.703 提高到 2017 年的 0.744。从表 3 中可以看出，除 2015 年外，其他年份农村居民收入差距均在不断扩大。农村居民收入差距扩大，不利于社会稳定，也影响了广大农民共享改革和发展成果。

三　建立可持续的农村减贫长效机制

中国城乡收入差距较大，发展不平衡、不充分的矛盾集中体现在农村，减缓农村贫困是一项长期的战略任务。党的十九大明确提出，要实施乡村振兴战略，坚决打赢脱贫攻坚战。脱贫攻坚是到 2020 年必须实现的战略任务，而乡村振兴则是一项长期的战略。当前，要长短结合，将脱贫攻坚同实施乡村振兴战略有机结合起来，建立乡村振兴与脱贫攻坚的联动机制。一方面，要将脱贫攻坚作为实施乡村振兴战略的核心任务之一，突出抓好贫困县摘帽和深度贫困地区脱贫，确保到 2020 年现行标准下农村贫困人口实现脱贫。另一方面，要按照“产业兴旺、生态宜居、乡风文明、治理有效、生活富裕”的总要求，将乡村振兴战略融入脱贫攻坚战之中，依靠全面激活要素、主体和市场，促进乡村产业振兴，拓宽农民财产性增收渠道，建立农民持续增收和脱贫致富的长效机制。对于那些尚未脱贫的地区，乡村振兴的首要任务就是脱贫攻坚；而对于那些已经脱贫的地区，要立足更高的标准，把着重点放在农村低收入户的增收致富上。事实上，促进乡村振兴的过程也是减缓农村贫困的过程。从长远发展看，需要把农村减贫战略与乡村振兴战略有机衔接起来，建立可持续的农村减贫和农民增收长效机制。

无论是农村减贫还是乡村振兴，农民持续增收是关键。从某种程度上讲，要建立可持续的农村减贫长效机制，核心就是建立可持续的农民增收长效机制。如果农民增收主要依靠农业农村之外，即主要依靠农民外出打工的工资性收入和政府转移净收入，这种外源性的农民增收模式虽然可以短期见效，但因缺乏产业支撑和内生动力而难以持久、不可持续。一个可持续的农民增收长效机制，应该建立在拥有坚实的农村产业支撑之上，而不是主要依靠农业农村之外的城市产业支撑。在当前决胜全面建成小康社会的关键时期，政府采取“超常规”的办法对贫困户“扶上马、送一程”是十分必要的，关键是要依靠“超常规”办法尽快形成农民增收长效机制，全面激发其内生动力，防止产生“扶贫依赖症”。[①] 为此，需要全面激活农村资源，加快推进农业农村现代化，建立现代乡村产业体系，实现乡村全面振兴，使农民增收主要来源于农业农村，并拥有坚实的农村产业支撑，这种内源性的农民增收模式才更加持久、更可持续。

如何建立这样一个长效机制？首先，要全面激活资源，拓宽农民财产性增收渠道。目前，中国农民财产性收入很少，其对农民增收的贡献率很低，城乡差距很大。2017 年，全国农民人均财产净收入只有 303 元，在人均可支配收入中仅占 2.3%，对农民增收的贡献率仅有 2.9%，城乡居民人均财产净收入之比高达 11.9。农村拥有大量资源，如农民承包地、宅基地、荒山荒坡等，要全面深化农村产权制度改革，激活农村资源尤其是闲置资源，尽快打通“资源变资产、资产变资本”的渠道，实现农村资源的资产化、资本化、财富化，不断拓宽农民财产性收入增长渠道。其次，要建立各具特色、有竞争力的现代乡村产业体系，为农民增收和脱贫致富提供坚实的产业支撑。实施乡村振兴战略，生活富裕是落脚点，而生活富裕的核心就是农民增收，农民增收要有产业支撑。在产业发展方面，目前各地存在着“一窝蜂”的跟风倾向。例如，现在全国各地都在搞乡村旅游，如果每一个村庄都搞的话，很容易造成低水平重复建设。中国农村地域辽阔，村庄类型多样，各地一定要从本地实际出发，坚持因地制宜、分类指导、精准施策，建立各具特色、有竞争力的现代乡村产业体系。当前，应着重从以下两个方面展开。

一是转变农业生产方式，发展现代高效绿色农业。推进农业现代化的过程也就是不断转变农业生产方式的过程。转变农业生产方式，核心就是要改变

① 秦风明：《谨防扶贫“依赖症”成为脱贫路上“绊脚石”》，《先锋队》2015 年第 28 期。

传统的农业生产方式，以绿色安全、优质高效为目标导向，逐步建立起以规模化、集约化、绿色化、工业化和社会化为特征的新型农业生产方式。[①] 尤其是要用工业化的思路推进现代农业生产，用工业化的理念推进农业现代化，不断将小农生产引入现代农业发展体系。有的学者把小农生产理解为自给自足的“小农经济”，认为小农生产已经过时了，应该予以消灭，它与现代农业发展不可能结合。显然，这是一种误解。这里所讲的小农生产，实际上是指“一家一户”的小规模分散经营。作为一种普遍而长命的生产方式，小农生产并没有过时，它将会长期存在。[②] 发展现代农业，推进农业现代化，也并非是要消灭小农。[③] 按照世界银行的标准，2015年中国96%的农户经营耕地规模在2公顷以下，属于小规模经营。[④] 从这个意义上讲，把小农生产引入现代农业发展体系是十分必要的，也是可行的。当然，应该看到，如何采取多方面的积极有效措施，把小规模经营或者小农生产引入现代农业发展体系中、加快推进农业现代化进程，将是一项长期的艰巨任务。

二是全方位推进农村一二三产业的深度融合。农民要持续增收，不能单纯依靠狭义的农业，而应该充分挖掘和拓展农业的多维功能，推动农业的纵向延伸和横向融合。以农业为基础的农村一二三产业深度融合，是实现农业增效、农民增收、农村增绿的有效途径。在产业融合的路径选择上，要重点沿着以下三个方向展开。①充分挖掘和拓展农业的生产功能、生态功能、生活功能、休闲功能、景观功能、示范功能、文化传承功能等，大力发展生态农业、休闲农业、观光农业、创意农业等，推动农业产业链条的多维延伸。②按照前后两端延伸的思路打造农业全产业链，构建贯穿于农业生产全过程、全方位的产前、产中和产后服务体系，实现农业的纵向

① 魏后凯、韩磊、胡冰川:《粮食供需关系变化新形势下转变农业生产方式研究》,《河北学刊》2018年第1期。

② 何顺果:《小农制：一种普遍而长命的生产方式——兼论“生产方式≠社会形态”》,《世界历史》2000年第6期；姚洋:《小农生产过时了吗》,《北京日报》2017年3月6日，第18版。

③ 秦晖:《农业现代化不是消灭小农》,《中国老区建设》2005年第5期。

④ World Bank, *World Development Report 2008: Agriculture for Development* (Washington D.C.: World Bank Publications, 2007).

融合和一体化。③促进农业与二三产业尤其是文化旅游产业的深度融合，实现农业的横向融合和一体化。这种产业融合是多领域、多层次的，既可以在一个县的范围内推进，也可以在一个乡镇甚至村庄、家庭农场的范围内推进。

四　实行统筹城乡贫困治理的新战略

在2020年确保现行标准下农村贫困人口实现脱贫之后，中国的减贫进程将进入一个新阶段。在这一新的阶段，需要根据国家综合实力和发展阶段的变化制定新的国家贫困标准，加快推进国家减贫战略的全面转型。这种减贫战略转型将主要集中在三个方面：一是更加注重相对贫困，向高贫困线看齐，实现由绝对贫困治理向相对贫困治理的转变；二是在减缓收入贫困的基础上，更加重视多维贫困治理，实现由收入贫困治理向多维贫困治理的转变；三是全面统筹城乡贫困治理，切实把农村贫困治理与城市贫困治理有机结合起来，实行农村减贫与城市减贫并重，最终实现由农村贫困治理向城市贫困治理的转变。

根据国际经验，城乡收入差距变动与经济发展水平之间大体呈现“倒U形”的关系。随着经济发展和城镇化的快速推进，大量农业转移人口将不断由农村向城镇迁移，在这种情况下，伴随着城乡差距缩小和一体化加速，贫困人口分布将由初期的主要集中在农村地区，逐步转变为主要集中在城市地区。国家减贫战略也需要及时进行调整，从初期的农村减贫为主转变为中期的城乡减贫并重，再到后期的城市减贫为主。从经济发展的长期过程来看，我们大体可以把国家减贫战略分为三个阶段（见图2）。第Ⅰ阶段为农村减贫主导阶段。由于经济发展水平较低，城乡差距不断扩大，农村贫困成为主要的贫困问题，而城市贫困问题并不突出，需要采取农村主导型减贫战略。第Ⅱ阶段为城乡减贫并重阶段。随着工业化和城镇化的不断推进，经济发展水平明显提高，城乡差距趋于稳定并逐步向不断缩小的方向转变，城市贫困与农村贫困并重成为这一阶段的重要特征，因而需要采取城乡并重的减贫战略。第Ⅲ阶段为城市减贫主导阶段。随着经济发展水平的进一步提高，城乡差距明显缩小，这时农村贫困已明显减缓，城市贫困开始凸显，并成为国家贫困的主要问题，因而需要采取城市主导型减贫战略。

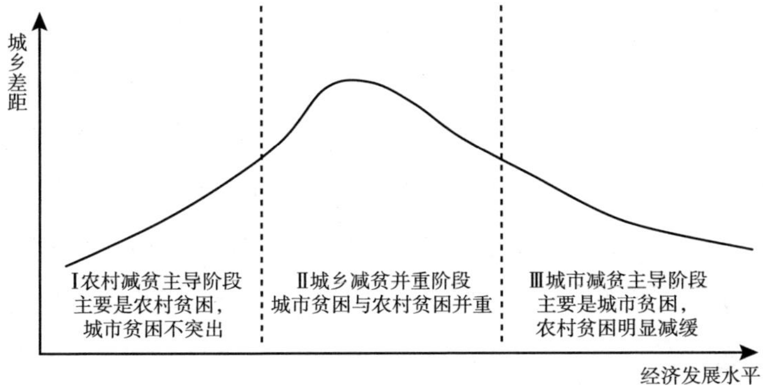

图2　经济发展与减贫战略

在工业化和城镇化的进程中，许多发展中国家同时面临着农村贫困与城市贫困问题。例如，2000 年，印度国内贫困率为 28.6%，其中，农村贫困率为 30.2%，城市贫困率为 24.7%。在这种情况下，需要兼顾农村减贫与城市减贫，实行城乡并重的减贫战略。然而，在欧美一些发达国家，城乡居民收入差距已经很小，有的甚至农村居民收入超过了城市居民，农村基本上不存在贫困尤其是绝对贫困问题，贫困人口主要集中在城市地区，因而在减缓贫困的过程中，通常采取城市主导型减贫战略。这正是发达国家和发展中国家减贫战略的差异所在。

改革开放以来，由于城乡差距较大，贫困人口主要集中在农村地区，中国一直把农村减贫工作作为国家减贫的战略重点，实行农村主导型减贫战略。实践证明，40 年来，中国实施的农村主导型减贫战略取得了巨大成效，积累了丰富的经验。在城市减贫方面，虽然各地建立了以城市低保为核心的城市社会救济制度，但至今仍缺乏一个明确的国家城市贫困标准，也缺乏一个统一的国家城市减贫政策。国家的扶贫政策主要是农村扶贫政策，而没有把城市贫困问题纳入进来。在2020年以前，农村脱贫攻坚仍将是中国减贫战略的首要任务。但是，在2020年之后，随着现行标准下农村贫困人口实现脱贫、贫困县全面摘帽，中国将进入一个统筹城乡贫困治理的新阶段。在新阶段，我们不仅要继续关注农村贫困问题，而且要高度重视城市贫困问题，要把城乡贫困治理统筹起来考虑，实行城乡并重的减贫战略。

统筹城乡贫困治理，实行城乡并重的减贫战略，首先要树立城乡统筹的理念，研究制定城乡统一的国家贫困标准。目前中国农村贫困线为2300元（2010年不变价），2015年现价为2855元。按2011年购买力平价（PPP）（1美元兑3.696元人民币）计算，相当于每天2.11美元；按中国农村购买力平价（PPP）（1美元兑3.04元人民币）计算，则相当于每天2.57美元。这一贫困线高于世界银行2015年根据PPP和物价调整的每天1.9美元的低贫困线（生存贫困线）标准，但低于每天3.1美元的高贫困线标准。在2020年之后，中国的减贫应向高贫困线看齐，尽快制定城乡统一的国家贫困标准。当然，制定城乡统一的贫困标准并非意味着城市跟农村的贫困线是一样的，而是要根据城乡价格指数、消费水平和生活习惯等差异进行相应的调整。在此基础上，还应建立完善城乡统一的减贫组织机构、统计指标、体制机制和政策体系。

其次，要吸取一些发展中国家的教训，防止农村贫困向城市转移。在一些发展中国家，如印度和某些拉美国家，随着城镇化的快速推进，大量农村人口无序涌向城市。由于缺乏就业岗位、合适的住房和基础设施，这些外来移民在城市边缘地区自发集聚，形成城市贫民窟，贫困问题逐步由农村向城市转移。据2014年底我们对北京、深圳等城市调查，外来务工人员综合贫困发生率约为20%。据此推算，2014年中国城市外来务工贫困人口大约有5500万人。[①]如果再加上城市户籍贫困人口即城市低保人口约1700万人，外来务工贫困人

① 魏后凯、苏红建等著《中国城市贫困状况研究——聚焦外来务工人员》，中国社会科学出版社，2017。

口将占城市贫困人口总量的 3/4 左右，贫困问题从农村向城市转移的趋势明显。因此，在推进城镇化的过程中，必须加快农业转移人口市民化进程，统筹城乡贫困治理，防止农村贫困向城市转移。

参考文献

何顺果：《小农制：一种普遍而长命的生产方式——兼论“生产方式≠社会形态”》，《世界历史》2000 年第 6 期。

李培林、魏后凯主编《中国扶贫开发报告（2016）》，社会科学文献出版社，2016。

李培林、魏后凯、吴国宝主编《中国扶贫开发报告（2017）》，社会科学文献出版社，2017。

秦风明：《谨防扶贫“依赖症”成为脱贫路上“绊脚石”》，《先锋队》2015 年第 28 期。

秦晖：《农业现代化不是消灭小农》，《中国老区建设》2005 年第 5 期。

魏后凯、韩磊、胡冰川：《粮食供需关系变化新形势下转变农业生产方式研究》，《河北学刊》2018 年第 1 期。

魏后凯、黄秉信主编《中国农村经济形势分析与预测（2017~2018）》，社会科学文献出版社，2018。

魏后凯、苏红建等著《中国城市贫困状况研究——聚焦外来务工人员》，中国社会科学出版社，2017。

姚洋：《小农生产过时了吗》，《北京日报》2017 年 3 月 6 日，第 18 版。

World Bank, *World Development Report 2008: Agriculture for Development* (Washington D.C.: World Bank Publications, 2007).

精准脱贫与乡村振兴之“塘约经验”面面观

罗　凌*

摘　要： 贵州省安顺市平坝区塘约村从贫困村发展为先进村，其主要原因在于坚持和创新农业基本经营制度，有效解决了农民与土地、市场的关系问题。塘约经验对于破解中国“三农”难题，有一定的启示意义。

关键词： 塘约村　农村基本经营制度创新　折价入股

2014年以来，贵州省平坝区塘约村经过3年的改革创新、艰苦创业，实现了从贫困村到小康村、从后进村到先进村、从封闭到开放的转变。对于塘约村的华丽转身，有人归结为重走集体化道路的成功，有人则质疑它动摇了党在农村政策的基石。我认为，塘约村走的道路，既不是封闭僵化的老路，也不是改旗易帜的邪路，它是在坚持和完善土地集体所有制的基础上，做出了处理农民和土地关系的最佳选择，找准了农民与市场关系的最佳角度，从而走出了一条引领小农经济转型升级，实现土地所有者、经营者和劳动者三者利益的和谐统一，凝聚推动农业农村经济发展的内生动力并走向现代化的道路。

* 罗凌，中共贵州省委党校（贵州行政学院）。

一　“塘约经验”改革的现实起点

习近平总书记指出，我们中国共产党人干革命、搞建设、抓改革，从来都是为了解决中国的现实问题。农业是“四化同步”的短腿，农村是全面建成小康社会的短板，这是现阶段中国农业农村发展面临的基本问题。

贫困、落后是塘约村改革的现实起点。和全国众多的乡村一样，塘约村也面临农业基础薄弱、农民增收乏力、农村社会管理有待加强等基本问题，具体表现为谁来种地、怎样确保农产品质量安全、精准扶贫如何有效推进、农民如何来凝聚等一系列问题。塘约村总面积为8550亩，耕地面积不足5000亩，11个村民组，总人口不足4000人。2013年塘约村还是全省最贫困的村之一，当时的农民收入不足4000元，仅占全省平均水平的70%，有贫困户138户600人。“三留守”现象突出，“空心化”比较严重，最多时候有1/3的人外出打工，其中绝大多数是年轻人。由于种地不赚钱，1/3以上耕地撂荒，2014年6月的一场洪水冲毁了部分房屋和道路，这让塘约村雪上加霜。村级经济基本无积累，村干部说话没人听、做事没人跟，没人愿当村干部。村民“等、靠、要”思想严重，人人争当低保户，户户争要救济粮。乱办酒席敛财现象严重，村民人情支出不堪重负。作为改革的标本，塘约村对于破解中国“三农”难题，有一定典型性和较强代表性。

二　“塘约样本”实践的现实特征

习近平总书记在小岗村农村改革座谈会上明确指出，新形势下深化农村改革，主线仍然是处理好农民和土地的关系。最大的政策，就是必须坚持和完善农村基本经营制度，坚持农村土地集体所有，坚持家庭经营基础性地位，坚持稳定土地承包关系。

新中国成立70周年，中国共产党领导农村的社会主义革命与建设取得了两个历史性的制度成果：一个是以毛泽东为核心的第一代领导集体创立的农村集体经济制度；另一个是以邓小平为核心的第二代领导集体创立的农村基本经营制度。塘约村的难能可贵之处在于，通过改革在两个制度之间做出了取舍，即既保留了各自的长处，又弥补了各自的短处，既体现了耕者有其田的永久性保障，又与时俱进地创新了精准扶贫中贫者有其股的制度安排，改变了长期以来“分”得彻底、“统”得不够的状态，破解了由来已久的农村土地集体所有权“虚置”的问题，是对统分结合双层经营体制的进一步完善。

“塘约样本”实践的现实特征在于，尊重农民意愿和维护农民权益，把选择权交给农民，由农民抉择而不是代替农民抉择，示范引领而不是强迫命令。在改革推进中，农村土地集体所有制没有改垮，耕地没有减少，农民利益没有损害。在人民公社时期的集体统一经营体制下，集体与农户是整体与部分之间的关系，农户仅是消费单元而不是经营单元。而塘约村的集体经营，是统分结合双层经营体制下的集体经营，农户是独立核算的经营主体，集体是土地要素的发包方，农户成为土地要素的承包方，在承包面积、期限、承包费缴纳方式等方面，约定了双方的权利和责任。显然，塘约村的这一农民和土地的关系，是一种新型关系。从纵向看，这种关系作为制度安排，在新中国成立前的小农经济时代不存在，在新中国成立后的人民公社时期也不存在；从横向看，这种关系在当今发达资本主义国家也不存在。从土地所有者的角度看，集体作为土地所有者，就保障了农民作为耕者希望拥有土地的根本利益诉求得以实现；从土地所有者与土地经营者的关系看，租金体现出来的剥削关系即利益对立关系消失了，且租金形成的集体积累完全用于支持承包户更高效、更便捷进行农业经营及改善福利状况；从农业劳动者与农业经营者及土地所有者的关系看，劳动者属于作为经营者的农户家庭成员，两者的利益是趋于一致的。

三 “塘约路径”探索的现实意义

塘约村通过农业基本经营制度改革，有效解决了农民与土地的关系问题，最大限度地保护了农业生产者的利益，从根本上调动了农民生产的积极性。同时，它还从农民搞农业能否增产增收出发，着力处理好农民与市场的关系问题。

塘约村的改革，是从改革农村产权制度、提高市场化水平、让资源活起来起步的，实现土地承包经营权、林权、集体土地所有权、集体建设用地使用权、房屋所有权、小型水利工程产权和农村集体财产权等“七权”同确。同时，以村民小组、村调解委员会、村民代表大会“三级调解”制度来有效化解矛盾纷争。之后，通过折价入股担保贷款等办法来盘活资产。可以看出，塘约村的改革较好地处理了农民和土地关系；也体现了农村土地集体所有得以有效实现，首先取决于农民拥有平等获得土地权利的制度安排。

“塘约路径”探索的现实意义在于，一是它较好地回答了农村土地归农民“集体”所有的“集体”是谁的问题。塘约村是在行政村范围内清理资金、资产和资源的。具体做法是，对全村土地资源进行统计，以田每亩 700 元、地每亩 500 元、坡耕地每亩 300 元计算，按 500 元一股入股，实现户户入社、户户带股。合作社接受国家财政直接补助和他人捐赠形成的集体资产，平均量化到成员，按比例分配给本社成员，并记载在成员个人账户中，通过带股入社打造股份农民。二是它把落实“三资”权属的重心放在了村民组层次的合作社，从而在一定程度上弱化了由行政村村委会代表集体土地所有者的权力。把集体经济组织由行政村下移到村民组，切中农村集体产权制度改革的要害。塘约村办合作社，走组织起来的道路，是大势所趋，也是人心所向。它通过生产、供销、信用“三位一体”的合作，改造了小农经济，有效解决了农村土地零散低效、贫困户资金难以筹集、市场风险难以抵御、村民权益难以保障等问题。

资产收益扶贫：精准扶贫新探索

徐志明*

摘　要：与传统扶贫方式相比，资产收益扶贫转变了经营主体和政府职能，拓宽了投资领域，增加了农户收益渠道，实现了贫困农户、贫困村、政府多赢，开辟了新时代精准扶贫的新途径。资产收益扶贫实行的时间不长，在实践过程中存在产权不清、投资效益不高、分配不合理等问题。要进一步明确扶贫资产的产权，进一步放宽扶贫资产投资范围，对扶贫资产经营主体实行财政金融支持，日益完善资产收益扶贫运行机制。

关键词：资产收益扶贫　精准扶贫　扶贫资产

一　引言

改革开放以来，随着经济的发展以及国家扶贫投入的增加，中国贫困人口已经大幅减少。在反贫困取得巨大成效的同时，减贫的难度也越来越

* 徐志明，江苏省社会科学院农村发展研究所。

大。根据对国务院扶贫办建档立卡农户数据分析，我国现有贫困人口中，因病、因残以及缺少劳动能力致贫人口大约占 2/3，这部分人口已经成为贫困群体中的“硬骨头”。由于贫困户发展能力弱，传统的区域发展扶贫和扶贫到户帮扶措施很难起到脱贫的效果，产业扶贫项目也往往因为贫困户的观念、技术、能力和资金等多方面的限制而难以覆盖贫困户。进入 21 世纪后，中央及时调整了扶贫战略，提出了精准扶贫政策。目前在精准扶贫方面的困难主要体现在如何精准识别、精准扶持和与之相关的如何精准考核这三个方面。

资产收益扶贫是新时期我国精准扶贫政策的重要抓手。资产收益扶贫是指在精准识别的基础上，以稳定增加贫困人口收入为目的，为贫困人口创造资产，充分运用市场化手段，提高贫困人口生产参与度，为其创造财产性收入。在中国反贫困新形势下，国家“十三五”规划中明确提出“探索资产收益扶持制度，通过土地托管、扶持资金折股量化、农村土地经营权入股等方式，让贫困人口分享更多资产收益”的全新帮扶措施。

与传统的给钱给物的“输血式”扶贫不同，资产收益扶贫增强了农户参与度，提高了农户生产技能。作为扶贫机制创新，资产收益扶贫将市场力量与农户直接对接，农户或村集体以资产参与企业经营，企业以利润或利息回馈农户，帮助其脱贫。市场机制被完整纳入贫困帮扶系统，改变了政府大包大揽的局面，以市场契约保障了扶贫效果，培养了农户的市场意识，提高了贫困人口的参与度。这类帮扶方式既照顾了现有贫困人口劳动能力不足、市场意识差的短板，又贯彻了精准扶贫方针，实现了收益到户，提高了扶贫效率。资产收益扶贫为农村无劳动能力或弱劳动能力的贫困农户提供了稳定持久的收入来源，成为我国今后一个时期精准扶贫工作的重要抓手。本文基于对江苏省资产收益扶贫项目的调研，从资产收益扶贫机制及实践案例入手，发掘此类扶贫项目的机制创新点，分析这一新型扶贫方式面临的现实问题，在此基础上提出完善资产收益扶贫的政策建议。

二　资产收益扶贫的机制创新

与传统扶贫方式相比，资产收益扶贫通过资产两权分离，转变了经营主体和政府职能，拓宽了投资领域，提高了投资效率，增加了农户的收益渠道，实现了贫困农户、贫困村、政府多赢，开辟了新时代精准扶贫的新途径。

（一）资产两权分离，经营主体转变

产权本质上是一系列财产权利，包括所有权、占有权、使用权、收益权、处分权。产权中每一项大的权利既可以由一个主体享有，也可以在多个主体之间分割，由多个主体共同享有，并且每一项大的权利还可以细分为多项具体权利。扶贫资产产权经历了一个由“产权合一”到“产权分离”的历史演变。在传统的扶贫项目中，要求扶贫资金直接到户，所有权与经营权合一，农户既是扶贫资产的所有者，又是经营者。在资产收益扶贫中，资产所有权与经营权分离，其本质要求是落实所有权，放活经营权。落实所有权，旨在使“贫困农户拥有资产所有权”，保障“农民利益不受损”，持续增加农民财产性收入。放活经营权，旨在发挥市场在扶贫资源配置中的决定性作用，引导扶贫资产经营权规范有序流转，发展多种形式的农业适度规模经营，不断提高土地产出率、资源利用率、劳动生产率。

在传统扶贫项目中，农户获得生产资料后，根据自身的生产基础和生产能力，独立完成生产决策。但贫困农户往往存在能力不足，受制于信息渠道窄、家庭劳动力不足、基础设施差、小规模分散经营等因素，很难紧跟变化多端的市场形势，做出合理的生产经营决策，进而扶贫政策的效果也大打折扣。结果是部分贫困户被筛选掉，扶富不扶穷，导致目标偏离。在资产收益扶贫中，农户不再进行生产决策，这一内容交由企业完成，农户只需要将资本或资金投入，就能通过资产性收益实现增收。企业融资能力强、投资渠道多、销售门路广、管理水平高，无疑是更适合进行生产决策的主体。同时，通过参与资

产收益扶贫项目，企业可以获得政府的政策优惠、低价劳动力、宽松的信贷条件，对生产经营产生积极影响。企业和农户间的重新分工发挥了各自的优势，一方面降低了企业的成本，拓展了利润空间；另一方面保障了农户收益，改善了贫困人口福利。

（二）投资领域扩大，投资效率提高

资产收益扶贫中，只要是产权明确、符合法律相关规定的资产均可以进入资产收益扶贫项目中，如农户土地经营权、农业机械、农户自有资金、村集体自留地、村集体已建成基础设施、扶贫到户财政资金等，甚至是太阳能、水、电等资源，只要市场主体愿意接纳，可以被量化产生收益的资产均可参与项目。这就大大增加了农户增收的可能性，为部分劳动能力弱、发展能力差的贫困农户提供了新的收入来源。

资产收益扶贫转变了传统扶贫方式资金分散使用的状况，可以集中力量办大事。传统扶贫项目局限于农业产业和村内产业，资产收益扶贫项目可以不受产业限制、不受地域限制，可以投资于工业、商业、旅游业等高收益行业，只要保障收益到户即可。对于可移动的资产，如资金、农业机械等，资产收益扶贫可以进行异地投资，跨村、跨县甚至是到城市投资，资产产生的收益重新回到农村、回到贫困农户手中。

（三）政府职能转换，作用不断增强

传统的扶贫项目多是政府出台扶贫政策，农户作为扶持对象接受并配合政策的实施。在资产收益扶贫项目中，政府更多地承担着“中间人”角色，主要任务包括以下几个方面。一是立足优势产业选好项目，统筹考虑产业基础、区域布局、市场环境、群众意愿等因素，选择具有良好发展预期的产业项目。二是在众多市场主体中选好实施主体，选择经营状况好、企业利润稳定、发展前景乐观的企业或合作社参与项目，在市场主体和贫困农户间搭建合作平台。三是作为贫困农户这一弱势群体的代言人，在两者谈判过程中，合法合理利用各项政策，增强

农户议价能力，尽最大可能提高农户收益。如政府以低价出租村内土地、优先为参与项目企业提供贴息贷款等形式为参与项目的市场主体提供便利，提高项目吸引力，鼓励市场主体参与项目，并在利润分配环节为农户争得更大利益。

由项目实施主体转向中间人，对政府的市场判断能力、工作创新力提出了更高要求。政府在传统扶贫项目中是项目执行者，对项目的设计、实施、监督具有绝对发言权和控制权，承担相对简单的角色；而在资产收益扶贫项目中，政府扶贫职能的实现除了要加强对本地资产收益扶贫工作的统筹谋划、工作指导和监督检查外，更多地还要依靠企业或合作社。而市场主体的发展与整个经济走向息息相关，如何准确把握项目收益、如何调动企业积极性、如何在市场经济框架内保障弱势群体利益，这些都对政府部门提出了更高的要求。

（四）参与方式转变，收益渠道增多

传统的扶贫项目中，农户承担生产者的角色，进行生产、销售活动，获取的是生产经营性收益。资产收益扶贫项目，一方面强调通过动员各类资产投入市场，资产变资本，帮助农户增加财产性收入；另一方面强调企业和合作社将农户纳入生产经营体系，帮助劳动能力较弱的贫困农户参与劳动，获得工资性收入。许多经济薄弱村成立了产业合作社或村级土地股份合作社，凡是扶贫资金投入的产业经营项目，原则上以合作社入股为主，让更多有创业需求和创业能力的低收入农户参与扶贫项目经营管理。通过资金变股金、农民变股东，保障低收入农户从土地租金保底收益、合作社二次分红、扶贫资金股份分红、劳务收入等方面实现脱贫增收。

资产收益扶贫项目不仅重视改善农户的资产和收益状况，也强调贫困农户参与的重要性。参与度是资产建设理论的重要内容，在扶贫项目参与过程中，农户与市场接轨，获得新信息，掌握新技能，逐步改善原有陈旧的思维方式，形成市场化的生产思维，这对提高贫困农户的脱贫能力十分重要。在资产收益扶贫中，农户不再是分散的生产者和销售者，而是参与市场生产经营的重要主体，提供资本、劳动力等重要投入品，并参与企业的利润分配。如果在资

产收益的同时能够充分利用贫困劳动力参与劳动，可以有效改善其收入状况，增加工资性收入，激发其发展的内生动力，最终实现脱贫致富的目标。

三　资产收益扶贫的主要问题

资产收益扶贫方式实行的时间不长，在实践过程中存在产权不清、投资效益不高、分配不合理等问题。

（一）扶贫资产产权不清

1. 精准扶贫帮扶资金收益权属问题

在长期的扶贫投资中，形成了大量的扶贫资产。但在一些地方的财政扶贫资金拨付过程中，并没有将扶持资金的产权明晰到户，并由此导致农户的资产收益权和资产处置权受到不同程度的侵害。江苏省财政精准扶贫帮扶资金是基于“十三五”建档立卡的有劳动能力低收入人口基数下拨的，每人1600元，但并未明文规定该项资金归属于一般低收入人口。按照2016年《江苏省财政专项扶贫资金管理办法》的规定，“按照低收入人口直接受益原则，以户为单位，根据具体情况和实际需求，采取多种方式实行资金直接扶持到户到人，实施精准‘滴灌’、‘点穴’帮扶，促进其加快增收脱贫”。虽然在新一轮的扶贫政策文件中并未明确规定精准扶贫帮扶资金权属，但从“资金直接扶持到户到人”的政策出发点来看，乡村集中统筹使用方式下精准扶贫帮扶资金投资收益权应全部归低收入农户分享，且一般低收入人口人均累计分红收益应不低于1600元。有些县区出台的政策文件规定精准扶贫帮扶资金投资收益“50%归村集体，50%归低收入农户”，不符合扶贫政策要求。

2. 扶持村集体发展项目产权归属问题

在扶持村集体经济发展项目中，不少地方将省财政拨付给经济薄弱村的60万元项目资金在乡镇甚至在县（市、区）级统筹使用，这对于提高资金使用效率，在更大范围内统筹资源，并有效选择项目具有积极意义。但实践中存在两方面问题。一是部分地区将项目所有权统一归属为乡镇一级甚至更高一级的县（市、区），认为只需要将分红收益拨付给各经济薄弱村即可。二是部分地区对统筹使用资金涉及的经济薄弱村，主要采取 8%~10% 的固定收益率分红，而各经济薄弱村无从知晓乡镇乃至县（市、区）的实际收益情况，对于高于 10% 的收益部分也不具收益权。财政扶持村集体发展项目的资金投资产权属于村集体，原本理所当然。坚持该产权归属乡镇政府者的理由，主要是起到保护作用使得相关资产在村集体涉及经济诉讼时不被用于偿债。即便如此，也应该明确、具体地规定村集体的合法、合理的收益权限及其收益权的长期持续性。同时也应进一步明确村集体从所得收益中提取帮扶低收入农户的底线标准。

（二）投资总体收益率不高

贫困地区自然条件和投资环境相对较差，再加上近几年经济下行压力加大，扶贫项目投资收益率普遍不高。从调研情况来看，总体上资产收益扶贫项目投资回报不高，标准厂房项目租金收益率平均仅为 7%，许多项目仅为 5%。钢架大棚等农业设施，建成后大多以租赁形式出租给种植专业大户经营，对低收入人口的带动大多以打零工为主，并未将低收入人口融入产业链中以实现提能增收，总体带动效果较为有限。有些钢架大棚设施项目，其租金收入在支付农户的土地流转费后，其剩余租金远不足以提取固定资产投资的折旧费。这样的项目不仅对低收入农户帮扶效益甚微，对村集体经济发展也没帮助，唯一得利的是承包大户。

（三）农户得益有待提高

1. 收益分配“重”集体、“轻”农户

由于产权不清，在扶贫资金的分配上，随意性较强，镇村集体侵占农民利益的现象较为普遍。财政精准扶贫帮扶资金的使用和收益分配，应遵循精确“滴灌”、“点穴”帮扶、低收入人口直接受益的原则。项目投资收益应主要惠及低收入农户。但有些地方将省财政精准扶贫帮扶资金投资的租金收益，明确规定为

50% 归村集体所有，50% 用于帮扶低收入农户。另外，财政支持村集体发展试点项目资金投资收益，政策上也明确要求提取一定比例用于帮扶低收入农户，但有些地方出台的文件却明确规定其投资收益 100% 归试点村集体所有。在财政扶贫资金投资收益分配上“重”村集体、“轻”低收入农户的倾向很明显。

2. 脱贫越晚农户，帮扶受益越小

总体来看，地区间低收入农户获得精准扶贫帮扶资金投资项目的受益额度虽然存在差异，但可以肯定的是在整个“十三五”期间，一般低收入人口人均实际受益额将明显低于 1600 元 / 人这一标准。另外，从资金集中统筹使用情况来看，绝大多数地区均将精准扶贫帮扶资金投资项目分红受益主体，明确规定为当年计划脱贫户。换言之，当年不能脱贫、更为困难的低收入农户得不到扶持，不能享受项目分红，由此不难推理：脱贫越晚者，所获扶持越少。此种方法虽有利于激励低收入农户尽快摘除贫困“帽子”，但其本质上已不是帮扶性质，而成为对脱贫者的奖励。

3. 精准扶贫帮扶项目受益期限问题

精准扶贫帮扶资金由乡镇政府集中统筹使用的情况非常普遍，许多地方乡镇政府也与低收入农户签订了分红协议，但分红协议的协议期限仅 3~5 年。协议合同期满后怎么办？既然已将股份量化到农户，且该项目使用年限为 15 年，协议期限却是大多仅为 5 年，这其间受益期限存在问题。

四　完善资产收益扶贫的对策建议

要进一步明确扶贫资产的产权，进一步放宽扶贫资产投资范围，对扶贫资产经营主体实行财政金融支持，不断完善资产收益扶贫运行机制。

（一）进一步明晰扶贫资产产权

切实做好“产权明晰、权责明确”的基础工作。明晰的产权是农户参与扶贫的基础，也是农户获取资产收益的依据。资产收益扶持制度涉及资产类型多样，运营主体多元，扶持对象范围广泛，因此“产权明晰、权责明确”是制度有效性的基本前提。可以说，“产权明晰”是资产收益扶持制度的生命线。在应用资产收益扶持机制时，必须以产权明晰为先导，做好资产核算、折股量化、确权颁证等工作，保证确权到村到户，为制度良性运转提供坚实的产权基础。

目前财政扶贫资产的所有权、经营权、收益权是分离的。大多数地区精准扶贫帮扶项目的经营权在乡镇政府或村委会，所有权、收益权在低收入农户；扶持村集体经济发展项目，经营权多在乡镇或县区，所有权和收益权在村委会，低收入农户也享有部分收益权。如何使这种“两权分离”制度设计更加规范、科学、合理，权、责、利关系更趋平衡协调，均需开展广泛、深入的理论研究和实践试点。财政精准帮扶资金产权要明确到户。对各类扶贫投入形成的资产、资金全面进行确权、登记。财政专项扶贫资金和其他涉农资金在不改变用途的情况下，投入设施农业、厂房、乡村旅游、光伏发电等项目形成的资产，具备条件的可折股量化到经济薄弱村和低收入农户。对实现脱贫的农户要给予符合实际的巩固期优惠持股，期满后收归村集体组织持有管理，促进扶贫资产滚动发展、长期发挥效益。要强化监督管理，明确资产运营方对财政资金的保值增值责任，建立健全收益分配机制。

（二）放宽扶贫资金投资范围

建议进一步放宽财政扶贫资金投资范围，扶贫资金既可以投资本地项目，也可以投资异地项目；既可以投资实体项目，也可以通过理财获取收益。尤其是在宏观经济形势欠佳，村集体一时找不到具体合适投资项目的情况下，与其草率、仓促上项目，不如暂投银行等金融机构的保本收益理财产品，等待合适机会再投资实体项目。事实上，现行村集体的许多投资项目，其年收益远不如理财产品高，更谈不上折旧回本。

（三）对扶贫资产经营主体实行财政金融支持

资产收益扶贫中，做工程项目的企业要缴税，应降低资产经营主体的税收水平。参与资产收益扶贫的经营主体普遍存在融资难和融资成本高的问题，应该将参与资产收益扶贫项目的经济实体纳入扶贫贴息贷款的发放对象，降低融资成本。为了增加对资产收益扶贫项目的信贷供给，应该放宽参与资产收益扶贫的农村金融实体（如小贷公司）的融资限制，增加资金供给。

（四）建立扶贫投资容错机制

从中央到地方，各级党委和政府对扶贫工作的重视程度前所未有，政府和社会各界扶贫济困投入的人力、财力、物力也是空前的，与此同时，对扶贫工作的要求也越来越高。比如，对财政扶贫资金项目实施情况，先后有财政部门检查、审计部门审计、第三方调研评估，奋战在基层一线从事扶贫工作的同志其工作辛苦程度也是前所未有的，尤其是精神上面临巨大的压力，特别担忧财政扶贫资金投资失误没法交代，抱有“宁可让扶贫资金沉淀，也不冒险组织投资”想法者，不在少数。在此背景下，“只要不出事、宁愿不干事”的消极心态在各地悄悄滋生和蔓延。人们常说“市场有风险、投资需谨慎”，产业化投资项目，尤其是农业产业化扶贫项目，更面临自然和市场的双重风险，在经济下行压力较大的宏观背景下，要求每个产业化扶贫项目都能成功，或都要求达到较高的收益率水平，并不符合市场规律。因此建议在扶贫考核工作中，建立产业化扶贫项目投资容错机制，让在一线扶贫的同志解放思想，放下包袱，轻装前进，遏止“只要不出事、宁愿不干事”的消极心态进一步蔓延扩散。

参考文献

戴旭宏：《精准扶贫：资产收益扶贫模式路径选择——基于四川实践探索》，《农村经济》2016 年第 11 期。

刘扬、王东宾：《资产收益扶持机制研究：理论、政策与实践》，《浙江社会科学》2017 年第 9 期。

汪三贵、梁晓敏：《我国资产收益扶贫的实践与机制创新》，《农业经济问题》2017 年第 9 期。

易地扶贫搬迁的经验与风险防治

——基于贵州省实践*

杨青贵**

摘　要： 中国的贫困问题已从绝对贫困转向了相对、暂时性贫困。易地扶贫搬迁是应对中国贫困问题的重要路径之一，但在适用对象、使用方式等方面大多具有相对确定的边界范围。对贵州省开展的易地扶贫搬迁及其经验进行研究，可为易地扶贫搬迁实践提供经验借鉴。对于易地扶贫搬迁实践可能面临的法律风险、政策风险、经济风险、生态风险，需要坚持社会共治的理念，以建立易地扶贫搬迁的风险防范机制。

关键词： 易地扶贫搬迁　精准扶贫　社会共治

* 本文系中国博士后科学基金第11批特别资助、中国博士后科学基金第61批面上资助（2017M610587）、重庆市博士后研究人员科研项目特别资助（Xm2017122）、2017年度西南政法大学专项资助项目（2017XZZXQN-04）、西南政法大学经济法学科"两江学者"团队建设项目（XZJJFLJ02）的阶段性成果。

** 杨青贵，西南政法大学。

一　问题的提出：精准扶贫的路径选择

贫困在本质上是对基本可行能力的剥夺，最后的表现形式是难以维持体面而有尊严的生活。改革开放以来，民族地区扶贫开发大致经历了改革带动战略阶段（1978~1985 年）、开发式扶贫战略阶段（1986~1993 年）、扶贫攻坚战略阶段（1994~2000 年）、能力培育战略阶段（2001~2010 年）以及精准扶贫攻坚阶段（2011 年以来）。精准扶贫成为增强扶贫的针对性和有效性、抵消经济增长减贫效应的下降而必须采取的措施，有助于显著增进和提升贫困地区农民分享经济发展成果的机会和能力，增加收入分配结构低端的贫困人群脱贫机会。当前我国仍有很多贫困人口居住的地方不具备基本的生存条件，或者生态环境比较脆弱，搞开发容易破坏生态环境，只有采取易地扶贫搬迁的方式实施精准扶贫，才能有效解决贫困问题。

2015 年 11 月 29 日印发的《中共中央国务院关于打赢脱贫攻坚战的决定》明确提出，将“实施易地搬迁脱贫”作为我国打赢脱贫攻坚战的关键。国家发改委于 2016 年 9 月 20 日印发的《全国“十三五”易地扶贫搬迁规划》明确了易地扶贫搬迁的基本内容。足见，易地扶贫搬迁不是简单的人口空间转移，而是一项牵涉方方面面的系统工程。当前，易地扶贫搬迁主要面临扶贫对象边缘化、农户参与度不足且缺乏差异性、扶贫资金管理手段异化和目标缺失、扶贫政策死板、效果评价囿于纯粹经济性评价、贫困再生产问题严重等现实困境。

对此，我国理论界与实务界尚处于探索初期阶段，且主要集中在经济学、社会学、民族学等学科领域，既缺乏法学等学科领域的深入、系统研究，也在研究选题上过于偏向精准扶贫、民族地区扶贫等方面，直接性相关研究极少。同时，国外可适用于我国民族地区的直接性研究成果略显匮乏。事实上，“易地扶贫搬迁”是实现精准扶贫精准脱贫的有效方式之一，应当构建多元互动的整合型政策实践网络，创新移民安置方式与调整移民生计方式，更需要在方案设计与实施中兼具共性与个性、理论与实务，系统、深入挖掘易地扶贫搬迁的实践经验、理论障碍与现实困境，由点及面促进易地扶贫搬迁相关理论和制度的完善与创新。

二　易地扶贫搬迁的理论框架：理论脉络

（一）易地扶贫搬迁的政策演变

2013 年 11 月，习近平总书记在湖南湘西考察时首次做了“实事求是、因地制宜、分类指导、精准扶贫”的重要指示。2014 年 1 月，中共中央办公厅就精准扶贫及其工作模式做了详细的顶层设计，推动了“精准扶贫”思想落地。2015 年 10 月 16 日，习近平总书记在 2015 减贫与发展高层论坛上强调，中国扶贫攻坚工作实施精准扶贫方略，并提出“六个精准”（扶持对象精准、项目安排精准、资金使用精准、措施到户精准、因村派人精准、脱贫成效精准）等思想和要求。2015 年 11 月，中共中央办公厅、国务院办公厅印发的《深化农村改革综合性实施方案》明确将“加快健全精准扶贫工作机制”作为“创新农村扶贫开发体制机制”的重要内容。

《“十三五”脱贫攻坚规划》指出，截至 2015 年底，我国还有 5630 万农村建档立卡贫困人口，主要分布在 832 个国家扶贫开发工作重点县、集中连片特困地区县（以下统称贫困县）和 12.8 万个建档立卡贫困村，多数西部省份的贫困发生率在 10% 以上，民族 8 省区贫困发生率达 12.1%。截至 2016 年底，按照每人每年 2300 元（2010 年不变价）的农村贫困标准计算，2016 年我国农村贫困人口为 4335 万人，比上年减少 1240 万人。[①] 党的十九大报告明确提出，要“深入实施东西部扶贫协作，重点攻克深度贫困地区脱贫任务，确保到 2020 年我国现行标准下农村贫困人口实现脱贫，贫困县全部摘帽，解决区域性整体贫困，做到脱真贫、真脱贫”，“坚决打赢脱贫攻坚战”。如何打赢脱贫攻坚战成为全面实现小康社会的重大使命要求。

---

① 章正、李晨赫:《2016 年全国农村贫困人口减少 1240 万人》，http://news.cyol.com/content/2017-02/28/content_15675029.htm。

西部地区是我国脱贫攻坚战的主战场之一。2016 年 7 月 20 日，习近平总书记在银川主持召开东西部扶贫协作座谈会上强调，“西部地区特别是民族地区、边疆地区、革命老区、连片特困地区贫困程度深、扶贫成本高、脱贫难度大，是脱贫攻坚的短板”，需要“进一步做好东西部扶贫协作和对口支援工作，必须采取系统的政策和措施”。中央明确提出“计划五年内对近 1000 万建档立卡贫困人口实施易地扶贫搬迁”。① 在精准扶贫战略部署下，贵州成为全国扶贫攻坚的主战场和决战区。贵州省在 2011~2015 年，已完成 15.1953 万户 65.8242 万农村人口易地扶贫搬迁工作。到 2020 年，贵州省将完成 39.2306 万户 162.5093 万人的搬迁工作，年均搬迁 40 万人。② 在此背景下，系统、深入研究贵州省易地扶贫搬迁可能面临的风险并提出防范与应对举措，必然成为有效落实中央精准扶贫部署、顺利推进贵州省易地扶贫搬迁工作的重要保障。

（二）易地扶贫搬迁的内容框定

易地扶贫搬迁的依据及其主要内容主要体现在 2015 年 11 月 29 日印发的《中共中央国务院关于打赢脱贫攻坚战的决定》和国家发展改革委于 2016 年 9 月 20 日印发的《全国“十三五”易地扶贫搬迁规划》中。尤其是后者明确提出，新一轮易地扶贫搬迁面临着搬迁任务繁重艰巨、安置资源约束日益凸显、搬迁对象贫困程度更深、工程实施难度更大等前所未有的挑战。为此，新一轮易地扶贫搬迁瞄准“一方水土养不起一方人”地区中的建档立卡贫困人口，在充分尊重搬迁群众意愿的基础上，全力推进易地扶贫搬迁。

尽管我国尚未对易地扶贫搬迁做出正式的界定，但依据《全国“十三五”易地扶贫搬迁规划》及中央其他相关文件规定，结合各地易地扶贫搬迁实践探索情况，仍然可以对易地扶贫搬迁做内涵界定。易地扶贫搬迁是指针对自然条件严酷、生存环境恶劣、发展条件严重欠缺且相对集中的农村贫困地区的贫困

① 《全国“十三五”易地扶贫搬迁规划》。

② 《贵州省易地扶贫搬迁工程实施规划（2016~2020 年）》。

人口，国家和社会通过统筹运用中央预算内投资、地方政府债务资金、专项建设基金、低成本长期贷款、农户自筹资金、地方自筹及整合其他资金，在贫困人口自愿的基础上，迁移安置到居住条件和居住环境好、基本公共服务水平较高、增收渠道和就业机会较多的地方的一种可持续的精准扶贫方式。

不难发现，我国易地扶贫搬迁主要存在两大特点：一是党的十八大以来，我国易地扶贫搬迁进入了新阶段，新一轮易地扶贫搬迁与以往的易地扶贫搬迁相比既有内在延续性，也有许多新时代的新特点和新挑战；二是易地扶贫搬迁本质上是国家和地方实施精准扶贫，全面推进扶贫攻坚战略实施的关键抓手和基本路径，但必然服从于依法治国的基本方略。易地扶贫搬迁是在依法治国方略下实施的，需要运用法治理论和法治手段破解易地扶贫搬迁中的挑战与问题，协同推进易地扶贫搬迁工作。

尽管国家政策明确规定的搬迁对象是按照一定标准统计的建档立卡贫困人口，但各地往往又根据资金投入情况和贫困人口的实际情况，将易地扶贫搬迁的对象限定在“一方水土养不起一方人”的地方，包括建档立卡贫困人口和建档立卡贫困人口之外具有搬迁必要的贫困人口。“一方水土养不起一方人”的地方主要包括以下几类：①生存环境差、人地矛盾突出、不具备基本生产生活条件的地方，②生态环境脆弱、限制或不宜开发的地方，③距城镇和交通干道较远、基础设施和公共服务设施难以延伸到的地方，④贫困发生率高、扶贫成本高的地方，⑤地质灾害多发、安全隐患较大的地方。[①]

三　易地扶贫搬迁的实践：贵州经验

易地扶贫搬迁工作全国各地均在开展，但从实践做法、典型经验、影响效果等方面来看，贵州省易地扶贫搬迁极具代表性。贵州省易地扶贫搬迁是在国家扶贫开发部署下积极开展的实践探索。国家扶贫攻坚战略部署以及贵州省

① 黄坤宇:《贵州省易地扶贫搬迁情况》，http://www.gzwuchuan.gov.cn/gzcy/zxft/201612/t20161208_1530141.html。

具体省情，成为决定贵州省易地扶贫搬迁探索进度、实践内容、实现路径等方面确定与选择的主要依据和重要因素。贵州省易地扶贫搬迁实践探索坚持了“顶层设计 + 基层探索”相结合的实践路径，为有效实施精准扶贫、脱贫攻坚提供了“贵州解法”。①

（一）坚决贯彻五大发展理念及中央重大方针政策

正如塞尔兹尼克所言：“制度化是一个充满价值的结构。”易地扶贫搬迁既是一项重要的精准扶贫实践探索，也是一项扶贫开发的重要制度范畴。“五大发展”理念同样应当而且确实已经成为易地扶贫搬迁的基本理念和重要价值取向。《贵州省易地扶贫搬迁工程实施规划（2016~2020 年）》等文件明确将“牢固树立创新、协调、绿色、开放、共享的发展理念”作为精准扶贫的指导思想，坚持“顶层设计 + 基层探索”的实践路径，鼓励并支持基层开展探索创新，涌现出农村“三变”“塘约经验”“四方五共”等新时代实践创新的做法和经验，协同推进易地扶贫搬迁的协调、绿色、开放、共享发展。

（二）将农村“三变”改革作为易地扶贫搬迁的抓手

在中央的领导下，贵州省六盘水市率先探索农村“三变”改革。之后，贵州省内围绕农村“三变”改革亦开展了许多富有成效的实践探索。例如，水城县充分利用 25 个少数民族“大杂居、小聚居”等特点，通过以文为股打造玉舍彝族文化产业园、以画为股打造陡箐镇农民画产业园、以绣为股打造补那布依文化产业园等措施，成功将民族文化与“三变”改革、易地扶贫搬迁、特色城镇、全域旅游等融合发展。2017 年 3 月 9 日，中共贵州省委办公厅、贵州省人民政府办公厅联合下发《关于印发〈贵州省全面推进农村资源变资产资金变股金农民变股东改革工作方案〉的通知》（黔委厅字〔2017〕17 号）明确要求，在全省 21 个县（市、区）开展“三变”改革试点基础上，要总结试点

① 周文君：《扶贫方法论：脱贫攻坚的“贵州解法”》，http://www.ddcpc.cn/index.php?m=content&c=index&a=show&catid=398&id=3206。

经验，在全省全面推进农村“三变”改革。该方案明确提出了“建立股权合作机制”等八大机制作为农村“三变”改革方案的主要内容。

（三）将创新社会治理作为易地扶贫搬迁的内核

党的十八大以来，习近平总书记将社会治理工作与民生工作作为社会建设的两大根本任务，强调加强顶层设计，对社会治理问题以及如何创新社会治理做出了符合中国实际的科学论断，提出了社会治理重要思想。贵州省在易地扶贫搬迁等精准扶贫实践中，坚持用精准扶贫工作统领区域乃至全省经济社会改革发展，在易地扶贫搬迁实践中探索形成了许多具有创造性的创新社会治理模式和方式，实现了多方的社会共治。例如，黔西南州位于滇黔桂三省（区）接合部，是一个多民族聚居，尤以布依族、苗族居多的少数民族自治州。黔西南州在易地扶贫搬迁中逐渐摸索形成“四方五共”工作法[①]，例如，册亨县巧马镇运用“四方五共”工作法，与相关群众开展 19 轮“共商”，共同议定乡村发展倍增计划和易地扶贫搬迁内容，并就实施中的相关问题及时“共商”，激发了群众和相关工作人员的积极性和主动性，顺利实现 64 个自然村寨整体搬迁（其中孔屯等 4 个村属于整村搬迁），覆盖该镇 2026 户 8400 余人。

（四）将协调、系统推进作为易地扶贫搬迁的重要思路

贵州省通过制定科学的易地扶贫搬迁规划以及较为完善的实施体系、支持政策、风险防范措施等，在很大程度上实现了易地扶贫搬迁工作推进的协调

① “四方五共”工作法部分内容源自黔西南州望谟县蔗香村在龙滩水电站建设移民搬迁安置中所提出的“五共”工作法，后经发展形成，是在问题与压力倒逼中创造出来的群众路线。此后，黔西南州在易地扶贫搬迁攻坚工作中形成“四方五共”的基本内容。“四方五共”又被用于解决移民搬迁安置、小城镇建设、旅游开发、扶贫等重大现实问题。“四方五共”，是指由政府牵头，构建由政府、群众（搬迁户）、工商联（企业）、社会组成的“四方联盟”，通过四方联动，实现四方共商、共识、共建、共享、共担的“四方五共”，实现“七个搬出”目标，对扶贫搬迁工作发挥了重大推动效应。参见《中共黔西南州委黔西南州人民政府脱贫攻坚战区第二号令》（州党发〔2016〕23 号）。

性和系统性。例如,《贵州省人民政府关于深入推进新时期易地扶贫搬迁工作的意见》(黔府发〔2016〕22号)明确提出，按照“省负总责、市州协调、县为主体”的管理体制，整合资源、各负其责、齐抓共管、合力攻坚。典型做法如“五个三”经验：统筹资源盘活“三地”，建立助民增收机制（盘活用好承包地、盘活用好林地、盘活用好宅基地）；广开门路落实“三就”，建立稳定脱贫机制（通过多渠道促进就业创业、满足就学需求、提高医疗服务能力）；用足政策衔接“三保”，建立为民增福机制（做好低保政策衔接工作、做好城乡医疗保险统筹工作、做好养老保险保障工作）；整合资金建设“三所”，建立为民解忧机制（开辟经营性场所、开辟农耕场所、开辟公共服务场所）；探索好集体经营、社区管理、群众动员三个机制（建立集体经营机制、社区管理服务机制、群众动员机制）。

（五）充分发挥大数据和党建在易地扶贫搬迁中的优势作用

党建是改革发展和实践探索的核心和重要保障。贵州省要求从省到村组建立易地扶贫搬迁工作组织。建立脱贫攻坚指挥长制、联席会议制度，由省领导担任14个深度贫困县脱贫攻坚总指挥长或常务副总指挥长，14个深度贫困县的县级党政主要领导则是脱贫攻坚的第一责任人和指挥长，乡镇则包干定点脱贫攻坚，村支两委负责人、第一书记、驻村工作队等承担具体工作。① 此外，自2012年起，贵州省逐步开展大数据建设工作，并取得相应进展。贵州省在易地扶贫搬迁等精准扶贫实践中，注重大数据的优势作用。贵州省积极探索“1+*N*+*N*”，即“一云助力、多端协力、多方合力”的大数据精准扶贫模式，将精准扶贫与大数据有效衔接起来，逐渐探索形成了用数据甄别、数据决策、数据管理、数据考核的精准扶贫方式。② 大数据的优势作用在贵州省内各地易地扶贫搬迁实践中得到了较好的体现和发挥。

---

① 《贵州省深度贫困地区脱贫攻坚行动方案》。

② 朱晓慧、陈康清:《全国人大代表马长青解读：大数据如何助力大扶贫？》，http://gz.people.com.cn/n2/2016/0321/c371796-27978581-2.html。

四　易地扶贫搬迁的理论反思：风险类型识别

（一）易地扶贫搬迁实践可能面临的法律风险

一是与村民自治立法的衔接问题。部分地方尚未将社会治理作为易地扶贫搬迁的核心内容，部分地方探索形成的易地扶贫搬迁做法尚未融合村民自治规则，与党的十九大报告所提出的“健全自治、法治、德治相结合的乡村治理体系”要求仍存在一定差距。二是搬迁人口集体成员权认定问题。一方面农村集体经济组织成员资格缺乏有效认定的依据和标准，另一方面人口搬迁与农村土地有效利用之间的协同实现机制和制度建设仍然滞后。三是城乡建设用地指标统筹利用与耕地质量保障之间缺乏有效衔接，城乡建设用地指标流转使用方式较为局限，流转利益实现途径较少，流转利益公平分享机制尚未建立。四是财政扶贫资金股权化利用与精准扶贫、财政扶贫资金有效利用等要求之间仍存在一定差距，并且财政扶贫资金股权化运行模式和方式稍显单一、股权化利用的方案和制度设计缺失、监管机制与监管制度建设相对滞后。五是迁出地和迁入地的集体土地等集体产权的安排、配置、利用等方面制度设计缺失。

（二）易地扶贫搬迁实践可能面临的政策风险

一是贫困人口搬迁及权益处置的个人意愿问题。部分地方为推进易地扶贫搬迁工作，对于搬迁对象是否搬迁、如何搬迁等，存在政府代其决定的问题。二是易地扶贫搬迁涉及农村土地制度问题时，部分地方可能与中央关于农村土地征收、集体经营性建设用地“入市”、宅基地制度改革选择试点封闭运行的要求不相符合。三是易地扶贫搬迁仍然采取分头监管的传统行政监管体制，存在对易地扶贫搬迁监管领域及监管内容的把握不足、监管漏洞和监管争议屡见不鲜、监管权配置及其行使的合理性有待提升等问题。四是易地扶贫搬迁与建设用地指标增减挂钩政策要求、与资产收益扶贫的政策仍然存在一定的衔接问题。

（三）易地扶贫搬迁实践可能面临的经济风险

一是易地扶贫搬迁政策实施的物质基础的可持续性问题。当前易地扶贫搬迁资金主要以财政扶贫资金为主，兼有社会捐赠、农民自筹、金融贷款等其他来源资金，但对财政依赖过重，其资金构成比例与可持续发展要求之间存在差距。同时，易地扶贫搬迁相关项目市场吸引力不足、市场竞争力不够，并且贫困人口搬迁后的后续发展所需资金的投融资渠道较少。二是易地扶贫搬迁的高风险、高成本、低收益与金融机构盈利目标之间必然冲突，金融倾斜性扶持的理念和制度安排仍然缺失，金融支持方式和渠道较少。三是部分地方过于偏向外来引入型产业，尤其是承接高能耗资源型产业，缺乏有效开发内生性的具有比较优势的产业的能力和手段，并面临市场风险的传导问题。

（四）易地扶贫搬迁实践可能面临的生态风险

一是相关主体对易地扶贫搬迁中生态同步保护的重视度不够，生态文明建设缺乏相关理论的支撑，生态保护在易地扶贫搬迁相关方案及举措设计中所占分量以及贯彻实施力度有待提升和增强。二是一些地方环境问题严重，环境生态治理机制实践探索创新不足，环境生态补偿等利益分享机制尚未全面建立，生态环境监管体制有待进一步改革。三是易地扶贫搬迁中自然资源产权制度不完善。典型问题如自然资源资产的性质与权利安排存在争议、自然资源资产所有与行使主体的制度安排缺失、自然资源资产的监管制度建设不足、收益分享机制缺失。四是长效的生态环境保护激励机制与可持续发展机制缺失。

五　易地扶贫搬迁的风险防范：社会共治理念

（一）把脉当代中国贫困问题及其解决的综合要求

随着扶贫理念及方式转型，中国已进入精准扶贫时代。在精准扶贫视野下，人口贫困主要表现为物质贫困、精神贫困、教育贫困、机会贫困、资源贫困。农村贫困的消除需要国家、社会、集体、个人协同努力。精准扶贫的主要责任在政府，但农民、农民集体乃至整个社会都负有相应的义务和责任。尤其是农民集体对作为集体成员的贫困人口的扶助帮助，既是其存在的正当性和当然价值，也是集体所有制不断发展壮大的应然要求。事实上，集体功能实现的关键在于集体供给公共产品所必需的物质来源。农村土地产权是集体和农民共同拥有的重要稀缺资源和法定权利，也是农民自身以及农民集体帮扶贫困人口的主要物质基础。

（二）将土地等资源资产价值与公共管理职能相对分离

除国家责任外，集体应以其拥有的土地、资金及其他资源作为集体收益来源，通过供给公共产品形式倾斜保护贫困人口。尤其是集体土地所有权更应成为集体收入分配调节功能实现的物质保障。但集体收益权等集体土地所有权的权能存在缺失问题，集体拥有的土地等自然资源资产市场化利用程度及其价值的市场化实现程度普遍较低，集体致力于易地扶贫搬迁等精准扶贫工作是极其必要的，但其力量极为有限。为有效发挥集体的功能，完全可探索开展试点，推动农村土地等资源资产价值的有效实现，使其与国家土地等资源资产管理职能职权相对分离，促进实质公平等价值的有效实现。有必要建立以实质公平为价值诉求的集体公共产品供给制度，充分发挥集体、个人、政府、社会在农村社会收入分配调节中的作用。

（三）“三变”是精准扶贫及农村改革的总抓手

易地扶贫搬迁相关风险和问题的防治，应当以整体、协同、系统的高度和视野，以“五大发展”理念为主要依据，以农村“三变”改革为总抓手，以创新社会治理为内核，以改革实践探索创新为指引，以依法合规为保障。一是要把握好农村“三变”改革所具有的较强的指导性、高度的概括性、突出的开放性以及科学的实践性。通过体制机制建设，创新“三变”改革；通过“三变”改革，统筹农村改革；通过农村改革，实现全面小康。农村“三变”改革是一项系统工程，应当按照“加强党建是基础、改革创新是动力、创新治理是主线、利益共享是关键”的思路和要求，重点推进相关体制机制创新，充分发挥“大数据”“互联网+”等的优势功能和关键作用，协同、全面推进理论研究和实践探索。

（四）资产收益扶贫是可持续精准扶贫的制度依赖

2016年底印发的《贫困地区水电矿产资源开发资产收益扶贫改革试点方案》以及《“十三五”脱贫攻坚规划》均提出“开展资产收益扶贫”。四川、湖南、湖北、重庆、贵州、广西、云南等地亦开展了资产收益扶贫相关实践探索。资产收益扶贫与精准识别、精准扶持、精准考核以及2017年中央一号文件存在较强适应性，其导向具有高度吻合性，已成为贫困地区实现精准扶贫的重要出路。易地扶贫搬迁具备实施资产收益扶贫的基本条件和实践基础。一方面，大量的财政资金以及集体“三资”、社会资源投入，为开展资产收益扶贫奠定了重要的物质基础。同时，许多贫困地区还具备较为丰富的旅游、矿产等资源，可通过农村土地使用权入股的方式，实现资产收益扶贫。另一方面，贵州省内多地已经开展了许多资产收益扶贫的试点探索，积累了宝贵的经验，并且与中央和地方关于农村“三变”改革等要求之间存在高度契合性。然而，要实现资产收益扶贫的有效推进必须加快推进相关理论研究，试点探索相关机制和制度建设，从准入、运行、权益配置、退出等各个环节加强基本制度以及风险防控机制建设。

（五）以长效的收益公平分享机制建设为关键指引

长效的收益公平分享机制是易地扶贫搬迁等精准扶贫政策有效实现的关键和重要指引。其建设需要把握好以下关键点。一是重点建立健全农村集体资产资源资金可持续投入农村以及易地扶贫搬迁的机制，同时把合股联营贯穿农村以及易地扶贫搬迁的全过程，能产生价值的资源资产均可探索入股，实现农村资源要素价值最大化。二是继续推进并做好以古村落、古树、自然文化遗产等特色资源一定时期使用权作价入股的投入机制，但不得以发展为由致使其遭破坏、损毁和流失。三是均衡股权配置的效益性与公平性，完善股权结构和治理方式，界定好集体股、农民股、企业股等各类股份的权利和义务、收益和风险，保护好农民利益、集体经济组织和企业等利益相关者的合法权益。在股权配置中，应当重点协调好发展与公平的关系，合理配置集体股、成员股、扶贫股。四是加强股份分红管理，探索建立制度化的股权固定分红、保底分红、效益分红等机制，健全农民利益联结机制。五是从地方性法规、地方政府规章、行政执法、公正司法等方面，加强对股权收益的保护。

（六）党组织建设是精准扶贫有效实现的根本保障

基层党组织建设是易地扶贫搬迁等精准扶贫政策的重点和关键。从全国范围来看，确有不少地方基层党组织尤其是村组党组织存在突出的建设不足、组织涣散等问题。贵州省易地扶贫搬迁强调基层党组织在精准扶贫中的基础性中坚作用，基层党组织建设得到了极大提升。当前及以后一段时间，基层党组织建设的重心将放在提高社会治理创新能力和服务百姓水平两方面，并极其有必要将之作为易地扶贫搬迁风险识别与防治的重要内容来推进。这就需要按照党的十九大报告关于“坚定不移全面从严治党，不断提高党的执政能力和领导水平”的要求，依据习近平中国特色社会主义思想和基本方略要求，全面加强党组织建设，全面从严治党。在此基础上，将党建的重点放到乡镇和村组、社区党组织建设上面。尤其要强化农村基层党组织领导核心作用，配齐配强支部书记，选好“领头羊”，建强党支部，严格落实各级党委抓农村基层党建工作责任制，强化党委主体责任和书记第一责任人职责，充分发挥党员干部的主动性和积极性，有效实现党组织在精准扶贫及乡村振兴中的重要作用。

参考文献

Amartya Sen，*Development as Freedom*(New York：Oxford University Press，1999).

汪三贵、刘未：《“六个精准”是精准扶贫的本质要求——习近平精准扶贫系列论述探析》，《毛泽东邓小平理论研究》2016 年第 1 期。

汪习根：《免于贫困的权利》，《法学研究》2012 年第 1 期。

王巍：《相对主义：从典范、语言和理性的观点看》，清华大学出版社，2003。

王延中：《中国“十三五”时期社会保障制度建设展望》，《辽宁大学学报》（哲学社会科学版）2016 年第 1 期。

葛志军、邢成举：《精准扶贫：内涵、实践困境及其原因阐释——基于宁夏银川两个村庄的调查》，《贵州社会科学》2015 年第 5 期。

叶青、苏海：《政策实践与资本重置：贵州易地扶贫搬迁的经验表达》，《中国农业大学学报》（社会科学版）2016 年第 5 期。

张伟宾、汪三贵：《扶贫政策、收入分配与中国农村减贫》，《农业经济问题》2013 年第 2 期。

张周虎：《“五融五化”助脱贫——水城县创新民族文化助推精准扶贫机制》，《当代贵州》2017 年第 8 期。

刘永富：《以精准发力提高脱贫攻坚成效》，《人民日报》2016 年 1 月 11 日，第 7 版。

乡村振兴视域下国定贫困县脱贫不“反弹”研究[*]

——以海南琼中、白沙为例

陈小燕[**]

摘　要：国定贫困县的脱贫攻坚是实现乡村振兴战略的重点，国定贫困县是我国全面小康之路上的“短板”，这些县贫困面积广、贫困人口多、贫困程度深，是当前脱贫攻坚最难啃的“硬骨头”。如何确保国定贫困县脱贫不“反弹”、如何防止脱贫人口再度返贫是脱贫攻坚需要攻克的难题。当前，全国共有592个国定贫困县，本文以海南国定贫困县为例，对国定贫困县脱贫不“反弹”问题进行分析，从“授人以渔”“产业造血”“长效机制”等方面对国定贫困县的脱贫不“反弹”问题进行了剖析，以期为全国其他国定贫困县脱贫不“反弹”的实现提供一定的借鉴和参考。国定贫困县脱贫不“反弹”是实现乡村振兴的前提和基础，本研究对乡村振兴和“两个一百年”奋斗目标的实现具有重要的意义。

* 本文系2017年国家社科基金项目（17BKS022）、海南省哲学社会科学2017年规划课题（HNSK（ZC）17-10）、2017年海南省研究生创新科研课题（Hyb2017-30）、2017年海南省自然科学基金面上项目（717125）的阶段性成果。

** 陈小燕，海南师范大学马克思主义学院、经济与管理学院。

关键词： 国定贫困县　脱贫　海南

乡村振兴战略是党的十九大提出的重要发展战略，对解决人民日益增长的美好生活需要和不平衡不充分的发展之间矛盾、实现“两个一百年”奋斗目标、实现全体人民共同富裕具有重要的战略意义。而实施乡村振兴战略，重点在于攻克深度贫困。[①]深度贫困地区的脱贫攻坚是一个难题，要做到“脱真贫、真脱贫”，如期实现全面小康社会以及乡村全面振兴，防止深度贫困地区脱贫人口再度返贫是一个不容忽视的问题。当前，全国共有 592 个国定贫困县，这些县是我国脱贫攻坚的主战场，是最难啃的“硬骨头”。确保国定贫困县脱贫不“反弹”，是脱贫之路上需要攻克的难题。作为中国唯一的热带海岛和中国最年轻的省份，海南省的脱贫攻坚对我国成功迈入全面小康社会具有重要的意义。海南省目前有 5 个国家级贫困县，分别是五指山市、琼中黎族苗族自治县、白沙黎族自治县、保亭黎族苗族自治县、临高县。这些国定贫困县多位于少数民族聚居区和生态核心区，经济发展受限，教育水平落后，生产生活条件恶劣。本文以海南国定贫困县琼中、白沙为例，对国定贫困县脱贫不“反弹”问题进行分析，以期为全国其他国定贫困县脱贫不“反弹”的实现提供一定的借鉴和参考，为乡村振兴奠定坚实的根基。

一　“授人以渔”：帮助贫困群众扶志、扶智、扶技

贫困人口能否脱贫致富，关键在于贫困者自身。因此，要防止国定贫困县脱贫“反弹”，首先要从改变贫困人口自身入手。贫困人口的脱贫愿望、智慧和技能是真脱贫、脱真贫的内生动力，只有贫困人口拥有脱贫致富的积极性和主动性，才是防止脱贫“反弹”的根本。国定贫困县，大多交通不发达，信

① 王剑锋：《海南琼中迎来发展新机遇》，《中国县域经济报》2015 年 7 月 23 日，第 4 版。

息闭塞，加之人们的思想观念落后，要防止脱贫“反弹”，需要根除思想上的惰性，增加贫困群众脱贫的志气、智慧和技能，做到扶志、扶智、扶技三者相结合。

（一）扶志:“要我脱贫”转变为“我要脱贫”

摆脱贫困需要志气。海南本土人相对于内陆人来说，比较安贫乐道。这主要与海南自身的特点、海南本土的环境、海南的地理位置和海南文化氛围有关。海南地处中国的最南端，拥有宜人的气候、丰富的自然资源和良好的生态环境。由于自然资源丰富，人们无须辛勤劳作，也可以采果充饥、抓鱼为生，海南四季如春，水稻一年最多可种三季，人们能够比较轻松地得到食物。另外，海南古时是个流放之地，发展起步较晚，经济社会文化发展相对滞后，生活工作节奏不快，竞争不太激烈。久而久之，在海南岛上生活的人们，逐渐形成了一种看似懒散的独特“岛民思维”方式和悠然自得的“岛民生活”方式。改革开放以后，尤其是近年来，随着内陆人民来到海南，内陆和海南文化逐渐交融，海南本土人民在潜移默化中改变着自己的习惯，受内陆文化的影响，海南人民尤其是年轻的一代，开始拥有积极向上的心态和活跃的思想以及良好的习惯。但是，在海南国家级贫困县等偏远山区贫困地区，人们思想仍然比较落后，不少贫困户脱贫致富的积极性不高，不少富余劳动力宁愿闲在家，也不愿意外出打工。这种观念在贫困地区形成了代际传递。要拔掉穷根，还需要从思想脱贫开始。在党和政府以及社会各界积极的外部物质帮扶下，海南国定贫困县的贫困状况得到了很大的改善，但这始终不是脱贫致富的长久之计。要防止脱贫“反弹”，实现最终的脱贫致富，首先需要实现“思想上的富裕”。因此，要实现海南国定贫困县的真正脱贫，首先要解决的是贫困人口的思想问题，即要拥有主动致富的意愿。如果没有贫困人群的主动配合和积极行动，再好的帮扶资源和帮扶措施也难以达到应有的效果。除了进行物质上的帮扶，更要注重思想上的帮扶。要通过各种途径和方式让贫困群众从思想上、精神上树立和增强勤劳致富的信心、勇气和动力，让他们意识到必须依靠自身努力才能斩断穷根。

（二）扶智：阻断贫困思想的代际传递

摆脱贫困需要智慧。而教育是扶智治愚、拔除穷根、阻止贫困代际传递的根本途径。因此，扶智的关键方式就是发展教育。对于海南而言，由于历史原因，海南的经济社会发展比较滞后，经济发展水平严重影响了本地的教育水平。因而，海南的教育水平在整体上处于相对落后的状况。对于海南国定贫困县而言，教育资源更是严重不足，加上家庭的贫困，很多孩子上完小学就辍学在家。他们生活在受贫困文化影响的环境中，接受不到良好的教育和先进的思想文化理念，贫困思想在这个封闭的生活环境中一代一代地传递，他们从小形成了安于现状、游手好闲、不思进取的怠惰思想。受特定文化观念的影响，海南国定贫困县大多是女人承担更多的体力活，男人大多不够勤劳。不少贫困山区出现“光棍村”，基于交通闭塞、贫穷、懒惰等原因，村里的男人找不到对象，同村女子都外嫁条件更好的地区，一些贫穷村庄出现了很多单身汉。因此，要通过教育扶贫，阻断贫困思想的代际传递，让贫困地区的孩子得以全面、健康发展，形成朝气蓬勃、阳光向上的气质。通过学习知识和艺术，让贫困地区孩子们的思想和精神面貌进行脱胎换骨的改变。要通过教育让国定贫困县贫困人群从思想上发生根本性的转变，激发他们积极主动地去寻找致富的途径。在教育扶贫方面，海南各国定贫困县分别采取了一定的政策扶持。如海南五大国定贫困县之一琼中黎族苗族自治县针对全县被列为精准扶贫对象家庭的全日制在校大学生、高中生、中职生、初中生、小学生、幼儿园（小学附设班）在园儿童，实施精准帮扶，以“免、减、助、奖、贷、补”等形式实行多元化教育扶持，积极构建覆盖全县贫困学生的帮扶机制。海南另一大国定贫困县白沙县除了对建档立卡的贫困家庭学生实施教育帮扶，还致力于提高偏远乡村教师工资补助，加大对乡村教师队伍建设的支持力度，建立统筹乡村教师补充机制，推动城乡教师合理流动和对口支援。

（三）扶技：增强贫困者脱贫的能力

摆脱贫困需要技能。“授人以鱼”不如“授人以渔”，一条鱼虽能解一时之饥，却不能解长久之饥，若想永远有鱼吃，就必须学会钓鱼的方法。要从根本上解决贫困群众的贫困问题，必须把增强贫困群众的脱贫能力作为防止贫困群众脱贫又返贫的根本措施。对贫困地区的贫困人口进行技能培训，让贫困者获得一技之长，增强国定贫困县贫困者脱贫致富的能力，是巩固精准扶贫成果、防止国定贫困县脱贫“反弹”的重要保障。当前，海南国定贫困县正多渠道、全方位开展各项技能培训，拓宽就业范围，提升贫困人口脱贫致富能力。例如白沙县针对当地大部分贫困人口创业意识差、生产技能水平低等问题，以“技能型乡镇政府”建设为抓手，建立乡镇干部学习培训、定点扶贫进村入户、科技帮扶制度，增强乡镇干部的服务意识，提高服务本领，改进工作作风，全县干部群众形成了“学技能、学业务、干事业”的良好氛围，促进农村经济发展，增加收入。通过大力开展劳动力技能培训，促进自主创业和转移就业。对有创业意愿的贫困农户，组织开展创业培训，并引入小额贴息贷款帮助他们创业，以创业带动就业，增强就地发展产业、自我发展创业的能力素质。对有外出就业意愿的农户，结合本地区产业发展的用工和市场需求，有针对性地开展订单培训，以“转移一人、脱贫一户”为目标，就近就地转移就业。积极搭建就业用工供需平台，结合“美丽乡村”建设需要，开发农村保洁员、护林员等社会公益性岗位，就近聘用符合条件、责任心强的贫困户家庭成员，由政府或各相关部门予以薪金补贴，补贴经费列入财政预算，促进贫困农户富余劳动力全就业。同时，结合黎族非物质文化遗产——双面绣和黎锦技艺，对贫困地区妇女进行黎锦技艺培训，将手中的黎锦、双面绣等作品做成芭蕉村乡村旅游特色产品，从而拓宽当地农村妇女的就业门路。对于国定贫困县的贫困户而言，只有“授之以渔”，培养拥有科技素质、拥有职业技能、拥有创业能力的新型劳动力，使贫困群众拥有一门以上的致富本领，才能从根本上摆脱贫困，防止脱贫“反弹”。

二 “产业造血”：确保贫困人口有稳定的收入来源

要想彻底防止脱贫“反弹”，光靠外部“输血”远远不够，根本方法在于找到致富路子，增强内部“造血”功能。要立足长远考虑，根据不同地区的资源禀赋和自身优势，因地制宜发展特色产业，获得产业的支撑，激发农民的致富内生动力，实现国定贫困县脱贫致富不“反弹”。没有可持续发展的好产业，贫困群众就无法从根本上摆脱贫困。在“造血式”扶贫方面，海南国定贫困县主要通过发展农业特色产业和生态旅游等保证贫困人口获得长期稳定的收益。

（一）农业特色产业：挖掘独具特色的热带农业资源

海南拥有全国独具特色的热带农业资源。因此，海南国定贫困县脱贫致富的主要方式之一是因地制宜发展农业特色产业。位于海南岛中部山区生态核心区的琼中黎族苗族自治县，素有“海南绿肺”的美誉，长期以来，因为保护生态、限制开发等，经济发展相对落后。① 为了脱贫致富，琼中县结合本地实际情况，探索出农业特色产业脱贫的发展之路。在发展农业特色产业脱贫方面，琼中县深入开展“百村百社、千人万户”创业致富计划，重点发展桑蚕、养鸡、养鹅、稻鱼共生、养蜂、养羊、养牛、益智、油茶等9类特色产业，并推行“龙头企业 + 基地 + 贫困户”“专业合作社 + 基地 + 贫困户”“村集体经济 + 基地 + 贫困户”“种养大户 + 基地 + 贫困户”等4种产业扶贫模式，深化龙头企业、专业合作社、村集体经济、种养大户等4类新型农业经营主体与贫困户利益联结，让产业扶贫走上规模化、标准化、效益化的发展道路。② 与琼中县毗邻的白沙黎族自治县地处海南岛中部偏西，是海南的生态核心区，

① 《中共海南省委　海南省人民政府关于打赢脱贫攻坚战的实施意见》，《海南日报》2016年4月19日，第3版。

② 《中共中央国务院关于深入推进农业供给侧结构性改革加快培育农业农村发展新动能的若干意见》，《人民日报》2017年2月6日，第1版。

也是海南5个国家扶贫开发工作重点县之一。白沙县的传统产业主要有橡胶、甘蔗、木薯等产业，由于这些传统产业效益低，为实现脱贫致富，需要在稳定传统产业的同时，挖掘农业特色产业。在挖掘农业特色产业方面，扶持和引导致富带头人、大户、专业合作社建立生产基地，实行“种养大户＋贫困户”模式、“贫困户＋贫困户”抱团模式、“政府＋公司＋贫困户”互利经营模式、“合作社＋自然村＋贫困户”集体经营模式等，吸引贫困户以扶贫物资、土地、劳动力入社、入股，建立与贫困户的利益联结机制。按照优土优用的原则，首先进行传统产业梳理，稳住种植面积达50万亩的橡胶产业，调减甘蔗、木薯等低效产业，扶持发展白沙绿茶、益智南药、瓜果蔬菜等高效产业；其次进行特色产业培育并引导其发展，利用林下土地资源扶持发展地方特色立体种养业，引导发展休闲农业以及庭院经济，为脱贫致富探索出新的产业发展之路。

（二）乡村旅游产业：打造“一村一品”的美丽乡村

由于海南拥有得天独厚的生态环境，因地制宜地发展乡村旅游产业是海南贫困地区实现脱贫的另一重要方式。海南国定贫困县大多处于海南岛中部山区生态保护核心区，由于受到生态红线的硬约束，经济发展受到很大的限制。这些贫困县在探索产业发展方面，可以充分挖掘本地旅游资源，因地制宜发展乡村旅游产业。如琼中县在实现旅游脱贫方面，通过建设富美乡村旅游新品牌，推进琼中10条“奔格内”乡村旅游线路建设，引导沿线村庄贫困户发展民宿客栈，由贫困户提供空闲房屋，县旅游总公司进行装修改造，民宿客栈运营收入按照农户60%、村集体5%、县旅游总公司35%的比例进行利润分成。琼中黎族苗族自治县什寒村的旅游发展模式是琼中旅游扶贫开发的成功样板。什寒村是海南省海拔最高的村庄之一，海拔800多米，素有“天上什寒”“天然氧吧”的美誉。什寒村居住着黎族苗族同胞共100户520人，由于该村海拔高、温度低，橡胶、槟榔等传统经济作物无法种植，村民守着青山绿水却过着穷苦的日子。什寒村为了实现脱贫致富，充分挖掘黎苗文化的内涵，大力发展乡村旅游。自 2013 年 8 月启动旅游项目以来，村民的人均纯收入从 2012 年的 2720 元增长到 2016 年的 12013 元。什寒村实现了从一个极度贫困山村向“最美中国乡村”的成功蜕变。2016 年 9 月，什寒黎苗山寨被列入全国旅游扶贫示范项目。海南白沙黎族自治县在发展乡村旅游脱贫方面，扶持富有特色文化内涵和具有革命历史意义的贫困村，打造“农业观光”“文化体验”“乡村度假”等特色鲜明的乡村旅游产品。白沙县结合当地的民俗文化特色，开发具有民族地方特色的旅游商品，举办乡村旅游节庆活动，让贫困户全面参与乡村旅游，促进贫困村增产增收。琼中、白沙等国定贫困县在扶贫开发方面，取得了可供借鉴的经验和成绩。

（三）“共享农庄”：发展“三位一体”的田园综合体

2017 年中央一号文件提出“田园综合体”的概念，提出要“支持有条件的乡村建设以农民合作社为主要载体、让农民充分参与和受益，集循环农业、创意农业、农事体验于一体的田园综合体，通过农业综合开发、农村综合改革转移支付等渠道开展试点示范”。田园综合体模式，让农民获得了自主“造血”的新途径，为贫困户摆脱贫困开辟了一条新路子。围绕田园综合体概念，海南深入推进农业供给侧结构性改革，结合本地特色，充分利用海南的热带特色农业和生态环境资源，提出建设“共享农庄”，优先在自然环境良好的贫困村特别是少数民族贫困村发展集循环农业、创意农业、农事体验于一体，以移动互联网、物联网等信息技术为支撑，以农业和民宿共享为主要特征，农业文化旅游“三位一体”共建共享共赢的“共享农庄”。“共享农庄”本着以农为本的原则，突出农业特色，挖掘农业多元属性，在发展现代农业的同时拓宽非农功能，促进一二三产融合，保持农村田园风光，留住乡愁，实现生态可持续发展，实现农民增收、农业增效、农村增美。如琼中黎族苗族自治县的什云村是琼中“富美乡村”建设试点，通过政府引导、企业投资的方式，实现现代农业和乡村旅游联动发展。

三 “长效机制”：构筑防止脱贫“反弹”的坚实屏障

长效机制是保障脱贫攻坚深入、有序推进，不断巩固产业脱贫等“攻坚战”成果的重要抓手。在国定贫困县脱贫攻坚长效机制方面，要建立完善的社会保障机制和科学的扶贫管理机制，为国定贫困县的脱贫提供制度上的长效保障。

（一）社会保障机制：以完善的社会保障体系强化风险防控

海南省在实施社会保障兜底脱贫方面，按照“保基本、兜底线、促公平、可持续”的基本原则，进一步完善农村最低生活保障制度，对无法通过产业扶持和就业帮助实现脱贫的贫困人口实行政策性低保兜底扶贫。目前，海南各市县正在将社会保障兜底脱贫付诸实践。琼中县大力实施社会保障兜底脱贫工程，对该县农村居民最低生活保障标准 280 元以下的建档立卡贫困户，除给予补差外，对老年人、未成年人、重疾人等，按家庭困难程度，在原补差基础上增加 10%~30% 不等补助金；符合医疗救助（大病救助）或临时救助条件的，同时可以申请医疗救助（大病救助）或临时救助；低保家庭成员中子女考上大专以上院校的，可以申请入学救助。在实施健康医疗脱贫工程方面，琼中县创新实行“一站式”结算、“家庭签约医生”服务、“绿色通道”就诊、分类救治等机制，率先在全省推行医疗补充商业保险和贫困人口专项资金救助，筑牢医疗保险、大病保险、医疗补充商业保险、医疗救助、临时救助、贫困人口专项资金救助等健康扶贫“六道防线”。[①] 白沙县在社会保障兜底脱贫方面也取得了一定的成效。截至 2016 年 10 月，已向 1446 户 3675 名农村低保人员发放低保金 901 万元，做到应保尽保；投入医疗救助资金 1205 万元，医疗救助 3824 人次。同时，切实提高贫困对象的住房、医疗卫生保障水平。资助贫困对象普遍参加新农合，推行大病保险，开展义诊，在公立医疗机构住院实行“先诊疗后付费”模式，想方设法解决贫困群众看病就医问题。

---

① 《国家扶贫开发工作重点县名单》，http://www.cpad.gov.cn/art/2012/3/19/art_50_23706.html。

（二）扶贫管理机制：以合理的脱贫攻坚考核管理机制促进可持续发展

建立可持续性的脱贫攻坚考核管理机制，是确保国定贫困县脱贫成果可持续性的重要保障。在扶贫开发考核方面，海南省结合自身实际，用好政绩考核的“指挥棒”，改变对海南国定贫困县的考核方式，针对5个国家级贫困县，制定特殊的考核指标，把扶贫成效列于第一位，并把扶贫资金使用、扶贫项目实施、特色产业发展、基础设施改善、贫困人口生活水平提高、贫困人口数量减少、增强贫困地区发展内生动力和活力、带动贫困群众持续稳定增收等作为考核标准。[①]贫困县考核改革之后，不再规定GDP的硬性考核，但更强调自身的长远发展。在新的考核机制导向下，海南国定贫困县不再受制于GDP硬性指标，凭借各自的优势产业实现了突破，取得了显著的成效。在扶贫开发管理机制方面，海南贫困市县建立了严格的责任落实机制，为脱贫攻坚夯实制度根基。琼中县实行脱贫攻坚党政同责，由县委书记、县长挂帅“双组长”，县、镇、村逐级签订责任状，明确职责分工，形成了一级抓一级、层层抓落实的“大扶贫”格局。白沙县在扶贫开发管理机制方面，专门成立脱贫攻坚指挥部，县委书记、县长任总指挥，下设1个办公室和资金保障组、产业发展组、基础设施组、移民搬迁组、整村推进组、教育电商组、社会保障组、监督考核组8个工作组，8名县级领导及相关职能部门主要负责人分别担任组长和副组长。乡镇相应成立扶贫工作站，村委会成立扶贫工作室，进一步落实了各级领导责任，将以往由县扶贫部门主抓、乡镇配合、部门参与的扶贫机制，转变为由县指挥部统筹、乡镇主抓、有关部门广泛参与的工作格局。白沙县还建立了县、镇、村“三级联动”和政府、部门、社会“三位一体”的责任体系，健全干部驻村入户帮扶制度，实施乡镇干部包片责任覆盖、领导挂点、部门包村、干部包户的对口帮扶工作责任制，安排全县127个县直部门联系帮扶83个村委会，将所有贫困村、

① 周正平、代超：《海南全域旅游：总能给你一个向往的理由》，http://www.xinhuanet.com/fortune/2017-04/27/c_1120882336.htm。

贫困户脱贫任务，分解落实到乡镇、县直各部门，实现每个“预脱贫”户都有乡镇帮扶责任人和县直机关部门帮扶责任人。严格的责任落实机制，为海南脱贫攻坚提供了制度保障。只有建立健全脱贫攻坚的长效机制，才能为国定贫困县脱贫不“反弹”、脱贫人口不返贫构筑坚实的屏障。

参考文献

谭海清:《从“第一贫困县”到“扶贫成效第一”的嬗变——海南省琼中黎族苗族自治县县委书记孙喆专访》,《小康》2017 年第 29 期。

王剑锋:《海南琼中迎来发展新机遇》,《中国县域经济报》2015 年 7 月 23 日，第 4 版。

张颖:《用好政绩考核的“指挥棒”》,《中国县域经济报》2015 年 7 月 23 日，第 4 版。

《中共海南省委　海南省人民政府关于打赢脱贫攻坚战的实施意见》,《海南日报》2016 年 4 月 19 日，第 3 版。

《中共中央国务院关于深入推进农业供给侧结构性改革加快培育农业农村发展新动能的若干意见》,《人民日报》2017 年 2 月 6 日，第 1 版。

王赵洵、海南:《种好全域旅游“国家试验田”》,《中国旅游报》2017 年 6 月 28 日，第 2 版。

习近平:《决胜全面建成小康社会　夺取新时代中国特色社会主义伟大胜利》,《人民日报》2017 年 10 月 28 日，第 1 版。

何伟:《海南琼中县发展龙头企业、专业合作社等新型农业经营主体与贫困户共担模式——产业扶贫劲头足》,《经济日报》2017 年 12 月 1 日，第 12 版。

《中共中央国务院关于实施乡村振兴战略的意见》,《人民日报》2018 年 2 月 5 日，第 1 版。

《国家扶贫开发工作重点县名单》，http://www.cpad.gov.cn/art/2012/3/19/art_50_23706.html。

周正平、代超:《海南全域旅游：总能给你一个向往的理由》，http://www.xinhuanet.com/fortune/2017-04/27/c_1120882336.htm。

新疆深度贫困村脱贫攻坚问题研究

张安虎*

摘　要：新疆要实现 2020 年与全国同步全面建成小康社会，深度贫困村脱贫是基础条件。作为新疆贫困人口最为集中的最小行政单元，深度贫困村承担着脱贫攻坚的重任。新疆深度贫困村具有“两高、两低、三差、三重”的基本特征，在脱贫攻坚中“等、靠、要”的思想形成路径依赖；扶贫底数不精准严重影响脱贫政策效果；贫困地区一味多吃多占，账务不清；一户一策实施难，扶贫存在“一刀切”和“跃进式”现象；乡村干部作风不实现象依然存在，侵害扶贫对象案件时有发生等。因此，只有聚力深度贫困村，才能最终打赢新疆脱贫攻坚战。

关键词：新疆　深度贫困村　脱贫攻坚

党的十八大以来，新疆把深度贫困地区脱贫作为全面建成小康社会的底线任务和标志性指标，在全疆范围全面打响了脱贫攻坚战，脱贫攻坚力度之

---

* 张安虎，新疆社会科学院。

大、规模之广、影响之深，前所未有。而深度贫困村作为全疆贫困人口最为集中的行政单元，承担着脱贫攻坚的重任。

一　新疆深度贫困村基本情况

2017 年，新疆按照县级贫困发生率 18% 和镇村两级贫困发生率 20% 的标准，经国务院扶贫办审核同意，界定了 22 个深度贫困县、192 个深度贫困乡镇、1962 个深度贫困村，涉及 39.61 万户 162.75 万深度贫困人口，占新疆乡村人口的 13.15%，占新疆贫困人口总数的 85.76%。这些深度贫困县和乡村全部集中在南疆四地州，即我国深度贫困的“三区”之地，是新疆脱贫攻坚最难啃的“硬骨头”。

通过近年来对深度贫困村的调查，新疆深度贫困的特征可以概括为“两高、两低、三差、三重”。“两高”即贫困人口占比高、贫困发生率高。深度贫困县贫困人口占新疆贫困人口总数的 85.76%；和田地区深度贫困村贫困发生率为 35.32%，高于新疆贫困发生率 20 个百分点。“两低”即人均可支配收入低、受教育程度低。2017 年，和田地区农牧民人均可支配收入为 6883 元，是全疆平均水平的 67.6%；平均受教育时间为 6.6 年，远远低于全疆 11 年的平均水平，而且贫困人口中懂国家通用语言文字的人数很少。此外，深度贫困村所属县人均地区生产总值、人均公共财政预算收入都低于全疆平均水平。“三差”即基础设施差、公共服务差、发展能力差。由于基础设施历史欠账多，深度贫困村村内道路，尤其是入户路条件差，乡村安全饮水、生产用电等设施不足；教学水平不高，医疗服务水平较低，村级服务能力弱；深度贫困村农民人均耕地面积不足 1 亩，自身发展能力严重不足。“三重”即低保人口脱贫任务重、因病致贫和因病返贫人口脱贫任务重、贫困老人脱贫任务重。和田地区深度贫困村中因病致贫、因残致贫人口占比超过 15%，60 岁以上贫困人口占比较高。①

① 数据由和田地区扶贫开发办公室提供。

二　新疆深度贫困村脱贫攻坚中的主要问题

新疆当前要实现深度贫困村脱贫，依然面临着不少问题，有历史形成的，也有现实条件下的，这些问题需要引起高度关注。

（一）“等、靠、要”的思想形成路径依赖

“等、靠、要”的思想尽管属于扶贫老问题，但仍旧普遍存在。在新疆深度贫困村，安于现状的思想贫困尤为明显，这不仅体现在贫困人口，还反映在基层扶贫主体。不仅深度贫困人口坐等政策兜底脱贫，深度贫困地区的扶贫相关部门和工作人员亦如此，一味地依赖政策，见到扶贫项目和资金才开始扶贫行动。而且作为基层农村涉农资金供给主体的金融部门，缺乏服务“三农”的主动性，主要按照国家和自治区的优惠政策来提供金融服务，在主动作为、敢于担当方面存在不足。所有这些，实质上形成“等、靠、要”的扶贫路径依赖，而且越是贫困程度深的地方，这种路径依赖越严重。目前，国家和自治区针对贫困地区、贫困人口的优惠政策越来越多，但是主动扶贫、主动脱贫思想意识在深度贫困乡村及深度贫困人口中还不足，长期以来形成的路径依赖还在，思想上的贫困仍然没有得到根本性的解放。

（二）扶贫底数不精准严重影响脱贫政策效果

调研中仍然发现，一些深度贫困村对于贫困人口的真实数量掌握不清晰，需要开展进一步复核。从深度贫困县到乡村一级，统计数据口径不统一，难以反映出真实的贫困状况。在开展扶贫对象精准识别中，基层相关部门和人员不严格执行标准，审核把关不严，随意性较大，优亲厚友、权力寻租现象频发。一些基层农村干部和个人为了多获取和拿到贫困指标，违法违规弄虚作假。诸如此类，都影响到扶贫数据的准确性。这容易对基层制定脱贫政策形成误导，造成扶贫项目和资金出现错配，严重影响脱贫政策实施效果。

（三）贫困乡村所在地区一味多吃多占，账务不清

多年来，扶贫项目好比唐僧肉，南疆四地州、贫困县及各部门都想尽办法获得，而不论所争取的项目符不符合贫困地区发展的实际需要，不管扶贫资金的使用是否能够带来相应收益。结果就是，一些地方和部门努力争取到的扶贫项目，在实施中水土不服，不是深度贫困乡村和贫困人口发展所需，还进一步给基层造成负担，这其实就是典型的贫困（地方）饥渴症。审计发现，不少深度贫困村的村级账务问题多，扶贫账务不清楚，一些贫困户重复享受扶贫项目等问题也很普遍，使得国家扶贫政策在执行中走了样。

（四）一户一策实施难，扶贫手段存在“一刀切”和“跃进式”现象

一户一策是精准扶贫精准脱贫的基本要求，但是在实施中难度较大，需要投入基层更多的人力。调研发现，新疆深度贫困村的扶贫工作中存在着很多“一刀切”“跃进式”等方式方法问题。如一个给贫困户建设棚圈的项目，到了村里，也不分每户庭院面积大小和空间布局，只是要求必须依照统一的尺度开建，否则不予以验收。对于一些简单的基建类扶贫项目，不允许基层农民通过投工投劳建设，要走一套招投标复杂程序，专门指定有资质的建筑公司统一规划建设，不仅人为增加了建设成本，而且项目建设周期也被拉长。一些针对贫困户的庭院养殖扶持项目，养殖项目以牛、羊、鸡、鸭、鹅养殖为主，有些贫困户养殖意愿不强，有养殖意愿的又缺乏技术和饲草料，类似情况不少。

通过访谈，明显也能感受到基层扶贫部门对于脱贫问题，很多时候抱着毕其功于一役的心态。结果就是，一些地方的扶贫工作是“跃进式”推进，短时期见效，但是不可持续。其根本原因，是对于扶贫规律的认识和把握没有到位，没有真正做到实事求是。[①]

---

① 张安虎:《新疆南疆地区精准扶贫问题研究》，载任宗哲、白宽犁、王建康主编《中国西北发展报告（2017）》，社会科学文献出版社，2017。

（五）乡村干部作风不实现象依然存在，侵害扶贫对象案件时有发生

党的十八大以来，尤其是2016年以来，新疆基层干部工作作风发生明显转变，深度贫困地区基层党组织软弱涣散的局面得到很大改观。但在南疆四地州的一些乡村作风不实问题依旧比较严重。有些深度贫困村，村级基层党组织在脱贫攻坚工作中依靠驻村工作队被动工作，没有发挥村“两委”在脱贫攻坚工作中的主体作用，不作为，缺乏担当；对当地贫困人口摸底不精准，没有严格按照一户一策实施脱贫方案，投入了太多精力在制作报表上面，做形象工程、搞政策棚架等不实作风让基层群众在一定程度上产生抵触情绪。调研还发现，有部分扶贫资金实际无法到达扶贫对象手上，导致扶贫项目效果大打折扣，违规和违法使用扶贫资金状况比较严重，基层领导干部侵害群众利益案件频发。

应当说，以上问题可以从不同角度进行分析阐述。但就时间上来说，脱贫攻坚已经不再是理论层面要解决的问题，更需要从实践方面去解决。

三 聚力深度贫困村，打赢新疆脱贫攻坚战

党的十九大向世人承诺，要让贫困人口和贫困地区同全国一道进入全面小康社会，这是政治任务。因此，新疆要把深度贫困村脱贫攻坚作为“头号工程”，要聚全疆之力，只许成功不能失败。要在新时代脱贫攻坚战略指导下，紧紧围绕社会稳定和长治久安总目标，坚持精准扶贫精准脱贫基本方略，尤其是要与中央的精神保持一致，把中央给予的各项扶贫政策落到实处，才能实现真脱贫、脱真贫。

（一）解放思想，充分发挥扶贫主体和扶贫对象的主动性

在推进新疆深度贫困地区扶贫方面，首要的就是解放思想，尤其是少数民族领导干部的思想必须同步解放，关键在于要做到始终同党和国家的扶贫思

路保持一致，克服扶贫中不符合实际的“习惯思维”和“主观偏见”，主动作为来完成扶贫任务。同时，要让扶贫对象承担相应义务。针对深度贫困地区自然环境较为恶劣的问题，可以让扶贫对象参与诸如本地村容村貌维护、环境保护建设等公益事业，有劳动能力的可以投劳，无劳动能力的让其进行宣传和监督，就是要让扶贫对象的权益和义务得到相应的匹配，最大限度地培养起扶贫对象的生产生活热情，激发其主动性。

（二）加强深度贫困村干部队伍建设

为了实现到2020年全部脱贫摘帽，整个“十三五”期间，还需要持续发力，继续从发达地区的乡镇干部甚至县市干部中选配一批能力较强人员驻村担任村支书。除了持续选派“访惠聚”（访民情、惠民生、聚民心）驻村工作队和深度贫困村第一书记，也要考虑长远，不断配强补齐深度贫困村的干部队伍，加强深度贫困村干部队伍建设。对此，一方面保证基层党员干部在繁重工作之余，还有一定时间接受教育培训。另一方面应该看到早已存在的一个优势——内地新疆高中班、内地新疆中职班每年招收上万人，这是新疆，尤其是南疆地区基层组织队伍的青年后备军。需要中央在人才援疆方面继续加大支持，想方设法把这支生力军用在新疆，尤其是南疆地区，这才是依法治疆、团结稳疆和长期建疆之策。此外，鉴于深度贫困村集体经济十分薄弱，基层干部肩负维稳和脱贫双重责任，获得感不足，需要进一步改善基层干部的待遇，加强心理疏导和人文关怀。

（三）继续摸清底数，算好脱贫账，推动科学施策

一是严格按照建档立卡要求进一步开展调查摸底，真实反映出各地区现存的贫困村、贫困人口数量，统一口径。二是把摸底结果的真实性和准确性作为扶贫部门和责任人工作考核指标，加强对扶贫摸底工作督查，严明责任追究，消除利益关联。三是进一步完善村级扶贫脱贫台账，实行专人专职负责，通过记流水账形式，帮助贫困户算清楚、搞明白脱贫效果，定期进行公示，加

强村级脱贫监督。四是在科学施策中，要严格按照精准扶贫“七个一批”“三个加大力度”[①]进行分类施策。

（四）尊重扶贫规律，关键做到实事求是

一是扶贫慎用“一刀切”方式方法。扶贫对象需要养殖什么品种，能够饲养多少数量，不要进行限定或者指定，避免管理部门过多、过深介入市场微观主体的生产或生活。同时对扶贫权力分配做出约束，防止“跃进式”脱贫。需要加大监督审查力度，发挥基层人大和政协等机构的民主监督作用，在扶贫项目分配和资金使用方面也让扶贫对象代表更多地参与进来，建言献策，避免不切实际的扶贫。

二是做好项目衔接，确保扶贫项目连贯性。在扶贫项目实施前，做好项目前期调研，应当考虑后续项目实施对于前期项目可能带来哪些不利影响，找出扶贫项目间相关联的地方，一环扣一环地实施，减少贫困地区重复建设和资源浪费。

（五）消除基础瓶颈，争取发展利益，保障贫困群体权益

一是抓基础建设，消除制约瓶颈。继续加强村一级道路建设，改善村内入户路面通行条件；加大水利设施建设投入，通过水利管网建设改善深度贫困地区农业灌溉条件和保障人畜饮水安全；加强电力设施建设，提升深度贫困村发展生产用电保障水平。

二是在矿产资源开发收益中，按照占有耕地、草场、宅基地面积数量等指标给资源地区乡村集体返还一定比例的收益，帮助一些贫困人口实现就地就近就业。还可以给予新疆深度贫困地区一定水资源管理权，特别是保证水利设施建设地点和上游沿线深度贫困人口公平享有水资源使用的权利。

---

① “七个一批”即通过转移就业扶持一批、发展产业扶持一批、土地清理再分配扶持一批、转为护边员扶持一批、实施生态补偿扶持一批、易地扶贫搬迁扶持一批、综合社会保障措施兜底一批。“三个加大力度”即加大教育扶贫力度、阻断贫困代际传递，加大健康扶贫力度、防止因病致贫因病返贫，加大基础设施建设力度、改善生产生活条件。

三是教育引导扶贫对象，促进自身权益得到维护和保障。按照“扶贫先扶志”的要求，加强个体权益保护方面的宣传教育引导。通过宣传扶贫政策，提供扶贫信息，教育帮助贫困人口认识扶贫工作，积极引导其参与扶贫，维护和保障自身权益，改变被动脱贫状况。①

四是还需要对基层干部侵害贫困群体利益的行为加大查处和惩治力度，进一步提高监督执纪水平。

总之，新疆要实现 2020 年全面建成小康社会，深度贫困村脱贫是基础条件。实现深度贫困村脱贫的关键在于全面贯彻落实中央出台的一系列扶贫政策和要求。只要聚全力、全聚力，抓住重点关键，强化责任落实，新疆脱贫攻坚战一定能够取得最终胜利。

---

① 张安虎:《新疆南疆地区精准扶贫问题研究》，载任宗哲、白宽犁、王建康主编《中国西北发展报告（2017）》，社会科学文献出版社，2017。

全力攻克青海深度贫困地区脱贫任务

魏　珍　郭　婧*

摘　要： 青海深度贫困地区面临脱贫攻坚的巨大挑战，党的十八大以来，青海扶贫工作整体迈上新台阶。但深度贫困地区仍然面临生态环境恶劣、致贫因素复杂，创收增收渠道单一、项目进展缓慢，补齐短板任务艰巨、自我发展能力较弱，思想认识存在差距、主体作用发挥不够，基础工作薄弱、工作能力不足，资金监管缺乏重视、责任主体不明确等诸多难题。攻克青海深度贫困地区扶贫任务需要从发挥贫困群众主体作用、推进社会帮扶、加大资金支持力度、加大基础设施投入、实施易地搬迁政策、加大产业扶贫支持力度、增加生态公益岗位、推进教育和健康扶贫等方面采取强有力的措施，构建全方位的反贫困战略，才能确保脱贫攻坚目标的如期实现。

关键词： 青海　深度贫困地区　脱贫攻坚

党的十九大提出了要坚决打好防范化解重大风险、精准脱贫、污染防治

* 魏珍，青海省社会科学院经济研究所；郭婧，青海省社会科学院生态环境研究所。

的攻坚战，“精准脱贫”作为三大攻坚战之一，要打好精准脱贫攻坚战的当务之急是集中解决好深度贫困地区的脱贫攻坚任务。2017年6月23日，习近平总书记在山西太原市深度贫困地区脱贫攻坚座谈会上准确研判了深度贫困地区脱贫攻坚的现状、难点、任务和距离①，这为青海全力攻克深度贫困地区脱贫任务指明了方向。青海深度贫困地区大都处在生态环境脆弱、社会发育滞后、基础设施短板明显的地方，自然灾害频发，地理位置偏远，气候条件恶劣。打好青海脱贫攻坚战事关全国2020年脱贫攻坚的目标的完成，意义重大，任务艰巨。

一　青海脱贫攻坚主要做法与成效

党的十八大以来，青海省委省政府坚定不移贯彻落实党中央、国务院决策部署，坚持精准扶贫精准脱贫基本方略，各地各部门多方联动、精准发力，强化督查问效，集中精力谋扶贫、抓脱贫，各项决策部署得到了较好落实，青海扶贫工作取得了一系列成效。2013年以来，全省累计减少贫困人口90.7万，贫困发生率从2012年底的24.6%下降到2017年的8.1%，下降了16.5个百分点。都兰、同德、河南3县经受住了史上最严格的国家评估检查并率先摘帽。贫困地区农牧民人均可支配收入年均增长11.1%，九年义务教育巩固率达到94.21%，贫困群众住院自费比例降到平均6%，全省近2/3的农牧户住房条件得到改善，90%以上的贫困户有安全住房，“三保障”能力持续增强。2017年全省上下接力前行，坚决打赢年度“翻身仗”，脱贫攻坚基础更加牢靠，措施更加有力，成效更加明显，实现了7个贫困县摘帽、525个贫困村退出、15.8万贫困人口脱贫，超额完成减贫目标。

（一）责任制实施细则全面落实

省委省政府始终把脱贫攻坚作为一场输不起的“政治仗”“民心仗”，全

① 2017年6月23日，习近平总书记主持召开深度贫困地区脱贫攻坚座谈会并发表重要讲话。

面落实责任制实施细则，实行各级干部联点包抓，强化督查通报、约谈问责、监督执纪、表彰奖励等制度机制。各地各部门以脱贫攻坚为己任，牢固树立“四个意识”，努力补齐“四个短板”，注重加强责任落实，以硬的作风、实的举措推动政策落地，脱贫攻坚组织力、执行力不断提升。

（二）资金投入稳步增长

2017 年落实各类扶贫资金 121.8 亿元，其中中央财政专项扶贫资金 25.4 亿元，省级财政专项扶贫资金 11.4 亿元，市县配套资金 13.8 亿元，易地扶贫搬迁资金 34.5 亿元，外资项目资金 2.4 亿元；扶贫贷款及小额信贷 34.3 亿元。

（三）扶贫产业发展因地制宜

按照中央“六个精准”和“五个一批”的要求，结合青海省情实际，制定出台了覆盖面广、综合性强、含金量高的“1+8+10”政策体系，明确了精准施策的行动路径，打出了强有力的脱贫攻坚“组合拳”。针对国家各贫困区的深度贫困现状，实行差异化扶持政策，例如，在到户产业扶贫中，牧区人均补助 6400 元，因地、因村、因户扶持发展扶贫产业；对同步搬迁的非建档立卡贫困户，按照每户 5.5 万元给予补助，补助标准之高、扶持力度之大前所未有。

（四）重点扶贫工程扎实开展

提前三年实现有意愿、有能力的 42.63 万贫困人口到户产业全覆盖，14 个扶贫产业园、52 个乡村旅游项目稳步推进。新增生态公益性管护岗位 2.53 万个。2.5 万户 9.2 万人易地搬迁安置项目全部开工。乡村道路建设、危旧房改造、饮水安全提升、电网改造以及教育、医疗、文化等基础设施和公共服务项目持续推进，教育扶贫、健康扶贫、科技扶贫、电商扶贫、保险扶贫等扶贫项目扎实开展，贫困地区尤其是基层的生产生活条件明显改善。扎实开展东西部扶贫协作、定点扶贫、驻村帮扶和“双百”精准扶贫行动。

二 青海深度贫困地区面临的困难与问题

深度贫困主要指“三区”、“三州”（以下简称“三区三州”）和“三类人”（因病致贫人群、因灾和市场行情变化返贫人员、贫困老人）。青海省属于“三区”中的四省藏区之一，深度贫困地区包括青海省海北藏族自治州、黄南藏族自治州、海南藏族自治州、果洛藏族自治州、玉树藏族自治州以及海西蒙古族藏族自治州。[①] 西部大开发以来，特别是最近几年的以“精准”为总基调的脱贫攻坚开展以来，深度贫困地区的反贫困取得了显著成效。但由于特殊的地理历史环境和发展阶段，这些地区深度贫困局面没有根本改变。据统计，2016年底，“三区三州”贫困人口占全国贫困人口总量的8.2%，贫困发生率约为16.69%，相当于全国平均水平的3.7倍[②]，是全国典型的深度贫困地区。青海省贫困发生率虽从2012年底的24.6%下降到2017年的8.1%，首次实现贫困县总量减少，但贫困发生率仍然是全国平均水平的2.61倍，因此攻克青海深度贫困堡垒至关重要。

目前，全省剩余的24.6万贫困人口基本集中在深度贫困地区，脱贫攻坚任务艰巨，面临巩固脱贫、防止返贫压力。尽管全省扶贫脱贫各项工作取得了一定成效，但深度贫困地区仍存在亟待解决的困难与问题。尤其青海省是六盘山和四省藏区两个集中连片特殊困难地区覆盖区域，集中了西部地区、民族地区、高海拔地区、贫困地区的所有特征，脱贫任务艰巨。

（一）生态环境恶劣，致贫因素复杂

青海深度贫困地区处于青海藏区，是我国自然条件最恶劣的地区之一，平均海拔3300米。海拔高、气候条件恶劣，空气稀薄，太阳辐射强等诸多不

① 《国务院扶贫办：采取超常规方法让深度贫困地区脱贫》，http://www.xinhuanet.com/politics/2017-07/05/c_1121270531.htm。

② 《黄康生：加大力度推进“三区三州”深度贫困地区脱贫攻坚》，http://www.rmzxb.com.cn/c/2017-08-29/1755433.shtml。

适宜农牧业发展甚至不适宜人类生存的严苛因素存在，导致扶贫难、返贫率高。加之深度贫困地区自然灾害频发、交通不便、生态脆弱，2017年，15个深度贫困县贫困发生率都在20%以上，藏区深度困难乡镇占比高达25%。省内贫困人口致贫因素复杂多样且相互叠加。藏区地方病、高原病多发，像玉树、果洛两州因病致贫的占比超过50%，加大了脱贫攻坚的复杂性和难度。

（二）创收增收渠道单一，项目进展缓慢

青海省深度贫困地区大多从事传统的种养业，产业结构单一，可持续增收的产业选择培育和转型升级难，贫困群众增收渠道狭窄，政策性收入占比超过60%。项目进展缓慢，部分县项目储备不足，提前谋划不够，项目实施环节多、程序繁杂，影响了项目进度。部分县扶贫项目规划缺少带贫长效机制，项目利益联结机制不健全、不完善，贫困户持续稳定增收存在隐患。个别县易地搬迁还存在“一搬了之”的倾向。

（三）补齐短板任务艰巨，自我发展能力较弱

深度贫困地区经济发展滞后，社会发育程度低，基础设施建设欠账多，公共服务配套难，建设成本高、施工难度大，要实现基础设施和基本公共服务主要领域接近全国平均水平难度很大。自我发展能力较弱，深度贫困地区的人口文化素质普遍不高，思想观念陈旧，“等、靠、要”思想严重。尤其是深度贫困区贫困人口受教育程度低，小学文化程度以下的占60%以上，少数民族聚居地区文盲、半文盲接近四成，普遍缺乏劳动技能，稳定就业比例低。

（四）思想认识存在差距，主体作用发挥不够

个别市县主体责任落实不够，在打赢打好脱贫攻坚战上思考不深，脱贫攻坚中很多问题依赖上级领导。一些干部把脱贫攻坚看成一项阶段性短期任务，在措施落实、产业选择上一味追求“短、平、快”，把脱贫与增收简单等同。个别干部遇到问题习惯于在客观上找理由，不愿在主观上找差距。主体作

用发挥不够。一些贫困村“两委”主动作为意识不强，扶贫项目推进全靠驻村（扶贫）工作队。个别一线扶贫干部遇事绕着走，不敢担责、不愿担责。一些贫困群众“等、靠、要”思想比较严重，等着“送小康”，甚至在一定程度上滋长了惰性，给基层扶贫工作造成压力。

（五）基础工作薄弱，工作能力不足

个别县、乡对贫困人口精准识别、精准退出工作认识不到位，标准不严，关口不牢，还存在错评、漏评、错退等现象。尽管有的县已经摘帽，但类似的问题还是存在。部分乡村识别和退出的程序不规范、档案资料不完整、基础信息不完备。在省际交叉考核时发现，个别非贫困村档案资料存在严重的逻辑错误，工作能力有待提升。部分乡村干部对有关政策掌握得不够全面，理解把握不准，工作思路不宽，办法不多，过多依赖驻村干部。个别第一书记主动性不强，帮扶工作还不到位。个别县级扶贫部门人员流动性大，缺乏连续性，影响了全局工作。

（六）资金监管缺乏重视，责任主体不明确

各地均不同程度存在重资金拨付、轻监管使用，重项目建设、轻效益跟踪；扶贫资金“接不住、管不好”的问题依然存在。一些地方财政涉农资金统筹整合达不到规定比例。个别地区资金拨付缓慢，效益发挥滞后，有的县被屡次通报，但仍未引起足够重视。

三　打赢深度贫困地区脱贫攻坚战的路径思考

以习近平新时代中国特色社会主义思想为指导，全面贯彻落实党的十九大精神，按照中央经济工作会议、中央农村工作会议、全国扶贫开发工作会议和省十三次党代会、省委十三届三次全会、全省农村牧区工作会议部署要求，不断强化“四个意识”，全力推进“四个转变”，坚持精准扶贫精准脱贫基本

方略不动摇，更加注重深度贫困地区脱贫攻坚，更加注重脱贫质量，更加注重增强贫困群众获得感，更加注重精准帮扶、稳定脱贫，更加注重开发式与保障性扶贫并重，确保脱贫目标顺利实现。

（一）全面发挥贫困群众主体作用

深度贫困地区贫困群众本身是扶贫开发活动的主体。2007 年国际消除贫困日主题是“贫困人口是变革者”，旨在强调贫困人口自身在消除贫困中的不可替代的作用。在消除贫困的进程中，贫困者同样是变革者，无论怎样的反贫困政策，要能落到实处，都必须有贫困者的积极参与，并由他们自己最终走出贫困。青海深度贫困地区的脱贫攻坚只有充分调动和发挥贫困人口自身的积极性，提高其自我发展和可持续发展能力，发挥其主体作用，才能将外在的帮扶资源转化为内生的发展动力。因此，在脱贫攻坚过程中，深度贫困地区需要结合扶志、扶智的有效工作方式方法，激发贫困群体自我发展意愿。

一是扶贫先扶志。坚持把扶贫与扶志结合起来，通过改进工作方式方法激发和培育深度贫困地区脱贫内生动力，引导贫困群体由被动“要我脱贫”向主动“我要脱贫”转变；可组织开展思想脱贫集中宣讲活动，通过政策解读、典型宣传，激发贫困群众致富愿望。通过宣传“移风易俗、破迷信、改陋习”和评选表彰脱贫致富先进典型，调动贫困人口参与脱贫攻坚的主动性。深度贫困地区群众应相信依靠自身努力、借助政策优势能够如期实现脱贫。应加强贫困户对贫困的认知、对国家扶贫政策的认知。

二是扶贫必扶智。文化教育落后是造成深度贫困的主要原因，并由此形成能力贫困。加快深度贫困地区社会文化和教育事业发展，培训贫困群体发展生产的劳动技能和务工经商的基本技能，培育和提高贫困人口的“现代致富伦理”和自我发展能力，是阻止贫困代际传递的重要途径。有效开展技能培训，使大部分贫困群众有一技之长，帮助其找到就业门路，实现脱贫目标。同时，培育深度贫困地区发展的内生动力，立足自身资源禀赋、产业基础和市场需求，因地制宜发展特色产业，促进深度贫困家庭增收致富。

（二）大力推进社会帮扶

为了加大投入力度，加快青海深度地区脱贫步伐，就需要建立和完善多渠道、多方式的扶贫投入机制，将动员和凝聚社会各界力量广泛参与作为脱贫攻坚的有力举措。一是要建立健全保障和鼓励机制，广泛动员民营企业、社会组织等各种社会力量参与精准扶贫。如对到贫困地区投资发展的民营企业给予信贷支持、税收优惠、财政贴息和政府项目招投标优先权等相关政策支持，以吸引民营企业到贫困地区投资发展。例如，黄南州同仁县、尖扎县、泽库县等深度贫困县开展“户企结对”精准扶贫启动仪式，民营企业与贫困户签订精准扶贫结对卡，以“一企帮一户”或“一企帮多户”形式，助力深度贫困地区群众脱贫致富。二是要建立和完善社会扶贫捐赠和帮扶体系，广泛动员城市市民、教师、医生、学生等社会各界力量开展有针对性的帮扶活动。三是要进一步加大对政府各部门扶贫资金的整合力度，将有限的资金有计划地集中打包投入到扶贫对象最需要、最紧迫、效益最高的地区和项目上，提高资金使用效益。四是要进一步加大国家对少数民族贫困地区和群众的帮扶力度。

（三）加大深度贫困地区资金支持力度

资金缺乏是青海深度贫困地区经济发展的主要制约因素，尤其在产业扶贫方面尤为重要。首先需要政府对深度贫困地区的农牧产业加工企业给予财政支持，合理安排支持牧业发展的专项资金，对参与扶贫建设的 NGO 提供扶贫经费和工作经费。其次需要金融机构的资金支持。目前深度贫困地区的金融体系十分薄弱，有的县甚至没有银行网点，农牧产品加工业的发展尤其需要银行贷款的支持。因此需要金融机构在深度贫困地区开设分支机构，为贫困农牧户提供小额贷款，解决资金不足问题。

（四）加大基础设施投入

一般来说，青海深度贫困地区存在水利设施薄弱、电力和通信设施落后、主干道网络尚未形成等诸多阻碍脱贫致富的因素。因此，加大对基础设施的投入力度，破解经济社会发展的制约瓶颈，对于加快青海深度地区脱贫致富步伐、与全国同步建成全面小康社会具有重大意义。

一是要在改善贫困地区“软环境”的同时，根据统筹城乡发展要求，统筹区域交通、水利、能源、通信等基础设施建设，通过整体规划、重点倾斜，加大对深度贫困地区的投入力度，加快构建内外连通、安全高效的基础设施体系，从根本上改善贫困地区“硬环境”，逐步做到水、电、路、气、房和环境改善“六到位”，为贫困地区扶贫攻坚创造良好条件，为区域经济社会发展提供有力支撑。二是要完善深度贫困地区基础设施建设机制，大力推进城乡基础设施互通互联、共建共享，积极引导社会资本参与深度贫困地区公益基础设施建设，力求实现贫困地区、贫困人口基本公共服务主要指标接近全国平均水平。三是要加大青海深度贫困地区信息化设施建设投资力度，大力实施光纤宽带网络进村入户工程，推进实施农村电商、农村信息服务等应用工程，提升青海深度贫困地区信息化水平。

（五）实施易地搬迁政策

对于地处偏远、交通不便、自然环境改造利用潜力很小的深度贫困地区，其环境承载力难以提高，实施易地搬迁，不仅具有巨大的经济效益、社会效益，还具有巨大的生态效益。具体思路主要包括以下几个方面。第一，将扶贫搬迁与生态恢复相结合。结合国家新一轮退耕还林还草政策及重大生态工程，加强迁出地生态保护和恢复。在坚持贫困群众自愿的前提下，政府通过统筹规划、政策扶持、基础配套，有效组织和引导群众主动搬迁。进一步加大生态环境脆弱和生态位置重要地区移民的步伐，达到脱贫和生态恢复“双赢”。第二，大力推行对移民的扶助减免措施。例如，移民中的原建档立卡贫困户在脱贫前，可以让他们仍然享受扶贫政策待遇，给移民中的特困户发放扶贫医疗卡，享受减免医疗费待遇。第三，加大配套基础设施和公共服务设施建设力度。集中安置区配套建设排水、道路、供电等基础设施，同时要保障农户享受基本公共服务均等化，完善搬迁安置区教育、卫生、文化、体育等基本公共服务设施，提高基本公共服务能力，改善搬迁牧民的生活环境。

（六）加大产业扶贫支持力度

切实抓好产业扶贫是实现深度贫困地区脱贫致富的根本。立足特色优势资源，加强对高原畜牧业、特色农产品种植、农畜产品收购加工、乡村特色产品生产、乡村旅游业、特色文化等领域的优势项目、龙头企业的信贷支持，通过金融支持产业扶贫，建立健全产业项目库，明确产业发展方向。发挥比较优势，做足特色文章，将贫困地区资源优势转化为产品优势、经济优势，增强市场竞争力。着力培育带贫能力强的新型经营主体和经济实体，做大、做强龙头企业。充分发挥农牧、人社、商务、旅游、林业等行业优势，组织开展技术指导、人员培训、市场营销等帮扶行动，充分发挥产业扶贫对建档立卡贫困户脱贫致富的带动作用。切实加强利益联结机制，着力壮大村集体经济，通过“龙头企业 + 合作社 + 农牧户”等模式，把贫困群众吸纳进来，既发展生产又分享收益。完善东西部扶贫协作和省内对口帮扶地区劳务对接机制，充分发挥农民工返乡就业对贫困群众的带动作用，引导园区企业、农牧业新型经营主体等吸纳贫困劳动力就地就近就业。将“输血式”扶贫模式向“造血式”扶贫模式转变，实现稳定增收，就地脱贫。

（七）增加生态公益岗位

生态保护和脱贫并不是单纯的政府工程，而应该由社会大众共同参与来完成。青海省已制定了《青海省生态保护与服务脱贫攻坚服务计划》，面向建档立卡贫困户设置生态公益管护岗位 1.28 万个。青海深度贫困地区更需要处理好农牧民群众全面发展与资源环境承载能力的关系。将生态环保与脱贫相结合，增加农牧民收入，改善生产生活条件。首先，编制年度《公益林管护、天然林保护工程管护省级实施方案》，明确生态公益管护岗位聘用要求，各县级林业部门根据省级实施方案结合本地区管护面积及资金量编制年度县级实施方案。其次，科学合理地扩大生态公益岗位，安排建档立卡贫困户中有劳动能力、具备条件的人员从事当地重点林区、生态脆弱区、生态退化区的生态公益管理工作。支持农牧民从事生态体验、环境教育服务以及生态保护工程劳务、生态监测等工作，从而获得收益，实现生态保护和整体脱贫的“双赢”。

（八）着力推进教育和健康扶贫

在教育扶贫方面，要重点解决义务教育政策落地问题，全面落实深度贫困区六州贫困家庭子女 15 年免费教育、贫困大学生资助、异地办班等政策，扎实推进城乡一体化发展，进一步强化控辍保学工作，提升贫困地区教育水平和质量。在健康扶贫方面，着力解决基本医疗，重点解决好“看得起病”的问题。全面落实城乡基本医疗、大病保险、重特大疾病医疗救助等多种医疗保障政策，认真实施国家重大和基本公共卫生服务项目、棘球蚴病普查普治、贫困人口“一减六免十覆盖”等工程，深入推进健康扶贫“三个一批”专项行动，提升贫困群众健康水平，消减因病致贫返贫压力。

综上所述，精准扶贫精准脱贫是新时代脱贫攻坚战略思想的集中体现，是我们党的重要历史使命，是树立和贯彻共享发展理念的必然要求，是全面建成小康社会的底线目标和艰巨任务。青海省要打赢精准脱贫攻坚战，必须坚持把解决深度贫困问题作为脱贫攻坚的重中之重，及早动手，超前谋划，认真分析深度贫困成因，锁定深度贫困范围，制定具有针对性和可操作性的攻坚方案，明确攻克深度贫困堡垒的行动路径；牢牢把握新时期扶贫开发工作的目标任务和着力重点，因地制宜、综合施策、大力推进、务求实效，确保贫困人口到 2020 年如期脱贫。

参考文献

陆汉文、覃志敏:《我国扶贫移民政策的演变与发展趋势》,《贵州社会科学》2015年第5期。

申红兴:《构建青海藏区产业扶贫动力机制研究》,《宁夏社会科学》2014年第4期。

吴碧英:《减贫行动前移　救助贫困母亲》,《中国经济问题》2010年第2期。

严金海:《以生态保护优先理念统领青海发展》,《中国畜牧业》2017年第18期。

郑长德:《“三区”“三州”深度贫困地区脱贫奔康与可持续发展研究》,《民族学刊》2017年第6期。

内蒙古牧区贫困问题研究与脱贫攻坚建议

花　蕊　文　明　武振国*

摘　要： 内蒙古牧区因特殊的人文社会及自然地理条件，往往贫困发生率较高、贫困程度较深，脱贫攻坚难度较大，更易返贫致贫。本文在对牧区贫困旗县进行大量社会调查的基础上，分析和研究了内蒙古牧区贫困现状、扶贫开发主要做法和脱贫攻坚工作中存在的问题，提出了内蒙古牧区脱贫攻坚工作应以产业扶贫为支撑、以牧区特色为切入点、以体制机制创新为增长点、以扶智扶志为抓手、以完善政策为护盾，建立牧区扶贫特有的脱贫攻坚模式，确保2020年牧区贫困旗县“脱帽”、贫困人口脱贫目标实现的几点建议。

关键词： 牧区贫困　脱贫攻坚　因牧施策　内蒙古

一　内蒙古牧区脱贫攻坚工作总体情况

自脱贫攻坚战打响以来，内蒙古自治区党委、政府坚持把打赢脱贫攻

* 花蕊，内蒙古社会科学院牧区发展研究所；文明，内蒙古社会科学院牧区发展研究所；武振国，内蒙古社会科学院科研组织处。

坚战作为重大政治任务和头号民生工程摆在更加突出位置来抓，层层压实脱贫责任，多措并举推进脱贫攻坚，形成了全区上下全力攻坚克难的工作新格局，开创了全面打赢脱贫攻坚战的新局面。截至 2016 年末，全区贫困人口由 2013 年底的 157 万人减少到 2016 年底的 55.6 万人，贫困发生率由 14.7% 下降至 4.1%。贫困地区基础设施条件明显改善，公共服务水平显著提升，整体面貌发生巨大变化，经济社会发展后劲不断增强。牧区脱贫作为内蒙古自治区扶贫工作的重点和难点，其脱贫攻坚成效也值得肯定。

（一）内蒙古牧区贫困现状

内蒙古自治区辖 12 个盟市 102 个旗（县、市、区），其中牧业旗有 33 个，从东到西主要分布在呼伦贝尔市、兴安盟、通辽市、赤峰市、锡林郭勒盟、乌兰察布市、包头市、鄂尔多斯市、巴彦淖尔市和阿拉善盟。据内蒙古自治区扶贫开发（革命老区建设）办公室提供的资料，截至 2016 年末，内蒙古牧业旗县建档立卡贫困户仍有 71834 户 167646 人，占内蒙古全区贫困人口的 30.16%，贫困发生率为 5.22%，高于内蒙古全区贫困发生率 1 个百分点。牧区贫困人口主要分布在 10 个国贫旗、12 个区贫旗，以及多个非重点牧业旗。其中，10 个国贫旗贫困人口占牧区贫困人口总数的 89.45%（见图 1）。

从行政区域分布上看，通辽市和赤峰市 8 个牧业旗依然是牧区贫困发生的重点区域，包括 6 个国贫旗和 2 个区贫旗，其贫困人口占内蒙古全区牧业旗现有建档立卡贫困人口的 78.25%，贫困发生率均高于 2%。尤其赤峰市牧业 5 旗（阿鲁科尔沁旗、巴林左旗、巴林右旗、翁牛特旗、克什克腾旗）贫困人口约占内蒙古全区牧业旗现有贫困人口的 50%，贫困发生率高达 6.60%。而阿拉善、鄂尔多斯、巴彦淖尔等地贫困发生率则相对较低，均下降至 2% 以下。

从国贫旗情况看，截至 2016 年末，其整体贫困发生率为 6.52%，高出内蒙古全区贫困发生率（4.19%）2.33 个百分点，与全区 31 个国贫旗县的贫困发生率基本持平（6.57%）。其中，贫困发生率最高的为苏尼特右旗，达到 13.16%；第二是巴林左旗，达 10.03%；排在第三的是科右中旗，达

7.81%。从贫困人口规模看，巴林左旗贫困人口最多，达 13202 户 29682 人，占 10 个国贫旗贫困人口的 19.79%；其次是翁牛特旗，达 11772 户 25444 人，占 10 个国贫旗县贫困人口的 16.97%；而苏尼特右旗贫困人口最少，仅 1250 户 3101 人，占 10 个国贫旗县贫困人口的 2.07%（见表 1）。

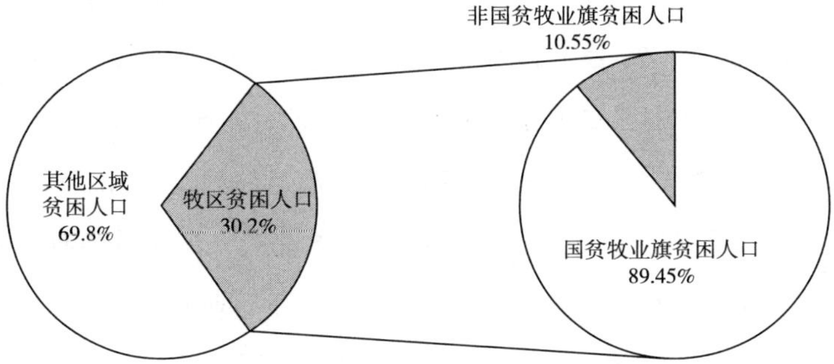

图1　内蒙古牧区贫困人口及分布情况

表1　2016年末内蒙古牧区国家扶贫重点旗县贫困人口状况

扶贫重点旗县	贫困户（户）	贫困人口（人）	乡村人口（人）	贫困发生率（%）
科右中旗	5721	14047	179831	7.81
科左中旗	9050	21731	455721	4.77
科左后旗	6898	18163	306595	5.92
阿鲁科尔沁旗	8562	16600	258574	6.42
巴林左旗	13202	29682	295797	10.03
巴林右旗	3363	7194	131297	5.48
翁牛特旗	11772	25444	434569	5.85
苏尼特右旗	1250	3101	23560	13.16
正镶白旗	1618	3536	56261	6.28
四子王旗	4526	10461	158595	6.60
合计	65962	149959	2300800	6.52

资料来源：《2016年末全区扶贫开发建档立卡数据统计表》［由内蒙古自治区扶贫开发（革命老区建设）办公室提供］。

从区贫旗的情况看，截至2016年末，其整体贫困发生率为2.14%，分别低于内蒙古全区贫困发生率（4.19%）和内蒙古全区26个区贫旗贫困发生率（2.27%）2.05个百分点和0.13个百分点。其中，贫困发生率最高的是鄂温克族自治旗，达5.01%；第二是扎鲁特旗，达3.14%；第三是克什克腾旗，达2.95%。其余9个旗县贫困发生率均在2%以下。截至2018年5月14日，根据内蒙古自治区党委、内蒙古自治区人民政府《关于建立贫困退出机制的实施意见》（厅发〔2016〕24号）和内蒙古自治区扶贫开发办公室关于印发《2017年度全区13个区贫旗县贫困退出复查工作方案》的通知（内扶办发〔2018〕18号）要求，内蒙古13个区贫旗县退出贫困旗县序列，进行公示，其中包括阿巴嘎旗、苏尼特左旗、镶黄旗、正蓝旗、杭锦旗、乌拉特中旗、阿拉善左旗、阿拉善右旗等8个区贫牧业旗。① 内蒙古区贫牧业旗县减少至鄂温克自治旗、新巴尔虎左旗、扎鲁特旗、克什克腾旗等4个牧业旗。

从贫困人口规模看，贫困人口最多的是扎鲁特旗，达2959户6617人，占12个旗贫困人口之42.16%；第二是克什克腾旗，达3446户5755人，占12个旗贫困人口之36.67%；第三是鄂温克自治旗，达503户1116人，占12个旗贫困人口之7.11%（见表2）。

表2　2016年末内蒙古牧区自治区扶贫重点旗县贫困人口状况

扶贫重点旗县	贫困户（户）	贫困人口（人）	乡村人口（人）	贫困发生率（%）
鄂温克自治旗	503	1116	22268	5.01
新巴尔虎左旗	88	209	23818	0.88
扎鲁特旗	2959	6617	210594	3.14
克什克腾旗	3446	5755	194778	2.95
阿巴嘎旗	66	161	19114	0.84
苏尼特左旗	51	162	20146	0.80
镶黄旗	61	155	18456	0.84
正蓝旗	188	411	57485	0.71

① 《内蒙古自治区扶贫开发办公室关于对2017年度全区13个区贫旗县退出贫困旗县序列的公示》，http://www.nmg.gov.cn/art/2018/5/24/art_360_149731.html。

续表

扶贫重点旗县	贫困户（户）	贫困人口（人）	乡村人口（人）	贫困发生率（%）
杭锦旗	47	121	76000	0.16
乌拉特中旗	469	935	71700	1.30
阿拉善左旗	22	54	9703	0.56
阿拉善右旗	0	0	8411	0.00
合计	7900	15696	732473	2.14

资料来源：《2016年末全区扶贫开发建档立卡数据统计表》［由内蒙古自治区扶贫开发（革命老区建设）办公室提供］。

从其他非重点旗县的情况看，其整体贫困发生率达1.07%，低于内蒙古全区贫困发生率（4.19%）3.12个百分点，高于其他非重点旗县平均水平（0.68%）0.39个百分点。其中，贫困人口较多的是达尔罕茂明安旗，达664户1289人，贫困发生率为2.59%，在5个非重点旗县中贫困发生率也最高；第二是乌拉特后旗，达200户443人，贫困发生率为1.68%，在5个非重点旗县中贫困发生率排第二；第三是乌审旗，达41户109人，贫困发生率为0.21%，在5个非重点旗县中贫困发生率排第五；第四是鄂托克旗，达40户88人，贫困发生率为0.23%，在5个非重点旗县中贫困发生率排第四；贫困人口最少的是新巴尔虎右旗，达27户62人，贫困发生率为0.34%，在5个非重点旗县中贫困发生率排第三（见表3）。

表3　2016年末内蒙古牧区自治区扶贫非重点旗县贫困人口状况

非重点旗县	贫困户（户）	贫困人口（人）	乡村人口（人）	贫困发生率（%）
达尔罕茂明安旗	664	1289	49700	2.59
新巴尔虎右旗	27	62	18449	0.34
鄂托克旗	40	88	39000	0.23
乌审旗	41	109	52000	0.21
乌拉特后旗	200	443	26300	1.68

资料来源：《2016年末全区扶贫开发建档立卡数据统计表》［由内蒙古自治区扶贫开发（革命老区建设）办公室提供］。

从贫困人口收入情况来看，“十二五”期间，10 个国贫旗共实现 42.98 万人口脱贫，到 2016 年其平均农牧民人均可支配收入达 8980 元，比上年增长 7.46%，与内蒙古全区基本持平。[①] 其中，除了巴林右旗、翁牛特旗等 2 个旗，其余 8 个旗农牧民人均可支配收入增速均高于内蒙古全区平均水平（见表 4）。

表 4 2015~2016 年内蒙古牧区国家扶贫重点旗县农牧民人均可支配收入变化

扶贫重点旗县	2015年农牧民人均可支配收入（元）	2016年农牧民人均可支配收入（元）	年均增速（%）
全区	10776	11609	7.73
科右中旗	7325	7904	7.90
科左中旗	8997	9704	7.86
科左后旗	9502	10242	7.79
阿鲁科尔沁旗	7390	7968	7.82
巴林左旗	7841	8484	8.20
巴林右旗	8330	8910	6.96
翁牛特旗	8295	8680	4.64
苏尼特右旗	8405	9069	7.90
正镶白旗	8244	8912	8.10
四子王旗	8639	9425	9.10

资料来源：各旗县2017年《政府工作报告》、《内蒙古统计年鉴》（2016~2017年）等。

（二）内蒙古牧区扶贫开发主要措施

1. 遵循精准要求，提高脱贫攻坚精准度

锡林郭勒盟镶黄旗制定《镶黄旗进一步打牢精准扶贫基础工作方案》，解决 2014 年以来因政策把握不准而造成的应识未识、错识错评等遗留问题，进一步提高建档立卡数据的精准性，为脱贫攻坚打下坚实基础。科左后旗制定了“科左后旗扶贫措施清单”，从产业扶贫、教育扶贫、易地搬迁、生态

① 以自治区扶贫开发（革命老区建设）办公室提供的各旗县 2016 年末乡村人口为标准匡算，得出 10 个旗农牧民综合人均可支配收入及其增长情况。

补偿、卫生医疗扶贫、社会保障兜底等6个方面出台了78项具有可操作性的扶贫措施，并逐项落实到帮扶单位和责任人，使其能够精准把握工作任务和内容。

2. 建立匹配机制，增强脱贫攻坚协调性

苏尼特右旗通过建立健全责任包片、部门推进的例会制度，研究出台《苏尼特右旗打赢脱贫攻坚战的分工方案》《苏尼特右旗扶贫开发工作督查方案》等相关制度措施10余项，实行旗、苏木镇、嘎查村三级调度，每月汇报、两月研究、季度部署、半年总结的机制，实时跟进督查，统筹做好脱贫攻坚各项组织协调工作。同时，旗财政每年为扶贫部门落实工作经费20万元，为苏木镇落实专项扶贫工作经费5万元，为驻嘎查村工作队和第一书记安排工作经费200万元，努力做到制度创新、政策支持与资金投入的相互匹配。

3. 落实“五个一批”工程，实现脱贫攻坚长效化

在产业扶贫方面，苏尼特右旗既重视以培育新型草原畜牧业主体为突破口带动贫困户发展，又利用“周末•苏尼特”牧户体验模式，加强对现有“牧人之家”“农家乐”等乡村旅游业的规划指导、规范管理，全面提升旅游服务接待能力和水平，带动更多的贫困户和更多的贫困农牧民参与旅游产业，努力通过传统产业转型升级和新型特色产业创新发展，实现贫困群众脱贫致富。在易地搬迁方面，镶黄旗在保障牧民“四不变”（草场使用权不变、牧民身份不变、国家补贴标准不变、转移进城优惠政策不变）的基础上，通过解决搬迁人口在就业创业、享受基本公共服务方面问题，近两年累计搬迁101户280人，同步搬迁35户90人，全部实现了搬得出、稳得住、有事做、能致富。

4. 推进金融扶贫，激活市场主体能动性

翁牛特旗根据赤峰市扶贫办与农业银行联合印发的《金融扶贫富民工程建档立卡贫困户全覆盖实施指导意见》，结合金融扶贫富民工程，实行以金融贷款投资分红的“贷资收益”精准扶贫模式，并将该模式实施范围推广至非“三到村、三到户”重点嘎查村建档立卡贫困户，实现2.16万贫困人口年人均增收700元。

5. 探索健康扶贫办法，提升政府公共服务能力

四子王旗采取“一降两提三救助一兜底”的保障办法，即在定点医疗机构住院治疗的报销起付线要降低；住院费用报销比例和门诊费用补偿比例要提高；实施商业医疗保险救助、政策内个人自付部分民政救助、政策内个人自付部分大病慈善医疗救助；旗财政通过设立健康扶贫基金，对享受所有医疗报销和救助政策之后自付金额超过一定范围的，给予兜底救助，使贫困患者因病支出费用的报销比例不低于90%，全年累计自付费用不超过5000元。

6. 创新资金使用机制，增强财政资金效率

翁牛特旗合理使用“三到村、三到户”资金，在不改变资金性质的前提下，将财政资金作为贫困户持有的资本金，投入实力雄厚、有扶贫意愿、能带动贫困户脱贫增收、能保证资金安全运行的新型农牧业经营主体，使其量化为股金，以一定比例定期保底分红给建档立卡贫困户，实现全旗11766名贫困人口年人均实现稳定增收263元。

二　内蒙古牧区脱贫攻坚工作中存在的问题

（一）产业扶贫模式相对单一，扶贫效果不够凸显

一是牧区产业扶贫工作中，部分地区的产业扶贫项目较单一，没能够根据贫困户不同致贫原因和现实状况采取有针对性的帮扶措施。产业扶贫项目多以扶持建档立卡贫困户购置牛、羊等基础母畜或依托基础母畜建设棚舍为主，多地区的扶贫仍然停留在“通过增加牲畜发展贫困户畜牧业生产”的传统扶贫模式上，帮扶措施还在用“老方法”解决“新问题”。二是多地区的产业扶贫未做到因地制宜建立区域性主导产业、其他经营主体与贫困群众生产活动之间的利益联结机制。调查中我们发现，目前多地区实施的产业扶贫政策主要针对贫困户脱贫，就脱贫而扶贫，缺乏可持续产业支撑和体制机制保障。三是只重视产业扶贫资金精准到户，却没有考虑资金使用方向和效率，缺乏对贫困户的生产指导和产业发展规划。四是牧区产业扶贫龙头企业

较少，并且在扶贫工作中，由于产生的利润小，部分企业缺乏带动产业扶贫的积极性。

（二）致贫原因复杂叠加，脱贫基础不稳定，返贫现象突出

从牧区致贫原因来看，疾病、灾害、市场波动等多种因素叠加，易导致返贫现象。特别是单靠畜牧业生产并脱贫不久的牧户，很容易因灾、因病或受经济下行和市场物价的双重影响而再度返贫。虽然各地区都在积极采取多种健康扶贫措施，但大病、慢性病、地方性疾病的医疗保障不够健全，使牧民仍陷于贫困现状。再有，因牧业保险覆盖率低，近几年的连续干旱对贫困边缘的牧户或刚刚脱贫的牧户造成重大损失，往往因灾致贫。比如在苏尼特右旗贫困人口中因灾致贫比例达 75.28%，因病致贫比例达 11.68%，在四子王旗这两项比例也分别达到 38.51% 和 22.93%。

（三）多地难以实现稳定脱贫、精准扶贫的全覆盖

以“两不愁三保障”为目标、以贫困线为杠杆的脱贫体系，在牧区不足以保障贫困群众稳定脱贫，特别是“三保障”只停留在义务教育、基本医疗和住房安全的基础标准时，牧民因学、因病返贫的概率仍然较高。而且受审计、考核等各项相关制度约束，扶贫部门对“脱贫不脱政策”“脱贫不脱钩”落实不到位，脱贫群众享受不到政策。另外，受一些硬性指标限制，部分贫困群众不能被识别，成为边缘户。这部分人同样处在贫困线下，但缺乏政策扶持和项目支持，已成为地方脱贫攻坚新难题。边缘户与贫困户收入差距不大，但政策扶持力度存在较大差异，群众争当贫困户的问题短期内难以彻底解决。

（四）金融扶贫资金用途缺乏有效监管和正确引导，牧民债务风险积聚

内蒙古牧区各旗县为解决贫困人口的生产资金需求，通过免担保、免抵押、政策贴息等措施，为贫困户提供 3 年分期 5 万元额度的贴息扶贫贷款。但对扶贫贷款用途缺乏有效监督管理和正确引导，将金融扶贫资金用于发展生产

的贫困户为数不多，金融扶贫资金多被用于医疗、教育、子女结婚、盖房等非生产性支出，甚至有些贫困牧户将其用于非理性消费，导致贫困户负债积累，出现越贷越穷的恶性循环。如在苏尼特右旗有银行贷资和民间借资的家庭分别占样本户总数的 82.14% 和 21.43%，其中双借款户占样本户总数的 17.86%，而且规模均值超过了 5 万元，贫困户还款压力比较大。可见，贫困牧民债务风险逐渐积聚，化解贫困牧民债务风险十分必要。

（五）扶贫项目整合进度缓慢，扶贫措施尚未做到因牧施策

目前，旗县级部门对涉农涉牧资金项目的申报、下达、管理和使用是依据所对应上级部门的政策与规定，对项目实施方式、资金使用方向没有既定目标，未做到因地制宜。牧区现有的涉牧项目，以及帮扶单位提供的项目或资金、社会救助资金等均存在差异化的、明确的计划任务、管理方式、检查验收方法，但又存在与牧区实际扶贫需求不相符的问题，而旗县在进行政策、项目、资金整合时，存在一定的协调衔接难问题，尚未做到整体统筹安排、科学整合相关项目。

（六）贫困主体内生动力不足，存在“不愿退”思想

一是部分贫困主体由于自身条件限制以及对当前脱贫政策的理解不够，觉得没有适合自己的脱贫项目，脱贫信心不足，认为自己无法短期内脱贫。二是部分贫困主体中存在“等、靠、要”的思想。多年来由于各级政府不断加大扶贫投入力度以及社会各方在物力、财力的持续救济和帮助，在客观上助长了部分贫困人口的坐享其成和得过且过的懒惰思想，在一定程度上抑制了他们的奋发图强、穷则思变的动力。

三　完善牧区脱贫攻坚工作的几点建议

牧区在致贫原因、贫困程度上都存在一定的差异。因此，除了实施针对

共性问题的扶贫政策外，还应考虑牧区自身的自然环境与经济社会特点，因地制宜、因牧施策，实现牧区贫困群众稳定脱贫。

（一）创新产业扶贫模式，确保贫困人口增收

坚持把产业扶贫作为精准脱贫的关键核心，不仅要通过传统畜牧业的转型升级和新型经营主体的培育，以“新办法”解决“旧问题”，更要推动形成以特色养殖业为主导，加工、旅游、电商等业态并举的多元化发展格局，改变牧区脱贫攻坚依靠单一产业支撑的现状。一是将牧区贫困地区特色畜牧业项目优先列入优势特色产业提质增效行动计划中，加大扶持力度，建设一批特色养殖业基地和良种繁育基地，支持有条件的贫困旗县创办一二三产业融合发展的扶贫产业园。二是通过大胆尝试“龙头企业＋合作社”“龙头企业＋合作社＋贫困牧户”“龙头企业＋集体经济”等模式，解决畜产品“生产－加工－流通－销售”主体的利益联结问题，实现中小牧户和现代畜牧业发展有机衔接，让贫困牧户更多分享畜牧业全产业链和价值链增值收益。三是以草原生态为突破口，把“生态保护＋产业发展”作为草原生态保护及脱贫攻坚的新模式与新方向。通过大力发展生态旅游、生态养生、周末草原、清洁能源等新型绿色低碳经济形式，寻找新的发展引擎。

（二）依据牧区致贫原因的复杂性，探索建立新型救助体系

社会救助政策在精准扶贫工作中的“托底性”地位，决定了当前精准扶贫工作的开展应将社会救助政策作为重点突破口。[①] 因此，内蒙古牧区应根据建档立卡贫困人口不同类型的致贫原因实施精准救助，进一步加强牧区低保、特困人员救助供养、医疗救助、专项救助与临时救助制度和扶贫开发政策的衔接。一是针对牧区特殊地方性疾病构建好医疗预防体系，应将牧民以传统治疗方法产生的费用列入医保范围。二是针对遭受特别重大困难造成家庭刚性支出

① 李泉然：《精准扶贫视阈下社会救助政策的发展》，《中州学刊》2017 年第 1 期。

增加的贫困户，经社会保险、社会救助、社会帮扶补偿后仍远远超过家庭或个人承受能力的建档立卡贫困人口，应建立特别救助金制度，帮扶这部分人群渡过难关。三是探索建立草原畜牧业灾害保险机制，对不能抵抗的自然灾害造成的损失给予补偿。

（三）完善政策支持与制度创新等外围支撑，实现牧区脱贫攻坚全面保障性发展

切实做到中共中央办公厅、国务院办公厅印发的《关于建立贫困退出机制的意见》中“贫困人口、贫困村、贫困县退出后，在一定时期内国家原有扶贫政策保持不变，支持力度不减，留出缓冲期，确保实现稳定脱贫”的政策，建立“脱贫不脱钩”机制，做实“脱贫不脱政策”，确保贫困人口稳定脱贫。审计、督查等相关机制应给予配套，解决盟市、旗县在脱贫户扶持上不敢扶、不会扶的问题，实现从“不脱贫不脱钩”到“脱贫不脱钩”的转变。建立健全贫困边缘户建档立卡制度，提高对边缘户贫困关注程度。真正做到“决不让一个困难群众在全面小康路上掉队”。

（四）加快金融扶贫供给侧结构性改革，探索建立贫困牧户债务置换机制

一是通过启动贫困人口债务清查和还款能力评估工作，对金融扶贫进行供给侧改革。改变对无贷款需求、无还款能力贫困户的放款方式，应采取代资入股、发展集体经济、扶持大户带动贫困户等方式，探索建立贫困牧户债务置换机制。二是针对不同致贫原因，开发不同类型的金融扶贫模式。加强对贫困牧户的畜牧业保险相关知识的宣传与教育工作，推进畜牧业保险改革，丰富保险产品，控制畜产品价格风险，在保证规避自然灾害风险的基础上，构建“以险养险”的金融扶贫模式，降低返贫率，保证长期、有效的金融扶贫效果。

（五）建立健全项目整合工作机制，保障资金整合到位

在扶贫资金使用方面，应以精准扶贫成效为标准，鼓励基层政府进行资金统筹整合使用。一是充分发挥贫困旗县政府及扶贫部门在涉农涉牧资金调整中的主导作用，整合并利用好各类涉牧资金和项目，推动贫困旗县产业发展和基础设施建设，帮助贫困群众增加收入。二是按照“管总量不管结构、管任务不管项目、管监督不管实施”的原则，赋予基层扶贫实施机构适当权利，允许基层机构根据贫困地区最为迫切的脱贫需求，因地制宜、自主、灵活整合扶贫项目，提升精准扶贫的多元协作机制，提高扶贫项目的有效使用。

（六）实施精神扶贫行动，加大贫困群众思想扶贫的力度

习近平总书记指出：“扶贫不是慈善救济，而是要引导和支持所有有劳动能力的人，依靠自己的双手开创美好的明天。”因此，要实施“精神扶贫”，必须坚持扶贫同扶智、扶志相结合，在贫困群众中采取多种方式开展思想教育活动，激发贫困群众脱贫致富的内在活力，真正实现从“要我脱贫”到“我要脱贫”的转变。一是帮助贫困人口树立自力更生的思想观念，减少“等、靠、要”的依赖思想，引导没有发展畜牧业条件的贫困人口向二三产业转移，扩大收入来源。西方经济学家认为，事业心是和土地、资金、人力并列的又一经济要素。二是通过实施教育扶贫的培训政策，让贫困群众有机会参加职业培训，使贫困群众掌握实用技术并培养其市场营销等方面的能力，拓宽增收思路。美国著名经济学家、诺贝尔奖获得者西奥多·舒尔茨最早提出人力资本概念，即体现在劳动者身上的，以劳动者的数量和质量表示的非物质资本，其将人的健康、生产技能和生产知识作为一种资本存量，而这种资本对于经济的促进和效益最大。

参考文献

陈祖海、谢浩:《干旱牧区贫困异质性分析——基于内蒙古自治区四子王旗的调查》,《中南民族大学学报》2015 年第 1 期。

刘永富:《我国“十三五”脱贫攻坚的形势与任务》,《时事报告》(党委中心组学习)2016 年第 1 期。

史志乐、张琦:《脱贫攻坚保障:贫困县考核机制的改进完善和创新》,《南京农业大学学报》(社会科学版)2018 年第 2 期。

檀学文:《完善现行精准扶贫体制机制研究》,《中国农业大学学报》(社会科学版)2017 年第 5 期。

徐贵恒:《扎实推进内蒙古脱贫攻坚》,《理论研究》2018 年第 2 期。

徐伍达:《西藏打赢深度贫困地区脱贫攻坚战的路径选择》,《西南民族大学学报》(人文社科版)2018 年第 5 期。

张迎春:《精准扶贫视角下青海牧区民生指标体系构建研究》,《西南民族大学学报》2017 年第 1 期。

二　乡村振兴的实现路径

实施乡村振兴战略的基本逻辑、丰富内涵及推进路径

郭晓鸣　张克俊　高　杰*

摘　要： 一个国家推进工业化、城镇化过程中乡村衰退现象并不是必然出现的，关键是找准调整工农城乡关系和推动乡村振兴的时机和窗口。中国特色社会主义进入新时代实施乡村振兴战略，既高度契合了工业化、城镇化与城乡关系演变规律，又是党中央着眼于四化同步、着眼于全面实现现代化而做出的重大战略部署。实施乡村振兴战略的内涵极其丰富，必须处理好城市与农村、政府与市场、发展与保护、短期与长期、继承与深化、试点与推广的关系。针对我国乡村发展的实际，本文提出了实施乡村振兴战略的"五化"推进路径与政策建议。

关键词： 城乡关系　乡村振兴　脱贫攻坚　城乡融合发展

---

* 郭晓鸣，四川省社会科学院；张克俊，四川省社会科学院农村发展研究所；高杰，四川省社会科学院农村发展研究所。

经过长期努力，中国特色社会主义进入了新时代，新时代我国社会主要矛盾已经转化为人民日益增长的美好生活需要和不平衡不充分的发展之间的矛盾。城乡发展不平衡、农村发展不充分则是社会主要矛盾的重要表现之一，已经成为决胜全面小康社会的最大制约和突出短板。实施乡村振兴战略，是党中央站在中国特色社会主义进入新时代的历史方位、在社会主要矛盾发生转化的新形势下做出的一项重大战略决策，是工业化和城镇化发展到一定阶段后推进农业农村现代化的必然选择，是决胜全面建成小康社会进而全面建设社会主义现代化强国的一项重大战略任务，是做好新时代“三农”工作的总抓手。应从决胜全面建成小康社会这一特定时期、从世界各国现代化的结果必然是乡村衰退衰落的教训、从我国现代化进程中农业农村发展相对滞后来理解和把握实施乡村振兴战略的最大意义。①

一　实施乡村振兴战略的基本逻辑

实施乡村振兴战略是以习近平同志为核心的党中央在深刻把握我国国情农情，深刻认识我国城乡关系变化特征和现代化建设规律基础上做出的重大战略部署。

（一）理论逻辑：高度契合了工业化、城镇化与城乡关系演变规律

从世界经济发展的普遍规律看，随着人均 GDP 增长，一国工业化、城镇化水平会随之提升。在工业化、城镇化初始阶段，传统社会要实现转型必须通过工业积累资本，而工业发展需要城镇载体，城镇化水平也要提高。在这一阶段，国家财力无法顾及农业农村，反而需要农业农村通过价格“剪刀差”来为工业化提供积累。工业化的发展必然带动第三产业的发展，城镇也变得繁荣起来，农村人口大规模转移成为城市二三产业劳动力的主要来源，传统农村社会

① 李国祥:《实施乡村振兴战略是我党在推进现代化中的伟大创举》,《农村工作通讯》2017 年第 21 期。

结构瓦解，乡村加速衰落。当工业化、城镇化发展到一定程度时，虽然农业人口仍在继续大幅减少，但由于城市的辐射带动能力和国家财政实力的增强，加之农村人口减少带来的土地与人口关系的变化，农业经营方式加速向集约化转变，乡村传统社会加速向现代社会转型。

基于工业化、城镇化与城乡演变的规律，世界许多国家大都经历了“工业优先发展－工业反哺农业－工农融合发展”的路径：从工业化初期到工业化中期，由农业支持工业、农村支援城市；进入工业化中期以后，再由工业补贴农业、城市反哺农村。随着农村要素禀赋变化及工业剩余的不断投入，农业农村实现产业升级、功能转变，与城市形成相互补充、相互促进的平等发展关系。但是，在由工业城市优先发展向农业农村优先发展的转变过程中，由于受到路径依赖、发展惯性、利益集团或国际环境的影响，往往面临严重的阶段转换界面障碍，很难自发完成转变的任务。一些已经顺利实现工业化、现代化的国家，由于及时制定了农业农村支持保护政策，通过政府宏观调控引导要素流向农业农村，从而实现了乡村振兴，而部分发展中国家在进入工业化中期阶段后，政府在调整工农城乡关系的作用发挥方面存在不足，仍靠市场机制的自发作用实现工农城乡关系的转变，由此产生了农业竞争力弱、农村衰败、城市贫民增多、陷入“中等收入陷阱”的严重后果。总结世界现代化进程，工业化、城镇化的发展并不一定必然会带来乡村的衰退，“乡村衰弱不是必然规律”，但步入工业化中期后的一段时期是最容易出现乡村衰退的危险期，主动抓住和利用工业化到达中期以后、城镇人口超过农村人口带来的“窗口期”，从发展战略层面更加主动地调整工农和城乡关系，对于防止乡村衰退进而实现乡村振兴十分重要。

自新中国成立至改革开放后很长一段时间里，我国在推进工业化和城镇化的过程中也是靠农业为工业化提供积累、农村支援城市推进城镇化的。在改革开放之前主要通过工农产品价格的“剪刀差”为工业化提供农业剩余，在改革开放之后主要通过城乡要素的单向流动和不平等交换为工业化提供积累、为城镇化提供要素支撑。21 世纪以来，基于我国已处于从工业化中期向后期过渡阶段的重要判断，中央提出了城乡统筹和城乡一体化的发展思路，连续14年的中央一号文件都聚焦于“三农”问题，加大对农业农村的扶持力度，这对推动农村发展、增加农民收入起到了重要作用。但是，由于体制机制不完善，所谓的城乡统筹发展实际上在很大程度上是工业化、城镇化在统筹农村，把农村的土地等要素过渡统筹到城市建设中，形成了一些地方的土地财政和城市快速扩张的格局，而农村只是被动地接受工业化、城镇化的统筹和辐射，并没有很好发挥农村的能动性和主动性。

党的十八大以来，我国工农、城乡关系调整又到了一个极其关键的时间窗口：一方面，我国经济发展进入新常态，经济增长速度放缓，部分传统行业生产能力过剩，创新驱动增强，发展动能发生转变；另一方面，农村可转移的劳动力越来越少，人口红利逐步消失，不仅工业部门和城市出现了结构性的用工短缺问题，而且农村也出现了劳动力短缺现象，“大城市病”和乡村衰落并存并不断演绎和发展。更重要的是，中国的城镇人口已经超过农村人口，城镇人口的增加与人们需求的加速转型，带来传统乡土文化、田园风光、农业景观价值凸显，日益成为稀缺的资源，广大农村越来越成为一部分人口返乡旅游、居住和创业的热土。因此，党的十九大提出的实施乡村振兴战略，是深刻认识到了城乡关系变化特征和现代化建设规律，体现了历史与现实的统一，是建设现代化的必然要求、新时代乡村发展的新动力。

（二）现实需求：着眼于农村发展不平衡不充分和全面实现国家现代化

党的十八大以来，我国改革开放和社会主义现代化建设取得了历史性成就，经济年均增长速度超过7%，在世界主要国家中名列前茅，国内生产总值从54万亿元增长到80万亿元，年均增长7.2%，对世界经济增长贡献率超过30%，发展观不正确、发展方式粗放的问题得到明显改善，发展动能明显转换。8000多万农业转移人口成为城镇居民，6000多万贫困人口稳定脱贫，城镇新增就业量年均在1300万人以上，2013~2016年全国居民人均可支配收入年均实际增长7.4%，农村居民人均可支配收入增速连续几年高于城镇居民。在这一历史性变化中虽然城乡差距在缩小，传统农业加快向现代农业转变，然而与其他方面的发展相比，城乡发展不平衡仍是最大的不平衡，“三农”发展不充分仍是最大的不充分。农业中除少部分区位条件好、资源优势突出的地方发展成以新型农业经营主体为主的规模化现代农业外，大面积的仍是以小农户为主的小规模经营的传统农业，高端农产品、特色农产品供给不足，农业国际竞争力不强；城乡收入差距和公共服务差距仍然很大，农村基础设施薄弱问题没有根本改善，农村要素非农化仍在持续发展，农村劳动力老龄化仍很突出，农村“空心化”趋势没有逆转，部分乡村衰退严重甚至消失；部分地区农村生态环境压力增大，特别是部分产业和人口集聚区生态环境已经遭到不同程度的破坏，乡村绿色可持续发展面临巨大考验。这些状况已经成为决胜全面建成小康社会的最大制约和突出短板，必须加以有效解决。

进一步地，在中国特色社会主义新时代，我国要完成从全面建成小康社会到基本实现社会主义现代化，再到建成社会主义现代化强国。这个宏伟目标能否实现的核心和关键仍要看城乡之间发展不平衡、“三农”发展不充分的问题能否得到彻底解决。从世界来看，已经实现现代化的高度发达的国家，无一例外地都彻底消除了城乡二元结构和城乡发展差距，完全实现了城乡一体化和融合发展。从我国的实际来看，随着现代化经济体系的不断建立和向高质量发展阶段的转换成功，在基本实现现代化进而建设现代化强国的进程中，最大的问题可能就是农业农村现代化问题。我国是世界上人口最多的大国，未来虽然农村人口还会不断转移到城镇，但即使到实现现代化、城镇人口超过70%时，仍有4亿多的人口生产生活在农村，这是在世界上任何一个已经实现现代化的国家中都没有的最大国情。因此，在我国全面实现现代化征程中必须未雨绸缪，从现在开始就要把农业农村发展放在优先地位，通过实施乡村振兴战略，深度挖掘乡村资源，吸引优势要素流向农业农村领域，实现农村经济、政治、文化、社会、生态文明的整体发展。

二　实施乡村振兴战略的丰富内涵及需要把握的关系

（一）实施乡村振兴战略的内涵解析

实施乡村振兴战略不仅是实现农业现代化，而且也是实现农村现代化；不仅包括产业的振兴，而且也包括文化的振兴、教育卫生事业的大力发展、乡村社会的有效治理、生态宜居的美丽乡村建设等。“产业兴旺、生态宜居、乡风文明、治理有效、生活富裕”系统概括了新时代乡村振兴的丰富内涵，显然比之前党的十六届五中全会提出的建设“生产发展、生活宽裕、乡风文明、村容整洁、管理民主”的社会主义新农村的目标、层次和要求更高，而产业振兴、生态振兴、文化振兴、人才振兴、组织振兴“五个振兴”牢牢抓住了乡村振兴的核心内容。

产业兴旺，就是要形成现代农业生产体系、产业体系、经营体系，农业成为规模化、集约化、产业化、组织化的有竞争力的产业；乡村一二三产业融合发展、全面发展，休闲农业、乡村旅游、森林康养产业、创意文化产业、农村电子商务、农产品冷链物流业、农村服务业等新产业、新业态涌现，乡村产业具有强大的活力。生态宜居，就是要加强农村资源环境保护，有效治理土壤重金属污染和农村面源污染等环境问题，大力改善水电路气房通信等基础设施，统筹推进山水林田湖草保护和建设，农村人居环境进一步优化，基本建成生态宜居的美丽村落，保护好绿水青山和清新幽静的田园风光。乡风文明，就是通过大力发展农村文化、教育、医疗、卫生等社会事业，推进移风易俗，弘扬农耕文明和优良传统，使农民的综合素质大力提升，农村文明程度显著提高。治理有效，就是基本构建起自治、德治、法治相统一的乡村治理体系，基层党组织的组织力、带领力、战斗力全面增强，村民的民主自治能力显著提高，乡村社会充满活力又和谐有序。生活富裕，就是农民就业创业更加充分，收入水平大幅提高，经济宽裕，衣食无忧，城乡区域发展差距和居民生活水平差距显著缩小，基本公共服务均等化基本实现，逐步达到共同富裕。

产业兴旺、生态宜居、乡风文明、治理有效、生活富裕这五个方面是相互联系、有机统一的整体，统一于乡村振兴的整个过程中。产业兴旺是乡村振兴的有力支撑，生态宜居是乡村振兴的关键环节，乡风文明是乡村振兴的坚实基础，治理有效是乡村振兴的基本保证，生活富裕是乡村振兴的最终目的。

（二）实施乡村振兴战略的主要特征

作为一项关乎中国农业农村发展前景和国民经济发展方向的重大战略，实施乡村振兴战略具有系统性、长期性、融合性、差异性的主要特征。

一是实施乡村振兴战略具有系统性。乡村振兴战略是针对乡村全面发展和城乡关系重构提出的总体规划，是农业农村发展全领域的总体部署和中国特色社会主义现代化经济体系的重要战略，在战略目标、战略内容和战略实施主体等方面均具有显著的系统性。乡村振兴战略是多元目标的系统集成，不仅要实现农业农村的经济发展、社会进步，还要实现乡村产业之间、经济与环境之间、生产与生活之间的融合，还包括城镇化工业化发展目标与农业农村现代化发展目标的系统融合；乡村振兴战略不仅包括现代农业发展、新农村建设等内容，而且是农村经济、社会、文化、生态等多个领域发展内容的系统集成。乡村振兴战略的实施主体不仅是政府和农民，还包括城市资本、金融、农业企业、外来业主、返乡人员、集体经济组织、专业合作组织等多元实施主体，这就要求这些主体在利益关系上实现有机整合。

二是实施乡村振兴战略具有长期性。乡村振兴战略是我国社会主义现代化建设战略安排的有机组成部分，不只是在决胜全面建成小康社会阶段、不只是在这几年的时间里才有效实施的战略，更是贯穿于基本实现社会主义现代化进而建成社会主义现代化强国战略目标的整个过程。因而实施乡村振兴战略具有长期目标、中期目标、近期目标，实施乡村振兴战略要秉持长期发展理念，避免急功近利、揠苗助长的短期化行为，要有步骤、有次序地推进，避免以短期项目建设的思路实施乡村振兴战略。

三是实施乡村振兴战略具有融合性。乡村振兴战略不是就农村谈农村、就农业谈农业，而是城市与乡村、农业与非农业、农民与工商资本实现共同发展的战略，具有较强的融合性特征，既包括城乡规划布局、产业发展、基础设施、公共服务、生态环境等领域发展的融合，又包括政府、农民、各类新型经营主体、社会组织等乡村振兴主体，以市场机制与政府动力共同推动本地居民与外来居民之间、农民与农民之间、农民与集体经济组织之间、农民与各类新型经营主体之间利益联结关系的融合。

四是实施乡村振兴战略具有差异性。我国沿海与内地、平原与山区、城市近郊与远郊之间均存在较大差异。地区发展不均衡、农业农村发展基础差异较大的客观事实，决定了乡村振兴战略没有统一模板，需要根据不同地区发展阶段、区位条件、要素禀赋等，针对不同类型、不同区域、不同村庄的特点，科学部署符合区域实际的乡村振兴战略规划，探索形成各具特色的乡村振兴道路。

（三）实施乡村振兴战略需要把握的关系

一是城市与乡村的关系。实施乡村振兴战略，不是不需要城市的发展和辐射带动作用，不是放慢或者停止城市化进程，而是真正把乡村放在与城市同等的地位，更加注重发挥乡村自身的主动性和内在活力，实现与城市在发展上的互惠共生、在空间上的共融、在要素上的双向互动、在关系上的平等互利，实现乡村与城市文明的共同发展。我国目前工业化、城镇化任务还远未完成，必须坚定不移地继续推进新型工业化和新型城镇化，才能为乡村振兴提供带动辐射能力；必须坚定不移地推进农业转移人口市民化，才能为农业劳动生产率的提高腾出更多的发展空间。

二是政府与市场的关系。实施乡村振兴战略要更加注重发挥政府在规划、协调、战略引导和政策制定等方面的主导作用，这方面市场调节是滞后的、失灵的，政府具有不可替代的作用。但是，政府不是无所不能的，政府不能凭借所掌控资源的优势和垄断权力通过层层下指标和行政命令式方式强行推进乡村振兴，不能以损害乡村发展中的市场机制和要素配置市场化为代价来推进乡村振兴。如果把乡村振兴搞成了政府不顾效率、强力推动的行政行为，即便一时轰轰烈烈，带来的却可能是长远后遗症。必须明确在实施乡村振兴战略中市场的动力是基础性的、决定性的，只有通过市场机制的完善，充分发挥市场在资源配置中的决定性作用，真正激发主体、激活要素，才能调动各方在乡村振兴中的积极性、主动性和创造性，凝聚起全社会支持乡村振兴的强大合力。要矫正长期以来政府对农业农村的过度干预倾向，减少对微观经营主体的大量投入和决策干预，突破行政主导农村事务的惯性思维，给予市场主体自主决策权利和理性选择环境，让市场筛选真正具备自我发展能力的农村经济主体。

三是发展与保护的关系。随着乡村振兴战略的全面实施，在政府的倡导和政策的支持下，会吸引和集聚多方力量、各种主体、多元化资本进入乡村进行开发建设，这使乡村资源的开发强度不可避免地会提高，这本身就构成了对资源环境和历史文化保护的巨大压力。如果引导不力、监督不到位、管理不善，在经济主体趋利因素作用下，必然会给乡村的生态环境和历史文化保护造成巨大危害。必须认识到，实施乡村振兴战略不是不顾资源环境承载力的“掠夺式开发”，不是不顾乡村历史文化保护、以城市文明代替乡村文明的“无根开发”，而是以保护乡村资源环境和农耕文化为前提，实现资源持续利用、生态友好以及在农耕文化得到有效传承基础上的有序振兴。在实施乡村振兴战略中，要树立保护环境、保护生态、保护文化的思想，坚决防止各种力量对资源掠夺式开发而产生的生态问题、防止城市文明对乡村文明的侵蚀。

四是当前与长远的关系。在我国工业化进入中后期的转型升级阶段、城镇化率已经达到 57.3% 情况下的质量提升阶段、在城乡关系从单向城市化转向城乡互动阶段下推进的乡村振兴战略，仍是在工业化和城镇化还有巨大空间下推进的乡村振兴战略。今后工业化、城镇化继续推进仍是不可阻挡的趋势，未来乡村的人口和经济社会结构，乡村的功能、形态、地位和作用都在发生动态变化。如果不充分考虑和科学预测这种变化，只顾当前和短期见效，所花费的大量投入若干年后就成了浪费。在实施乡村振兴战略中，一定要充分认识这是在工业化和城镇化还在继续发展、农村人口还要不断进城、城乡经济社会结构还在不断变化下的乡村振兴，所采取的乡村振兴措施不能只顾及当前和短期见效，要在乡村人口和经济社会结构变化中寻求乡村振兴的长远思路和根本路径。由于乡村振兴涉及面广、投资量大、影响深远，在实践中不宜设立过于机械的推进速度指标，要尊重经济社会发展规律，在产业建设、村庄整治等方面循序渐进，对于尚未明确或条件不成熟的建设项目可以将空间留出，待条件成熟后再继续建设。

五是试点与推广的关系。毫无疑问，实施乡村振兴战略需要开展乡村振兴试点，但在试点选择时不能只选择容易振兴的乡村或者已经发展得很好再锦上添花的乡村，而是要注重选择衰退现象比较突出的乡村或深度贫困地区进行试验；试点不是选择同一区域、同一类型的乡村进行试验，而是需要根据我国不同地区乡村的自然条件、资源禀赋和发展基础，针对不同区域、不同类型、不同村庄的特征开展试点试验。同时，乡村振兴试点不是动用所有的行政力量和资源要素在一个点上进行堆积，人为地造出一个没有复制性的样板，而是要注重通过鼓励改革创新激发内生活力，创造出的试点经验成果应能够在相似地区具有复制性和可推广性。另外，乡村振兴试点不能长期停留在试点上，而是要把试点的经验成果进行推广辐射到更大的范围，通过以点带面，有序打造具有地区特色的美丽宜居乡村，探索符合地区实际情况的乡村振兴之路。

六是乡村振兴与扶贫的关系。精准脱贫攻坚和乡村振兴战略都是我国为实现“两个一百年”奋斗目标确定的国家战略。前者立足于实现第一个百年奋斗目标——全面建成小康社会，后者着眼于第二个百年奋斗目标——到21世纪中叶把我国建成富强、民主、文明、和谐、美丽的社会主义现代化强国。精准脱贫攻坚和乡村振兴战略相互支撑、协调推进，有利于“两个一百年”奋斗目标的实现。处理好乡村振兴与扶贫的关系，就是要扎实推进贫困地区尤其是深度贫困地区精准脱贫，将乡村振兴战略的思想和原则融入精准脱贫攻坚中，依托乡村振兴战略巩固脱贫成果。

三　实施乡村振兴战略的“五化”推进路径

我国在新阶段实施乡村振兴战略必须针对各地的特点和差异性，认真践行创新、协调、绿色、开放、共享发展理念，以统筹规划为基本前提，以深化改革为基本动力，以城乡融合机制为基本手段，以发展提升为基本指向，按照“产业兴旺、生态宜居、乡风文明、治理有效、生活富裕”的总要求，建立健全城乡融合发展的体制机制和政策体系，探索一条全面体现新发展理念、彰显各地特色的乡村振兴发展之路。

（一）实施乡村振兴战略必须走“融合化”推进路径

分工与融合是现代经济发展的基本规律，分工越发达，相互融合的程度就越高。随着社会化大生产和市场经济的发展，城乡之间从分离走向融合是必然规律。我国已经进入工业化中后期阶段，城乡关系正处于优势互补、融合互动的极好机遇期。必须根据乡村振兴的总体要求，进一步打破城乡二元体制，实现城乡之间发展要素的平等对流，基础设施、公共服务和社会治理的平等覆盖。要推进城乡空间融合发展，在遵循乡村人口、产业布局演变规律，审视未来发展趋势的基础上，合理布局村庄结构，加强中心村、特色村建设，建成规模适度化、布局组团化、功能融合化的新型村落体系，按照保持农业生产空间、保证生活空间、扩大绿色生态空间的要求，合理布局乡村“三生”空间，促进“三生”融合发展。要推进一二三产业融合发展，以田园综合体、产业融合园区等为载体，开辟农村产业融合发展的新空间，立足培育农业农村发展的新动能，通过发展生产、生活、生态有机结合型农业，提升农业的文化、科技、教育、旅游观光、休闲度假和运动养生价值。要扎实推进城乡基础设施和公共服务融合一体化发展，进一步促进城市基础设施向农村延伸，强化乡村道路、农田水利、电力、通信等基础设施建设，做到与乡村布局、新村建设和产业发展的统筹协调，加快农村教育、文化、卫生事业的发展，全面深化社会保障制度改革，建立城乡无差异、缴费和待遇标准多层次、保险关系无障碍转接的基本养老、医疗保险体系，推进城乡公共服务一体化。

（二）实施乡村振兴战略必须走“绿色化”推进路径

由于工业化、城镇化的发展和乡村人口的大量转移，一方面农民老龄化、农业兼业化导致的经营粗放化，使传统的行之有效的精耕细作、因地制宜、轮作间作、种养循环、环境友好的生产方式破裂，留下了大量种“懒庄稼”、简单靠化肥投入增加产量而产生的环境问题；另一方面在发展现代农业过程中因存在种植结构单一、种养循环链条中断、强调规模导向、单一追求经济效益等倾向，也留下了大量的环境问题，造成农村土壤退化、面源污染日趋严重，已经到了非解决不可的地步。以绿色发展引领乡村振兴是一场深刻革命，在推进乡村振兴过程中必须牢固树立和认真践行绿水青山就是金山银山的理念，改变过去以牺牲生态环境为代价的短期化开发模式，坚持绿色化发展道路，进一步凸显乡村生态优势，构建以生态环境友好为指向的绿色化可持续发展模式，促进乡村生产、生活和生态“三生”融合发展，实现生态宜居目标。要通过重塑种养循环新模式、开展农业投入品减量行动、推进农业的标准化和品牌化，加强农业面源污染防治等，促进农业走向绿色循环生产方式。要结合幸福美丽新村建设，加强农村人居环境综合治理，突出农村“垃圾治理、污水处理和厕所改造”三大革命，建设宜居村庄。要落实节约优先、保护优先、自然恢复为主的方针，统筹山水林田湖草系统治理，加大农村生态修复力度，健全生态补偿机制，严守生态保护红线，建设良好的乡村生态系统。

（三）实施乡村振兴战略必须走“善治化”推进路径

治理有效是乡村振兴的重要内容，面对人口的不断流动和乡村社会结构的巨大变化，乡村精英流失、新乡贤缺失问题突出，乡村依靠传统熟人社会自我管理、自我服务，达到自我修复和自我调适的功能弱化，乡村治理正面临日益突出的挑战，因而在推进乡村振兴中迫切需要创新乡村治理模式、提升治理水平。要加强农村基层基础工作，建立健全党委领导、政府负责、社会协同、公众参与、法治保障的现代乡村社会治理体制，健全自治、法治、德治相结合的乡村治理体系，推进乡村治理体系和治理能力的现代化，走乡村善治之路。在乡村治理中，要健全以村党组织为核心，村民委员会、村务监督委员会、集体经济组织、社会组织广泛参与的“一核多元”村级治理架构，切实推进各治理主体职能归位；完善村级公开服务综合信息平台建设，加快实现网络互联、数据互通、信息共享，构建满足群众多元需求的基层服务体系。此外，应在充分发挥村规民约作用的基础上，正确引导和发挥“新乡贤”的作用，为农村矛盾纠纷化解、公共服务开展和公益事业建设发挥协商协调等作用。

（四）实施乡村振兴战略必须走“人文化”推进路径

乡村文化的繁荣是乡村振兴的灵魂。我国拥有悠久的农耕文明、丰富的乡村文化资源、鲜明的乡村地域特色，然而必须清醒地看到，在现代化过程中乡土文化和农耕文明在不少地方正在被蚕食，乡土中的传统优秀文化正在衰退，而不良的落后文化正在滋长，乡风、民风正面临新的挑战。在实施乡村振兴战略的过程中乡风文明是重要内容，必须坚持走人文化的推进路径，以加强乡风文明建设为抓手，提高农民文明素质、丰富乡村文化生活、完善文化基础设施，保护和传承乡村文脉，既要传承和发扬乡村优秀文化传统，又要与现代文明有机结合，形成文明乡风、良好家风、淳朴民风。要特别注重提高农民文明素质，让广大农民养成好习惯、形成好风气，有效遏制农村乱办滥办酒席、铺张浪费等陈规陋习，自觉抵制腐朽文化、落后文化的侵蚀；加大对古镇、传统村落、民族特色村落和古民宅的保护力度，建设文化价值突出、民族特色和地域特色浓郁的传统村庄院落。

（五）实施乡村振兴战略必须走“差异化”推进路径

我国不同区域乡村衰退程度差异、发展基础差异、区位条件差异、发展走势差异较大，要规避振兴方式单一化和“一刀切”倾向，着力推进乡村全面、有机和多样化、特色化振兴；建立分类型差异化的乡村振兴推进机制，提高乡村振兴的针对性和实效性。要探索构建乡村衰退测度指标，通过人口流失率、农民收入增长来源结构、常住人口老龄化率、土地抛荒率、农房闲置率、基础设施退化度等指标对不同区域乡村衰退程度进行科学测度，并根据衰退程度和特征分类探索推进乡村振兴的路径和模式。对于现有规模较大的中心村和其他仍将存续的村庄，要科学确定村庄发展方向和重点，激活产业、提振人气，发展成特色农业型、工贸型、休闲服务型等专业化村庄；对于城市近郊区及县城城关镇所在的村庄，要加快城乡产业融合发展、基础设施互联互通、公共服务共建共享，引导部分靠近城市的村庄逐步纳入城区范围或向新型农村社区转变；对于自然历史文化特色资源丰富的村庄，要处理好保护、利用与发展关系，尊重原住居民生活形态和传统习惯，注重保护历史文化资源和传统建筑风格，保持村庄赖以生存发展的整体空间形态，弘扬千年农耕文明；对于生产条件恶劣、生态环境脆弱、自然灾害频发的村庄，要严格限制新建、扩建活动，实施易地扶贫搬迁、生态移民搬迁、农村集聚发展搬迁，统筹解决村民生计、生态保护等问题。要特别注重在乡村衰退严重和较为严重的区域进行乡村振兴试点，防止简单地在区位条件好、产业发展基础好、已经开展幸福美丽新村建设的区域“锦上添花”式地推进乡村振兴示范。同时，要搞清乡村振兴与城镇化的关系，充分考虑人口流动，保证生产的可行性、经济的合理性和法规的遵循性。

四　实施乡村振兴战略的政策建议

有效实施乡村振兴战略，必须贯彻落实“三农”重中之重、农业农村优先发展的方针，进一步调整理顺工农关系和城乡关系，让农业成为有奔头的产业，让农民成为有吸引力的职业，让农村成为安居乐业的家园。

（一）建立农业农村优先发展的保障机制

由城市优先发展转变到农业农村优先发展，是中央为实施乡村振兴战略做出的重大调整，现在问题的关键是具体落实。针对乡村振兴的新形势、新要求，要优先配置领导力量，健全党委统一领导、政府负责、党委农村工作部门统筹协调的农村工作领导体制，建立实施乡村振兴战略领导责任制，形成五级书记抓乡村振兴的格局；优先加强“三农”工作干部队伍的培养、配备、管理、使用，创造人才向农村基层一线流动的用人氛围，造就一支懂农业、爱农村、爱农民的农村工作队伍。坚持农业农村优先发展，就是要发挥政府“有形之手”的作用，加快农村基础设施和公共服务发展步伐。要采取更为有力的措施，确保公共财政以更大力度向“三农”倾斜，优先满足乡村产业发展、公共服务、社会治理、文化建设、生态保护、新村建设等方面对要素配置的需求。

（二）发挥政府与市场的合力作用

在推进乡村振兴过程中政府和市场的力量不可偏废，既不能过度依赖行政手段命令式、运动式地推进乡村振兴，也不能过度依赖市场手段放任式、无序式地推进乡村振兴。要合理界定政府职能边界，转变以政府为主的单一化投入机制，要充分利用财政奖补机制的撬动功能，调动群众和社会力量的参与主动性和投资积极性。要在强化政府对路、水、电等基础设施和公共服务方面投入的同时，减少政府对具体产业选择、建设规模等方面的干预，退出公共性弱、营利性强的建设领域。要扩大农村小型公共基础设施村民自建范围，探索提高限额标准，促进决策主体、建设主体、使用主体和管护主体合一，减少供需错位、建管脱节现象。

（三）推动乡村多领域的资源整合

乡村振兴是一项覆盖面广、影响长远的系统工程，更加需要通过资金、政策、主体间的有效整合发挥资源集聚效应。要强化财政支农资金整合，以财政预算整合为引领，以绩效管理为导向，根据资金整合方向、目标编制科学合理的预算，将不同层面、不同渠道的支农资金整合后统筹使用，瞄准乡村发展重点领域和关键环节整体投入。要强化多方政策资源整合，尤其是要探索推进乡村振兴重大项目制，通过项目整合人、地、钱等要素，强化乡村振兴的系统性政策支撑。要强化多元主体力量整合，构建多元主体的对接和耦合机制，对于农民、集体等乡村内部主体的资源要全面激活，让农村内部要素可参与、可分享、可稳定；对于企业、社会组织等主体的力量要有限制地开放性引进和培育，让外部要素进得来、稳得住、可发展。

（四）构建强约束的规划引领机制

强约束的规划是科学有序实施乡村振兴战略的引领。要立足农业农村发展现实情况，根据乡村振兴的长、中、短期目标和各领域关系，以及各地区乡村发展的基础、要素禀赋等，科学编制乡村振兴战略规划，形成突出层次、相互衔接的规划体系。制定规划要考虑到人口的双向流动是常态，过去以户籍为限制的乡村固化的居住形态一定会发展改变；要有农民参与，让群众知道怎么振兴、该干什么，不能闭门造车；要注重分区域、分类型、因地制宜地编制乡村振兴规划。要统筹各类规划的管理和衔接，力求在多规合一上取得突破，避免城乡在空间上和功能上的冲突。要维护乡村振兴规划的权威，提高乡村振兴规划的执行约束力，改变在建设过程中随意调整规划的状况。

（五）深化改革培育乡村振兴新动能

新时代乡村振兴战略的有效实施，需要强化改革手段和措施，破除体制机制障碍，激发农村要素活力。只有改革，才能释放潜能、激活资源、破解难题、构建新的发展动能。要继续深化产权制度改革，积极探索承包地“三权分置”的有效实现形式，加快放活土地经营权，扩大经营权的抵押融资。要统筹推进宅基地制度改革、集体经营性建设用地入市改革、征地制度改革，加快构建宅基地有偿使用制度、有偿退出制度和宅基地使用权流转市场，加大集体经营性建设用地直接入市力度和征地制度改革力度，逐步建立城乡统一的建设用地市场。要加快创新农业经营体制机制，大力培育新型农业经营主体，引导新型经营主体通过多种方式带动小农户发展现代农业，共同分享农业农村现代化成果，实现小农户与现代农业的有机衔接。要继续坚持财政支农投入持续增长机制，健全财政支农资金的统筹整合机制，大力发展地方金融机构，健全金融资本支持乡村振兴的有效机制，加快推动城市资本流向农村。

（六）发展壮大乡村集体经济

强大的村社集体是乡村振兴战略在这类农村有效实施的基础条件；没有集体经济组织和实力做支撑，就难以把分散的乡村资源集聚和有机整合起来，难以把小农发展带入现代农业发展轨道。要全面深化推进农村集体产权制度改革，应尽快完成清产核资、成员界定，大力推进集体经济组织成员和集体资产股权“双固化”，采取存量折股、增量配股、土地入股等多种形式，因地制宜地推动农村资产股份化，积极探索符合各地实际的农村集体所有制经济的有效组织形式，鼓励以集体资产股权入股等形式组建集体资产管理公司、股份经济合作社等经营实体，探索集体资产出租、集体入股分红等多种经营方式，构建符合市场经济要求的集体经济运营新机制。针对我国大多数地区乡村集体经济普遍十分薄弱的现实状况，要探索财政投入资金壮大集体经济新机制，通过为集体经济薄弱村注入集体经济发展资金，鼓励其市场化运作，做大做强集体经济。

（七）打造乡村振兴人才队伍

懂经营、能干又会干的人才是乡村振兴的关键，必须畅通人才通道，打破城乡人才流动的制度藩篱，建立激励机制，改变过去农村人才向城市单向流动的被动困局。[①] 要着力打造一支新时代的懂农业、爱农村、爱农民的农业科研队伍，充分发挥基层科技农业服务队伍作为农业新技术、新成果的传播者和农业生产一线指导者的作用。要着力打造好乡村基层管理队伍，创新乡村工作队伍管理机制，让更多年轻干部到农村一线锻炼，担任乡村领导职务，加大大学生村官的招聘力度，引导鼓励大学毕业生到基层工作，通过“特岗计划”等方式鼓励优秀人才担任村第一书记和乡村农技员。要着力打造好农业生产经营队伍，培育农业创业创新的优秀骨干人才，坚持把培育壮大龙头企业、新型农业经营主体、现代青年农场主、返乡创业人员作为打造“三农”工作队伍、促进现代农业发展的重要环节。要进一步完善人才的培育政策和扶持政策，想方设法留住年轻人，吸引年轻人务农。

参考文献

陈柏峰:《乡村振兴战略背景下的村社集体：现状与未来》,《武汉大学学报》（哲学社会科学版）2018 年第 5 期。

韩俊:《关于实施乡村振兴战略的八个关键性问题》,《中国党政干部论坛》2018 年第 4 期。

姜长云:《实施乡村振兴战略需努力规避几种倾向》,《农业经济问题》2018 年第 1 期。

李国祥:《实施乡村振兴战略是我党在推进现代化中的伟大创举》,《农村工作通讯》2017 年第 21 期。

叶兴庆:《新时代中国乡村振兴战略论纲》,《改革》2018 年第 1 期。

张红宇:《实施乡村振兴战略需进一步深化农村改革》,《农村经营管理》2017 年第 11 期。

① 盛开:《以城乡融合发展推动乡村振兴战略》,《调研世界》2018 年第 6 期。

“逆城镇化”现象与乡村振兴战略

林发彬 *

摘　要： 我国的“逆城镇化”现象，指的是农民工不愿意进城落户，其背后的推动因素是利益和福利的考量。“逆城镇化”现象是具有我国特色的劳动力再生产模式。在一定程度上，它减轻城镇公共服务和社会保障的财政支出压力，但也存在弊端。大规模的“逆城镇化”将直接影响新型城镇化的进展及目标的实现，也不利于实现农业现代化。借助乡村振兴战略的实施，“逆城镇化”亦能化弊为利。为此，应考虑将特大城市和大城市周边乡村摆在优先位置；让外来人口更公平、更充分享有城市公共服务和便利；加大金融支持的力度。

关键词： 逆城镇化　农民工市民化　乡村振兴战略

一　“逆城镇化”现象的表现

“逆城市化”概念，由美国地理学家波恩于 1976 年提出，是指西方国家

*　林发彬，福建社会科学院亚太经济研究所。

的城市化发展到后期，伴随着交通拥挤、犯罪增长、污染严重等城市问题的日益突出，以及城市生活压力增大，一些城市人口往郊区或农村迁移，市区出现“空心化”，以人口集中为主要特征的城市化由此发生逆转。与之不同的是，我国当前的政策是禁止城市户口迁往农村。国土资源部原部长、国家土地总督察姜大明曾明确表示，禁止城里人到农村买地建房。因此，我国的“逆城镇化”现象，指的是农民工不愿意进城落户。由于没有转换身份，他们不能享有城市的教育、医疗以及住房保障等社会福利。如图 1 所示，我国的“逆城镇化”现象表现为处于阶段 I 的进城务工农民愿意选择回到农村或周边小城镇。

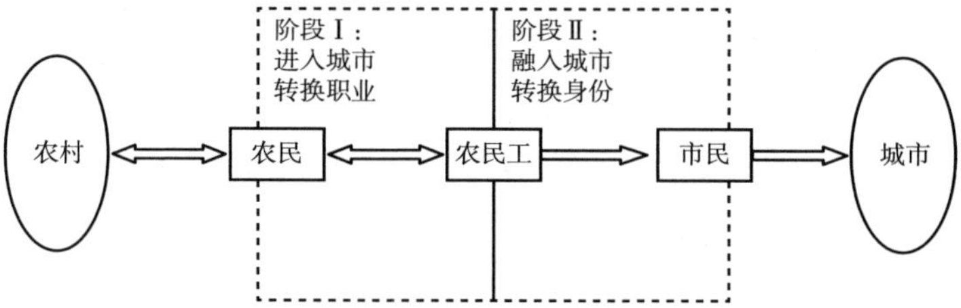

图1　“逆城镇化”现象

《国民经济和社会发展统计公报》(2011~2017 年)(以下简称《统计公报》)的数据显示，2011 年我国常住人口城镇化率超过了 50%，达到 51.27%，这表明我国社会开始进入以城市为主体的时代；同年，我国户籍人口城镇化率为 34.71%，二者相差了 16.56 个百分点，其主要原因就是农民工群体，他们到了城镇，但是没有转换身份。如 2 所示，常住人口城镇化率和户籍人口城镇化率“两率”的差距持续扩大，在 2014 年达到了最高点，为 18.87 个百分点，也就是说当年大约有 2.5 亿农民工的户籍没有实现城镇化。从地区分布来看，东南沿海的两个省份——浙江省和福建省表现得较为明显，2014 年户籍人口城镇化率均低于全国平均水平，居全国中下游。其中，福建为 34.26%，居全国第 18 位，与常住人口城镇化率的差距为 27.54 个百分点，差距之大居全国第 2 位；浙江户籍人口城镇化率为 32.52%，居全国第 21 位，落后于常住人口城镇化率 32.35 个百分点，差距之大居全国第 1 位。

如图 2 所示，2015 年以来，上述状况得到了明显改善。到 2017 年，我国常住人口城镇化率和户籍人口城镇化率分别为 58.52% 和 42.35%，两率之差为 16.17 个百分点，与 2013 年相比缩小了 1.83 个百分点。《国家新型城镇化规划（2014~2020 年）》(以下简称《规划》）提出，到 2020 年，我国常住人口城镇化率实现 60% 左右，户籍人口城镇化率实现 45% 左右，户籍人口城镇化率与常住人口城镇化率差距比 2013 年缩小 2 个百分点左右。因此，我国目前的常住人口城镇化率和户籍人口城镇化率以及两率的差距均在接近规划目标值。

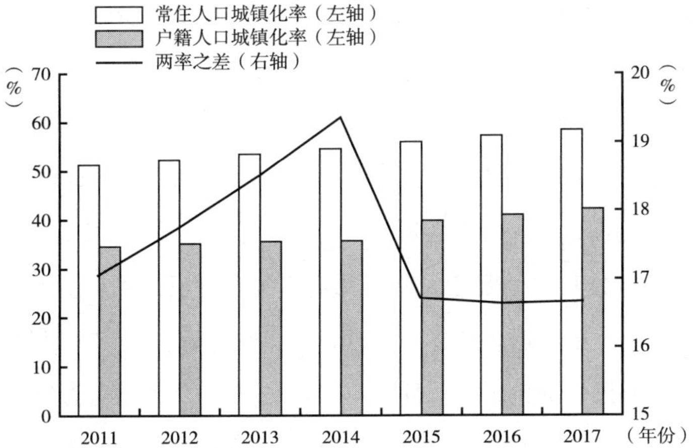

图2　2011~2017年常住人口城镇化率与户籍人口城镇化率及两率之差

资料来源：《国民经济和社会发展统计公报》（2011~2017年）。

尽管如此，我们仍需注意到，农民工进城落户意愿低仍是当下一个普遍存在的现象。从《统计公报》的数据来看，2015~2017 年，我国常住人口城镇化率和户籍人口城镇化率的差距分别为 16.2 个百分点、16.15 个百分点和 16.17 个百分点。这说明，要进一步提高户籍人口城镇化率，缩小两率差距存在难度。现有的问卷调查情况也证实了这一点。例如，《人民日报》2015 年 12 月 27 日的报道显示，在四川省统计局对成都、绵阳等 9 个城市进城务工人员调查中，53.8% 的受访者不愿将农村户口转为城镇户口。湖北宜城市的一项抽样调查显示的比例更高，当地 70% 的农民有迁到城市居住的意愿，但不愿意迁入户口。陕西省统计局在 2017 年元旦期间，通过实地走访的调查方式，对全省 11 个中小地市的 1100 名农民工展开调查。在问及“您是否愿意到城镇落户时”，表示愿意落户到城镇的占 44.5%，有落户意向的占 19.9%，不愿意的占 35.5%。

二　我国“逆城镇化”现象产生的原因及利弊分析

（一）产生的原因

《规划》提出，要深入推进以人为核心的新型城镇化，到 2020 年实现 1 亿左右农业转移人口和其他常住人口在城镇落户。我国“逆城镇化”现象说明，作为新型城镇化主体的农民工，对国家层面依靠强大行政力量推进的新型城镇化，反应平淡。究其背后的原因，是多方面的。

首先，农民工对附着在土地以及农民身份上的权益保障存在担忧，不愿意进城落户。当前，与户籍相关联的权益大致有 12 项。其中，就业、养老保险、教育、基本公共卫生服务、公共文化服务等 5 项，城乡基本无政策差别；土地权益、粮食直补、退耕还林、农村五保、扶贫等 5 项，是农村户籍独有的；只有低保城市补助标准比农村每月高 40 元，公租房、廉租房为城市户籍独有。

比较而言，农村户籍的“含金量”还存在升值的空间。随着农村承包地、宅基地、惠农直补等利好政策出台，农民工拥有的农村土地、林地承包权的价值越来越高；农村宅基地也存在制度改革的前景，如果可以进行产权交易，也是一笔客观的财产性收入。此外，贫困地区农村户口的子女在高考时还享有国家的专向招生计划。因此，从成本收益角度考虑，农民工不愿意进程落户或是理性的选择。

其次，城市的“推力”和“拉力”发生了明显的转换，“推力”作用增强。根据人口移动的“推 – 拉”理论，城市作为人口流入地，尽管也存在“推力”（如房价、房租快速上涨，生活成本激增等），但是“拉力”（如工资收入高、环境好、公共服务资源丰富等）在起着主导作用，从而吸引农民工进城落户。然而，现实的情况是，城市的“拉力”作用在弱化，而“推力”作用则在增强。

最后，一些地方政府缺乏足够财力来吸纳农民工落户。在我国城镇化建设过程中，地方政府之前采取的是一种低成本扩张的模式。即在土地市场上，地方政府以低成本获得集体土地，为城镇建设提供廉价的土地，同时以推高房价、拉高地价的方式获取更多卖地收益和房地产税收，解决城镇建设过程中的资金来源问题。新型城镇化，既要放弃城镇化扩张的旧有模式，又要增加对“新市民”在教育、医疗、社保等公共服务领域的支出。

国务院《关于深入推进新型城镇化建设的若干意见》中明确提出，除超大城市和特大城市外，其他城市不得采取要求购买房屋、投资纳税或通过积分制等方式限制落户。农民工到这些城市落户意味着，城市在基础设施建设等领域需要进行大量投入，此外还要在技能培训、社会保障等方面进行投入，总之需要付出巨大的成本。一些地方政府缺乏足够的财力，于是出现在政策上的“玻璃门”现象①。

（二）利弊分析

从有利的方面看，进城务工农民如果无法获得持久、稳定的工作及较好的收入，那么他们就可以返乡，重新以农民的身份生活。2008 年的金融危机以及 2012 年的全球经济萧条，数千万的农民工失业，返回农村。农民工自由流动和往返于城乡，是具有我国特色的劳动力再生产模式。这种模式的好处，一是有助于增加农民收入。一个农民家庭，有两代人分别务工、务农，务工收入加上务农收入，就可以维持比较高的生活质量。二是劳动力供给灵活，可以避免因为滞留在城市走投无路而导致大量的社会问题。三是在一定程度上也减轻城镇公共服务和社会保障的财政支出压力。根据冯俏彬的测算，假定到 2020 年全面解决现有已在城市居住的 15863 万农民工的市民化问题，以 2011

① “玻璃门”现象，是指那些“名义开放、实际限制”的政策规划“看得见、够不着”，往往一进去就撞门，根本无法落实，即便强行落实也会碰得头破血流。

年不变价格计算，各级财政为此将新增支出 18091.58 亿元。① 如果将计算范围扩大到现有 2.6 亿的农民工，则计算结果将增大到 29651.76 亿元。这就是图 1 中，阶段Ⅱ所需要巨量新增的公共投入。显然，对一些地方政府的可用财力而言，压力较大。

从存在的弊端看，进城务工农民不愿意落户转换身份，若大规模地出现将直接影响新型城镇化的进展及目标的实现。当下，将新型城镇化作为中国经济持续增长主要动力的共识已经形成。然而，新型城镇化涉及面广，且与过去摊大饼式的旧城镇化大不相同。现阶段学界与决策层都主张，新型城镇化的重点是推进农民工市民化，使之享有与城市居民相同的教育、医疗、住房、养老等基本公共服务。农民工市民化因为其人口基数庞大，对于去库存、提振消费和扩大内需的作用巨大。与此同时，"逆城镇化"现象也不利于实现农业现代化。目前，我国建立在家庭联产承包责任制基础上的一家一户分散经营已难以适应农业产业化对集约化、规模化、专业化的要求。矛盾的焦点在于土地问题。在坚持土地公有制的前提下，现阶段不会采用土地私有化的方式进行资源集约，以免土地迅速向少数利益集团集中。

总之，在图 1 的阶段Ⅱ，农民工实现市民化有利也有弊。如果他们实现了身份转换，但最终却融入不了城市，那么上述有利的那一面也就没有了。这对我国经济社会的长久发展极为不利。因此，推进农民工市民化，还是要量力而行。

三　实施乡村振兴战略为"逆城镇化"化弊为利提供了可能

（一）实施乡村振兴可为经济增长注入新的力量，并和新型城镇化形成相辅相成的关系

当前，我国经济正处于转型升级的困难阶段，内部和外部环境都发生了

① 冯俏彬：《农民工市民化的成本估算、分摊与筹措》，《经济研究参考》2014 年第 8 期。

很大的变化。在外部环境上，在 2008 年金融危机之前的十多年里，全球贸易一直以 2 倍于全球产出的增速扩张。然而，自 2011 年以来，全球贸易增速大幅放缓。据世界贸易组织统计，2015 年，世界贸易量增长 2.8%，连续第 4 年低于 3%，并且连续第 4 年低于世界经济增速。经济合作与发展组织分析认为，在过去 50 年里，只有 5 年全球贸易增长慢于全球经济增长，且随后都发生了经济衰退。尤其是近年来，特朗普政府对华贸易采取愈加激进的贸易限制措施，除了对我国的钢铁和铝征收 25% 和 10% 的关税外，还执行“301 调查”的关税制裁，加征 25% 的关税。在这种背景下，外需很难成为我国经济的救命稻草。在内部环境上，之前的金融危机加之现在的中美贸易摩擦破坏了原有的供需平衡，所以在微观层面，企业生产经营困难增多；在宏观层面，产能过剩矛盾凸显，我国整体经济面临下行压力，经济增长也很难再过于依赖投资拉动。统计数据显示：2013 年，全国固定资产投资同比增长 19.6%，2014 年同比增长 15.7%，2015 年同比增长 10%，2016 年同比增长 8.1%，到 2017 年只剩下了 7.2%。

新型城镇化尽管蕴藏着规模巨大的社会需求，是扩大内需、促进经济增长的动力源泉，但是近年来也面临衰竭的困境。究其原因，2015 年以来的这一轮房价上涨，城镇居民房贷负担不断加重，几乎挤占了全部其他的内需消费空间。以厦门为例，截至 2018 年 3 月底，居民的资金杠杆率（贷款负担 / 存款余额）高达 190%，为全国最高。在消费方面，厦门 2018 年 1~4 月的线上消费规模 330 亿元，对比上年同期其绝对值增幅只剩下 6.4%，创厦门自改革开放以来的最低消费增幅。因此，扩大内需已经无法靠新型城镇化来独自支撑了，还必须靠实施乡村振兴战略来带动。

我国城镇化发展空间结构存在不平衡，“逆城镇化”现象在我国的特大城市和东部发达地区更为明显。由于房价上涨成为越来越突出的问题，这些地方在推进新型城镇化的过程中，一方面是工业企业向成本较低的郊区迁移，另一方面是城镇人口消费出现郊区化，以农业为依托的休闲观光度假场所、各类庄园、酒庄、农家乐等发展迅速，推动了农村一二三产业的联动发展和农村劳动力的就近转移。因此，通过工业的郊区迁移和城镇人口消费的郊区化，新型城镇化实际上为乡村振兴提供了有效支撑。

（二）乡村振兴战略的实施可为返乡农民提供多种职业选择

产业兴旺、生态宜居、乡风文明、治理有效、生活富裕是实施乡村振兴战略的总体要求。其中，产业兴旺就是要为乡村振兴提供强有力的产业支撑。它不仅要发展现代农业，还要实现一二三产业的深度融合，使农村具有丰富的发展业态，这就为返乡农民的职业选择提供了多种可能性。同时，农民工的人力资本相对较高，他们往往拥有较高的受教育水平，在城市务工又获得了一定的劳动技能，回乡后可以从事对劳动者素质要求更高的工作，例如进入物流、电子商务、农村旅游等附加值较高的服务业。

我国的耕地面积从 1991 年开始便逐步减少，年均减少 433 万亩。2016 年下降至 1.3 亿公顷，人均耕地面积更是减少到 1.4 亩，只有美国的 1/7、俄罗斯的 1/8。狭小的土地经营规模为乡村振兴带来了巨大障碍。农民可以有多种职业选择，并不一定要被束缚在土地上进行农业生产，因此发展农业仍然要落到加快土地使用权的流转、扩大土地经营规模的基本思路上。而农产品加工业则在其中扮演不可或缺的角色。它覆盖食品、烟草、木材等 12 个行业，对接农业和工业、农民和市民，是对农业产业链条的延伸。农产品加工业的发展，会促使细碎的土地流转到专业种植大户或是产业组织手中，在一定程度上实现土地适度规模化、集约化经营。

四　在“逆城镇化”中实施乡村振兴战略需要考虑的问题

我国新型城镇化尚未完全成功，“逆城镇化”现象已悄然出现。若能借助乡村振兴战略的实施，“逆城镇化”亦能化弊为利，对于发展农村，推进新型城镇化进程，乃至经济转型升级，均有积极意义。对此，各级政府需要审时度势，加强对“逆城镇化”的管理和规范，引导进城务工农民合理、有序、稳定回流。

（一）实施乡村振兴战略应考虑将特大城市和大城市周边乡村摆在优先位置

特大城市和大城市不仅有良好的收入获取条件，还有优越的公共资源，因此面临人口压力问题，尤其是对应的医疗、教育等公共资源紧张，面临的压力较大。但是，这些特大城市和大城市的工业郊区化和城市人口消费郊区化现象也最为明显。因此，政府可考虑引导一些工业企业前往这些小城镇集聚，让它们充当卫星城市的角色，以承接大量的农村人口。同时，考虑在周边乡村地区建设休闲度假、健康消费等设施，带动乡村产业的融合和互动。此外，加强特大城市和大城市周边乡村的基础教育，也有助于吸引进城务工人员的流入。

（二）让外来人口更公平、更充分享有城市公共服务和便利

我国出现的“逆城镇化”现象背后的推动因素不是乡村有更好的生态环境和更舒适的空间，也不是乡村有更好的经济收入。按户籍人口计算，至少有1/3 的劳动人口还在农村就业，而农业产值占国内生产总值的比重不足 1/10。庞大的农业劳动力体量超过了农业生产的需求。相当一部分的进城务工农民返乡，是因为户籍管理制度滞后而被城市淘汰的。通过新型城镇化吸纳这部分人口留下，为农村土地流转提供空间，仍是下一步发展的重点。户籍改革等制度改革的目的，就是要为实现自由迁徙营造一个公平的制度环境。因此，政府对于那些不够条件落户或者不愿落户的农民工群体，要为他们提供更加均等化的基本公共服务，逐步解决住房、教育、养老等问题。

（三）加大金融支持的力度

一直以来，金融机构支持农村的资金力度就较为薄弱。以贷存比[①]指标来看，有研究表明，2010~2014 年我国 1942 个县市的贷存比小于 1 的占比高达

① 贷存比就是金融机构年末各项贷款余额与城乡居民储蓄存款余额的比值。如果贷存比小于 1，就说明农村存款外流；如果贷存比大于 1，就说明金融机构支持农村的资金力度比较大。

55%~68%。这说明，农村存款外流情况较为普遍。虽然，中央一号文件强调了要确保财政投入持续增长。但是，目前我国仍有超过3万亿的“三农”金融缺口，光靠财政支出并不能弥补。因此，需要进一步深入发展互助金融，尤其是需要利用土地流转拓宽融资渠道。

参考文献

冯俏彬:《农民工市民化的成本估算、分摊与筹措》,《经济研究参考》2014年第8期。

贺雪峰:《地权的逻辑Ⅱ：地权变革的真相与谬误》，东方出版社，2013。

秦交锋:《农村户口“含金量”上涨：部分城市“逆城镇化”》,《新华每日电讯》2016年7月19日，第5版。

中华人民共和国商务部综合司:《世界经济贸易形势》，http://zhs.mofcom.gov.cn/article/Nocategory/201605/20160501314773.shtml。

王小刚、李太后:《中国“半城镇化”问题与农民工的理性选择》,《天府新论》2012年第1期。

王昕:《调查显示，我省44.5%农民工愿进城落户》,《西安日报》2017年2月15日，第9版。

张敏:《国土部：不允许城里人下乡买地建房》,《中国证券报》2014年1月11日，A02版。

农村“三变”改革的条件、问题及相关建议

——基于对贵州省六盘水市的调查

崔红志 *

摘　要:“资源变资产、资金变股金、农民变股东”改革（以下简称“三变”改革）是对我国农村基本经营制度的创新，是深化农业供给侧结构改革和实现乡村振兴的重要抓手。得益于较好的自然、社会经济条件及政策环境，六盘水市农村“三变”改革成效明显。在今后的改革中，应注重配套改革，构建多种形式的农民权益风险保障机制，进一步完善乡村治理机制和农民土地承包权入股后的生活保障制度。

关键词:“三变”改革　新型农业经营主体　农民专业合作社

2017年中央一号文件提出，“从实际出发探索发展集体经济有效途径，鼓励地方开展资源变资产、资金变股金、农民变股东等改革，增强集体经济发展活力和实力”。如何开展农村“三变”改革、在推进农村“三变”改革中应注

* 崔红志，中国社会科学院农村发展研究所。

意什么，就成为具有现实意义的问题。农村“三变”改革发端于贵州省六盘水市，并取得了较好的效果。本文在对六盘水市农村“三变”改革特点进行概括的基础上，分析六盘水市开展这项改革的条件和面对的问题，进而提出了进一步深化改革的政策建议。①

一 六盘水市农村“三变”改革的特点

贵州省六盘水市是我国典型的集中连片贫困地区。在其所辖的4个县（区）中，有3个是国家级贫困县、1个是省定贫困县。2014年，全市农村贫困人口约51万人，贫困发生率接近20%，比全国的平均水平高12.6个百分点、比贵州省的平均水平高1.6个百分点。自2014年以来，贵州六盘水市积极探索“资源变资产、资金变股金、农民变股东”的改革（以下简称农村“三变”改革），成效比较明显。其做法和特点主要体现在以下几个方面。

（一）以股权为纽带，把各种生产要素向新型农业经营主体聚集

六盘水市农村“三变”改革的核心是，以股权为纽带，把各种生产要素向新型农业经营主体聚集。具体做法是：对农村耕地、林地等土地资源以及村集体和农民的自有资金、政府财政扶持资金等生产要素进行量化，通过协议的方式入股家庭农场、农民专业合作社、龙头企业等新型农业经营主体，进而根据新型农业经营主体的经营业绩和所占的股份份额，获取相应的股权收益。

一般来说，村集体和农民在经营主体中入股的主要是各种土地资源和资金。在具体的实践探索中，六盘水市各地“能股则股”，把凡是能股份量化的资源都折股量化。例如，盘州市妥乐村以1451棵古银杏树入股旅游公司，农民既能从公司门票收入中分红，又能通过出售自家的银杏果增收，2016年人

① 本文使用的资料和数据，系笔者2017年9月在六盘水市调研期间，该市的市委宣传部提供。

均增收 1200 元。有的地方还将技术技艺、民族文化等无形资产“物化”入股经营主体，从中获得股份收益。例如，水城县米箩镇猕猴桃基地农民王顺友，以管理技术入股润永恒公司，经营打理基地的一个管理网格，占股 30%，年获分红 5 万元以上。据介绍，六盘水市已经形成了以下 12 种股权模式，即土地股、林权股、资金股、水利股、房屋股、基础设施股、设备股、技术股、劳务股、知识产权股、管理股、自然风光股。

（二）以增加农民收入为基本着力点

小康不小康，关键看老乡。六盘水市通过推进农民变股东，提高了农民财产性收入和工资性收入。农村“三变”改革后农民的收入来源主要包括以下几个方面。一是通过土地流转入股增加农民收入。六盘水市积极推进农村土地资源向园区、产业集中，通过土地流转和入股，使土地资源转化为农民股权和股金，让农民在收取租金和参与企业分红中实现股权收益。在土地流转中，一般按照每亩每年 400~700 元不等支付农民租金，在 3~5 年的过渡期内，按照每亩每年增加 5%~10% 的比例提高租金，通过 5 年左右进入盛产期后，每亩每年按 20% 左右的比例递增租金，在 10 年内最高达到每亩每年租金 1000 元，确保农民通过稳定的土地流转费增加收入。二是通过资金入股分红增加农民收入。村集体和农民将财政产业扶持资金、劳动力技术、集体和个人资产通过评估折价入股，按照占有股份参与企业分红。为降低农民风险，在具体工作中，要求企业与农民签订协议，如出现市场风险，由企业按照保底价收购农产品，确保农民利益得到保护。盘州市淤泥乡淤泥村按照平等自愿、风险共担的原则，组织 285 户村民集资入股 3000 万元异地置业，购置 49 亩工业用地，兴办食品加工厂，每年门面租金及经营收益等收入达到 4000 万元，入股农户户均每年增收 5 万元。三是通过创业就业增加农民收入。六盘水市把农业园区、龙头企业、农民专业合作社作为农民群众创业就业的平台，一方面鼓励农民通过资金入股参与分红，另一方面组织农民就近就地务工，参与农业管理经营，根据劳动力实际按每天 50~100 元不等支付工资，增加农民工资性收入。

（三）与促进农村集体经济发展统筹推进

农村集体经济是社会主义公有制经济在农村的重要体现。近年来，中央和地方各级政府对农村集体经济发展的重视程度越来越高，但农村集体经济发展薄弱的状况没有改变，与推进农业现代化、促进农村经济社会发展和完善乡村治理的要求不相适应。六盘水市把推进农村“三变”改革作为发展壮大农村集体经济的抓手，具体做法主要包括以下两个方面。一是把农村集体所有的各种经营性资产和公益性资产，未分配到户的耕地、山地、林地、水面等资源型资产，入股新型经营主体。二是在坚持不改变资金使用性质及用途的前提下，将财政投入农村的发展类资金（除补贴类、救济类、应急类外）原则上转变为村集体和农民持有的资金，投入企业、合作社或其他经济组织，形成村集体和农户持有的股金，村集体和农民按股比分享收益。2013 年，全市集体经济“空壳村”占比高达 53.8%。至 2015 年底，全市新增村级集体经济收入 1.08 亿元，累计达到 2.7 亿元，最高的村 1031 万元，最低的村 5 万元，全面消除了“空壳村”。

例如，盘州市岩角村将水面入股合作开发水上乐园项目，村集体占股 10%，项目运营后，预计每年可为村集体增收 120 万元。钟山区双戛社区高炉村借助梅花山景区创收增收，村集体收入累计达到 50 万元。水城县尖山街道活洞居委会以三线建设时期留下的工厂、土地、建筑、设施等大量闲置资产入股仁人纸业，占股 10%，村集体按股每年可获得 1.4 万元分红。盘州市妥乐村通过妥乐景区门票收入，村集体 2016 年盈余 189 万元。

（四）采取多种措施保护农民利益

最近 20 多年来，国家的政策导向是试图通过培育各类新型农业经营主体，带动小农生产进入现代化轨道。起初是鼓励发展产业化、倡导“公司 + 农户”模式，后来重视合作化道路，鼓励“公司 + 农民合作社 + 农户”。但是，从总体情况看，新型经营主体与小农的利益联结机制不完善，难以形成真正的利益共同体。与单纯获取固定的土地资金和借贷利息相比，村集体和农民以资源和资金入股来获取股份收益，从而也就能够分享公司（合作社）等经营主体的发展成果。公司（合作社）的收益越多，农民获取的收益也越多，而不是仅限于固定的土地租金。

但是，农业生产一般周期长、见效慢，而且存在自然和市场风险。在没有收益或收益较少的年份，按股分红的方式会导致农民得不到或只能得到很少的分红收入。而且，农民尤其是贫困农民具有风险规避的群体特征，更加关注收入的稳定性和持久性。基于这种原因，六盘水市在“三变”改革中，探索了类型多样化的收益分配办法。

以土地经营权入股新型农业经营主体为例，通常把农民土地经营权入股的份额作为优先股，主要的分配方式有以下两种。

一种是“保底分成 + 收益分红”。不论公司（合作社）经营盈亏，每年都按一定保底金额（相当于每年土地流转租金额）向入股农民分红，作为入股土地的保底收入。当高于保底分红金额时，则实际按股分红。例如，盘州市天富刺梨园区以贾西村为中心，采取“公司 + 合作社 + 农户”模式，发动农户用土地经营权入股，发展刺梨 3 万亩，在刺梨产业未见效益之前，保底分成 400 元 /（亩 · 年）。产生效益以后，采取“保底分成 + 收益分红”。分红比例为按照所持股份的多少，其中公司占股 85%、农户占股 10%、村集体占股 5%。

另一种是收益分红逐年递增。一般按照每亩每年 400~700 元不等支付农民分红收益（租金），在 3~5 年的过渡期内，按照每亩每年增加 5%~10% 的比例提高，通过 5 年左右进入盛产期后，每亩每年按 20% 左右的比例递增租金，在 10 年内最高达到每亩每年租金 1000 元，确保农民通过稳定的土地流转费增加收入。例如，润永恒公司在水城县米箩镇俄戛村发展猕猴桃产业 6700 亩，农民以土地承包经营权入股，通过“固定分红 + 收益分红”获得收益。第一个五年，入股农户每年每亩固定分红为600元；第二个五年，收益分红为700元，“固定分红 + 收益分红”共 1300 元；第三个五年，收益分红为 1400 元，“固定分红 + 收益分红”共 2000 元；第四个五年，收益分红为 1900 元，“固定分红+收益分红”共2500元。农民以管理技术入股，公司将建成后的基地划分为网格，管理的农户占股30%，待盛果期后，管理的农户每亩每年可获得1.3万元收益。

二 开展农村“三变”改革的条件

任何改革都需要相应的条件支撑。六盘水市之所以大力推动农村“三变”改革并能取得较好效果，与其得天独厚的自然和社会经济条件直接相关。

（一）自然条件优越

公司、农民专业合作社等经营主体是实施农村“三变”改革的平台。六盘水市山清水秀、气候宜人、环境优美，适宜发展乡村旅游业；自然资源丰富，适宜发展多种类型的特色农业，从而能够吸引社会资本进入农村从事乡村旅游、观光、休闲和特色种植等新型农业业态。截至2017年9月底，全市有省级农业产业化龙头企业59家，其中由煤炭和房地产企业转型而来的就有20家，占1/3。尽管六盘水市的贫困面较大、贫困程度较高，但经过改革开放的多年发展，也涌现了大批先富者，民间经济资本和社会资本比较丰富。他们中的一部分人，也有从事农业开发的意愿。例如，水城县顺场乡返乡农民工李玉武，用多年打工积累的25万元，带领农户453户，返乡建成了全市标准化程度最高的1800亩茶园。

（二）财政投入农村的资金规模大

近十多年来，随着国家财力的增强和对“三农”重视程度的提高，各级财政对“三农”领域的投资快速增长。六盘水市是我国西部贫困地区的典型代表，得到的财政资金投入更多。但是，财政资金往往以项目的形式，自上而下逐级分配，存在着投入分散、重复投资、与基层需求优先次序不吻合等问题，资金使用效率较低。近年来，国家一直鼓励开展整合各种项目资金的地方探索。六盘水市顺势而为，将财政投入农村的发展类资金（除补贴类、救济类、应急类外）原则上转变为村集体和农民持有的资金，投入企业、合作社或其他经济组织，形成村集体和农户持有的股金，村集体和农民按股比分享收益。同时，明确将村民委员会以及村集体领办、创办或控股的企业、农民合作社作为各级财政投入农村的发展类资金承接主体，可以独立发展，也可以将资金投资到企业、合作社或其他经济组织，实行市场化运作，撬动更多社会资本投入农村经济发展。在六盘水市开始实施“三变”改革的2014年，就整合了中央、省、市、县财政投入的农业、林业、水利、扶贫等资金15亿元，撬动社会投入30亿元参加农村水利基础设施、农业综合开发、生态移民搬迁、精准扶贫等建设，全面推动农村综合发展。

（三）同步推进配套改革

1. 开展各类资源的确权登记颁证工作

截至2017年9月底，全市已完成土地承包经营权权属调查面积534.1万亩，占应确权面积的115.5%。宅基地使用权登记发证率40.4%。集体土地所有权登记发证率100%。集体林地使用权登记发证率92.0%。农村小型水利产权颁证率100%。

2. 建立产权交易市场

六盘水市建立了市、县、乡、村四级流转服务体系，将农村土地、房屋、集体经济组织股权、增减挂钩项目指标等产权纳入交易范围，从而搭建起社会资本进入农村、农村资源向资本转变的制度性平台，逐步形成城乡一体、开放规范的农村产权流转市场。据统计，截至2016年底，4个市、县级农村产权交易中心共受理产权交易555宗，交易金额达6亿元。银行发放“两权”抵押贷款49笔1.32亿元。

3. 开展资产量化，对集体成员资格进行认定

探索推进农村集体资源性资产和经营性资产股份合作制改革，对集体资产进行清产核资，确认成员身份，明晰产权，折价入股经营主体，农民按股比

获得分红。

4. 防范风险

在防范自然风险方面，针对猕猴桃等特色产业可能遭受的灾害，把政策性保险和商业性保险结合起来，财政投入500万元资金用于猕猴桃、刺梨等“三变”改革特色农业保险，撬动商业保险进入农业领域，最大限度降低农民因灾损失。在防范市场风险方面，对“三变”覆盖的产业，实行县评审、市报备的“风评”机制，市、县两级财政每年各安排500万元资金用于风险补偿，把市场风险控制在最小范围。

三　农村“三变”改革中应注意的问题

（一）关于小农生产与适度规模化经营之间的关系

小农生产，又称小农经济、小农农业、农户经济。在我国农村，一般地讲，小农生产是指农户以家庭为单位，在自有的承包土地上，或者在以自有承包土地为主同时向其他农户租赁的少量承包地上，以家庭自有劳动力为主，独立开展农业生产经营活动，自担风险，家庭的主要或重要的经营收入来源于农业。小农生产兼具生计需要和利润追求，处在已经市场化和正在市场化进程中，农产品生产在满足自我消费后，向市场销售。在统计上，它大体对应的是我国新型经营主体以外的广大承包经营农户。

与小农生产相对应的是适度农业规模经营。六盘水市探索把各种资源聚集于新型农业经营主体，从而实现了农业适度规模经营，小农生产被纳入了现代农业发展轨道。这种做法是对我国农村基本经营制度的重要创新。但应该看到，人多地少的基本国情和地区农业生产条件的巨大差异，决定了我国农业不可能全面实行规模化经营，小农生产仍有其合理存在的空间。相应地，实现农村“三变”改革，也必将是一个漫长的历史过程，应因地制宜，而不能一哄而上。六盘水市近几年的实践探索也充分说明，“三变”改革绝非能够一蹴而就。例如，尽管六盘水市“三变”改革被社会各界广泛关注，但成效特别明显的仍然局限于各方面条件较好的地区。在六盘水市1000多个行政村中，有的村交通、水利等基础设施落后，生态环境脆弱，股权平台难以搭建，搞“三变”改革的难度很大。

（二）关于新型农业经营主体的质量提升

农村“三变”改革能否顺利推进的关键问题是，是否有一批带动能力强的新型农业经营主体。六盘水市农村“三变”改革的成效，与着力培育和壮大新型农业经营主体密不可分。但是，与全国其他地区的情况类似，新型农业经营主体的总体实力不强，运行规范性不足。

以“公司+农户”为代表的农业产业化经营中，公司与农民之间的利益联结机制存在一直没有解决的问题。由于农户分散，谈判能力弱，利益得不到有效保障。公司挣钱多了，农民不能分享。公司赔本了，就毁约赖账。近一两年来，随着农产品市场的波动，尤其是粮食价格的逐年下跌，出现的一些新型农业经营主体跑路、单方毁约等问题就是如此。在农村“三变”改革中，村集体和农民以股权形式与公司形成了利益联结，但村集体和农民较弱的谈判地位并没有改变，公司利用其信息优势和强势谈判地位损害农民利益的可能性仍然存在。

近年来，农民合作社发展存在数量扩张过快、能力建设严重滞后的突出问题。从总体上看，我国农民合作社普遍存在规模小、实力弱、经营分散问题，大量农民合作社的平均经营规模小于家庭农场的平均经营规模，无法满足农户成员的需要，带动农户能力不强；并且有名无实的空壳、休眠、挂牌合作社问题突出，造成了较为恶劣的社会影响；大量的农民合作社运行不规范，被领办人控制，民主管理属性难以体现，领办人与普通农户成员之间本质上是买卖关系，没有结成利益共同体。应该说，这些在全国层面的共性问题，在六盘水市也同样存在。尤其是，六盘水市要求每个行政村都成立农民专业合作社，明确规定了将村民委员会以及村集体领办、创办或控股的企业、农民合作社作为各级财政投入农村的发展类资金承接主体。在这种情况下，如果农民专业合作社运行不规范，就会产生较多的问题。例如，有的农民专业合作社的成员仅仅是部分村民，有的农民专业合作社实际上被少数人控制。而按照《农民专业合作社法》的要求，财政资金所形成的资产归农民专业合作社成员共同所有，并折股量化到全体成员。结果，本应由全体村民享受的公共财政资金，实际上没有惠及全体村民，而是被部分村民甚至少数合作社的控制者所享有。

（三）关于农民利益的潜在风险

处理好农民、村集体、经营主体之间的利益分配关系，是推进“三变”改革的关键问题。六盘水市采取多种措施保护农民利益。从目前的情况看，农民从“三变”改革中得到了实惠。但是六盘水市大规模开展“三变”改革只有三年时间，随着时间推移，一些不利于农民利益的风险可能会显现出来。

1. 经营主体经营亏损及违约

六盘水市农村“三变”改革中的最重要的投资领域是特色农业。农业的基本特点是自然再生产与经济再生产相互交织。一般来说，农业生产经营投资大、周期性长、回报期相对较长，同时面临着自然风险和市场风险。与传统农业相比，规模化的特色农业存在的风险更大。农民通常是风险厌恶者，贫困农民尤其如此。基于农民的这一行为特征，六盘水市探索了多种分红模式，其中最主要的有两种，一是“保底分成＋收益分红”，二是收益分红逐年递增。但不论哪种模式，新型农业经营主体一旦遭遇客观因素而发生亏损，集体和农民也就自然不能得到收益分红。

2. 经营主体隐瞒经营绩效的道德风险

与以土地等自然资源入股及资金出借相比，村集体和农民以资源、资金入股的“三变”改革，可以使其分享发展收益。但是，也应该看到，村集体和农民很难掌握龙头企业等新型农业经营主体的经营状况，从而可能导致是否盈利、盈利多少都由新型农业经营主体说了算。从逻辑上说，提高新型农业经营主体的财务透明度等监管手段，可以在一定程度上降低新型农业经营主体的道德风险，但没有组织的分散农户往往缺乏监管的能力。

尤其是股权结构不均衡又降低了村集体和农民对新型农业经营主体道德风险的监管意愿。农村“三变”改革中相关利益方的分配结构大体是企业占55%、村集体占5%、农民占40%的分配模式。但是，具体到每个农户头上，其占有的股份比例就特别低。随着公司等新兴经营主体规模的扩张，股权结构不均衡现象就会更加突出。可能会出现利益流向大股东、小农户利益被压缩的问题。在实际运作中，农户往往会因为股权少、话语权弱、分红少而没有积极性去关注企业的生产经营状况，只关注土地流转的租金。此外，由于农户分散、力量薄弱，在处理与企业的关系中往往需要依靠村干部作为农户的代理人与企业进行谈判，可能会产生农户与村干部之间的委托代理问题。

3. 资产价值评估体系不健全

目前，对于村集体和农民入股的各类资源的价值评估，主要采取相关利益主体协商的方式。这种从操作便利性出发的资产评估办法存在着不合理、不公正以及不符合股东之间平等合作基本原则的问题。实地调查发现，一些村干部或农民对入股资产的市场价值及能带来的收益并不关心，其原因是这些资产之前处于闲置之中。但也有相当一部分村干部和村民对入股资产的市场价值以及与之相关联的股权比例和分配方案比较关心。随着农民入股企业的发展壮大及农民权益意识的增强，农民对入股资源的市场价值的关心程度也将不断提高。相应地，完善资产评估办法，形成相关利益方都能接受的评估方法，是未来农村“三变”改革中应重点考虑的问题。

四 相关的意见及建议

（一）进一步推进配套改革

改革涉及方方面面。2013年党的十八届三中全会通过的决定在提出全面深化改革的总目标时着重强调，必须更加注重改革的系统性、整体性、协同性。改革越是深入，改革关联度和依存度会随之增强，任何一个领域的改革都可能牵动其他领域。为了更好地推动农村“三变”改革，应重视各项改革措施之间的关联性和协同性，使各个环节和各个领域的改革形成合力并良性互动。一是深化农村土地制度改革。村集体和农民在新型农业经营主体中入股，主要依赖耕地、林地、荒山荒坡等土地资源。应深化农村土地制度改革，以便提高农村土地资源的价值，主要的改革举措包括以下几个方面：建立城乡统一的建设用地市场，赋予农民对承包地占有、使用、收益、流转及承包经营权抵押、担保功能，保障农民集体经济组织成员权利，保障农民宅基地用益物权。二是进一步健全农村"三资"管理。随着"三变"改革的推进，村集体积累越来越多，要想使这些农村集体资产保值增值、不流失，农民从资产运行中真正得到好处、利益不受损，必须创新农村集体所有制的有效实现形式，建立符合市场经济要求的农村集体产权制度。三是构建科学合理的资产价值评估体系，由专业的第三方评估机构对村集体的资源和资产按照合理、规范的标准进行评估，尤其是资源性资产占比大的地区，需评估资源的开发价值、可营利性，防止集体资产由于利益寻租而被低估，保障村集体成员利益。四是推动农村集体经营性建设用地直接入市。十八届三中全会通过的决定指出，"建立城乡统一的建设用地市场。在符合规划和用途管制前提下，允许农村集体经营性建设用地出让、租赁、入股，实行与国有土地同等入市、同权同价"。有必要尽快建立城乡接轨的建设用地使用权制度，促进农村集体经营性建设用地流转。

（二）构建保护农民权益的风险防控机制

一是降低产业风险。相关的举措主要包括：依据当地的优势条件和市场需求情况，做出符合实际的产业规划；建立和完善新型农业经营主体项目库，进一步完善风险评估机制，精心筛选经营主体；加强对农业龙头企业、农民专业合作社、家庭农场等新型农业经营主体的培训，提高其管理能力和经营水平。

二是在继续落实有关培育新型农业经营主体的政策体系的同时，着力完善新型农业经营主体与小农的利益联结机制。可以将新型农业经营主体以合同方式或股权方式带动农户的数量，以及是否与农户建立稳固的利益纽带（如保护价收购、利润返还、股金分红等）作为申请财政支持小农生产资金补贴必备的考量条件。对凡是达到财政支持申请条件的新型农业经营主体，应一律给予批准。同时强化对新型农业经营主体财政资金使用情况的验收审计，凡是完成项目好的，可以连续支持；对人为因素造成任务没有完成过半的，列入黑名单，取消今后的申请资格。

三是提升政策性农业保险水平。目前政策性农业保险量大面广，仍显薄弱。建议扩大农业灾害保险的范围，建立全面覆盖本区域农业生产的主要产品品种的农业保险制度，同时提高政策性农业保险的保障水平。建立以财政补助为主的保费分担机制，逐步实现从覆盖直接物化成本扩大至覆盖完全成本。

四是进一步完善风险防范机制。目前，对于农民土地承包经营权流转给新型经营主体后不能得到约定租金的风险，具有代表性的地区实践可归纳为以下两种。其一是建立土地流转风险保证金制度。浙江省海盐县设立风险保证金制度，土地流入经营主体按每亩不少于100元缴纳风险保证金，当流入主体因故不能履行流转时（如发生死亡、破产或遭受重大自然灾害、意外事故等原因），由村（社区）股份经济合作社或土地专业合作社申领风险保证金，用于补助农户损失。其二是建立土地流转履约保证保险。四川省邛崃市实行按土地流转交易额的3%收取保费，其中农民承担20%，业主承担80%，市财政以奖代补分摊50%的保费。以一年一亩地1000元的租金来计算，保费是30元，农民应交6元，业主交24元，政府补贴一半。农民只要交3元钱保费便可享受1000元保额。在推进农村“三变”改革中，可以借鉴这些实践探索经验，进一步完善风险防范措施。

（三）进一步完善农村现代治理体系

从我国一些集体收入较高的富裕村的情况看，由于乡村治理机制不完善，村级集体资源和资金往往由少数村干部控制。通过农村“三变”改革，六盘水市已经全面消除了“空壳村”。一些村依靠村集体经济组织的自我经营或采取入股经营主体的方式，每年都有较为可观的收入，有的村集体收入积计已经超过1000万元。随着农村“三变”改革的推进，村级收入还会越来越多。如何监督管理可观的集体股份的资金剩余，不仅关系到农村“三变”改革的成败，也是涉及党风廉政建设的关键环节。可以在那些集体资产数额较大的村，同步推进集体经济产权制度改革，明确集体经济组织成员权，赋予农民对集体资产股份占有、收益权能。

（四）完善农民生活保障制度

农民以土地承包经营权入股公司或合作社等新型经营主体后，作为其就业和养老保障的土地的保障形式就发生了变化。在自己耕作的情形下，土地收益尽管不高，但在正常年景下的收益是比较稳定的。当土地流转后，如果遇到企业或合作社经营亏损或不履约，就会危及农民的生计。为了解决这一问题，发达国家的共性做法是，建立农民养老金制度，转移农场的农民可以获得更高水平的养老金待遇。我国一些地方也开展了类似的实践探索。为了使农村“三变”改革顺利推进，有必要进一步完善农村社会保障制度，提高农村社会保障水平。

吉林省农村集体经济产权制度改革实践探索

张　磊*

摘　要： 农村集体产权制度改革是继农村家庭联产承包责任制之后，农村的又一项伟大改革实践，是实现乡村振兴的重要改革。吉林省按照中央统一部署，从试点起步，历经村级试点、县级试点，最终列为全国三个全省改革试点省份之一，在全省范围开展农村集体产权制度改革。目前，试点改革成果显著，探索出农村集体产权制度改革的基本经验，但同时改革中存在许多困难和问题，需要通过完善顶层设计、加强领导、强化政策支持等措施加以解决。

关键词： 农村集体产权　产权制度改革　农村集体经济

农村集体产权制度改革是以明晰农村集体产权归属、维护农村集体经济组织成员权利为目的，以推进集体经营性资产改革为重点任务，以发展股份合作等多种形式的合作与联合为导向，坚持农村土地集体所有，坚持家庭承包经营基础性地位，探索集体经济新的实现形式和运行机制，不断解放和发

* 张磊，吉林省社会科学院农村发展研究所。

展农村社会生产力，促进农业发展、农民富裕、农村繁荣，为推进城乡协调发展、巩固党在农村的执政基础提供重要支撑和保障。其内涵是通过改革，科学确认农村集体经济组织成员身份，明晰集体所有产权关系，发展新型集体经济；逐步构建归属清晰、权能完整、流转顺畅、保护严格的中国特色社会主义农村集体产权制度，保护和发展农民作为农村集体经济组织成员的合法权益。

一　农村集体产权制度改革具有新时代意义

完善社会主义市场经济体制，促进城乡要素平等交换，加快现代农业发展和新农村建设，必须改革农村集体产权制度，加强对农村集体资产的产权保护。探索农村集体所有制有效实现形式，创新农村集体经济运行机制，保护农民集体资产权益，调动农民发展现代农业和建设社会主义新农村的积极性，着力推进经营性资产确权到户和股份合作制改革，对于切实维护农民合法权益、增加农民财产性收入、让广大农民分享改革发展成果、如期实现全面建成小康社会目标具有重大新时代意义。

（一）推进农村集体产权制度改革，是巩固和完善中国特色社会主义制度的必然要求

一方面，要坚持走中国特色社会主义道路，巩固以公有制为主体、多种所有制经济共同发展的基本经济制度，逐步实现共同富裕的目标，在农村就必须坚持集体所有制，发展壮大农村集体经济。另一方面，要适应健全社会主义市场经济体制新要求，使农村集体经济更好地适应市场、面向市场，与时俱进地发展，不断焕发制度活力，就必须破除束缚集体经济发展的体制机制，创新农村集体经济的组织形式和运行机制，赋予农村集体经济组织市场主体地位，构建中国特色社会主义的农村集体产权制度。

（二）推进农村集体产权制度改革，是全面深化农村改革的紧迫任务

我国正处在新型工业化、信息化、城镇化和农业现代化同步发展的重要历史阶段，面临许多新情况、新问题。农村社会结构正在发生深刻变化，农村人口流动与集体成员财产权不清晰的矛盾日益突出；城乡融合进一步加快，城乡要素平等交换的诉求与农村各类资源要素流动不畅的矛盾日益突出；广大农民财产意识不断增强，保障农民财产权利与集体资产被侵蚀的矛盾也日益突出。目前农村集体资产总量规模庞大，如果不被盘活、整合，就难以发挥应有的作用；如果不尽早确权到户，就存在流失或者被贪占的危险。

（三）推进农村集体产权制度改革，是全面建成小康社会的重要保障

农民占我国人口的大多数。习近平总书记指出，“小康不小康，关键看老乡”。实现农民的小康，关键是增加农民收入。2004 年以来农民收入增长实现“十三连快”，为全面建成小康社会打下了良好的基础。实践证明，凡是产权制度改革的地方，农民收入都会提高。因此，必须推进改革，盘活农村集体资产，提高农村各类资源要素的配置和利用效率，增加农民财产性收入，促进农民收入持续稳定增长。

二　吉林省农村集体产权制度改革现状及特点

（一）吉林省农村集体产权制度改革基本情况

1. 第一批 3 个村改革试点

2014 年，吉林省农委决定在农安县合隆镇陈家店村、公主岭市范家屯镇平洋村和香山村等 3 个村开展农村集体产权制度改革试点。截至 2016 年底，3 个试点村改革已经完成。

2. 第二批22个村改革试点

2015年，吉林省扩大改革试点范围，《吉林省农村集体经济组织产权制度改革试点方案》（吉办发〔2015〕50号）确定全省9个市州以及公主岭、梅河口2个扩权县市的22个行政村为全省农村集体经济组织产权制度改革试点单位。试点改革工作计划2年完成，到2017年底完成改革试点任务。

3. 第三批县级改革试点

从2017年开始，按照《中共中央国务院关于稳步推进农村集体产权制度改革的意见》（以下简称《意见》），结合吉林省实际，在全省推进3个县（区）（伊通县、长春市朝阳区、吉林市昌邑区）农村集体产权制度改革。

4. 整省试点

根据《农业农村部关于商请确定农村集体产权制度改革试点有关事项的函》的要求，吉林、江苏、山东等3个省报送了整省试点方案，其他省、自治区、直辖市推荐了整市和整县试点单位。经农业农村部研究，同意吉林、江苏、山东等3个省，河北省石家庄市等50个地市，天津市武清区等150个县（市、区）为2018年度农村集体产权制度改革试点单位。整省试点到2020年10月底结束，整市和整县试点到2019年10月底结束。

（二）吉林省农村集体产权制度改革主要特点

由于全省各地经济发展水平不同，集体资产构成各异，农民群众诉求多种多样，推进农村集体产权制度改革不能一套方案包打天下，必须分类实施、试点先行。

1. 改革要分类施策

按照《意见》要求，农村集体的资源性、经营性、非经营性资产都有改革任务，但要重点突出，分类施策，不能“眉毛胡子一把抓”。对土地等资源性资产，就要按照中央已有的部署继续搞好土地确权登记颁证工作，完善“三权分置”办法，保持现有土地承包关系稳定并长久不变，赋予农民长久而有保障的土地权益，这方面保持工作的连续性和政策的稳定性极为重要。对非经营性资产，包括集体所有的办公用房、卫生所、学校等，这类资产主要是探索建立集体统一运行管护机制，为集体成员提供公益性服务，这方面不宜搞折股。经营性资产，是这轮改革的重点，着力推进资产确权到户，发展多种形式的股份合作。

2. 改革要试点先行

农村集体产权制度改革已在部分发达地区探索了近20年，特别是北京、浙江、长三角、珠三角等地已经完成95%以上。但在吉林省，就经营性资产改革而言，还从未搞过。因此，改革要试点先行，先易后难。《意见》提出，已经开展改革的，要完善制度，增强农民的获得感；还没有开展改革的，可根据农民的要求和意愿，先进行试点，再由点及面展开，力争用5年左右时间基本完成。吉林省已经开始试点的25个村的改革主要在有经营性资产的村镇，特别是城中村、城郊村和经济发达村开展，这些村经营性资产较多，因产权不清引起的问题矛盾也多，群众对改革的呼声较高。

3. 股份合作制已经成为吉林省农村产权制度改革的创新模式

通榆县乌兰花镇陆家村实行了“资源变资产、资金变股金、农民变股东”的农村集体经济新模式；辽源市西安区灯塔镇西孟村利用林改成果，发展多种形式股份合作模式；图们市月晴镇水口村先行先试，走出了利用土地股份合作制发展集体经济模式；等等。

三 吉林省农村集体产权制度改革存在的主要问题及产生的原因

（一）吉林省农村集体产权制度改革存在的主要问题

1. 集体经济组织成员资格界定存在困难

到目前为止，对农村集体经济组织成员如何界定，法律法规没有明确说法。如果农村集体经济组织成员资格界定全由乡村自我管理，那么受当地乡规民约、传统观念和历史习惯等因素影响，界定结果的合理性、合法性将很难保证。

2. 新型集体经济组织组建存在困难

对于完成产权制度改革的新型集体经济组织，如何明晰和确定其组织形式，目前没有明确规定和具体办法。特别是工商登记后，集体经济组织需要缴纳营业税、增值税、所得税、房产税等，集体成员按股份分红时需要缴纳个人所得税，这要比改革前更加重村集体和农民个人的负担，所以，试点村对组建新型集体经济组织态度不积极。

3. 老股金情况混乱问题严重制约清产核资工作开展

部分试点村存在老股金问题，由于老股金形成年代较久远，有些村有账目记载，有些老人持有股权证，有些村没有账目，老股金情况混乱，将老股金纳入改革范畴有一定困难。

4. 改革后村集体如何保障村民福利

改革后短期内村集体经济收入将会减少，最多只能达到改革前收入的20%，公共事业支出也会相应减少，60岁以上村民补贴、养老保险补贴、村民公共福利等都会减少甚至没有。尽管村民个人得到了股权，但是真正能够拿到手的收入与目前看得见的收入形成鲜明对比，因此对改革不理解现象普遍存在。

5. 土地集约入股后剩余劳动力如何安置

在外出打工收益下滑、打工难度加大的背景下，农民土地入股后的就业问题尤为突出。这个问题解决不好，容易产生新的不稳定因素。要在改革过程中一并解决好剩余劳动力就业问题，亟须合适的办法和有力的措施。

6. 改革后村民自由退股权力如何行使

按照现代产权制度安排，村民退股自由。但如果不设置一些行使权力的必要条件和程序，改革后多数村民会急于将其所持股权变现，可能导致村集体经济组织最后只剩下空壳股权，而没有实际内容。

7. 一般村、负债村如何实施集体产权制度改革

目前这25个试点村基本上是集体资产数额较大、经济实力较强的城中村、园中村、城郊村及其他经济发展好的村。这类村在全省行政村中仅占少数，改

革试点成果的可复制性、可推广性有限。目前全省 80% 的行政村集体资产数额较少、经济实力较弱，有的甚至负债运行。要在占大多数的一般村和负债村进行集体产权制度改革，更应搞好试点探索。

（二）问题产生的原因

1. 存在模糊认识和畏难情绪

一些地方推进改革的主动性不强，一些基层干部对这项改革试点认识不够深入、理解不够到位，认为改革后将失去集体经济支配权，一些农民认为改革就是分财产。一些试点单位认为，农村集体产权制度改革程序复杂，需要大量人力、物力、财力，涉及多方利益调整，敏感问题多，怕引起这样那样麻烦，因而在试点工作上存在畏难情绪。个别村错误地认为此项改革试点可能影响农村稳定，影响村集体经济发展，目前已经停止试点工作，并正式申请退出试点。

2. 组织领导和工作保障力度不够

许多试点村没有足够重视这项试点工作，没有制定试点方案，影响了改革试点的进程和质量。25 个试点村中仅有一半试点村的试点经费由所在县（市、区）财政负担，一部分由试点村担负。

3. 一些试点工作在操作上存在障碍

一些试点村村民代表大会难以召集，从而制约改革推进。这些村的村民代表数量不足以支持召开村民代表大会，比如通化县东安村为朝鲜族村，70% 的村民长期在韩国或外地打工，村民会议、户代表会议、村民代表大会都很难达到法定出席会议人数，难以保证按规定履行改革试点工作程序。试点村中有一部分由试点村先行垫付开支，财政经费尚未拨付，影响了试点工作的顺利推进。

4. 村民代表大会决定改革事项存在风险隐患

目前多数改革试点遇到的问题需经村民代表大会决定，操作上往往存在一些不严密、不周到、不规范的地方，难免出现多数人侵害少数人合法权益的现象。另外，即使有2/3的村民代表通过的决议，也会因十几个人上访而被推翻。

5. 低保利益与股权利益相矛盾影响低保村民参与改革的积极性

实施集体产权制度改革后，将要成立农村集体经济股份合作社，全体村民均是合作社成员。按照民政局确定低保户的条件，凡是合作社成员将被取消低保户资格，现有低保户的利益将会受损，因此对这项改革试点产生抵触情绪。

四 吉林省农村集体产权制度改革对策建议

农村集体产权制度改革是一项系统工程，通过对改革试点县、村推进的农村集体产权制度改革进行跟踪研究，探索全省全面推进农村集体产权制度改革的经验教训，提出有针对性的改革措施，十分必要。

（一）吉林省下一步农村集体产权制度改革基本思路

1. 根据成功经验，确定改革步骤

根据吉林省改革试点村的经验进行总结，农村集体产权制度改革的基本步骤为：宣传培训、清产核资、确认组织成员、折股量化、资产股权管理。具体内容涉及宣传发动、培训考察、清理财产、核定资金、人员普查、成员认定、老股金清查、制定折股方案、成立股份管理机构、工商注册。

2. 界定农村集体资产类型，明确改革对象

确定试点村改革范围。农村集体资产包括集体所有的耕地、林地、草地、山岭、荒地等资源性资产，用于经营的房屋、建筑物、机械设备等经营性资产，以及用于农村教育、文化、卫生等公益事业的非经营性资产。对资源性资产，重点是抓紧抓实土地承包经营权确权登记颁证工作，在充分尊重承包农户意愿的前提下，探索发展土地股份合作等多种形式；在稳定林地承包关系、保持林地用途不变的前提下，积极稳妥开展集体林地股份合作制经营。对经营性资产，重点是明晰集体产权归属，将资产折股量化到集体经济组织成员，发展

农民股份合作，健全集体资产运营的监督管理和收益分配机制。对非经营性资产，暂不进行农村集体产权制度改革，其运营管理保持现状，继续为集体经济组织成员及社区居民提供公益性服务。

3. 选择资产核资方式，根据需要确定核资方法

制定各类资产价值确认方案。依据相关的通知、法律、法规和制度，对各类资产进行价值确认。

4. 总结试点成果，明确改革成本

根据试点村改革费用情况，测算全省此次改革成本，并明确改革成本是可以承担的。

5. 探索不同类型村集体经济发展壮大路径，制定全省农村集体经济发展措施

一是完善顶层设计，保证改革试点工作规范有序推进；二是破解试点难题，确保实现改革试点目标；三是巩固改革成果，推动农村集体经济不断发展壮大。

（二）吉林省全面实行农村集体产权制度改革对策建议

1. 完善顶层设计，保证改革试点工作规范有序推进

农村集体经济产权制度改革试点到了关键阶段，巩固前一阶段改革成果，总结经验、查找问题，进一步搞好顶层设计，完善政策措施，是下一步推进改革试点进程的关键所在。一是出台具有可操作性的改革试点实施细则。明确清产核资发现的债权债务等具体问题的处理意见；明确集体资产折股量化到人后维护低保户现有利益的具体办法；明确股权设置及管理办法，对老股金、农龄股、贡献股等要有明确规定；对完善集体资产股份权能提出具体方案，明确转让、继承、分红细则，既要激活农村产权潜能，又要稳定村集体经济。二是建立健全经费保障机制。统筹研究解决试点工作经费问题，将此项改革经费纳入各级政府财政预算，明确会计账目支出科目，不能由于缺少必要经费支撑而影响改革进程。

2. 破解试点难题，确保实现改革试点目标

一是明确农村集体经济组织成员界定办法。在尊重历史、标准统一、程序公开，统筹考虑户籍关系、土地承包经营权情况、生产生活历史以及对集体资产贡献量等因素的基础上，参考外省经验以及吉林省一些试点村已经成熟的人员界定办法，制定全省集体经济组织人员界定办法。二是明确新成立的农村集体经济组织法人地位。改革后的农村集体经济组织是农村集体土地、集体财产所有者的代表，在客观上具备法人资格，在经济活动中承担法人角色。三是由集体组织通过合法程序确定集体股权。股权设置应以个人股为主，集体股的去留问题，应遵循客观规律和尊重农民意愿，由集体组织通过合法程序确定。四是明确实施“政经分开”与“三权分离”。应学习借鉴外省成熟经验，深入探索切合吉林省实际的村集体“政经分开”和“三权分离”的最合适、最有效的实现形式，保证达到农村集体产权制度改革预期目的。

3. 扩大改革成果，推动农村集体经济不断发展壮大

一是创新发展路径。充分利用改革试点成果，以现有经营性资产为基础，因地制宜开发利用，加快发展农村集体经济。以股份制经营为突破口，发展土地股份合作社，用股权抵押、贷款引资，发展集体经济。合理开发自然资源，充分发挥“四荒”地、水源等资源优势，通过招商引资、合伙经营，把资源优势转变为经济优势，增强村集体经济实力。发展特色产业，带动村集体经济的发展。现有规模较大的集体经济，应立足本地地理和资源条件，借助改革后产权明晰、股份到位、支持有力的新优势，壮大集体经济。二是坚持市场导向。村集体经济组织一切经营活动都要以市场为导向，根据市场需要确定发展目标、制定发展规划、采取发展措施。借鉴先进经验和模式，以工业和第三产业带动村集体经济发展。利用本地资源和闲置的荒地、房屋等，通过招商引资和“村企合作”，兴办工业企业或吸引工业企业投资合办企业，发展宾馆、商店等，壮大村集体经济。以城镇建设带动村集体经济的发展，城中村、城郊村以及靠近小城镇的村组，可利用村集体所有自然资源合办企业，通过入股红利

增加集体经济收入。用改革的办法带动农村三产融合发展，壮大村集体经济实力。三是加强培育引导。村集体经济组织股份制运营是一种新生事物，需要政府的培育和引导。要组织学习相关法律法规，村民代表大会决议不得违背《中华人民共和国村民委员会组织法》《中华人民共和国土地管理法》等相关法律法规。组织学习先进经验，引导改革后村集体经济保值增值。组织开展经营管理业务培训，引导新成立的股份合作社提高经营管理水平。

4. 通过扩大试点范围增强改革试点成果可复制性，完善不同区域农村集体产权制度改革模式

开展试点的最终目的是大范围复制推广，应筛选囊括全省行政村集体资产类型的改革模式，让改革成果在全省所有行政村中复制推广。

5. 强化政策支持，保证全省农村集体产权制度改革顺利完成

建立吉林省壮大农村集体经济组织发展基金，对集体经济发展过程中确实需要资金支持的予以资助，用发展基金撬动外来资本及银行资本。实施政策贴息，对于完成产权制度改革的村集体经济组织，给予项目贴息贷款。强化税收支持，在试点改革后一段时间内，对集体经济组织缴纳营业税、增值税、所得税、房产税和集体成员按股份分红缴纳个人所得税等，给予一定的特殊优惠政策。在改革试点村实施基础设施建设先行工程。加大财政转移支付的补助力度，促进村集体经济的发展。按照“客观计算、因素分配”原则，改革财政支农资金分配制度。

参考文献

方志权：《农村集体经济产权制度改革的思考》，《上海市经济管理干部学院学报》2014 年第 5 期。

《改革农村集体产权制度势在必行》，http://www.chinanews.com/gn/2014/10-18/6692300.shtml。

《中共中央国务院关于稳步推进农村集体产权制度改革的意见》，http://www.gov.

cn/zhengce/2016-12/29/content_5154592.htm。

杜鹰:《农村集体产权制度改革要义》,《财经国家周刊》2017 年 3 月 8 日。

韩长赋:《为什么要推进农村集体产权制度改革？怎么做？》,《农民日报》2017 年 6 月 12 日。

《农业农村部关于确定农村集体产权制度改革试点单位的函》(农经函〔2018〕5 号),http://www.moa.gov.cn/govpublic/NCJJTZ/201807/t20180712_6153986.htm。

陕西农村集体资产股份权能改革的实践探索

白宽犁　罗　丞[*]

摘　要： 为全面贯彻落实《中共中央国务院关于稳步推进农村集体产权制度改革的意见》精神，2017年3月陕西省出台了《关于稳步推进农村集体产权制度改革的实施意见》，在全省范围内稳步推进了经营性资产股份改革，创新推进了资源性资产“三变”改革。本文以陕西农村集体资产股份权能改革的实践探索为例，总结推广先进经验，研究解决存在问题，以期为陕西全面推进农村集体资产股份权能改革提供对策建议。

关键词： 农村集体资产　股份权能　陕西

农村集体产权制度改革是维护农民合法权益、增加农民收入的重大举措，是农村集体经济发展的重大制度创新。自2014年集体资产股份权能试点改革在全国有序开展、逐步推开以来，这项新的农村集体经济运行机制不仅体现出了集体优越性，而且调动了个人参与集体经济发展的积极性，在试点地区取得

* 白宽犁，陕西省社会科学院；罗丞，陕西省社会科学院农村发展研究所。

了良好的效果。本文以陕西农村集体资产股份权能改革的实践探索为例，总结推广先进经验，研究解决存在问题，以期为陕西全面推进农村集体资产股份权能改革提供对策建议。

一 陕西农村集体资产股份权能改革基本情况

2014 年 11 月，农业部、中央农村工作领导小组办公室、国家林业局联合出台《积极发展农民股份合作赋予农民对集体资产股份权能改革试点方案》，陕西省西安市高陵区于 2015 年被确定为全国 29 个试点县（区）之一。2015 年以来，陕西省积极贯彻落实中央精神，推进了西安市高陵区、渭南市华州区、榆林市榆阳区等国家级改革试点工作。为全面贯彻落实《中共中央国务院关于稳步推进农村集体产权制度改革的意见》（中发〔2016〕37 号）精神，2017 年 3 月陕西省出台了《关于稳步推进农村集体产权制度改革的实施意见》（陕发〔2017〕5 号），在全省范围内稳步推进了经营性资产股份改革，创新推进了资源性资产"三变"改革，改革成果逐步显现。

陕西省以集体经营性资产股份改革为重点，确定改革重点县（区）和试点村，加快探索改革路径，积累改革经验。2017 年全省共计确定 21 个重点县（区），每个县（区）选取 1~2 个乡镇整体推进试点，其余县（区）按照 2~3 个村选定试点，共计确定 357 个试点村。各市县结合本地实际，扩大试点范围，全省改革进展迅速。截至 2017 年第三季度末，全省 481 个村（包括 357 个试点村）开展经营性资产股份改革，其中，456 个村完成清产核资，351 个村完成成员界定，316 个村完成股权量化，298 个村成立了股份经济合作社，分别占总村数的 94.8%、73.0%、65.7% 和 62.0%，经营性资产股份改革试点工作成效明显。

为响应 2017 年中央一号文件提出的"鼓励地方开展资源变资产、资金变股金、农民变股东等改革，增强集体经济发展活力和实力"，根据全省集体经济薄弱、集体经营性资产较少的现状，陕西省以贫困村为重点，创新开展"三变”改革，启动实施了“百村示范、千村试点、万村推进”工程。截至2018年5月30日，“千村试点”行动754个村完成清产核资，659个村完成成员资格界定，541个村完成股权量化，602个村成立集体经济组织，379个村实现对接经营项目。以“资源变资产、资金变股金、农民变股东”为主要内容的“三变”改革，进一步激发了集体经济活力，开辟了产业脱贫新路径，让农村贫困群众成为“三变”改革的参与者和受益者。

二　陕西农村集体资产股份权能改革的典型模式与做法

（一）“三权分置”，确权确股不确地的赵家峁模式

赵家峁村地处陕西省榆林市榆阳区东南山区丘陵沟壑区，在全区农村地区具有典型性和代表性。2012年以前，赵家峁村还是一个省级贫困村，全村50%以上的耕地长期撂荒，常住人口不足百人，村民人均年收入不足3000元。2014年赵家峁村作为全省农村集体产权制度改革试点，成立了赵家峁村股份经济合作社，将农村土地、房屋、劳动工龄等资源要素折股量化，创造性地推行“确权确股不确地”的“三权分置”经营模式。确权，就是明确土地的所有权属于村民小组集体，农民只享有承包经营权；确股，就是把土地、人口、劳动贡献、资金、旧房产等转化为股权，并把这些股权量化到人。确股前先要确定股民，赵家峁村将2015年10月1日定为基准日，基准日之前核定的人口既是股民也是村民，基准日后的新增人口只是村民，不享受合作社分红，只能通过继承和转让来获得利益；不确地，就是把土地承包经营权转化为股份后，每一户农民具体经营哪块地，不再像过去那样确定到具体地块上，而是由村股份经济合作社集中进行流转经营。通过“确权确股不确地”，建立起了“归属清晰、权责明确、保护严格、要素流动”的产权关系。

在稳定承包权的前提下，赵家峁村放活经营权，以产权制度改革为契机，带动其他改革逐步推进，实现了“资源变资产、资金变股金、农民变股东”。赵家峁模式不仅解决了山区土地撂荒、无人耕种的问题，而且进一步带动发展

了种植、养殖、乡村旅游产业，推动一二三产业深度融合发展，使赵家峁村由一个深度贫困村转变为全省闻名的旅游度假村和产权制度改革示范村。

（二）打通障碍，开展土地入市试点的高陵模式

2014 年 11 月，高陵区被农业部等 13 部委确定为全国第二批农村改革试验区，2015 年 5 月又被农业部等 3 部委确定为积极发展农民股份合作赋予农民对集体资产股份权能改革试点区。截至 2018 年上半年底，全区承担着六项国家级改革试点。高陵区先试先行、积极探索，建立了电子查询、动态监审、预警提示“三位一体”的集体资产监管平台，实现了集体资产监管系统、农村产权交易系统、土地确权系统三网互通、联网运行。同时成立了高陵区农村产权流转交易服务中心，在 7 个街道、86 个村设立农村产权流转交易服务站（点），制定农村产权流转交易服务站（点）的工作职责和交易流程。在此基础上，高陵区开通了抵押贷款网上申请系统，探索集体经营性建设用地入市等交易品类，开展的两权抵押贷款和“三块地”改革，经过全国人大授权，相关法律在高陵调整实施。陕西首宗集体经营性建设用地入市在高陵区成功实现，意味着农村集体经营性建设用地与国有土地建设用地实现同权同价，可以进入市场进行贷款、抵押和转让，进一步盘活了农村土地资源，提高了土地利用率。

（三）激活资源，探寻乡村振兴路径的汉滨模式

陕西省有 58.4% 的村属于没有经营性收入的“空壳村”，特别是秦巴山区、吕梁山区、白于山区、渭北边远地区等贫困地区，农民收入低、贫困人口多、经济底子薄，推进农村集体资产股份权能改革必须在资源性资产上做文章。汉滨区将农村闲置的土地资源、生态资源整合为资产优势，逐步形成“‘三变’+产业+扶贫”的发展新模式。综合利用政策、资源和社会力量，加大对“三变”改革工作的扶持力度，制定“资源变资产、资金变股金、农民变股东”改革工作实施意见、指导程序等政策文件，鼓励在清产核资、确权登记、评估认证的基础上，村集体以集体土地、林地、荒山、滩涂、水域等资源性资产，以

及房屋、建设用地、机械设备、基础设施等经营性资产的使用权，政府投资形成、交由村集体管护和使用的非经营性资产等，通过股份合作形式投资入股农业专业合作社、农业园区、农业产业化龙头企业、家庭农场等经营主体或组建股份经济合作社，由合作社统一运营管理，享有股份权利，获得收益分红。通过“三变”改革，汉滨区将茶叶产业确定为全区主导产业，通过汉水韵、京康等龙头企业示范带动，在牛蹄、双龙、晏坝等重点镇整体推进，3年时间建成了16个茶叶重点镇办、高标准规范化茶园7.57余万亩，年产茶叶1620吨，茶园面积、产量、产值均位居全市前列，实现了农业产业弯道超车。

（四）“七统一”，规范“三资”管理的华州模式

陕西省渭南市华州区村、组两级缺乏具有会计资格证的专业人员，同时，农村集体经济收入薄弱，聘用专业人员成本高。针对这种实际情况，该区坚持以村集体资金、资产、资源的所有权、使用权、监督权、处置权、审批权“五权”不变为原则，依法有序平稳推行农村集体“三资”委托代理服务和会计电算化管理，在“三农”工作中取得了新成效。主要做法包括以下几个方面。

1. 试点示范，制定方案

在高塘镇试点农村集体“三资”规范化管理工作，探索出一套切实可行的“三资”管理模式。针对少数村死账、烂账等棘手问题，按照“农经部门查账、纪检部门查案、银行单位配合”的思路，逐一化解，统一账户，确保工作顺利推进。

2. 强化领导，健全机构

为了确保农村集体“三资”委托代理工作全面推开，区上成立农村集体“三资”管理工作领导小组，各镇、村、组也相应成立了工作班子，明确责任，夯实任务，加强督促检查，并将“三资”管理工作列入镇工作考核内容。

3. 规范流程，统一模式

推行统一记账，规范账务核算；统一制度，提升管理水平；统一审核，严审支出票据；统一公开，接受村民监督；统一账户，避免收支漏洞；统一建档，健全三资档案；统一票据，强化资金监管的“七统一”模式，实行分村组

设账，分村组核算，确保村集体收入及时足额收缴、支出合理规范。

4. 完善制度，加强管理

起草了农村集体“三资”管理服务中心工作人员岗位职责、责任追究制等16项管理制度，建立了村级预决算制度、月报账制度、村级财务“两审一签”制度、档案管理制度等9项工作制度。同时，统一村集体经济组织收入票据、村集体经济组织领款凭证、村集体经济组织财务支出审核单，确保集体收入及时足额收缴，各项支出票据合理规范；制定了农村土地承包示范合同，要求在签订合同时须镇“三资”服务中心人员在场鉴证。并及时将村级资源发包、土地流转情况上报镇“三资”服务中心存档，严禁擅自变卖村级集体资产，规范资产、资源发包行为。

三 存在问题

（一）集体经济薄弱

农村集体资源、资产不登记，管理粗放等现象，导致清产核资工作推进存在一定困难。从试点地区农村集体资产清产核资的情况来看，只有少数村拥有经营性资产，实现了收益分红，绝大多数村集体仅有机动的或者极少量“沉睡”的经营性资产，且基本上以租赁物业为主，缺乏优良的经营性资产，没有形成稳定的收入来源，再加上缺少经营主体带动产业发展，集体资产很难盘活并发挥应有的作用，对集体经济组织成员来说并未产生改革红利。同时，受区位因素、农业生产条件、资源禀赋等客观条件制约，集体资产不平衡较为明显，城镇周边、交通便利、资源丰富的村集体经济基础较好，而偏远地区无经营性资产、无经营性收益或收益较低的“空壳”村（社区）比重较大。受村集体领导班子能力、产业基础等因素影响，村集体经济组织发展能力较为不平衡，领导班子能力强、有能人带领的村集体经济发展较快，而大部分农村集体经济组织表现出“三个不足”：适应市场能力不足、发展产业能力不足、合作经营能力不足。

（二）改革配套政策不完善影响集体组织发展壮大

2018 年 6 月 6 日，农业农村部、中国人民银行、国家市场监督管理总局联合印发《关于开展农村集体经济组织登记赋码工作的通知》（农经发〔2018〕4 号），明确农村集体经济组织“特殊法人”地位，从国家层面解决了长期存在的“村集体经济组织市场地位不明确”问题，但集体经济组织在工商部门取得经营资格、在银行开账号、从金融部门获得贷款、从税务部门申请购买税票、独立开展经营业务等实际工作中可能存在政策时滞，制约了集体经济组织的融资能力和发展能力。同时，村集体经济组织在股份制改革中，承担的资产过户、变更登记等税费过高，负担较重，改革后开展经营活动缴纳的营业税、土地增值税、房产税、企业所得税、红利税等税费，将大大增加其经营成本，不但挤占农民利益，也降低了市场竞争力，从而影响其可持续发展能力。

（三）“三资”管理机制不健全容易滋生腐败现象

目前，乡镇一级农经机构缺失，农经专业人员配备不足，仅有少数乡镇单独设有农经机构，多数乡镇由 1~2 人兼职负责，无法满足农村集体资产股份权能改革要求。部分乡镇的村级财务管理未建立严格有效的监督管理机制，一些乡镇虽建立村级财务管理制度，但考核与奖惩不完全合理匹配，导致村级财务管理形同虚设。同时，村组内部也缺乏健全的管理制度，使得“三资”收益管理具体工作无章可循，容易出现村干部滥用权力的现象，村民会议也没有在“三资”管理中发挥应有作用。受缺资金、缺场所、缺制度、缺人才等因素影响，部分村组“三资”清查、资产确权等资料档案难以实现规范化管理，容易使本次集体资产股份权能改革基础资料丢失，致使“三资”清查、管理重复“做无用功”。

（四）“政社不分”可能导致集体经济组织运转不畅

虽然改革后村集体经济组织大多建立了理事会、监事会、股东代表大会，但大部分地区仍由村委会代行村集体经济组织职能，管理层成员大都还是原“三委会”成员，村主任担任理事长，监委会主任担任监事长。目前，名义上实行了“政社分离”，实际还存在政社不分、职能交叉的局面，村“三委会”与村集体经济组织并未形成相互独立、职能互补的关系。同时，村集体资产盘活成果未纳入村级干部的业绩考评，也缺乏有效的激励机制和监督机制。当然，为了确保农村集体资产股份权能改革的平稳实现，有必要交叉任职，但如果长期保持交叉任职的组织构架，容易回到原有的管理体制老路，村集体经济组织难以高效运转，其经济活动也难以得到有效监督，村民也难以切实享受改革成效。

（五）融资制度欠缺致使股权价值难以被激活实现

从目前情况来看，有集体经营性资产的村数量较少，多数村以资源性资产为主，村集体经济收益较少。因此，对金融部门来说，股权抵押贷款“低利润、高风险”，抵押担保一旦出现风险，如果成员无力偿还贷款，金融机构处置股份时可能会对集体经济的产权结构、农村社会结构带来影响；加之股权只能在成员内部流转，金融机构很难通过股权转让收回贷款。而且集体资产股份抵押担保的多限于收益分配权，并非股份全部权利，若对其处置，相对于土地经营权情况更加复杂、失控风险程度更高，导致农村市场资金有效需求和供给之间容易出现较大缺口，农民手中的股权难以被激活，实现其应有价值。目前，《物权法》《担保法》对集体资产股份抵押、担保没有明确规定，属于法律空白。虽然试点地区被授权暂停执行国家相关法律，但各区（县）在探索过程中普遍缺乏对农村集体资产股份抵押、担保、贷款的规范且有效的政策制度。

四　对策建议

（一）进一步完善管理机制及政策配套

农村集体经济发展面临的约束和问题短期内难以改变，迫切需要中央出台相应的配套政策和实施细则，在资金、项目等方面给予支持。建议建立公益金计提制度，持续为村级公益事业提供财政保障，以消除群众担心因改革而把福利改小了、改没了的顾虑。应尽快落实《关于开展农村集体经济组织登记赋码工作的通知》（农经发〔2018〕4号），确保村集体经济组织更加充分和完备的市场主体地位。扩编赋能，增加县、镇两级农经编制，增设镇级农村集体资产管理的专门部门，实现人权、事权、财权的匹配。在不改变资金性质和用途的前提下，鼓励村集体经济组织探索将财政资金投入新型农业经营主体的合作模式。引导金融机构积极参与农村集体产权制度改革，根据农村资源、资产评估情况，提高农户贷款授信额度，创新金融产品和模式，大力开展农村产权抵押贷款信贷业务。

（二）加快实现农村集体“三资”规范化管理

农村集体经济组织建立后，最重要的是后续的资金、资产、资源的管理问题。农村集体“三资”管理得好不好、廉政风险防控是否到位，不仅关系到集体资产是否保值增值，更关系到农村基层的政治生态是否风清气正。尤其在一些资产和资源比较雄厚的城中村、矿产村中，要管理好家底需要不断强化制度、创新管理模式。一是建立以资金管理为核心，以资产清查、台账管理、档案管理等为基础，以公开协商和招投标、合同管理、开支审批、财务审计等为重点的“三资”管理制度体系。二是完善县（区）、镇农村集体产权交易服务平台建设。三是建立县（区）纪委牵头，联合农业、财政和审计等部门的督查组，定期开展“农村财务和集体资产管理”专项督查，结合信访举报和暗访调查，对账目、资产的管理情况进行全面督查，形成监管倒逼机制。

（三）分类施策推动集体经济做大做强

壮大集体经济是股份权能改革的最终目的和要求。根据村集体经济的现有基础，分类发展村集体经济。针对各村资源禀赋、资本实力等差异，靶向施策，可采取三种股份合作形式，发展集体经济。一是对于有一定产业基础和经济实力、发展条件较好的村，可采取独股经营，村集体单独出资或折合资源资产成立经营主体，村集体100%持股，独立自主经营。对于这种模式，要注意解决经营管理人才短缺问题。二是对于资源较多、发展后劲大、对企业有吸引力的村，可采取控股联营，利用集体资源作为资本，引入社会资本共同持股，村集体绝对或相对控股，拥有经营主导权。对于这种模式，要注意解决好委托代理问题。三是对于基础条件较差、集体积累较少的村，可采取参股托管，整合村内资源、资产、资金入股帮扶企业或其他经济组织，主要由经营主体负责管理，村集体持有一定股份享受盈利分红。对于这种模式，要注意解决利益分配、风险防范问题，确保村集体村民从企业发展中受益。

（四）充分发挥能人带动在集体经济发展中的作用

是否有懂经济、会管理的人才，是农村集体经济发展壮大的关键因素。当前，许多改革试点村出现能人带动作用发挥不了、能人留不住的现象，主要是因为集体经济组织人才管理方式与现实情况不相适应，能人发展集体经济积极性较低。因此，要充分考虑能人需要，建立激励制度，运用经济激励、荣誉奖励、晋升等多种方式对能人进行激励。“三资”较多的试点村，可为村集体经济带头人设置“激励股”“岗位股”，与集体经济发展效益相联系，通过建立资金激励机制，调动能人带动经济发展的积极性，让能人与成员共享集体经济发展成果。

（五）建立政社分离、职能互补的新型基层关系

从产权运行规范化的角度来看，能否处理好村“三委”与村集体经济组织的关系是改革成功与否的关键所在。对于条件成熟的实行“政社分离”；对于条件不成熟的实行“半政社分离”的过渡机制，允许村“三委”成员与村集体经济组织理事会成员交叉任职，待条件成熟后再实行“政社分离”。建立“四分开两集中”的政社分离体制，实行机构分开、职能分开、财务分开、人员分开，村集体经济组织集中精力发展经济，村“三委”集中精力关注公共事务和公益事业。逐步提升村组干部福利待遇，提高其参与改革的积极性。

统筹整合财政涉农资金　助力乡村振兴发展*

周晓燕**

摘　要： 改革开放以来，我国财政涉农资金统筹整合经历了由杂乱无章到构建长效机制的重大转变，不仅将其从工作实践平台转变为国家治理平台，而且让其成为推动乡村振兴的重要支柱力量。本文从梳理统筹整合发展历程着手，客观分析统筹整合中存在的问题及困难，并结合国发〔2017〕54号文件要求，厘清新时代我国财政涉农资金统筹整合总体目标及政策要点，对推动我国乡村振兴战略实施有着重要的理论探索和实践指导意义。

关键词： 改革开放　财政涉农资金　统筹整合　乡村振兴

一　引言

一直以来，我国财政涉农资金存在多头管理、交叉重复、使用分散等体

* 本文系国家社科基金青年项目"乡村振兴战略下我国财政涉农资金统筹整合效应及其长效机制构建研究"（18CJY051）的阶段性成果。

** 周晓燕，江西省社会科学院产业经济所。

制机制性问题，严重影响国家支农政策效果和支农资金使用效益。统筹整合使用财政涉农资金，是提高财政资金配置效率的关键之举。

2017 年 12 月，国务院印发的《关于探索建立涉农资金统筹整合长效机制的意见》(国发〔2017〕54 号)提出，“到 2020 年，构建形成农业发展领域权责匹配、相互协调、上下联动、步调一致的涉农资金统筹整合长效机制”。2018 年 1 月，中央一号文件《中共中央国务院关于实施乡村振兴战略的意见》进一步提出：实施乡村振兴战略，必须加快建立涉农资金统筹整合长效机制。而就在 2018 年 7 月 7 日和 8 日开展的“习近平新时代中国特色社会主义思想指引下——新时代新作为新篇章”之我国乡村振兴战略全面开局学习活动中，习近平总书记也再次提及，统筹整合涉农资金，助推乡村全面振兴发展。建立涉农资金统筹整合长效机制，是发挥财税体制改革牵引作用、推进实施乡村振兴战略的重要途径。

在实施乡村振兴战略新的历史背景下，梳理改革开放以来我国财政涉农资金统筹整合发展历程，客观分析我国财政涉农资金使用及统筹整合过程中存在的问题及困难，并结合国发〔2017〕54 号文件要求，厘清新时代我国财政涉农资金统筹整合总体目标及政策要点，对推动我国乡村振兴战略实施有着重要的理论探索和实践指导意义。

二　改革开放以来我国财政涉农资金统筹整合发展历程

改革开放以来，我国的“三农”工作一直备受关注并不断得到深化，而财政涉农资金的统筹整合工作也随之得到进一步发展和提升。本部分以时间发展为脉络，详述 1978~2017 年我国财政涉农资金统筹整合发展历程。

(一) 1978~2002 年：杂乱无章，无法可依

改革开放初期，我国的政治、经济、文化、社会等均处于发展停滞状态，同时又面临着世界范围内蓬勃兴起的新科技革命推动世界经济以更快速度向前

发展的严峻形势，使得这一时期的财政支农资金不仅十分匮乏而且增长十分缓慢，有的年份甚至出现负增长。

从表 1 可以看出，1978 年和 2000 年，我国财政收入分别为 1132.26 亿元和 13395.23 亿元，增长了 10.83 倍，而同期国家财政支农资金投入分别为 150 亿元和 81.24 亿元，降低了 45.84%；从财政支农资金占比上看，1978 年为 13.25%，2000 年为 0.61%，后者只占前者的 4.6%。再将财政支农资金细分为中央和地方，可以看到，中央财政农业投入的增速快于中央财政收入的增速，而地方财政农业投入的增速慢于地方财政收入的增速，特别是 20 世纪 90 年代末，地方财政农业投入的增长幅度呈萎缩状态，增长幅度还不及财政收入增长幅度的一半。

表1 各年份财政收入及支农资金投入情况

单位：亿元，%

年份	财政收入	财政支农资金投入	财政支农资金投入占比
1978	1132.26	150.00	13.25
1998	9875.95	58.33	0.59
2000	13395.23	81.24	0.61
2002	18903.64	78.91	0.42
2003	21715.25	80.37	0.37
2005	31649.29	130.54	0.41
2009	68518.3	370.68	0.54
2010	83101.51	460.57	0.55
2014	140370.03	870.54	0.62
2015	82983.00	973.33	1.17
2016	87195.00	1133.33	1.30
2017	172567.00	18000.00	10.43

资料来源：赵为民：《财政支农资金结构、人力资本与农民收入增长》，《湖北经济学院学报》2018年第3期。

这样的状态一直持续到2002年，受2001年“近30年来全球经济增长速度下降得最快的一年”的余震影响，这一年的经济增长主要依靠政府的投资拉动，而百姓则处于“不是不花钱而是缺钱花”的状态，购买的也只是基本消费品。“三农”问题也因农民负担重、收入差距大、农业农村不稳定等成了摆在社会各界面前的首要课题之一。

因此，这一时期我国财政涉农资金的使用呈现出两大特点。一是政府持续重视，投入比例不断增大。即使有的年份增长比例不及之前，但仍处于增长势力范围，只不过增长速度有所下降。二是政治环境是影响其发展的关键因素。一方面政策的不稳定与不明朗，使得政府管理工作烦冗拖沓，效率低下；另一方面来自国外突如其来的科技挑战，也让统筹整合工作方向不明、举步维艰。

（二）2003~2014年：参照办法，独立成章

2003年，河南省经济调研队深入该省基层一线，对财政支农资金供给结构的现状进行了透视与分析，由此留下了改革开放以来最早研究财政支农资金使用的记录。河南省经济调研队发现，河南支农资金供给不仅存在严重的越位、缺位和错位现象，而且对农业形成直接支持的资金偏少，间接支持部分过多，同时研发投入比例太低，而导致这些情况出现的根本原因是财政支出体制和运行机制存在先天缺陷。这一度让调研队陷入深深的思考当中。遗憾的是，当时的调研队并没有给出医治良方。

从2005年到2009年，国家将重点放在如何规范使用并监管财政支农资金上，并要求各级政府严格按照《预算法》以及国家财政专项资金管理相关规定等做好前期规划，而且允许地方政府因地施策，分类施行，制定符合实际的资金使用管理办法。2010年，由于受国际金融危机的持续影响，国家将发展战略重点放在调结构上，此时首篇以“财政涉农资金整合”为标题的研究成果公开发表，并引起了社会各界的广泛关注。而事实上，众多地方市县早已开展了财政涉农资金的整合试点，比如新疆的伊犁州，在2007年就

将尼勒克县作为全疆财政支农资金自主试点县，拉开了财政支农资金整合工作的序幕，随后各县市也积极打造整合平台，灵活归并整合各类支农项目资金，取得了良好效果。

此后，我国财政涉农资金的整合工作开始了“两条腿”走路。一条是看得见的实践之路。主要以“资金投入分散、效益低下”为由进行左手做事、右手监督的整合操作。毫无疑问，这样的实践必然会带来“以整合为名滥用涉农资金”的后果。另一条是看不见的学术研究之路。这条路也因政策不明、管理不清、职责混乱、缺乏实际调研数据和资料而成果不多、研究不深，提出的政策建议并没有缓解当时严峻的改革形势。

（三）2015 年：统筹为主，初见成效

这一年，中央深入各地调研发现，如火如荼开展的涉农资金整合工作，一方面确实会相对提高财政资金的使用效益，但另一方面地方政府从来就是“办法比困难多”的，其在具体实施中不仅存在着极为严重的涉农资金占用、乱用、违规使用等情况，而且整合的涉农资金规模只是冰山一角，对整个“三农”工作的支持和推动并没有产生实质性的影响。此时的财政涉农资金依然处于“资金使用‘碎片化’、多数财政资金在‘沉睡中’”的尴尬境地。

2015 年 6 月 19 日，国务院办公厅颁发《推进财政资金统筹使用方案》（国发〔2015〕35 号），首次将“财政涉农资金统筹”以国家规范性文件形式昭告天下，这也是改革开放以来我国第一次明确财政涉农资金统筹工作的总体目标、原则、具体措施及组织保障。文件明确要求各省、自治区、直辖市人民政府以及国务院各部委、各直属机构要以问题为导向，坚持改革创新，大力推进财政资金统筹使用，不断提高财政资金使用效益，促进经济社会持续健康发展。文件还对统筹工作制定了长期目标，并要求地方在必要授权和修改相关预算管理办法的情况下应先行先试，同时加大整合力度，将支持方向相同、扶持领域相关的专项转移支付整

合使用。

随后，以此文件为指导，全国各地纷纷开展各种形式的涉农资金检查、整改、统筹、整合。而专家学者也针对开展效果进行了多种形式的报告分析。刘键深入黑龙江“两大平原”现代农业综合改革试验区对涉农资金的主要做法、取得的成效、存在的问题进行了深入剖析，他认为，国家层面的政策指导是关键，只有各级政府上下一心，才能形成永久合力。①

（四）2016 年：贫困县试点，成效显著

2016 年是打赢脱贫攻坚战的重要一年，也是国家首次将财政涉农资金的“统筹”与“整合”归并在一起形成更高要求的重要一年。为配合国家战略实施，中央政府连续颁发了三个国家级别的文件：财发〔2016〕4 号、国办发〔2016〕22 号和农办财〔2016〕50 号。这些文件重点释放了农业综合开发部门、国务院及农业部均在大力支持贫困地区开展涉农资金统筹整合试点的信息。同年 5 月 12 日，国务院副总理汪洋召开支持贫困县开展涉农资金统筹整合工作的电视电话会议，进一步从国家层面肯定并推动该项工作的展开。

2016 年也是贫困地区开展涉农资金统筹整合取得显著成效的一年。杨贤军在调研湖南省怀化市鹤城区涉农资金统筹整合现状时发现，该项工作改善了农村居民生产生活条件，产生了良好的社会效果。②王安才在考察评估云南省大关县涉农资金统筹整合情况时，认为这是有利于提高财政投资效益的“大好事”。然而，由于试点城市太多，财政涉农资金统筹整合的效果差距较大。③财政部农业司通过对试点贫困县的统筹整合情况进行分析后，认为只有

① 刘键：《整合财政涉农资金　努力建设新农村——黑龙江“两大平原”现代农业综合改革试验区涉农资金整合的启示》，《财政研究》2015 年第 6 期。

② 杨贤军：《精准扶贫如何整合使用涉农资金——以湖南省怀化市鹤城区为例》，《中国乡村发现》2017 年第 6 期。

③ 王安才：《统筹整合使用县级财政涉农资金的建议——基于云南省大关县的分析》，《财政监督》2017 年第 10 期。

安徽、湖南、河南、重庆、四川、云南、陕西、甘肃等8个省份成效较好。同时，新问题也不断涌现，其中缺乏普适性规范指导文件成了各地做法不一、成效参差不齐的关键制约因素。①

（五）2017年：构建长效机制，形成法律依据

2017年，党的十九大第一次提出乡村振兴战略。同年12月21日，国务院印发《关于探索建立涉农资金统筹整合长效机制的意见》（国发〔2017〕54号）。该文进一步明确指出，应紧紧围绕实施乡村振兴战略，开展涉农资金统筹整合，到2020年，构建形成农业发展领域权责匹配、相互协调、上下联动、步调一致的涉农资金统筹整合长效机制。

至此，我国财政涉农资金的统筹整合工作已有了全面布局和较广的覆盖面，且中央层面正在不断总结地方经验，以此为基础形成普适性和具有法律效力的指导性文件，并积极鼓励、引导、支持专家学者从事基础性研究，为政府决策提供宝贵参考。

三　我国财政涉农资金统筹整合中存在的问题

从发展历程可知，我国财政涉农资金的统筹整合虽在过程中取得了积极进展，但离理想效果还有较大差距，依然存在亟待解决的问题和困难。

（一）涉农资金：结构不合理、使用效率偏低、管理体制不完善

我国的财政涉农资金是一个广泛的概念，包括政府对农业农村及农民的各项投入。目前，中央、省、市、县安排用于农村经济社会发展的专项资金有20项，即农村公路修建、基本农田建设、农业综合开发、农村饮水安全、沼气建设、粮食直补、农资综合直补、良种补贴、农机具购置补贴、种植业养殖

① 财政部农业司:《推进涉农资金统筹整合　提高财政资金使用效益》,《中国财政》2017年第23期。

业项目资金、扶贫资金、救济金、农村五保供养、农村低保、危房改造资金、退耕还林、雨露计划、阳光工程、农村教育专项资金、农村卫生文化科技专项资金等。同时，这些资金涉及发改、财政、农业、环保、水利、教育、卫生、住建、国土等职能部门。分散的涉农资金非但不能形成治理合力，还在结构上存在明显不合理。尤其要指出的是，涉农资金管理体制机制的不完善是导致统筹整合工作进展缓慢的关键内在因素。

（二）统筹整合：层级不高、原则不明、权责不清、机制缺乏

首先，整合层级不高。目前我国财政涉农资金统筹整合尚停留在资金层面，绝大多数试点地区只是进行同类项归并操作，难以跳出行业内资金管理的条条框框，尤其是涉及多个管理部门的涉农资金，多数成了烫手山芋，各方对此都持观望态度。其次，整合项目设立无原则。一方面项目库建设滞后，信息的不对称致使选择出现偏差；另一方面在设立整合项目时，往往背离市场经济发展规律及公共财政建设的内在要求，也不符合行政效能管理的要求。再次，部门权责划分不清。突出表现为中央与地方、综合管理部门间职能设置不科学，区块划分严重，管理机制不顺畅，经常出现整合步调不一致、整合资金难到位的僵化局面。最后，整合机制缺乏。虽然中央和地方均颁布了多项指导性文件，为统筹整合工作指明了前进方向，但在具体操作上，绝大多数地方还停留在过去式，统筹整合效果并不明显。

四　新时代我国财政涉农资金统筹整合的政策要点

新时代对我国进行财政涉农资金统筹整合提出了新目标和新要求，如何围绕习近平新时代乡村振兴战略总体规划，把握我国财政涉农资金统筹整合政策要点，不仅是当前十分必要和紧迫的课题，还对我国统筹整合重大成效的取得具有非常关键的实践指导意义。

（一）2018~2020 年我国财政涉农资金统筹整合总体目标

根据国发〔2017〕54 号文件要求，新时代我国财政涉农资金统筹整合工作要分步达到以下目标，如表 2 所示。

表2　2018~2020年我国财政涉农资金统筹整合总体目标

<table>
<tr><th>时间</th><th>对象</th><th>范围</th><th>具体做法</th><th>负责部门</th></tr>
<tr><td rowspan="4">2018年</td><td rowspan="4">涉农专项转移支付</td><td rowspan="4">农业发展领域行业内</td><td>①归并设置涉农资金专项</td><td>财政部、国家发改委、国土资源部、水利部、农业部、国家林业局等</td></tr>
<tr><td>②合理设定任务清单</td><td>财政部、国家发改委、国土资源部、水利部、农业部、国家林业局等</td></tr>
<tr><td>③同步下达资金与任务清单</td><td>财政部、国家发改委、国土资源部、水利部、农业部、国家林业局、地方人民政府等</td></tr>
<tr><td>④建立与整合相适应的绩效评价制度</td><td>财政部、国家发改委、国土资源部、水利部、农业部、国家林业局等</td></tr>
<tr><td rowspan="3">2019年</td><td rowspan="3">涉农专项转移支付、涉农基建投资</td><td rowspan="3">农业发展领域行业间</td><td>①充分发挥规划的引领作用</td><td>地方人民政府</td></tr>
<tr><td>②加强性质相同、用途相近的涉农资金统筹使用</td><td>财政部、国家发改委、国土资源部、水利部、农业部、国家林业局、地方人民政府等</td></tr>
<tr><td>③促进功能互补、用途衔接的涉农资金集中投入</td><td>财政部、国家发改委、国土资源部、水利部、农业部、国家林业局、地方人民政府等</td></tr>
<tr><td>2020年</td><td>涉农专项转移支付、涉农基建投资</td><td>农业发展领域</td><td colspan="2">①权责匹配、相互协调、上下联动、步调一致的长效机制</td></tr>
</table>

资料来源：财政部网站（http://www.mof.gov.cn/zhengwuxinxi/caizhengxinwen/201712/t20171221_2786563.htm）。

（二）新时代我国财政涉农资金统筹整合的政策要点

1. 加强涉农资金管理制度体系建设

涉农资金管理制度体系建设一直都存在，而且将继续建设和完善，只不过改革的力度和方式要适时发生变化。一是继续对涉农资金管理制度进行清理、修订和完善，做到每一项涉农资金对应一个资金管理办法。二是加强现行各项管理制度的衔接，积极指导地方制定与中央涉农资金相对应的管理细则。三是各地在出台或修订相关管理制度时，要充分考虑中央关于涉农资金统筹整合的要求；四是加强制度的执行力度，确保涉农资金统筹整合取得实效。

2. 进一步下放审批权限

一是各地各部门要按照“简政放权、放管结合、优化服务改革”总体要求，在做好宏观指导基础上，统筹考虑项目投入、项目性质等因素，进一步下放涉农项目审批权限，赋予地方相机施策和统筹资金的自主权。二是强化地方政府特别是县级人民政府统筹使用涉农资金的责任，不断提高项目决策的自主性和灵活度。

3. 充实涉农资金项目库

一是根据国家“三农”工作方针政策和相关规划，编制政府投资项目三年滚动计划，加强各类涉农项目储备。二是完善项目论证、评审等工作流程，对相关项目库内的项目实施动态管理。三是加强财政部门、发展改革部门和行业部门之间，中央和地方之间，年度之间项目库的衔接，归并重复设置的涉农项目。四是加快资金安排进度，适当简化、整合项目报建手续，健全完善考核措施，确保项目发挥效益。五是根据项目性质，采取投资补助、民办公助、贷款贴息等方式予以支持，不断提升涉农项目的公众参与度。

4. 加强涉农资金监管

一是有关部门及地方各级人民政府要加强对涉农资金的监管，形成权责明确、有效制衡、齐抓共管的监管格局，防止借统筹整合名义挪用涉农资金。二是探索建立第三方评估体系，通过竞争择优的方式选择专家学者、研究机构等对涉农资金政策进行评估。三是完善决策程序，健全决策责任追究制度，对违反涉农资金统筹整合相关制度规定、造成涉农资金重大损失的，要对相关责任人予以问责。四是严肃查处违纪违法违规行为，及时追回被骗取、冒领、挤占、截留、挪用的涉农资金，依纪依法追究相关单位和责任人的责任。五是加强信用监管，对严重失信主体探索建立联合惩戒机制。

5. 加大信息公开公示力度

一是全面推进信息公开，健全公告公示制度。地方各级人民政府及有关部门在涉农资金的统筹整合方案决策前要听取各方意见，应按规定将管理办法、资金规模、扶持范围、分配结果等向社会公开。二是利用互联网、大数据等信息化手段，探索实行“互联网＋监管”新模式。三是推动县级建立统一的涉农资金信息公开网络平台。四是各地应结合涉农资金管理使用情况，明确不同层级公告公示的具体内容、时间要求和工作程序。五是建立健全村务监督机制，继续完善行政村公告公示制度。

6. 加强部门协同

一是各有关部门要加强沟通配合，为推进涉农资金统筹整合工作提供机制保障。二是财政部门、发展改革部门要以资金、规划和任务清单管理为抓手，指导和支持涉农资金统筹整合。三是行业部门要科学设置、细化分解任务清单，做好任务落实和考核评价等工作。

五　总结与展望

在国家全面推进乡村振兴战略背景下，党的十九大和十九届二中、三中全会围绕涉农资金统筹整合长效机制构建，做出一系列全新的理论概括与理论判断，并对具体实践方向和道路做出深刻指示，从财政涉农资金统筹整合长效机制构建的角度加以归纳并伸展开来，主要包括以下几个方面。

第一，将财政涉农资金统筹整合由工作实践平台转换至国家治理平台，并将其定位于推动乡村振兴重要支柱力量，将涉农资金管理体制的属性定位由经济体制的重要内容转换为国家治理体系的重要组成部分，从根本上摆正了涉农资金统筹整合及管理体制的位置。

第二，将财政涉农资金统筹整合长效机制构建目标融入乡村振兴战略，作为国家治理现代化的重要内容以及多个领域改革的交汇点，涉农资金统筹整合不仅可以且应当加以重点推进，还可以且应当作为突破口率先推行。

第三，将2018年中央一号文件与国发〔2017〕54号文件相联系，立足于两者一脉相承的关系以及总体规划和顶层设计的需要，在深刻剖析我国财政涉农资金统筹整合中存在的问题与困难的基础上，提出构建符合新时代发展要求的涉农资金统筹整合长效机制的相应对策，这既是时代进步的强烈要求，也是国家赋予我们青年人的神圣使命。

回望历史，就会发现改革的脚步从未停歇。在推进乡村振兴战略和全面深化改革的同时，不失时机地推进财政涉农资金统筹整合长效机制的构建，与时俱进地改造、重构和提出政府管理职能观念、财政研究体系、“三农”问题解决办法等，从而实现理论创新与治国理政实践的有效互动，是我们这一代人孜孜以求的奋斗目标。

参考文献

Fried Harold O., Lovell Ca Knox, Schmidt S. S., and Yaisawarng Suthathip, “Accounting for Environment Effects and Statistical Noise in Data Envelopment Analysis,” *Journal of Productivity Analysis* 17（2002）.

财政部农业司:《推进涉农资金统筹整合　提高财政资金使用效益》,《中国财政》2017年第23期。

曹俊勇、张乐柱;《财政支农资金效率评价的实证分析》,《财会月刊》2017年第17期。

郭军华、倪明、李帮义:《基于三阶段DEA模型的农业生产效率研究》,《数量经济技术经济研究》2010年第12期。

黄庆华、魏晓亚、牛磊:《基于DEA二次相对效益模型的贵州省财政支农绩效评价》,《中国农机化学报》2013年第1期。

刘键:《整合财政涉农资金　努力建设新农村——黑龙江“两大平原”现代农业综合改革试验区涉农资金整合的启示》,《财政研究》2015年第6期。

楼继伟:《深化事权与支出责任改革，推进国家治理体系和治理能力现代化》,《财政研究》2018 年第 1 期。

毛世平、吉星星:《财政对农业农村的有效投入：一个路径找寻》,《改革》2017 年第 11 期。

沈费伟、刘祖云:《发达国家乡村治理的典型模式与经验借鉴》,《农业经济问题》2016 年第 9 期。

唐跃洪、刘书祥:《建立涉农项目资金统筹整合长效机制的建议》,《当代农村财经》2017 年第 9 期。

王安才:《统筹整合使用县级财政涉农资金的建议——基于云南省大关县的分析》,《财政监督》2017 年第 10 期。

熊小林:《聚焦乡村振兴战略　探究农业农村现代化方略》,《中国农村经济》2018 年第 1 期。

杨贤军:《精准扶贫如何使用涉农资金——以湖南省怀化市鹤城区为例》,《中国乡村发现》2017 年第 6 期。

叶兴庆:《新时代中国乡村振兴战略论纲》,《改革》2018 年第 1 期。

赵为民:《财政支农资金结构、人力资本与农民收入增长》,《湖北经济学院学报》2018 年第 3 期。

郑方辉、廖逸儿、卢杨帆:《财政绩效评价：理念、体系与实践》,《中国社会科学》2017 年第 4 期。

周红梅:《湖南省财政支农支出绩效评价研究》，博士学位论文，湖南农业大学，2015。

深度贫困地区乡村振兴的困境与探索

——对冀北地区深度贫困乡村的情况调查

闫永路*

摘　要： 乡村振兴决定着全面建设小康社会的成色和社会主义现代化的质量。深度贫困地区乡村深陷产业困境、人才困境、文化困境、组织困境，是乡村振兴的难点和短板，亟须以实践创新，因地制宜探索建立城乡融合发展的体制机制和政策体系，促进要素回流，壮大集体经济，保障乡村振兴战略顺利推行。

关键词： 深度贫困地区　冀北　乡村振兴

一　引言

当前，我国社会主要矛盾已经转化为人民日益增长的美好生活需求和不平衡不充分发展之间的矛盾。就城乡总体而言，最大的发展不平衡是城乡发展

* 闫永路，河北省社会科学院农村经济研究所。

不平衡，最大的发展不充分是农村发展不充分。①就局部地区而言，在自然条件恶劣、交通闭塞、生态锁定②约束下，部分地区乡村面临着全面性深度衰退、自给性小规模生产、劳动力过度老龄化的窘境。③这类地区的乡村，产业、生态、社会、乡村治理和组织建设问题相互交织，绝大部分既要摆脱深度贫困也要加快乡村振兴，是实施乡村振兴战略的突出难点和"硬骨头"。坚持目标导向和问题导向，聚焦此类难点和"硬骨头"，对扎实推进乡村振兴战略具有特殊重要意义。

本文从乡村调查的视角，剖析了冀北深度贫困地区乡村与农户的特点，提出深度贫困地区乡村振兴面临产业困境、人才困境、文化困境和组织困境；以典型案例为依据，认为乡村振兴并无现成模式可供模仿，需要在实践中持续创新，选择适宜自身的产业发展路子，"硬化"村集体与农户之间的利益联结，构建利益分配和可持续发展的运行机制，才能保障乡村振兴战略稳步推行。

二　冀北地区深度贫困乡村情况调查

为深入了解深度贫困地区乡村基本情况，我们对冀北深度贫困地区的24个乡村进行了问卷调查，走访调查了240户贫困户，获得有效调查问卷239份。

（一）样本村和样本户构成

调查涉及冀北地区的3个县（丰宁、围场、隆化）14个乡镇24个乡村，其中深度贫困村9个、一般贫困村9个、脱贫村6个，分别占调查村的37.5%、37.5%和25%。在样本的民族构成上，满族147户，占有效样本的61.51%；蒙古族36户，占15.06%；回族2户，占0.84%；汉族54户，占22.59%。在年龄构成上，按照15~64岁为劳动年龄人口的国际标准划分，被

① 韩长赋：《乡村振兴，决胜全面小康的重大部署》，《人民日报》2017年11月16日。

② 生态锁定指某地主要承担生态保护功能，限制各种非生态开发活动。

③ 郭晓鸣：《乡村战略的路径选择与突破重点》，《中国乡村振兴》2018年第1期。

调查者中劳动年龄人口156人，占有效样本的65.27%；65岁以上非劳动年龄人口83人，占34.73%。根据县域统计资料[①]，3个县少数民族人口比重在58%~65%，满族均是第一大少数民族，劳动年龄人口比重在60%~61%[②]。从民族和年龄构成上看，调查样本与3个县乡村人口的情况基本一致，在一定程度上保证了本次问卷调查的典型性和代表性。

（二）样本村总体情况

1. 历史欠账较多，基础设施落后

深度贫困乡村基础设施较为落后，村内道路、卫生厕所、垃圾和污水处理等投入不足，公共服务欠账较多，村容村貌较差，成为制约精准脱贫和乡村振兴的重要因素。一方面，由于乡村地域范围广，人口分散，加上自然条件较差，维护乡村道路、水利等配套设施的成本极其高昂，多数公共配套设施质量不高、使用年限过长、缺乏后期管护，已不能发挥其应有作用，严重制约了贫困村经济发展。另一方面，基础设施投入严重不足，截至2016年底，调查县域的公路密度网仅为39.2公里/百平方公里，不及全省平均水平的40%，成为制约乡村振兴的另一因素。

2. 产业规模较小，龙头带动能力弱

深度贫困乡村产业低端，发展方式总体粗放，抵御风险能力不强，产业发展与资源环境承载力之间的矛盾突出，转方式、快发展的能力较弱。近年来，虽然部分乡村种植、养殖和林特产业已有所发展，但总体上还处于起步阶段，普通产品多、特色产品少，大众产品多、品牌产品少，低附加值产品多、高附加值产品少，尚未形成综合竞争优势。农业产业化龙头企业数量少、规模小、效益差、带动能力弱，尚未形成市场牵龙头、龙头带基地、基地连农户的产业模式。部分乡村虽然实施了“一村一品”，但还未形成规模，缺乏主导品牌，没有深加工和高附加值产品，转移农村劳动力有限，农民增收后劲不足。

---

① 县域民族构成数据由各县政府提供。

② 资料来源于历年《河北农村统计年鉴》。

3. 基层党组织力量薄弱，战斗堡垒作用弱化

据部分基层干部反映，在农村精英和年轻劳动力普遍外流的情况下，村“两委”换届选举存在诸多困难，面临年长干部知识才能不够用、问题党员干部不能用、部分党员干部“打退堂鼓”等选人用人局面，甚至部分村党支部发展新党员都极为困难。深度贫困乡村精准脱贫和乡村振兴任务极其繁重，村基层党组织力量薄弱，基层党员干部供需矛盾日益突出，对精准脱贫和乡村振兴形成显著制约。

（三）样本户总体情况

1. 收入来源单一，增收渠道狭窄

调查发现，贫困户收入主要来源于农业、打工兼业和政府帮扶。在收入来源上，全部依靠种植业为生的贫困户最多，有 105 户，占 43.93%；其次是完全依靠政府帮扶的有 60 户，占 25.10%；再次是打工兼以农业的有 49 户，占 20.50%；最少的是养殖兼以种植的有 25 户，占 10.46%。在农业收入占家庭收入的比重上，种植业贫困户农业收入比重最高，68.57% 的种植户农业收入比重高于 80%；46.94% 的打工兼业贫困户农业收入比重在 30%~60%；86.67% 的政府帮扶贫困户农业收入比重低于 30%，但其中 65 岁以上的非劳动年龄贫困人口占比 71.15%。大部分贫困户依赖靠天吃饭的传统农业，相当大比例的非劳动年龄人口完全依赖政府帮扶。精准脱贫和乡村振兴最需要解决的是产业兴旺问题，以传统产业为主则增收渠道狭窄，乡村振兴就无从谈起。

2. 多重因素交织，贫困成因复杂

贫困表现在负担上。在单一型家庭负担中①，由大病负担导致贫困的最多，其次是养老负担，再次是子女上学负担。可见，大病、养老、子女教育是贫困户较重的三项负担。在复合型家庭负担中，既有养老负担又有大病负担的有 53 户，占 22.18%；既有大病负担又有教育负担的有 41 户，占 17.15%；既有

① 单一型家庭负担是指农户家庭负担只有一种或以一种为主，复合型家庭负担只是家庭至少有两种及以上的主要负担。

养老负担又有教育负担的有29户，占12.13%；同时有上述三项负担的有15户，占6.28%。此外，调查显示，样本村婚姻彩礼和婚丧嫁娶随礼等习俗浓厚，有17户因彩礼和随礼较重致贫。而以日常开销为主要困难的贫困户仅有7户。所以，精准脱贫或乡村振兴既需要实现生活富裕也需要加快培育乡风文明。

3. 保障性帮扶多，生产性帮扶少

按照“两不愁、三保障”要求，各地扎实推进脱贫攻坚行动，取得了显著成效。从已实施的举措看，当前精准扶贫主要侧重于解决保障性问题，生产性脱贫举措相对较少。比如，在技能培训、发展产业、小额贷款、易地扶贫搬迁、医疗救助、危房改造、最低生活保障、社会养老保障、子女上学资助、村集体酬劳收入等各项帮扶举措中，所有贫困户都得到了医疗救助（新农合），60岁以上贫困人口都得到了社会养老保障（新农保），得到最低生活保障的也有113户，占47.28%，做到了“应保尽保”。但是，除去这三项保障性帮扶举措之外，得到或已规划帮扶产业的仅有107户，占44.77%；得到村集体酬劳收入的有13户（护林员），占5.44%；得到小额贷款资助的有10户，占4.18%；得到技能培训的有8户，占3.35%。此外，调查发现，享受多重保障的贫困户偏多。比如，同时享受最低生活保障和医疗救助的劳动年龄人口有50人，占样本劳动年龄人口总数的32.05%；同时享受最低生活保障和危房改造的有18户，占有效样本的7.53%。保障性帮扶多、生产性帮扶少，享受多重保障的贫困户偏多，这种状况不利于激发贫困户的内生动力。

4. 资金性需求多，技术性需求少

瞄准贫困户需求是实施精准扶贫的关键。调查显示，贫困户需求中排在首位的选项是最需要资金支持，其次是最需要致富项目和农业技术，再次是最需要解决吃水、浇地、用电、道路以及防灾减灾等基础生产生活设施，还有部分贫困户不清楚最需要解决何种问题。由此可见，多数贫困户最需要的是资金支持，但其对如何利用资金脱贫又茫然无知。在回答脱贫主要依靠谁时，认为主要依靠政府或村干部的有163户，占68.20%；认为政府、村干部和自己努力都需要的有35户，占14.64%；认为主要依靠自己努力的仅有37户，占

15.48%。这种主要需要资金和政府或村干部帮扶的情况，反映了当前扶贫工作中需要补齐精神短板。

三　深度贫困地区乡村振兴面临的困境

深度贫困地区乡村多属于“老少边穷”地区，多数是人力、资金等要素的净外流区域。土地和生态资源是这类地区最为富集的资源，但是由于缺乏必要的人力资源和资金，这类地区面临日益严重的产业困境、人才困境、文化困境和组织困境。

（一）产业困境

研究表明，样本乡村并非先天贫困，20 世纪 80 年代，多数农户的收入水平还与全省基本保持一致。但 1994~1998 年上述地区才对外开放，彼时其他地区已经经历了第一波乡镇企业的快速发展。可以说，起步晚是其陷于困境的首要原因。至城市化加快发展阶段，各种要素的加速外流，使得该区域乡村农业仍然以自给性小农经营为主。乡村旅游固然是带动乡村发展、增加农户收入的途径之一，但是乡村旅游只可能在具有发展休闲农业和乡村旅游区位优势或旅游资源的特定少数乡村展开，不可能在众多深度贫困乡村“遍地开花”。[①] 现实条件决定了这类地区绝无可能搞规模化工业开发，因此，产业困境是深度贫困地区乡村振兴的最大制约。

（二）人才（力）困境

由于毗邻京津等特大城市，快速城市化的虹吸效应使深度贫困地区的人力资源和人力资本加速流失。根据已有资料，2005~2015 年，调查区域所在的承德市每年向京津输送劳动力达 40 万人，该市所辖各县普通中学专任

① 贺雪峰:《振兴乡村不得不直面的现实》，http://opinion.huanqiu.com/hqpl/2018-01/11495598.html。

教师由2000年的15550人锐降至2015年的8800人。[①]从乡村从业人员看，2010~2015年承德市乡村从业人员从159.38万人增加至162.15万人，增幅仅为1.74%，低于全省2.65%的平均水平。乡村从业人员的大量减少，无疑会对农村经济产生消极影响，这对以农林牧业为主的深度贫困乡村而言影响更为严重。

（三）文化困境

此处所言之文化，并非指一般意义的文化生活或文化消费活动，而是指传统乡村所蕴含的吃苦耐劳、积极拼搏、奋斗进取的文化精神。事实上，在持续多年的新农村建设、美丽乡村建设之后，深度贫困地区乡村的现代文化生活和文化消费已经发生了极大改观。但是，调查显示，当前部分贫困乡村乐于标榜“贫困文化”，部分贫困户甚至以享受脱贫帮扶为“荣”，“解决精神匮乏比解决物质匮乏难，解决千百年来形成的落后观念和习俗比解决贫穷难”[②]。脱贫攻坚千难万难，最难的是其中有一些贫困群众“不怕穷”。“不怕穷”、婚丧嫁娶肆意攀比等陈旧观念和习俗，使深度贫困地区精准扶贫和乡村振兴深陷文化困境，严重制约脱贫和振兴主体的意愿与动力，甚至在局部造成了负面的“霍桑效应”。

（四）组织困境

必须指出，上述困境是渐次发生且相互叠加的。除此之外，深度贫困地区精准脱贫和乡村振兴还面临着严重的组织困境。主要表现在以下两个方面。一是在农村税费改革后，农村逐步丧失了集体组织领导农村经济活动的职能，

① 承德市统计局、国家统计局承德调查队编《承德统计年鉴2016》，中国统计出版社，2016。

② 2018年8月30日，十二届全国人大常委会第二十九次会议在人民大会堂举行联组会议，结合审议国务院关于脱贫攻坚工作情况的报告进行专题询问，国务院副总理汪洋在回答全国人大常委会委员陈光国时讲道：“对于什么是最难解决的问题，各地千差万别、情况不一，见仁见智，但就全国总体而言，我个人认为，解决精神匮乏比解决物质匮乏难，解决千百年来形成的落后观念和习俗比解决贫穷难。也就是脱贫的内生动力不足。”

集体组织弱化使农村公益性事业的组织成本畸高，支撑深度贫困地区脱贫和乡村振兴的村级组织化力量大为削弱，形成了脱贫攻坚的制度化困扰。二是经济合作组织发育较慢，尽管近年来全国各地现代农业发展较快，各类专业合作社、联合社已有较大规模，但是在村级组织涣散的背景下，在自然、人力、人才等各种条件限制下，深度贫困地区经济合作组织发展仍然普遍落后。上述各种困境相互交织，加重了深度贫困地区精准脱贫和乡村振兴工作的复杂性和艰巨性。

四　深度贫困村乡村振兴的有益探索

由于深度贫困地区深陷各种困境，有研究认为，这类地区实质上已经陷入了纳克斯的“贫困恶性循环”，精准脱贫和乡村振兴都极为困难。但是，我们在调研中也发现了一些有益的探索与尝试，对推进精准扶贫和乡村振兴具有借鉴意义。

（一）“产业脱贫＋村集体救助基金”模式及运转机制

“产业脱贫＋村集体救助基金”模式首创于河北省丰宁县榆树沟村，该村共辖6个自然村7个村民组，共有290户810人，其中建档立卡贫困户158户贫困人口421人，分别占全村总数的54.48%和51.98%。全村共有2243亩旱地。农业以大田种植玉米、谷子、杂粮为主，基本是“靠天吃饭”。2016年全村人均可支配收入约1500元。全村无集体产业、无经济积累、无可开发资源，是坝上地区典型的深度贫困村。

1．产业振兴举措

经深入调研，驻村工作组联合村“两委”通过多渠道筹措，先后投入500万元成立产业发展基金，并以此吸引了农业种植公司和农业科技公司等市场主体，通过“产业发展基金＋市场资金＋扶贫资金＋金融扶持＋项目补贴”五个渠道资金（800余万元），成立农业专业合作社，主要发展有机网纹蜜瓜、杂粮等特色种植。

2. “硬化”产业项目与贫困户的利益联结机制

工作组发挥组织优势，带动群众平整耕地、建设果蔬冷棚，然后将平整后的耕地集体流转，农户和村集体均获得了土地流转收益。此外，为保障产业滚动发展、农户持续增收，村集体设立产业发展滚动资金，将每年集体收入的60%滚动投入产业发展，40%注入集体救助基金，该做法为全村发展建设提供了持续动力，也为农户持续增收提供了保障。

3. 成立村集体救助基金

针对因病、因学致贫等问题，该村成立了村集体救助基金，贫困户除享受扶贫医疗救助之外，村集体对农户自费医疗部分给予10%的集体救助，对村内考入大学一本、二本和大专的学生，分别给予教育资助；对未能参与土地流转的贫困户也给予一定的救助扶持。同时，村“两委”决定将每年村集体收入的40%注入集体救助基金之中，以保障集体救助基金的持续运转。

（二）对深度贫困地区乡村振兴的启示

我国农村发展条件千差万别，区域之间和区域内部都存在显著的不均衡性，这就决定了乡村振兴战略不可能存在普适性的经验与模式，必须立足实际，大胆创新，勇于探索适宜自身的乡村振兴发展之路。

就榆树沟村建设的实践看，该模式的成功依赖于“三个一”：有一个强有力的农村基层组织；依托市场，选准了一个切合实际的产业方向；发挥集体作用，提出了一套创新性的集体收益分配机制和救助机制。研究认为，这种基于创新实践建立的收益分配机制和救助机制，对推进精准扶贫和乡村振兴具有借鉴和启示意义。

1. 集体收益分配机制增强了乡村的造血机能和可持续发展能力

从实际情况看，深度贫困地区乡村普遍缺乏劳动力资源，而富于土地资源（山场资源、旅游资源等）。推动土地资源优化配置的唯一办法，就是依托政府引导，引进外部资本，盘活闲置或低效的土地资源，进而促进农户增收，这是当前各地普遍采用的精准扶贫模式。但是，常规模式的收益分配机制多数未将村集体收益纳入其中，造成村集体长期处于“缺血”状态，无力发挥集体的带动作用，村庄治理也举步维艰。样本村通过土地流转增加集体收入，并将收入的大部分回输至产业发展，无疑破解了这一难题，提升了自身的造血机能和可持续发展能力。

2. 集体救助机制开辟了自我发展的新路径

调研发现，部分地方精准扶贫和乡村振兴难于开展和见效，不仅难在选择产业和引进资金，更难在贫困户对扶贫资源的争抢，所谓“不患寡而患不均”。以样本村土地流转为例，100 户贫困户的土地并非全部集中连片，总有一部分农户土地分布较远（特别是山区），流转操作十分困难。样本村以集体救助基金的形式，通过给予不能参与土地流转的贫困户帮扶救助的办法，很好地解决了这一矛盾，是非常重要的工作创新。集体救助基金开辟了自我发展的新路径，缓解了政府的帮扶压力，激发了乡村自我发展动力，是值得肯定和借鉴的。

任何制度都不可能尽善尽美，我们在调研中也发现了一些隐忧，如囿于农村传统意识和落后手段，大额资金监管、集体收益再投入决策、集体救助基金公平使用等制度性建设还需在实践中不断探索完善，应在持续跟踪和深化研究的同时，继续发挥农村基层组织优势，遵循市场规律和法律法规，完善资金、决策、监督等各环节的规章制度和工作机制建设，使该模式能够在更大范围的深度贫困乡村具有推广和借鉴价值。

石漠化地区乡村振兴对策研究

——以广西为例

周明钧 *

摘　要：广西石漠化地区乡村振兴应与扶贫攻坚有机结合，因地制宜、因点施策、以点带面，探索“石漠化治理 – 增收脱贫致富 – 助推乡村振兴”同步推进、同层治理的良性循环模式。政策着力点应放在生态环境恢复建设、易地搬迁、产业发展、社会保障和政策扶持等重点领域。

关键词：广西　石漠化地区　乡村振兴　对策

广西是我国岩溶土地分布面积广、石漠化面积比重高且集中连片的主要区域，全区岩溶面积 8.95 万平方公里，占全区土地总面积的 37.8%。广西石漠化地区贫困人口最集中、贫困程度最深。石漠化造成的直接后果就是水土流失，缺少植被，土地资源丧失，人畜饮水困难，生产生活条件和生态环境恶化，直接阻碍了农村脱贫攻坚和乡村振兴战略的实施。因此，在新的形势下，必须采取综合整治措施，加大扶持扶助力度，一手抓石漠化治理和生

* 周明钧，广西社会科学院农村发展研究所。

态建设，一手抓脱贫攻坚和乡村振兴，实现生态建设、脱贫攻坚、乡村振兴同步推进，积极探索具有石漠化地区地方特色的脱贫攻坚与乡村振兴的有效途径。

一　广西石漠化的现状及其主要特点

据 2011 年监测，广西石漠化主要分布在河池、百色、崇左、来宾和柳州等 7 个市的 76 个县（市、区），涉及行政区域 17.87 万平方公里。在全区石漠化土地中，轻度石漠化面积为 2353.1 平方公里，中度石漠化面积为 6590.64 平方公里，强度石漠化面积为 13041.96 平方公里，极强石漠化面积为 1805.1 平方公里。广西石漠化的形成演变以峰丛、峰林地貌为主，主要集中分布在红水河和浔江流域、左右江流域和漓江中下游一带。这些石漠化地区生态环境恶化，水土流失严重，经常发生山体滑坡，大量的沙石直接冲刷到下游河流，不仅对当地水资源开发和使用产生直接影响，还威胁到珠江中下游地区的生态环境安全。由于石漠化严重，当地经济社会发展十分滞后，广西全区 90% 以上的贫困人口分布在石漠化地区。

广西石漠化的主要特点包括以下几个方面。一是生态环境退化、恶化严重。广西石漠化地区水土流失严重，生态环境失衡，水土资源缺乏，人畜饮水困难，饮水问题成为当地群众生存的突出问题。石漠化地区石多土少，耕地偏少，当地群众习惯于砍伐林木、毁林垦荒；石山地区植被缺少，生活燃料短缺，群众对薪柴能源依赖度高，部分农户仍通过上山砍伐薪柴来解决生活能源所需，生存发展与生态保护矛盾突出，成为非常紧迫且严峻的社会问题。广西马山县乔利乡由于乱砍滥伐，山林植被严重破坏，森林覆盖率下降到 1.2%，到处是光山秃岭，只见石头不见土，有近 200 亩水田因水源枯竭改作旱地，80 多亩水田完全石漠化而无法耕种。二是自然灾害频繁，群众生命财产安全受到严重威胁。由于石漠化地区已经失去了调蓄地表水和地下水的能力，自然灾害越来越频繁、严重，许多地方洪涝灾害几乎年年都有，旱涝灾害时常交替发生，给石山地区群众的生产经营活动以及生命财产安全造成严重冲击和危害。广西田阳县那满镇新楼村石漠化严重，每年人均缺水 120 吨。三是农村贫困现象加剧，脱贫致富难度加大。广西石漠化地区主要处于老、少、边、山地区，由于水土流失严重，可耕种土地少，只能依靠砍伐林木、上山开荒或在石头缝中播种一些玉米、黄豆等旱地作物，农作物广种薄收，基本不能自给，温饱问题难以解决，贫困程度愈发加深，脱贫致富难度加大。四是生态资源环境遭受破坏。由于不合理的耕作和放牧制度，乱砍滥伐，毁林开荒，造成土质疏松，遇上暴雨冲刷，水土流失严重，生态环境惨遭破坏；任意放牧上山，成群的牛羊满山遍野采食和践踏，灌木植被遭受致命性毁坏；石漠化地区习惯于砍伐树木杂草作为生活燃料，林木被砍光，岩石裸露，生态资源和环境价值遭受毁损和破坏，资源优势难以开发利用。

二　广西石漠化地区乡村振兴的基本思路

从广西石漠化地区乡村振兴的环境、特点和要求出发，必须因地制宜、因点施策、以点带面，探索“石漠化治理 – 增收脱贫致富 – 助推乡村振兴”同步推进、同层治理的良性循环模式，在石漠化治理和脱贫攻坚中凸显“产业兴旺、生态宜居、乡风文明、治理有效、生活富裕”要素，充分显现广西石漠化地区乡村振兴的环境特点、建设风格、布局蓝图，同步构建具有石漠化地区地方特色的美丽乡村和幸福家园。

（一）产业兴旺是乡村振兴的基础

在石漠化治理过程中，紧紧围绕农民增收，充分挖掘当地特色优势资源，培育成为支柱产业，助推产业“接二连三”，将产业开发与乡村建设有机结合，依托优势产业增收脱贫，辐射带动脱贫致富，促进乡村治理建设。

广西田东县作登乡梅林村距离县城 38 公里，全村“九分石头一分土”，长期过度放牧和乱砍滥伐，植被受到严重破坏，乱石裸露，土层浅薄，缺水少土，自然灾害频繁，属于典型的深度贫困石漠化村庄。“一场大雨水泡田、三天无雨地冒烟”成了梅林村的真实写照。围绕石漠化治理，近年来，梅林村发现种植猫豆是一项既能修复生态环境又能助农增收的特色扶贫产业。猫豆是一种耐旱、耐瘦、适应性很强的农作物，其根部有很多根瘤菌，可以涵养土地肥力；根系比较发达，叶蔓攀爬，覆盖面广，可以在石头缝中生长，不需日常浇水、施肥、管护，平均亩产可达 250 公斤左右。猫豆全身都是宝，豆壳、豆叶和豆籽含有丰富的粗脂肪和粗蛋白，是上乘的养猪饲料；豆籽还是治疗帕金森氏症的特效药——“左旋多巴”的主要原料，发展前途非常广阔。2012 年，梅林村探索种植猫豆 2000 亩，广西邦尔药业有限公司采用“公司 + 基地 + 农户 + 企业”的模式，就地收购加工猫豆，直接生产产品外销，当地农民从此有了比较稳定的增收渠道，种植猫豆成了促进石漠化治理和农民增收脱贫的兴旺产业。近年来，梅林村大部分农户通过发展猫豆产业增收脱贫，大家积极投资投劳，逐步改善了水、电、道路等基础设施和公共设施，村庄更趋美化、亮化、生态化，成为大石山区的专业致富村。

（二）生态宜居是乡村振兴的关键

它不仅要求村庄整洁，而且要求把村庄建设与周围生态环境融合为一体，构建生态宜居环境空间。在石漠化治理中就要立足生态系统保护、管控和修复，杜绝乱砍滥伐，提高植被覆盖率，统筹山水林田路综合治理，修复四季常青、五谷丰登、六畜兴旺的绿色生态系统，建设生态宜居家园。

广西马山县古零镇弄拉屯地处偏僻的石山窝中，只有一条羊肠小路通向山外，是一个典型的“弄拉”（壮语“弄拉”是“山下的村寨”的意思）村庄。此前，村民为了生存，“靠山吃山”，砍伐树木，毁林取材，贩卖木材，山林被砍伐一空，水土流失加剧，旱涝灾害频繁，缺水缺土缺粮，温饱问题难以解决，年轻人纷纷外出打工定居，弄拉人饱受石漠化侵蚀之苦。从 20 世纪 80 年代开始，弄拉村民认清形势，痛定思痛，提高生态保护意识，制定村规民约，爱山护林，封山育林，保护植被，种竹种果，移植中草药，修建沼气池，逐渐形成“山顶林、山腰竹、山脚种药果、洼地种粮桑”的立体生态发展模式，光秃石山变成树木覆盖的“绿洲”。如今的弄拉屯群山环绕，山林茂密，树木繁茂，翠竹摇曳，自然风光秀丽，有药用植物200多种，野生动物10多种，全屯森林覆盖率达79.6%，空气负氧离子含量比一般城市高出10多倍，成为难得的休闲避暑胜地。2008年，弄拉村民自发成立弄拉旅游专业合作社，合力发展特色生态旅游，变“卖木材”为“卖风景”，生态治理和脱贫致富共赢，塑造了一个鲜活的生态宜居“弄拉样本”。

（三）乡风文明是乡村振兴的保障

在乡村振兴建设中，注重结合石漠化乡村的自然、历史、文化特点，将乡村传统历史底蕴与现代文明价值融合重塑、同步推进，积极倡导、传承村规民约、乡土文化、淳朴民风、邻里互助、原生态活动、村落共同体等传统的良好风尚和习俗，进一步展现石漠化地区乡村振兴的文明风貌，建设石漠化特色乡村家园。

广西凤山县乔音乡久隆村巴腊屯地处国家地质公园边沿，野生猕猴和野生兰花丰富独特。巴腊屯藏于大山无人问，生产生活条件困难，村民上山砍伐林木薪柴以此作为生产生活来源，山林植被被严重破坏，剩下光秃秃的石山无法涵养水土，旱涝灾害交替发生，野生猕猴、野生兰花无法栖身、生长，巴腊屯也面临迁徙移民的危险。近年来，为挽救巴腊屯历史文化家园风貌，重塑巴腊人传统文化风尚，重现野生猕猴、野生兰花的独特魅力，巴腊屯首先恢复族规戒律，恢复山歌民谣传唱，制定村规民约，强制收刀禁伐、封山育林、恢复植被等，重点保护野生猕猴、野生兰花资源，重建美好生态家园。规定每户每个劳动力每年要种植竹子10蔸，多种不限；安排青壮年人每天轮流巡逻，不准任何人进山砍伐林木；如果发现哪一家砍伐一棵树，就要被宰杀一头生猪分发给全屯其他农户享用，以示处罚，不留情面。经过多年的传承坚守，如今巴腊屯的5000多亩石山林木茂盛，野生猕猴发展到500多只，建立15000亩野生猕猴生态保护区，开发巴腊生态旅游景区，年接待游客10多万人次。“巴腊猴人”成为当地的旅游文化文明品牌，巴腊屯成为石漠化乡村文化与生态文明融合的典范。

（四）治理有效是乡村振兴的基石

围绕石漠化乡村环境治理建设，通过多种途径、多元参与、多方治理，把乡村社会分散零乱的资源整合起来，建立和完善以党的基层组织为核心，以村民自治为基础，以集体经济组织和农民合作组织为纽带，以各种社会服务组织为补充的自治、法治、德治相结合的乡村治理体系，推动乡村振兴，建设幸福家园。

广西凤山县乔音乡、马山县加方乡都是典型的石漠化乡村，由于自然环境恶劣，生产生活困难，村民纷纷外出务工，乡村治理无人管理，公共事业无从落实，留守问题日趋突出，“脏、乱、差”现象普遍存在。近年来，凤山县乔音乡以建立乡村屯级党群理事会为突破口，对有 2 名及以上党员的自然屯全部成立党群理事会，对党员人数少、屯与屯之间工作联系多、群众来往密切的村屯，成立片区党群理事会，进一步提振村民热爱家乡、立志脱贫、建设家园的凝聚力和向心力。党群理事会成员自愿与群众结成帮扶对子，引导帮助群众因地制宜发展特色产业，逐渐形成石山地区养殖山羊、种植核桃，土山地区种植生姜、珍珠李，林下放养黑山猪、山鸡等立体产业新格局，家园建设焕然一新。广西马山县加方乡注重组织成立农民专业合作社，重点在专业合作社、专业协会等建立党组织，开展党员与贫困户“结对帮扶”，带领引导群众种植金银花、百香果，养殖黑山羊等，凝聚力量参与乡村治理，广泛筹集资金建设村屯绿化、饮水净化、道路硬化和生态农村示范点，集中培育建设拉林屯、内岩屯等 2 个县级精品示范村屯，中朝屯、花五屯、拉养屯等 5 个标准示范村屯，全乡形成若干个具有石山地区特色的生态宜居村屯。

（五）生活富裕是乡村振兴的根本

千方百计挖掘石漠化地区特色和优势，构建长效助农惠农机制，进一步拓宽农民增收渠道，保障农民持续稳定的收入来源，尽快脱贫致富，聚集更高热情、更大力量、更多资金，多形式参与投入石漠化治理、人居环境整治、生态宜居家园建设之中，推动石漠化地区特色乡村治理建设。

广西石漠化乡村景色优美，特色明显。石漠化乡村立足石头缝里谋生计，坚守乱石坡上做文章，不离不弃，寻求大石山区脱贫致富的新路子，立志建设具有大石山区特色的新农村。广西东兰县五联乡弄华村地处石漠化山区，与石为伴，石多地少，缺水少土，全村700多名村民中，有300多人外出务工谋生，一些留守村民谋划种桑养蚕，在林下养鸡、养猪、养羊，实行野外放养、生态饲养，培育绿色、生态食品，深受城市市民青睐，价格高攀，成为当地群众脱贫致富的朝阳产业。目前，致富后的村民开始筹划投资投劳、出资出力，为村里修路、接水、通电，整体谋划弄华新村新貌建设。广西凌云县、天峨县等石漠化乡村，空气清新、水质洁净、生态自然，发展山鸡、竹鼠、果子狸等特色养殖业，小有名气，大有作为，已成为当地及周围乡村知名的富裕村屯，不少家庭建起了“山鸡楼”“竹鼠院”，通过一帮一、一带一，走上了特色养殖致富之路，不少农户致富后建设绿色生态家园，联合起来开展特色旅游、农家乐、生态养老等项目，使地处石漠化山区的乡村同样焕发出富裕、和谐、幸福的活力。

三　促进广西石漠化地区乡村振兴的对策建议

（一）组织实施石漠化治理攻坚战

当前，广西石漠化与贫困落后重叠交织，石漠化地区往往是贫困程度比较深的地区，深度贫困地区往往是石漠化危害的重灾区。广西28个国家级贫困县就有23个县与石漠化地区重叠，广西35个石漠化片区县农村贫困发生率高达21.6%，比全区平均水平高11.1个百分点，是典型的深度贫困落后地区。因此，必须从广西石漠化治理特点和扶贫开发、乡村振兴的实际出发，按照“产业兴旺、生态宜居、乡风文明、治理有效、生活富裕”的总体要求，深化对石漠化治理与扶贫开发、乡村治理的认识，科学制定“广西石漠化地区乡村振兴行动计划”；营造社会舆论氛围，制定鼓励支持政策，组织实施石漠化治理攻坚战、大会战，广泛引导社会力量参与石漠化治理，促进增收减贫、脱贫致富，再动员组织更大的人力、财力、物力投入扶贫开发、乡村振兴建设之中，实现“既治荒治贫、又建设家园”的目的。

（二）重点实施生态环境恢复建设

石漠化的主要根源是植被覆盖率低，水土流失严重。早在2000年，广西就提出，大石山区要退耕还林，千方百计种树、种竹、种草，沿路造林，形成绿色通道。石漠化治理及扶贫开发必须重点实施生态环境恢复建设，加强退耕还林、封山育林、植树造林、农村生态能源建设，科学营造水土保持林和水源涵养林，大力发展特色经济林和林下经济，保护和增加林草植被，恢复和重建大石山区生态系统。继续推广核桃、吊丝竹、任豆树、山葡萄、猫豆、金银花等石山种植品种，引导应用“核桃＋猫豆”“任豆树＋金银花”“吊丝竹＋山葡萄”等混合搭配种植模式。重点应用农村沼气池生态能源，推广“养殖－沼气－种植”三位一体生态农业模式，探索实践“一池三改”、拦沙坝、地头水柜、砌墙保土、耕地整理、坡耕地治理、中低产田改造等石漠化治理有效途径，逐步恢复生态家园生态环境建设。

（三）引导实施易地转移建设新兴家园

对于生存条件特别恶劣、人口严重超载的石漠化地区的贫困人口，实施易地移民搬迁，在搬迁对口城镇区创建“易地扶贫安置小区”。针对石漠化的程度和特点，移民搬迁采取集中安置、就近安置和分散插花安置相结合，鼓励分散小规模安置，引导安置于交通、水电条件较好的产业园区、旅游景区附近的村屯或圩镇，易地转移建设新兴家园。

鼓励引导石山区乡村与生产经营环境较好的土山区乡村互结对子，离乡不离土，到土地资源丰富的地方以承包或联营等形式，因地制宜发展生产，开发种养，种粮种果，养殖禽畜，实现脱贫致富，转移建设新型家园。

（四）大力实施乡村产业化建设

从石漠化地区的资源和特点出发，积极推广实施“扶贫龙头企业 + 农民合作组织 + 产业基地 + 农户 + 市场”的产业化扶贫模式，建立健全产业发展与贫困群众增收利益联结和分享机制，鼓励龙头企业、合作组织带动农户参与当地资源型的产业开发，立足当地资源优势，大力发展种植、养殖等资源型产业，通过综合开发拉长扶贫产业链，带动贫困农户就地就业增收脱贫，引导规划投入美丽乡村建设。

建立激励引导机制，把产业发展项目、基础设施项目、社会事业项目、生态能源建设项目等重叠实施、整体推进，鼓励石漠化地区跨区域整合资源，与中心城区共建特色产业园区，发展“飞地经济”，通过在新兴飞地发展劳动密集型和资源开发型产业，引导农民下山进城入厂，既离土又离乡，变农民身份为产业工人或城市居民身份，构建产业扶贫新基地和配套建设老乡家园。

（五）统筹实施乡村社会保障建设

加强贫困保障识别工作，将石漠化农村中属于救济、五保、残疾、孤寡、久病不起、缺乏劳动能力等优抚救助安置对象列为特殊贫困群体，重新单列造册，统一纳入当地“低保、五保”的救助保障范围，逐步建立起社会救济、社会养老保险、优抚安置、社会福利和社会互助等多方救济体系共同作用的社会保障体系，逐步提高救济标准，保障其“贫而不困、贫有所助、应保尽保、单列统保”。加大对石漠化地区特殊贫困群体的帮扶支持力度，重点加强对农村孤寡老人儿童、残疾人、“三留守”人员等特殊困难群体的扶助救助。尝试发放石漠化地区高龄老年人生活补贴和困难家庭老年人养老服务补贴。将石漠化地区农村残疾人全部纳入社会保障体系，呼吁建立石漠化地区贫困残疾人康复救助制度、贫困残疾人生活补贴和重度残疾人护理补贴制度。

（六）全面实施政策扶持乡村建设

1. 生态补偿政策

加大中央财政生态补偿专项资金转移支付力度，重点支持退耕还林、天然林保护、防护林补偿、公益林植被恢复等项目建设。建立完善跨区域水林资源保护与利用补偿机制、跨区域产业发展利益分享补偿机制，明确归属所在乡村分享比例。探索从石漠化地区大中型水电站发电收益中提取一定比例资金专项用于所在地移民安置和乡村建设。修改完善《森林法》及实施条例，将分布在各类自然保护区、高海拔山区、江河岸区的大石山区灌木丛林，统一纳入森林统计面积，列入生态效益补偿范围，提高大石山区乡村治理补偿额度。提高对大石山区乡村生态能源建设的补助标准，从根本上解决大石山区群众对森林资源的依赖和对森林植被的破坏。单独设立石漠化治理辅助乡村建设专项项目，确保项目建设及配套设施的规划、资金、技术落实到位。强制水利、电力、采矿等企业在开发收益中安排一定资金专项用于所在乡村生态环境的恢复和治理。

2. 财政政策

加大中央财政资金向石漠化地区均衡性和专项性转移支付力度，提高石漠化地区转移支付系数。每年石漠化地区财政扶贫支出增幅要高于当地财政一般性支出增幅，财政扶贫支出科目要细化到项目、到农户，纳入年度财政预算。支持石漠化地区建立特色产业发展担保基金。落实执行从土地出让收益中提取 10% 专项用于基本农田水利建设，改善石漠化地区水土治理。探索建立国家、自治区彩票福利公益金定期定向支持石漠化地区治理和乡村建设的机制和途径。

3. 税收政策

对在石漠化地区新办的劳动密集型企业、农产品加工企业、农民工返乡创业项目和村级集体经济项目，享受所得税、增值税减免优惠。提高石漠化地区资源税地方留成比例，支持发展地方资源加工产业，助推所在乡村治理建设。改革水电资源税收政策，提高水电项目所在地的税收留成比例，明确用于水土治理和乡村建设比例。对在石漠化地区新办的少数民族特需商品和民族手工艺品生产企业，实行增值税即征即退优惠政策。

4. 金融政策

引导建立大石山区“政府－银行－扶贫”的紧密型支农惠农联盟，鼓励地方财政扩大专项贴息规模。探索和创新石漠化治理和乡村建设专项小额信用贷款形式并扩大覆盖面。鼓励保险机构创新石漠化地区扶贫开发品种和服务方式，探索开发大石山区特色农业保险和小额扶贫保险，扩大小额扶贫保险覆盖面。

5. 投资政策

提高对石漠化地区基础设施建设项目投资补助标准或资本金注入比例，逐步减免地方配套资金比例。制定减息、免息、贴息等相关鼓励政策，引导、鼓励和扶持石漠化地区发展当地优势特色产品和支柱产业。鼓励社会团体、民间企业、国外合作组织参与石漠化地区扶贫，支持引导国际金融组织和外国政府优惠贷款投资石漠化治理。设立广西石漠化治理工程专项基金，资本金通过国家扶持、地方财政、石漠化地区重大资源置换、合约社会资本等渠道按比例投入。定向切块安排石漠化地区治理脱贫和乡村建设，逐年加大深度贫困地区资金投入力度。

6. 土地政策

实施差别化土地政策，优先保障石漠化地区生态家园建设、重大基础设施和公共服务设施建设用地。新增建设用地指标优先满足石漠化地区小城镇和易地移民新兴家园发展的需要。支持探索通过土地整理、水土治理提高耕地等级和推进矿区复垦，以及抵扣新增耕地占补平衡指标的途径。探索实施石漠化地区农村土地整治与城乡建设用地实行增减挂钩或置换，提高石漠化地区土地综合利用效益。确保城乡新增建设用地土地有偿使用费全部用于耕地开发和土地整理，集中推进大石山区砌墙保土、土壤改良工程保持土地肥力。

参考文献

甘海燕、胡宝清:《石漠化治理存在问题及对策——以广西为例》,《学术论坛》2016 年第 5 期。

龙华、邓晓斌:《广西石漠化成因分析及治理措施》,《山东工业技术》2015 年第 12 期。

张庆安、冯涛:《对民族贸易县中民族贸易企业免征增值税优惠政策实施情况的思考》,《黑龙江民族丛刊》2009 年第 4 期。

三　乡村产业振兴

乡村振兴战略视角下农业产业发展路径研究

李国英*

摘　要： 乡村振兴战略将是影响未来较长一段时间我国各地区农业和农村经济发展的核心战略，而产业兴旺是乡村振兴战略的重要突破点。长期以来，我国经济发展的重心一直集中在工业和城镇，造成农业和农村长期发展滞后，目前已经成为我国全面建成小康社会的主要障碍。党的十九大和中央经济工作会议力推乡村振兴，意味着乡村振兴上升至国家战略，也意味着国家发展重心在向农业和农村倾斜，其背后是城乡关系的重大战略性转折，是在立足于乡村产业、人口、文化等资源禀赋的基础上，自下而上地激发其积极性、主动性。可以说，从依赖外生增长到建立可持续的乡村内生增长模式，是一种执政理念上的巨大转变。近几年来，一二线城市的中低端制造业加速向三四线城市乃至村镇转移，相应地也带来了广大农村地区本地化就业的机会，同时依托特色资源发展休闲农业、观光农业的特色产业，也打开了城市消费需求，培育了农旅融合的新产业、新业态。

关键词： 乡村振兴战略　城乡融合发展　产业发展路径

* 李国英，河南省社会科学院农村发展研究所。

一 引言

乡村振兴战略的提出与党的十九大对我国经济社会发展主要矛盾判断的转变是紧密联系在一起的。“三农”承载城市资本危机的代价是我国能够度过多次经济危机的体制基础，支撑了我国经济多年平稳发展。站在当前时点，一方面，我国城镇化率不断提高，农村作为缓冲垫的功能正在消失；另一方面，工业和城镇投资回报率下行，农业和农村蕴藏着的巨大的消费潜力和发展潜力也有待开发，为防止下一次经济硬着陆就必然要再平衡农村和城市之间的关系，配套的城乡关系改革也势在必行。乡村振兴战略提出的出发点在于弥合城乡差距，引发我国二元经济结构的调整与转变。这种结构性的重大改变不仅影响到总量的增长，还在细分领域孕育着超速发展的机会。

二 乡村产业兴旺的基础

（一）建立起城乡要素双向流动的机制

源于我国城乡割据政策的客观存在，城乡收入发展不均衡、不充分以及城乡二元经济结构是当前农村、农业发展面临的主要问题。弱化和消除城乡经济二元结构是乡村振兴战略等一系列政策的出发点，乡村振兴战略就是要缩小城乡之间的收入差距、资本差距，这也是新的趋势和机遇所在。

土地、劳动力、技术和资本是乡村经济发展必备的要素。通过创新机制体制，促进城乡资源要素双向流动、融合发展，更多地吸引城市的资源、资产、资金等要素向农村流动，建立城乡发展的共享机制是乡村振兴的重要手段。但在过去生产要素是“单向城市化”流动的。未来生产要素有望实现“城乡互动”，其中最核心的内容在于土地要素的活化。通过推进土地三权分置改革，实现集体土地经营权和农村建设用地的流转、抵押与转让，才能吸引包括涉农龙头企业、合作社和家庭农场等生产经营主体的加入，而这些新型农业经营主体的加入将带来先进的技术和管理经验，特别是稀缺的资本。对土地要素的松绑还会带来其他生产要素的城乡互动，例如随着“农二代”“农三代”相对于“农一代”对于土地依赖程度的代际差异扩大，人地关系松动的速度与节奏将加快，土地流转带来的财产性收入将成为农民收入的重要增量构成；经营性建设用地入市带来集体收益分配形成的示范效应可加速土地流转进程从而促进乡村一二三产业融合发展等。

（二）加强农村基础设施建设并完善公共服务

农村基础设施建设是乡村振兴战略的抓手之一，是其他举措的逻辑前提。2018年中央一号文件《中共中央国务院关于实施乡村振兴战略的意见》出台，对实施乡村振兴战略进行了全面部署。提出要以建设美丽宜居村庄为导向，以农村垃圾、污水治理和村容村貌提升为主攻方向，力争到2020年实现农村人居环境明显改善。要实现农村人居环境明显改善，就要加强基础设施建设。基础设施建设包括农业和农村基础设施建设，其中道路、通信、网络、水利等（尤其是水利）设施建设是基础设施建设的重要方面。

1. 农村基础设施建设是实现乡村“宜居”、留住人的前提

近年来农村的“空心化”和人口的老龄化日益严重，而农村长期健康发展的关键在于能留住人，尤其是留住年轻人，实现人口双向流动，支持返乡下乡创业，就要改变目前城乡人口单向流动的状况，就要做到党的十九大报告提出的“生态宜居”，农村基础设施建设要相对比较完善才能有一个良性循环。

2. 农村基础设施建设是激活宅基地要素价值提升的前提

农村基础设施建设是激活闲置宅基地要素价值的必要条件之一。目前我国农村空置宅基地的比例已经占宅基地的四成以上，从资源使用效率的角度来说这也是巨大浪费。未来的乡村振兴战略方向之一是完善农民闲置宅基地和闲置农房政策，盘活宅基地价值，特别是如果要发展城郊农房开发租赁或其他商业化用途，水、电、气、路等配套基建是一个必要条件，当然土地增值的收益

也可以为农村基础设施建设提供资金。

3. 农村基础设施建设是走出小农业，实现“现代农业产业体系、生产体系、经营体系”的前提

在现代经济体系中，传统农业的边际产出总体不高，要实现乡村振兴，农村、农业的发展就要从传统的小农生产中走出来，实现党的十九大所说的“小农户和现代农业发展有机衔接”及“农村一二三产业融合发展”，在这个发展进程中，贯通城乡的基础设施建设是一个前提。

4. 消费环境的改善也是农村基础设施建设中非常重要的一方面

随着农民工回流及农村家庭收入的改善，2017 年全国农村实现网络零售 12448.8 亿元，同比增长 39.1%。截至 2017 年底，农村网店达 985.6 万家，较 2016 年底增加了 169.3 万家，增长率为 20.7%，带动的就业人数超过 2800 万人。县域市场的以中低端品牌化消费为特征的消费升级正在发生，在此大背景下，阿里农村淘宝、京东家电服务站、苏宁零售云平台等零售巨头进一步打破渠道约束，推动零售渠道和电商渠道下沉，实现物流和供应链的全面升级，随着农村电商迎来 2.0 时代，农村消费环境也可以得到进一步的改善。

（三）把农用地、宅基地资本化作为落实农村政策的破局点

乡村振兴战略的本质在于增强农村产业基础，作为资金最重要的来源——土地资本化将是今后农村政策的破局点。所谓农用地的资本化，就是农村土地所有权、承包权、经营权的三权分置改革赋予的融资担保权等权利（见图 1）。

“资金”作为农业生产最关键的要素之一，对于推进农业现代化发展尤为重要。就目前而言，土地是农村中尚未被市场化的最重要的生产要素。2018 年中央农村经济工作会议中强调：“实施乡村振兴战略，必须大力推进体制机制创新，强化乡村振兴制度性供给。要以完善产权制度和要素市场化配置为重点，激活主体、激活要素、激活市场，着力增强改革的系统性、整体性、协同

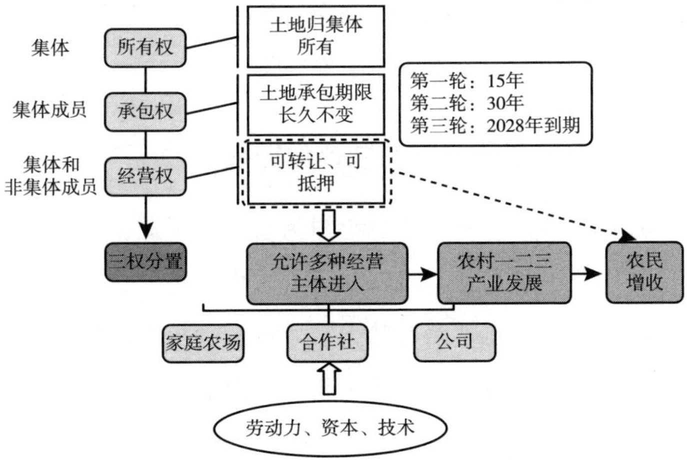

图1　农村土地三权分置改革要义

性。”随着农用地和宅基地“三权分置”试点的扩大和全面铺开，可以有效解决农业生产中“资金”和“土地”两大问题，可以这样说，农用地、宅基地投资权益资本化已经成为目前最重要的农业融资工具，是深化改革、推动乡村振兴的必然选择。

三　把特色小镇打造成乡村产业兴旺的载体和平台

乡村振兴战略的背后是城乡关系的重大战略性转折。城乡关系再定义，从附属到平等，是理解乡村振兴战略的出发点。党的十七大、十八大分别提出了城乡统筹发展和城乡一体化的发展理念，在我国农村经济的发展进程中起到了重要的历史作用。而实施乡村振兴战略，则是平等看待城乡，在立足于乡村产业、人口、文化等禀赋的基础上，自下而上地激发其积极性、主动性。可以说，从依赖外生增长，到建立可持续的乡村内生增长模式，是一种执政思路上的巨大转变。乡村振兴需要一个强有力的龙头和载体，把乡村人文风俗、历史文化、特色资源等在空间上进行集中和集聚，推动特色产业发展。打造独具特色的小镇以承载产业与人口转移，吸引城市资源要素的流入，承接城市消费的外溢，把小城镇建设融入乡村振兴的战略中，既符合当前中央有关特色小镇的发展理念，也从根本上增强了乡村的内生发展能力。

（一）特色小镇加速了我国的城镇化进程

实施乡村振兴战略，可以以特色小镇为支点，形成以点带面、区域辐射的总体格局。特色小镇是新型城镇化下寻求发展的一条重要途径，以特色小镇为代表的新型城镇化道路意味着政策面从追求大城市“大而全”的传统城镇化布局转变为因地制宜专注于小城镇发展挖掘自身特色禀赋的新型城镇化思路，这对缓解“大城市病”、降低公共服务成本、进一步吸引农民进城，提高城镇化率、实现“产城融合”、充分利用各方面特色资源，促进经济转型升级具有重大意义，同时也对推动城乡协调发展做出了重要探索和贡献。

目前我国农村部分村域城镇化和农民市民化形成的村域特色小镇，以及为数众多跨村域的小型经济文化中心建成的区域性特色中心小镇，不仅为乡村振兴提供了动力，而且对于吸引城市产业、人口向农村回流，走出中国城市人口过密、安全隐患不断累积和乡村人口过疏、衰落难以有效遏制的困境，以及未雨绸缪建设国家安全体系等，都具有重要的战略意义。

（二）特色小镇有助于形成竞争优势，激发产业活力

农村地域空间应该是“向外部开放的、具有自律性、独特的多种产业复合体的经济空间”。新时代的乡村振兴，必须要对农村地域空间重构及其综合价值追求做出科学的规划和布局，以追求农村地域空间的经济价值、生态环境价值、生活（社会、文化）价值的和谐。这就要求城乡关系的持续调整，意味着空间与产业结构的集聚与转型。所以特色小镇所要求的“特色”定位，则意味着各地区要对符合这一定位的要素展开区域间的竞争，那么区位关系、资源禀赋、运营能力是否与预期定位相匹配就成为竞争的关键要素。

（三）特色小镇是打造农业全产业链发展的平台

产业是人口合理聚集、小城镇健康发展的基础，所以要特别强调产业功能的优先性。要从小城镇的比较优势、资源禀赋以及是否具备新奇产业基础、人口结构等条件出发，因地制宜地制定小城镇发展的主导产业，并借助全球化力量和互联网手段，把相关产业引入全球的产业链中。在产业链分工体系中，特色小镇以高度融合的态势开放地融入全球价值链，并与周边环境共生、共赢、利益共享，协同发展并形成有强大的自我萌发能力的产业链。这种小镇是自组织的，并可以跟产业、跟周边的节点强强联合形成微循环模式的产业生态，这种微循环本身就可以形成产业，并通过大型企业集团长期投资、吸引集聚特色产业、改造历史经典产业等方式推动产城融合、产城互利，改造、改进当前我国小城镇的面貌。大型企业集团还可以通过专业投融资平台的打造，借助资本运作优势，继续完善产业布局，通过引进优质资源及整合新型产业资源，完善小镇内产业生态圈的布局。

四　农业产业化联合体推动的产业规模化成为乡村产业兴旺的有效途径

在实施乡村振兴战略背景下，乡村发展问题不再被置于城乡二元的视角下，乡村发展路径也不再从城市反哺或辐射的角度出发，而更加注重发掘乡村内生的增长机制。2018 年中央农村经济工作会议提出的“城乡融合发展之路、共同富裕之路、质量兴农之路、乡村绿色发展之路、乡村文化兴盛之路、乡村善治之路、中国特色减贫之路”，本质上就是在提高农业生产效率、提升产业竞争力、引入非农产业、增强农村产业基础上延伸出的具体发展思路。而在乡村振兴战略的指引下，农业产业化联合体推动的产业规模化、一体化将成为我国农业提质增效的有效途径。

所谓农业产业化联合体是指龙头企业、农民合作社、专业大户和家庭农场等新型农业经营主体以分工协作为前提，以规模经营为依托，以利益联结为纽带的一体化农业经营组织联盟，比如“公司 + 家庭农户”“公司 + 合作社”等模式的运用，结合精准扶贫的项目，利用龙头企业的科技技术和管理先进性，培育农民在新产业上的积极性和生产力，形成企业、农民、社会的三方共赢（见图 2）。

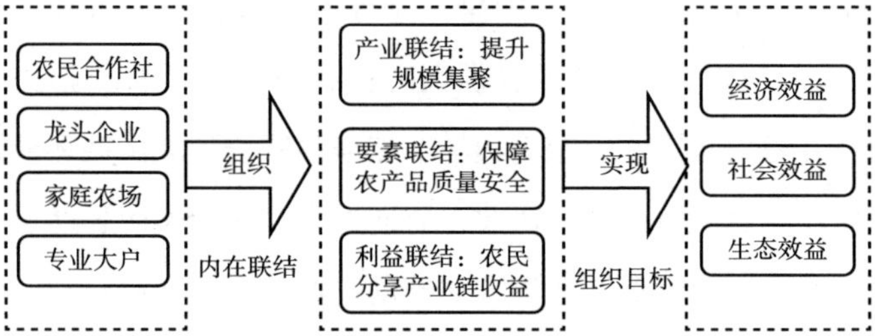

图2　农业产业化联合体产业发展路径

目前我国农业正处于由传统农业向现代农业转型的关键时期，产业政策导向、环保趋严以及消费升级叠加效应提高了行业竞争门槛，未来农业行业的竞争更多地体现在规模优势、资金优势、品牌优势和技术优势等各个方面。可以预见，我国农业行业正处于产业升级和市场集中度加快提升的阶段，随着土地流转加速，具有规模化经营能力的新型农业经营主体可通过机械化提高种植效率、信息化保证食品安全，有望在农业现代化建设过程中迅速崛起。“土地 + 种子 + 化肥 + 农药 + 农技 + 农机 + 收购 + 加工 + 营销 + 资讯 + 金融”等一体化综合服务商有望成为未来我国新型农业经营主体的生产标准制定者，成为农业产业链提质增效的综合性服务商。

五　农业全产业链运作是乡村产业兴旺的必由之路

当前，我国在户籍制度和农村产权制度改革方面都取得了较大的进步，党的十九大报告进一步明确了我国农村产权关系以及推动互联网和实体经济深度融合，为农业现代化乃至乡村振兴战略的实现奠定了基础。结合目前我国农业行业格局、盈利现状以及国外农业产业发展历程，在规模提升基础上的农业全产业链发展有望成为突破行业困局的具体路径。基于我国农业产业链中单节点盈利低下的现状，我国农业未来发展一定是在适度规模基础上的产业链一体化发展，向渠道要利润是提升整个产业链盈利水平的有效途径，是农业产业相关依附产业能够发展的基础。

从农业全产业链来看，主要分为四个部分：上游的种子、化肥、农药等农资购买，中游的耕、种、收等田间作业和管理，下游的粮食烘干、仓储、物流、贸易和加工，以及为产业链服务的信贷、保险等金融服务、信息服务和农业基础设施建设。在农业产业链构建中，有两部分可以形成比较竞争优势：一个是中间环节的种植管理，其核心是做到高效率、低成本，释放种植利润；另一个是下游的流通销售环节，只有有效掌握下游的销售，才能有效驱动上游的资源整合和扩张。上游的农资端在整个产业链中壁垒较低，这主要是上游农资端分散以及缺少优势产品所致；而农业服务尤其是金融服务的开展有赖于从上而下形成的产业链闭环，而一旦形成闭环，供应链金融的发展也就顺理成章了（见图3）。

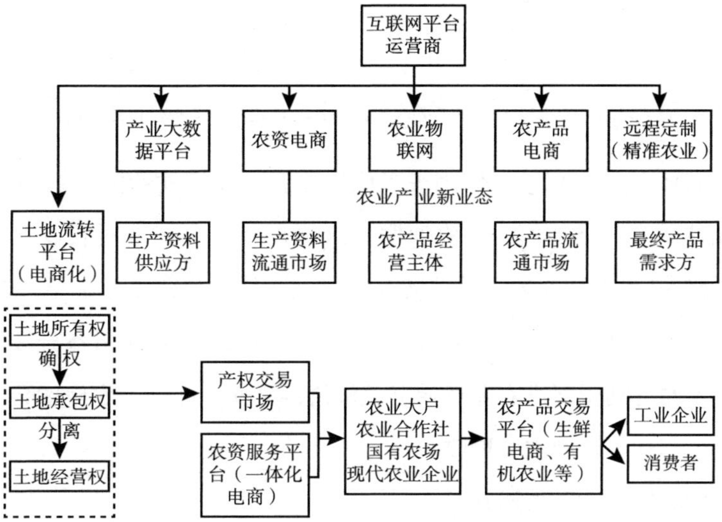

图3　农业全产业链运作模式

六 以"互联网+"为平台培育农村发展新业态

积极培育新业态，使之成为新的增长引擎，既是主动顺应变革的时代要求，也是实现稳增长、调结构双赢的有效途径，并具有重要的现实意义。实施乡村振兴战略离不开农业新业态的培育，农业新业态是现代农业发展到一定阶段，通过产业创新和产业融合而产生的不同于传统业态的农业新型产业形态。最突出的特征表现在技术的进步、农业多功能的拓展以及新要素价值的凸显上。实施乡村振兴战略，主要有 4 个产业要大发展。一是乡村旅游观光休闲产业。2016 年，该产业增加值达到 5700 亿元，相当于当年农业增加值 6.37 万亿元的 8.9%，实现了 21 亿人次的农村旅游观光休闲。二是"互联网+"、农村电商产业。截至 2017 年，全国近 70 万个行政村中 35 万个有农村电商覆盖，实现增加值 8945 亿元，吸纳劳动力 2100 万人，约占农业劳动力总数的 10%。这类产业是典型的农业农村发展的新生动力。三是农产品加工业。虽然这是传统行业，但是，农产品加工已经成为一个非常庞大的产业，2016 年主营收入达到 20 万亿元。四是农业生产性服务业。典型的如数字农业，虽然尚处于探索阶段，却是极具成长性的产业。

（一）培育农旅融合新产业、新业态以打开城市消费需求

根据农业部最新统计，休闲观光旅游等新产业迸发新活力，2016 年乡村旅游观光休闲产业增加值占到农业增加值的 8.9%，新产业对农业农村社会总产值的贡献率超过了 20%。通过培育农村观光游、休闲游、养老度假、农业体验游等农旅融合新产业、新业态，一方面有利于打开城市日益升级的消费需求，另一方面有利于促进农业产业链、价值链延伸。此外，农旅融合与扶贫工作相结合也有利于带动农民增收。

1. 政策支持现代庄园建设

2016 年 11 月，国家旅游局和农业部联合发布《关于组织开展国家现代农

业庄园创建工作的通知》，明确提出到2020年，建成100个国家现代农业庄园，基本形成布局科学、结构合理、特色鲜明、效益显著的庄园经济带。2017年7月，国家发改委等14个部门联合印发《促进乡村旅游发展提质升级行动方案（2017年）》，明确2017年全国乡村旅游实际完成投资达到约5500亿元，年接待人数超过25亿人次，乡村旅游消费规模增至1.4万亿元，带动约900万户农民受益。

2. 农旅消费主体年轻化，消费需求日趋多元化、个性化

农旅融合分别经历了1.0农家乐与2.0精品民宿，如今的3.0现代庄园时代，是市场需求推动的结果。根据途牛网数据，从乡村游用户年龄看，“80后”“90后”出游用户居多，占比分别高达39%、32%，“00后”近几年的出游人数呈上升趋势，采风、写生、春游、体验生活等通常是“00后”去往乡村的主要原因。

（二）数字化助力农业产业升级

数字农业是在“互联网+”的基础上，以技术突破、政策扶持、土地流转改革和新型经营主体崛起为主要驱动力，借力大数据、人工智能和物联网，从全产业链角度深化数字化改革趋势和力度，进一步提升产业链运营效率并优化资源配置效率，是数字经济范畴下用数字化重组方式对传统产业进行变革和升级的典型应用之一，是“互联网+农业”的终极变革模式。

1. 新型农业经营主体不断壮大，为数字化转型打好基础

“新农人”（指具有科学文化素质、掌握现代农业生产技能、具备一定经营管理能力，以农业生产、经营或服务作为主要职业，以农业收入作为主要生活来源，居住在农村或城市的农业从业人员）逐步成为农业现代化发展的主力军。据统计，新型职业农民总数超过1270万人，已成为农业现代化发展的引领力量。目前，这些新型农业经营主体经营了我国40%以上的耕地，已经达到规模化生产的阶段，传统农业的生产关系已经出现转变，农业的数字化改革已近在眼前。

2. 数字化对传统农业赋能

通过物联网可实时获取海量数据，目前，物联网在农业领域的应用范围已经十分广泛，基于物联网的农业解决方案，通过实时收集并分析现场数据及部署指挥机制的方式，达到提升运营效率、扩大收益、降低损耗的目的。可变速率、精准农业、智能灌溉、智能温室等多种基于物联网的应用将推动农业流程改进。物联网科技可用于解决农业领域特有问题，打造基于物联网的智慧农场，实现作物质量和产量双丰收；大数据与人工智能实现了农业生产经营决策的“数字化”制定。机器学习所具备的通过使用大数据集来优化单个或一系列关键目标的能力很适合用来解决农业生产中的作物产量、疾病预防和成本效益等问题。

（三）以双向物流网络助力农村电商大市场

随着我国宏观经济进入“三期叠加”，制造业吸收农村居民就业的能力大幅度下降。国家未来将会把发展农村电子商务、提供新型的电子商务创业平台作为解决这些农村居民就业问题的工作重心。2017 年 2 月 5 日，《中共中央国务院关于深入推进农业供给侧结构性改革加快培育农业农村发展新动能的若干意见》出台，两大重点是农业供给侧改革与发展新动能，而农业发展新动能这部分重点提出要推动农村电商的发展。农村电商在国家经济中的地位越来越重要。从目前乡村发展战略来看，基本上未来农村电商的发展方向都集中在以下三个方面。

1. 建立城市到农村、农村到城市的双向物流网络

针对农产品电子商务新业态的发展，为了满足消费者对农产品“多品种、小批量、多批次、短周期”的消费要求，亟待出现新的配送体系以解决农产品电商物流配送瓶颈问题，同时依托有效信息流的流通模式有利于确保生鲜农产品稳定供应。

目前，在消费品下乡方面电商的信息流和物流通道已经打开，但从农产品向城市销售的角度来说，受限于物流体系特别是冷链物流体系建设的滞后，农

产品通过电子商务进行交易所占比例较小，但是发展迅速，未来发展空间较大。

2. 发展农村生鲜业务，建立高效的冷链运输机制

目前由于优质冷链物流服务商缺位、物流外包成本高昂、外包服务质量难以保障等原因，不少生鲜电商采用重模式自建物流。随着生鲜电商市场的日益成熟，冷链物流行业将进一步发展，能够实现质量的上升、成本的下降。

3. 发展农村普惠金融

从经济形态的角度看，电商化意味着信息化，是经济转型升级的重要方式之一。电商化之后，网络平台将能沉淀海量有效的经营、支付、快递等方面的交易信息。这些全量信息将帮助金融机构更有效地做出是否发放信贷的决策。同时电商化也能帮助金融机构做好贷款流向、贷后催收等工作。当电商化达到一定程度之后，大数据和云计算的运用才能更充分，金融服务的有效性将大大提升，风险管控的成本也极大降低，形成了一种以移动技术应用、产业链整合以及多品类金融服务覆盖为基础的农村金融新业态。

（四）以订单农业为代表的社会化农业新业态

随着物联网、云计算、移动互联、“3S”技术、农业智能装备在农业行业得到逐步应用，粗放型的农产品生产销售模式将得到改进，定制化、个性化、高品质的农产品生产、销售模式将逐渐成为主流，农民作为现代农业发展的主体，其在“互联网 +”背景下“三农”价值链中的身份与地位将得到彰显。

互联网实现了订单农业发展模式，改造了农业种植供应链原有的生产模式。这种“订单农业”利用互联网在规模化定制方面的独特优势，预先将消费者需求汇集然后将土地流转进行规模化种植，不仅将改善农产品的品牌形象，提升产品附加值，而且打破了传统农业“先种植后销售”可能面临的蛛网困境问题，同时还会衍生出参与式种植、体验式收割、人格化营销与定制化销售等消费场景，以及与乡村旅游结合的“体验农业”新型业态。

参考文献

蓝枫:《激发内生动力实现乡村振兴》,《城乡建设》2017 年第 22 期。

腾讯研究院:《“互联网 +” 如何赋能于农：政府工作报告深度解读》，http://mp.weixin.qq。

李国英:《农村电子商务模式创新及发展路径研究》,《全国流通经济》2017 年第 22 期。

汪名立:《互联网金融下一站蓝海在农村》,《国际商报》2015 年 5 月 27 日。

孔越、廖陈霞:《濮院 “双料” 特色小镇赴京展示 “时尚版图”》,《嘉兴日报》2017 年 11 月 5 日。

范毅:《夯实基础，激发乡村发展活力》,《中国国土资源报》2017 年 11 月 5 日。

范毅:《城乡关系发展的战略性转变》,《兵团日报》(汉)2017 年 11 月 16 日。

王俊岭、邱海峰:《2018，乡村振兴这样开局》,《人民日报》(海外版)2017 年 12 月 30 日。

宋兴国、张玮钊:《中央农村工作会议：到 2050 年乡村全面振兴》,《21 世纪经济报道》2018 年 1 月 1 日。

马玲:《金融精准发力　乡村全面振兴》,《金融时报》2018 年 1 月 3 日。

韩凯:《振兴乡村　共赴小康》,《新农村商报》2018 年 1 月 3 日。

东北边境地区乡村产业振兴的调查与思考

——以大兴安岭呼玛县为例

赵　勤*

摘　要： 东北边境地区经济社会发展相对滞后，是我国乡村全面振兴的短板，也是乡村产业振兴的重点和难点。本文以集边境地区、欠发达地区、重点生态功能区于一身的呼玛县为考察区域，系统分析乡村产业振兴的基础与问题，探讨了实现乡村产业振兴需要处理好的五大关系，提出了总体思路及相关对策建议。

关键词： 东北边境地区　乡村产业振兴　呼玛县

产业兴旺是乡村振兴的基础，要高质量推进乡村振兴，必须加快乡村产业振兴。由于历史、自然与地理的原因，东北边境地区经济社会发展相对滞后，是我国乡村全面振兴的短板，同时也是乡村产业振兴的重点和难点。如何推进东北边境地区乡村产业发展、助力实现乡村振兴，是一个亟待研究的课题。呼玛县地处黑龙江省北部，是大兴安岭地区一个拥有百年历史的县城，也

* 赵勤，黑龙江省社会科学院农村发展研究所。

是唯一以农为主的行政县。作为集边境地区、欠发达地区、重点生态功能区于一身的县城，呼玛县具有典型的区域特殊性。本文以呼玛县为考察区域，系统探讨东北边境地区乡村产业振兴问题。

一 呼玛县乡村产业振兴的基础与问题

呼玛县南与中俄对外开放重要口岸黑河市接壤，北与塔河县为邻，西连松岭区、新林区，东与俄罗斯联邦施马诺夫斯克市、斯沃搏德内市和马格达加奇区隔江相望，是大兴安岭沿边的水城、林城、金城、粮仓。呼玛县总面积2100万亩，行政区划森林面积1722万亩，草原255万亩，耕地112.87万亩；总人口5.02万人；辖6个乡2个镇1个办事处和54个行政村。2017年，呼玛县实现地区生产总值17.4亿元，固定资产投资3.7亿元，公共财政收入9800万元，社会零售品销售总额4.5亿元，城、乡居民人均可支配收入分别为2.30万元、1.34万元。

（一）乡村产业振兴的基础条件

呼玛县地理位置独特、资源比较丰富、生态环境良好，实现乡村产业兴旺具有一定的基础条件。

1. 人均耕地多且集中，农业机械化程度较高

呼玛县耕地面积112.87万亩，人均耕地面积22.5亩，是黑龙江省人均耕地面积的3.6倍，是全国人均耕地面积的16.1倍；农业人口2.3万人，农业人口人均耕地面积高达49.1亩。耕地以暗棕壤、草甸土、沼泽土为主，有机质含量高，且集中连片，非常适宜大型机械化作业。随着城镇化进程加快，呼玛县大量农村劳动力外出，农业生产对农业机械的依存度不断增强，相对人力不足，农业机械优势愈发明显。2017年底，呼玛县拥有农业机械总动力24.1万千瓦，其中拖拉机保有量为5023台、联合收割机保有量为487台，田间综合机械化程度达到97.3%，高于黑龙江省平均水平4个百分点，农业机械化程

度排全省第五位。

2. 绿色有机优势明显，农业结构不断优化

呼玛县年平均气温 -0.5℃、常年有效积温 1800℃ ~2200℃，全年无霜期 85~110 天。由于冬季漫长，无霜期短，农业生产一年一季，耕地有半年处于休眠状态，客观上起到了降低病虫害的发生概率、减少农药使用量和让土壤休养生息的作用。同时，雨热同季、昼夜温差大，作物干物质和微量元素积累多。地处北疆、开发较晚以及独特的气候条件，有力地保证了出产农产品的质量安全和品质营养。近年来，呼玛县不断深化农业供给侧结构性改革，农业结构不断优化，马铃薯、水飞蓟、玉米、优质大豆等高效益作物种植面积持续扩大，绿色食品种植面积达到 82 万亩，占全县耕地面积的 72.6%；以兴安黑猪和肉牛为代表的特色养殖业获得较快发展；电商等新产业加快发展，启动生态电商园建设并登陆龙江大米网，与中国农产品加工产业联盟签订了“三农云”平台建设框架协议。

3. 新型经营主体发展，土地规模经营扩大

通过有效引导、政策扶持、服务指导等举措，呼玛县大力培育发展家庭农场、种粮大户、专业合作社等新型经营主体。2017 年，初步遴选出 15 个有家庭农场（庄）雏形、具有一定规模的农场；种粮大户发展到 105 个，其中 5000 亩以上的超级大户 5 个，1000 亩以上的种粮大户 100 个；农民专业合作社发展到 255 家，其中省级规范社 2 家，科振合作社被评为省级“互联网 + 农业”样板基地。新型经营主体的发展，有力地促进了土地规模经营。到 2017 年底，土地集约经营面积已达 78.5 万亩（200 亩以上农户合计），占全县耕地面积的 70%。

4. 农业产业化势头良好，园区建设取得进展

“十二五”以来，呼玛县努力打造“菌药加工产业链、绿色食品产业链、特色养殖产业链、生态旅游产业链”，力图促进农产品生产、加工、销售有机结合。经过努力，全县农业产业化经营水平有了一定提升，省级重点龙头企业已达 5 家。产业园区建设是呼玛县加快推进县域经济发展的重要举措。对俄经

贸工业园区基础设施实现“七通一平”，入园企业增至12家，被评为“黑龙江省中小企业创新服务先进园区”。农业科技产业园区进行了功能分区，重点发展有机绿色农业、设施果蔬、林下浆果和道地药材等产业，逐渐成为集技术试验、生产示范、科技展示、旅游观光、休闲体验于一体的现代农业示范园区，2017年被评为黑龙江省级科技示范园区。

5. 生态文化资源独特，特色旅游加快发展

呼玛县生态旅游资源十分丰富，有风光奇特的鹿鼎山，有曾是中苏争端之地吴八老岛（与珍宝岛齐名），有界江奇观龙江小三峡、冒烟山，有八十里大湾，有鬼斧神工的画山、龙头山、斧劈山，有万亩国家森林公园金山樟子松母树林，有水天一色的呼玛河、绰纳河……2016年，呼玛县被授予“中国避暑养生休闲度假旅游最佳目的地”称号；2017年，呼玛县又荣获“全国人文生态旅游基地”“全国特色旅游名县”称号。作为“两江一河”文明的起源地，呼玛县形成了独特、多样的地域文化。红色文化、采金文化、拓荒文化、抗联文化、知青文化以及鄂伦春、俄罗斯民族文化等人文特质在时空上纵深交错，在内容上多元汇集。近年，呼玛县注重生态、文化、旅游融合互动，不断推进“绿水青山”“冰天雪地”向“金山银山”的转变，例如从2014年起借助黑龙江呼玛段开江的壮观景象，以举办开江主题文化周的方式谋划打造“南有钱塘观潮、北有呼玛开江”等旅游品牌，借此推进当地文旅产业快速发展。2017年，全县共有4个景区达到省A级以上标准；特色家庭宾馆（农庄）增至60余家；画山、鹿鼎山、八十里大湾等景区基础设施建设不断加强，旅游年接待游客36万余人，年旅游收入达2.6亿元。

（二）乡村产业振兴面临的问题

呼玛县地处高寒边境，人口规模偏小，财政收入偏低，经济增长限制因素较多，乡村产业振兴也面临着一些问题。

1. 经济总量小，财政收入低

呼玛县经济总量偏小，发展不充分，农业比重过大，工业基础薄弱，服

务业发展滞后，特色优势产业不突出，新兴产业和富民多元产业尚未形成，产业结构失调，公共财政收入少，在全省排名靠后，是实行财政转移支付的县。2017 年，全县实现地区生产总值 17.4 亿元，全年实现财政收入 15049 万元，其中，公共财政预算收入 9800 万元，公共财政预算支出 114721 万元，自给水平不足 9%。经济社会发展基本依靠省财政转移支付维持，每年除用于人员工资和维持机关正常运转经费外，可用于安排其他重点项目支出的资金非常少，支持经济发展的能力严重不足，财政收支矛盾十分突出。

2. 产业融合互动进展缓慢

总体来看，呼玛县三次产业融合还处在起步阶段，虽然农业、生态、文化、旅游产业融合初见雏形，但融合模式有限，融合层次较低，融合链条短，附加值不高，利益联结松散。在融合过程中，多靠政府推动引导，市场化力量不足，融合主体过少，且带动能力较弱，大多不具备开发新业态、新产品、新模式和新产业的能力。

3. 基础设施公共服务滞后

乡村产业兴旺，需要互联互通的基础设施和便捷高效的公共服务。呼玛县地处偏远，气候寒冷，地广人稀，平均人口密度为 3.58 人 / 公里^2。部分乡镇与县城距离很远，农村地区道路、网络通信、仓储物流设施落后，供水、供电、供气条件差；标准化农田比例不高，田间道路损毁严重，抗旱抗涝设施不足；乡村基本卫生医疗等公共服务供给不足，导致农村内部以及农村与城镇间互联互通水平低下，特别是生态民俗等特色旅游发展严重受制于基础设施和公共服务。

4. 人口数量减少，结构恶化

从人口数量上看，2000 年后，呼玛县人口数量呈现负增长趋势。2017 年末，全县户籍人口 45245 人（包括韩家园林业局），比 2010 年第六次人口普查时减少 6616 人，比 2000 年第五次人口普查时减少 14895 人。从户数上看，家庭户规模在继续缩小，平均每个家庭户人数由 2000 年的 3.15 人减少到 2016 年的 2.27 人，一人户、二人户比重逐年提高。从城乡人口比例上看，乡村人口数量持续下降，由 2000 年的 29905 人下降至 2017 年的 20539 人，降幅高达 31.3%，城乡人口比例也由 101 ∶ 100 变为 120 ∶ 100。从人口年龄结构上看，人口老龄化程度继续加深，60 岁及以上人口由 2000 年的 3989 人增长到 2017 年的 9138 人，占户籍人口比重由 6.63% 提高到 20.20%。人口过度流失、老龄化等问题将会在很大程度上制约乡村产业振兴。

5. 科技人才支撑能力不强

呼玛县农业科技人才资源缺乏，农业科技运行效率不高，先进水平的优良品种少，对农业增产和农民增收有重大推动作用的科研成果不多；农技推广体系建设相对滞后，仍存在人员短缺、经费不足、基础条件较差等问题。农技推广人员年龄结构不合理，知识更新速度慢。乡村产业振兴缺乏专业型人才和复合型人才，农民文化素质和技能水平不高。

6. 招商引资项目落地较难

呼玛县本级财政十分有限，无力支撑项目建设，加之一般性的基础设施领域项目以往都已得到支持，在由政府负责提供适宜市场化运作的公共服务、基础设施、民生工程等领域重大项目以及农业、水利、交通、生态等领域项目的情况下，还必须由传统的“补建设”向“补运营”转变，需要采取政府和社会资本合作模式。但受林地、交通等诸多不利因素影响和项目资金地方配套的限制，呼玛县招商引资、项目落地难度很大。

二 呼玛县乡村产业振兴需要处理好的几大关系

（一）需要处理好限制开发区域与产业振兴的关系

大兴安岭是水源涵养型生态功能区，是我国重要江河源头和重要水源补给区，而呼玛县是主体功能区中限制开发区的重点生态功能区和主体功能区试点县。对于限制开发区，国家禁止进行高强度、大规模的开发建设，在对这类县市进行经济社会发展综合评级的指标体系中，生态指标权重较大。产业兴旺是实施乡村振兴战略的关键和根本出路。因此，必须处理好限制开发区域与产业振兴的关系，秉持尊重自然、顺应自然、保护自然的生态文明价值观，坚持绿色发展，改造提升农村传统产业，发展新兴产业，促进产业生态化、生态产业化，形成人与自然和谐共生发展的新格局。

（二）需要处理好土地权属争议与农林用地的关系

要实现产业兴旺，就要进一步深化农村制度改革，特别是要深化农村土地制度改革、深入推进农村集体产权制度改革，不断激发农业农村发展的内生动力。全县土地分为农村集体土地、益农林地、国有耕地三类，林农交错，95% 以上的耕地实际由村民常年耕种，但土地权属问题多年来一直存在争议。2014 年，呼玛县被确定为黑龙江省农村土地承包经营权确权登记颁证工作试点县。截至 2017 年底，全县共在 8 个乡镇 48 个村屯开展土地确权工作，实测面积为 457021.16 亩，其中集体土地实测面积 445351 亩，五荒土地实测 11670.16 亩。但因各村屯周边耕地、草原、岛屿、荒地都在韩家园、十八站林业局林权证覆盖之下，是农村集体土地还是益农林地权属不清，导致全县农村集体土地确权颁证率为 0。如果不能处理好土地权属之争和农林用地的关系，从长远看，必将影响到乡村产业振兴发展。

（三）需要处理好人口吸引力弱与产业扩容增量的关系

事靠人做，业由人兴，乡村产业振兴，关键在人。呼玛县人口少，农村人口老龄化、村庄“空心化”问题非常严峻，县城及村庄都普遍缺人气、缺活力、缺生机。由于经济落后、交通不便、发展空间不大，呼玛县人口吸引力弱，农民返乡创业少，生态休闲旅游缺人气，更缺乏中高端游客。产业兴旺，需要以扩容增量为重点，着力壮大优势产业，创新深化农村三产融合，而这些都离不开人。因此，需要处理好人口吸引力弱与产业扩容增量的关系，真正做到留住人、吸引人，推动乡村产业振兴是实施乡村振兴战略的关键。

（四）需要处理好物流行业短板与新兴产业发展的关系

物流问题是影响呼玛县乡村产业振兴的重要因素之一。黑龙江省位于全国铁路网末梢，呼玛县又位于黑龙江省的最北边境，到黑河市距离约220公里，到加格达奇距离约350公里，到哈尔滨距离约828公里。目前，呼玛县综合交通网络不完善，缺少铁路网，铁路只通到韩家园镇，没有民用机场，黑龙江航运还没有有效利用起来。物流主体发育不足，缺少大中型物流企业，物流设施总量不足、相对落后，致使货物物流成本较高、物流时间较长，也容易造成较大损耗。随着电子商务、文旅经济等新兴产业的快速发展，旅客运输量、货物运输量将不断增加，呼玛县物流行业短板日渐凸显，严重制约新兴产业发展。因此必须处理好物流行业短板与新兴产业发展的关系。

（五）需要处理好人民主体与政府主导的关系

乡村产业振兴，主体在民，家庭农场主、龙头企业、村社集体经济组织、专业合作社以及广大农户是乡村产业振兴的建设主体。政府，特别是基层政府是乡村产业振兴的组织者和推动者。总体来看，呼玛县乡村振兴主体规模偏小、实力不强，全县只有1家规模以上工业企业，多数企业，特别是农产品加工企业，仍处于小规模经营，市场范围有限，影响力较弱。因此，需要处理好人民主体与政府主导的关系。一方面，要不断调动人民群众积极性、主动性、创造性，逐渐由过去的被动接受向主动参与的良性状态转变，培育发展壮大各类振兴主体，使其真正成为乡村振兴的主力军。另一方面，必须准确定位政府的主导作用，既要注意防止政府缺位，也要防止政府越位，重点做好乡村振兴规划，明确乡村产业振兴任务，制定具体政策措施，加强基础设施建设，组织引导乡村产业振兴沿着正确方向进行。

三　呼玛县乡村产业振兴的总体思路与对策建议

（一）总体思路

着眼于集边境、欠发达、限制开发于一体的乡村产业振兴的突出问题，坚定践行“绿水青山就是金山银山”“冰天雪地也是金山银山”的理念，坚持因地制宜、扬长避短、绿色发展，以供给侧结构性改革为主线，完善产权制度和要素市场化配置，加快构建产业体系、生产体系、经营体系，着力推动产业融合、城乡融合体制机制创新，吸引人口和其他经济要素的合理流入，大力培育新产业、新业态、新模式；支持有条件的乡镇联手打造绿色有机农业基地、特色小镇、田园综合体等，健全完善利益联结机制，实现小农户与现代产业发展的有机衔接；强化生态产品供给，推动产业生态化、生态产业化，把生态优势转化为产业优势，加快乡村产业振兴。

（二）对策建议

1. 因地制宜做好产业发展定位

要紧密联系呼玛县实际，立足现有产业基础以及重点生态功能区开发限制的现实条件，把握区位沿边、生态优良、民族特色、地广人稀等特点以及其他关键要素，进一步明确呼玛县未来产业发展定位与方向——“做优做强大农业”“做好做足大旅游”“做精做细小工业”。

做优做强大农业——立足耕地、农机、生态等优势，内引外联，大力发展非转基因大豆、马铃薯、强筋小麦、杂粮等粮食作物生产，积极发展北药、蓝靛果等特色高效经济作物和林下作物，重点发展狐、貂、獭兔等珍贵毛皮动物和森林猪、鹿、山禽、冷水鱼等特种经济动物养殖业，将呼玛县打造成为“中国最北绿色有机农产品基地”“中国最北稀缺中药材种苗繁育基地”等。

做好做足大旅游——树立全域旅游、大旅游发展思维，立足生态、区位、人文、民俗等优势，北联漠河、南联黑河，促进农业、生态、文化和旅游融合发展，集中力量打造“沿江生态旅游休闲观光带”，将沿线景区景点串成线、连成片，形成春秋两季观光、夏季避暑养生、冬季冰雪体验等旅游产品，打响“南有钱塘观潮、北有呼玛开江”“黑龙江上小三峡”等旅游品牌，充分展示边城呼玛独特的文化魅力、生态魅力、资源魅力和发展潜力。

做精做细小工业——考虑到生态环境、交通区位等因素，在工业方面，则要依托具有地方特色的名、优、特农产品，突出精细化，有选择性地发展农产品加工业。一方面，加强与国家、省级重点龙头企业的联系，打中国最北、绿色有机、非转基因牌，集中力量延伸拓展大豆产业链；另一方面，做好市场细分，针对中高端小众群体，小规模发展食品加工、北药保健品加工等。

2. 强化共享推进产业融合发展

针对地广人稀、生态优良等特征，呼玛县应坚持共享发展理念，围绕市场需求，特别是终端消费需求，大力发展共享经济，放大共享经济对乡村产业振兴的带动作用。一是通过共享农机、共享仓储、共享农庄、共享电商平台、共享生态旅游红利等，不断开发拓展农业绿色、环保、体验、休闲等多种功能，促进农业、加工业、旅游业、电子商务等产业融合发展，大力发展电子商务、边境生态游、创意农业、民俗文化产业等，延长产业链、提升价值链。二是以共享为核心，建立产业共享利益联结机制，通过保底分红、股份合作、利润返还等多种形式完善利益链，让农民合理分享产业增值收益，实现多方共赢。三是以产业为基础，健全社会化服务体系，为各类经营主体，特别是农户提供科技、信息、农产品营销等服务，通过服务带动农户对接市场。

3. 深化土地改革有效提升农业生产力

全面深化农村土地改革、有效提升农业生产力，是理顺农业生产关系、实现乡村产业兴旺的重要保障。一是农地“三权分置”改革。探索“三权分置”下农地流转新模式，依托家庭农场、合作社、龙头企业和社会化服务组织等新型农业经营主体，促进农村土地流转，提升农地流转效益，发展多种形式适度规模经营，提高土地产出率和农业生产力。二是探索宅基地所有权、资格权、使用权“三权分置”。落实宅基地集体所有权，保障宅基地农户资格权和农民房屋财产权，适度放活宅基地和农民房屋使用权。特别是要探索由村集体出面向村民租赁闲置农房、宅基地等的使用权，再以出租、合作等形式盘活利用，同时辅助村民开办农家乐、民宿，发展休闲农业和乡村旅游，进一步增加农民财产性收入，遏制乡村衰败。三是加快土地确权，解决林农矛盾。大力推进农村改革，争取国家、省里支持，抓住第三次土地调查契机，进一步厘清辖区内林权证覆盖下的基本农田和集体土地，解决土地权属争议，争取实现集体土地确权。

4. 突出重点谋划推进项目建设

围绕产业发展、基础设施、公共服务设施，积极谋划项目建设，着力推动乡村产业发展，推进基础设施提档升级，有效增加乡村公共服务资源，集中力量补齐乡村振兴的短板，增强乡村产业发展的活力和动力。一是加大产业项目建设力度。产业项目是实现呼玛县乡村产业振兴、推动经济高质量发展的重要抓手。应以绿色农业、生态旅游、生物医药、农产品加工、现代物流为主攻方向，将招商引资与创新创业相结合，积极谋划、全力引进，适度整合一批符合生态环保要求的产业项目，特别是纳税型产业项目。二是推进基础设施提档升级。要不断增强交通物流设施保障能力，着力推进通用机场前期工作，争取早日完成可研批复；加强沟通协调，积极跟进韩呼黑铁路建设项目；协调省、市相关部门，加快丹阿公路呼玛至十八站段、新林至兴华公路、嫩呼公路嫩呼界至老道店段公路建设；加快农村公路改造升级，逐步将林区公路、边防巡逻路、旅游观光路纳入农村公路建设和养护，推进建设北疆、兴华加油站项目；积极争取城欣湖连通工程项目可研批复；谋划布局一批旅游道路、旅游厕所、停车场、景区服务中心等基础设施项目，加大建设力度，提升呼玛县旅游综合承载力。三是加强乡村公共服务设施建设。考虑呼玛县乡村地域广阔，建议加快推进实施数字乡村战略，弥补乡村公共服务资源不足的短板。积极联络协调，引导移动、联通、电信和广电等电信运营商加大对呼玛县广大农村网络的建设投资，推进农村地区移动和固定宽带网络建设，进一步提高农村地区光纤宽带接入能力，基本实现农村地区移动宽带网络人口全覆盖；建设信息进村入户平台，完善农村消费信息服务、市场信息服务、“三农”政策服务、农村生活服务等系统和手机 App，推进服务手段向移动终端延伸，特别要推动远程医疗、远程教育等应用普及，弥合城乡数字鸿沟。

5. 以“人兴”为支撑引领产业扩容增量

事靠人做，业由人兴，人是最活跃、最持续、最有效的发展要素，是支撑乡村产业振兴的第一资源。呼玛县人口规模小、吸引力弱，实现乡村产业振兴，需要不断优化环境，汇聚人流，进而带动产业扩容增量。一是加快农村各类人才培育。加强农村干部、新型经营主体带头人、农业科技人才、新型职业农民等农村现有人才的培训，特别是强化新发展理念和新技术培训；充分利用黑龙江省高职院校教育资源，研究制订呼玛县“三农”人才高等教育培养计划；积极发掘和培养各领域能工巧匠、民间艺人等乡土人才，加强乡土人才技能培训和技艺传承，实施乡土人才培育行动，增强乡土人才创新创业能力，发挥乡土人才在技艺传承、产业发展等方面的带动作用。二是引导各类人才向农业农村集聚。不断优化发展环境，进一步拓宽引进人才的视野，以乡情乡愁为纽带，研究建立有效激励机制和制定人才柔性引进管理办法，吸引支持企业家、党政干部、专家学者、医生教师、技能人才、退伍军人、返乡农民工等，通过投资兴业、包村包项目、行医办学、下乡担任志愿者等方式服务乡村产业振兴；支持返乡下乡人员发展规模种养业、特色农业、林下经济、乡村旅游等，加快农村资源开发利用。三是吸引更多消费者前来消费。把握消费升级和大众旅游的时代特征，围绕消费者的视觉享受、心灵感受、文化体验，依托呼玛县生态优良、区位沿边、民族特色、人文特质等优势，通过加强基础设施建设、提升公共服务水平、推进产业融合发展，大力推进文旅、休闲、康养等产业发展，带动消费业态的创新和升级，吸引更多的国内外消费者前来呼玛。

6. 积极扩大区域开放合作

区域开放合作，是呼玛县集聚资源要素、扩大有效需求、促进交流合作、实现乡村产业振兴的重要途径。一是扩大对外开放。应将呼玛县乡村产业振兴纳入全球视野，把握国家实施“一带一路”倡议、黑龙江省推进“龙江丝路带”建设和俄罗斯加快远东开发的战略机遇，借助与施马诺夫斯克共建友好城市的优势，充分利用双方资源和市场，以积极推进对俄开放为重点，广泛开展对外经贸合作和人文交流，加强在少年夏令营、中俄马拉松赛事、互派专业技术人才等领域的交流合作，尽快促成呼玛口岸复关，推动经济人文互动，带动文旅等产业加快发展。二是加强区域合作。借鉴发达地区发展经验，加强与东北地区各省市合作，构建产业发展合作机制，加强资源共同开发，促进区域内资金、人才、信息等资源有效配置。特别做好与广东省揭阳市的对口合作，增进交流频次和深度，结合呼玛县实际，争取双方优势有效对接，在“粮头食尾”“农头工尾”、生态旅游等建设上有所突破。

7. 积极协调争取相关政策支持

一是协调争取各类免除地方配套资金的扶持政策。根据《国务院关于近期支持东北振兴若干重大政策举措的意见》（国发〔2014〕28 号），积极协调争取中央财政进一步加大对呼玛地区一般性和专项转移支付力度，在基础设施、生态建设、环境保护、扶贫开发和社会事业等方面安排中央预算内投资时，比照西部地区补助标准，建议取消边境地区和贫困地区县及县以下配套资金。二是争取国家给予呼玛地区更多的生态补偿政策支持。积极争取国家把重点国有林区的自然保护区纳入生态补偿范畴，加大中央财政对保护区转移支付力度；争取国家将呼玛县作为重要农产品生产保护区纳入生态补偿范畴，通过一般性财政转移支付，逐步使其人均财力达到全国县级平均水平，以保证呼玛县享有均衡的公共服务资源。三是争取国家给予呼玛戍边人口相关优惠政策。请政策制定部门充分考虑边境县的实际情况，对边境县实行优惠政策，在工资待遇、人才引进等方面给予特殊政策待遇，在提高边境县干部工资的同时，更要提高边境县居民在医疗、养老等方面的待遇。

长三角地区“三品一标”生产及特色农业发展研究

谢培秀　严　静*

摘　要： 无公害农产品、绿色食品、有机食品和地理标志农产品（以下简称“三品一标”）是我国安全优质农产品公共品牌的代表，加快其发展是推动农业供给侧改革、促进农业走绿色发展道路及提高农产品质量安全水平的重要抓手。长三角是我国经济最具活力、居民生活水平和消费潜力增长最快的地区之一，加快“三品一标”发展应成为该地区农业发展的重要目标，针对当前存在问题，可以采取加快农业的规模化、标准化和信息化进程，加强政府扶持与监管，引导“三品一标”调结构、转方式、促升级，加强宣传扩大市场销售等多项措施。

关键词： 三品一标　长三角　特色农业

“三品一标”是无公害农产品、绿色食品、有机食品和地理标志农产品的简称，是我国安全优质农产品公共品牌的代表。在当前农产品质量安全

* 谢培秀，安徽省社会科学院城乡经济研究所；严静，安徽省社会科学院城乡经济研究所。

问题突出，中央提倡农业走绿色发展道路、重视推动农业供给侧结构性改革的形势下，抓“三品一标”生产及特色农业发展，向长三角地区城乡居民提供安全、优质、健康的农产品，应当成为沪、苏、浙、皖三省一市农业发展的主要目标。

一　国内外认证农产品及其质量安全问题文献综述

在国外，类似我国的“三品一标”农产品被称为认证农产品或标识农产品。研究表明，食品从原材料采购、生产到流通、消费，任一环节出现问题都可能诱发食品安全风险。在发达国家，保障食品安全采取“从农田到餐桌”全过程无缝监控，这其中主要包括检测认证、标签标识和可追溯等环节。

国外食品安全研究中，认为食品安全问题产生的根本原因是信息不对称导致的市场失灵。Mojduszka 和 Caswell 认为，合适的信息制度为纠正食品质量安全信息不对称问题提供了可能。有效的方式是基于第三方认证的产品标识。通过加强信息的供给，能够有效地将食品的信任品或体验品特性转化为搜寻品特性，质量信号显示功能得以发挥作用，以此向消费者传递食品品质信息。这种由信息优势者向信息劣势者提供信息的制度属于信息规制，它能较好地克服信息不对称。[①] 对此，很多欧美国家在 20 世纪中期建立了食品安全认证制度。[②]

认证制度中的标签标识是关于食品信息最重要的载体，其作用并不仅限于指导消费者防范食品安全风险，还包括对食品质量做出承诺、对食品本身进行宣传等，也是食品溯源的重要基础。各国食品标签制度管理侧重点不同，日本要求新鲜的蔬菜类、水产类和肉类产品必须有明确的标签标识，农户生产的农产品在经过第三方或专业检查员检查确认合格后，还需要通过农协的认证方

① Mojduszka Eliza, and Caswell Julie A., “A Test of Nutritional Quality Signaling in Food Markets Prior to Implementation of Mandatory Labeling,” *American Journal of Agricultural Economics* 82 (2000).

② 蒋艳芝、刘爱军：《消费者认证标识食品信任的影响因素分析》，《湖南农业大学学报》（社会科学版）2016 年第 1 期。

可发送上市信息。

发达国家历来重视农产品的质量安全工作，如欧盟主要抓农产品的产地认定，相关认证、检测、市场准入、监管等制度建设比较完善、管理工作也比较科学。在美国，涉及农产品质量安全监管的部门主要有三个，即美国农业部（USDA）主管农产品质量安全工作，同时具体负责植物类农产品和未经加工的动物产品也就是初级农产品的管理；环保局（EPA）负责农药的监管；食品药品管理局（FDA）负责加工类食品和餐饮业、饮用水监管，以及动物疫病的防治和动物的检疫。

日本政府目前正在大力推广的一项食品安全管理制度就是“食品溯源制度”。在日本，农产品都有自己的“身份证”，也就是对每一件产品建立生产、加工、流通所有环节的“履历”，对其产地、农药使用情况等进行记录。2001 年，日本开始在牛肉生产供应体系中全面引入可追溯系统，并于 2002 年制定了“牛肉身份证”制度，建立起个体信息系统，消费者可以在销售终端通过互联网或手机查询牛肉产地、品种、出生时间、饲养者、饲料成分、屠宰日期以及流通过程等详细信息，并于当年把食品可追溯制度从最初的牛肉推广到猪肉、鸡肉等肉食品产业以及牡蛎等水产养殖产业、蔬菜种植产业。[①]作为日本农协管辖的农户，“身份证”主要详细记录果蔬类、肉类及乳制品的生产者、化肥与农药的使用次数、收获与出售日期等信息，如果食品出现安全问题，通过“身份证”号码就可以追溯到相应产品的生产加工和流通销售信息。

从国内文献来看，多数专家认同，与发达国家取得的显著成效相比，我国涉及食品质量安全的“三品一标”生产及监管在理论研究、规划、法律法规、管理体制、机构与队伍建设等方面还有不小的差距。目前，我国“三品一标”生产规模、种类扩展迅速，产业发展的重要性和影响力已经上升到前所未有的高度，但相关理论和应用对策研究以及规划、质量标准体

① 林凌:《我国食品安全可追溯体系研究》,《标准科学》2009 年第 4 期。

系、监管法律法规等软件体系建设较为滞后，远远跟不上实践发展的需求。在已有研究文献中，对国外经验借鉴不足，发达国家在农产品质量安全监管上有一套成熟的做法和法律法规制度，但这方面借鉴的文献特别是涉及认证与标签标识制度研究的内容很少。对农业“三品一标”生产发展的重要性也认识不足，没有上升到关系我国农业供给侧结构性改革及绿色发展战略的高度来认识，对这一领域存在问题及原因的揭示也还未深入。例如，在新形势下怎样正确处理“三品一标”发展中政府有关部门多头管理的问题，以及国省级食品安全监管机构与市县级监管机构不完全对应、上下级部门关系未理顺等管理模式问题；在加强畜禽肉产品、水产品的质量安全监管方面，怎样有效遏制生产企业违规使用有害添加剂、抗生素。各种对策和政策建议五花八门，各自从自身利益、部门视角出发，缺乏综合性、科学性、合理性、可行性、可操作性较强的建议措施。以上情况表明，要有效推进我国及长三角地区认证农产品发展及质量安全工作，亟须加大地方政府扶持力度、完善管理制度、加强队伍建设、提升品牌影响力、落实监管责任等。

二 长三角“三品一标”及特色农业发展现状

（一）长三角“三品一标”生产在全国占据举足轻重位置

从认证企业和认证产品数来看，截至2014年底，长三角地区沪、苏、浙、皖三省一市经认证的无公害农产品、绿色食品企业分别为10518家和2351家，占全国（31748家、8700家）的比重分别为33.13%和27.02%；认证的无公害农产品、绿色食品有效产品数分别为29696个和5075个，占全国（73660个、21153个）的比重分别为40.31%和23.99%（见表1）。

从产地认定来看，2012~2014年长三角地区沪、苏、浙、皖三省一市无公害农产品、绿色食品产地认定备案面积共达9370.2万亩，占全国（47529万亩）比重为19.71%。其中，经认定的无公害农产品产地11690个、面积

6803.9 万亩、饲养牲畜 65211 万头（只），占全国［30638 个、31523 万亩、240687 万头（只）］比重分别为 38.16%、21.58% 和 27.09%；经认定的绿色食品原料标准化生产基地 95 个、面积 2566.3 万亩，占全国（635 个、16006 万亩）比重分别为 14.96% 和 16.03%（见表 2）。

从认证年产量来看，2012~2014 年长三角地区沪、苏、浙、皖三省一市经认证的无公害农产品、绿色食品产量分别为 3318 万吨、1651.5 万吨，占全国（19671 万吨、10118 万吨）比重分别为 16.87% 和 16.32%（见表 1、表 2）。

表1　长三角地区“三品一标”有效产品及占全国比重

项目		无公害农产品			绿色食品		有机食品		地理标志农产品
		企业数（家）	产品数（个）	总产量（万吨）	企业数（家）	产品数（个）	证书（张）	产品数（个）	产品数（个）
全国		31748	73660	19671	8700	21153	14389	—	1588
长三角地区	上海	1336	6968	406	165	234	140	1357	7
	江苏	5064	16546	2313	922	2159	556	1393	41
	浙江	3564	4649	363	814	1276	736	1186	26
	安徽	554	1533	236	450	1406	384	583	27
长三角合计		10518	29696	3318	2351	5075	1816	4519	101
长三角占全国比重（%）		33.13	40.31	16.87	27.02	23.99	12.62	—	6.36

注：①表1中无公害农产品、绿色食品指2011~2014年认证的有效证书（企业、产品和产量）情况，有机食品指截至2016年4月的有效证书（产品数）情况，农产品地理标志仅指经农业部登记的2008~2014年产品统计数；②绿色食品包括农产品原料及其加工品、饮料制品等多类品种，由于性质差异其认证产品数仅按全国大类品种统计产量，分省市仅统计绿色食品原料标准化生产基地产量，见表2中数据；③有机食品产地认定面积及认证年产量见表2中数据；④表1中数据根据农业部农产品质量安全中心、中国绿色食品发展中心和中国认监委等部门资料计算整理。

表2　长三角地区“三品”产地认定和认证年产量统计

项目		无公害农产品产地			绿色食品原料标准化生产基地			有机食品产地	
		产地数（个）	认定面积（万亩）	饲养牲畜［万头（只）］	基地数（个）	认定面积（万亩）	认证产量（万吨）	认定面积（亩）	认证年产量（吨）
全国		30638	31523	240687	635	16006	10118	—	—
长三角地区	上海	814	130.7	1241	—	—	—	31766	41912
	江苏	7265	5663.5	38318	47	1854.3	1251	152986	166736
	浙江	2861	372.1	14173	2	10	7.5	798969	98898
	安徽	750	637.6	11479	46	702	393	146794	115274
长三角合计		11690	6803.9	65211	95	2566.3	1651.5	1130515	422820
长三角占全国比重（%）		38.16	21.58	27.09	14.96	16.03	16.32	—	—

注：①表2中的无公害农产品产地数包括农牧渔业认定总数，认定面积（万亩）指种植业和渔业，饲养牲畜［万头（只）］指畜牧业产地养殖数；②有机食品认定面积和认证年产量中包括合作基地，为有资质认证机构在长三角地区认证的总数，认证产量不分品种全部按照吨理论加总；③表2中数据根据农业部农产品质量安全中心、中国绿色食品发展中心和中国认监委资料计算整理。

（二）长三角认证的“三品一标”生产各省市实力悬殊

截至 2014 年，长三角地区沪、苏、浙、皖三省一市认证的“三品一标”有效产品情况实力悬殊，表现出东部发达省市“强者恒强”，中部地区安徽省实力偏弱的状况。江苏省在长三角“三品一标”有效产品占比中，无论是认定企业数、有效证书数、认证产品数还是认定总产量，占比均超过 30%。上海市在无公害农产品和有机食品生产和认证上有很强的实力：无公害农产品认定企业数、认证产品数和认定总产量分别占比 12.70%、23.46% 和 12.24%，有机食品有效证书数和认证产品数分别占比 7.70% 和 30.00%。安徽省“三品一标”生产、认证指标落后，占比超过 25% 的，只有绿色食品产品数占比（27.7%）和农产品地理标志登记数占比（26.73%）这 2 个指标。其余指标均低于平均比例（25%），最低的无公害农产品认证企业数（554 家）和产品数（1533 个），仅分别占长三角地区总数的 5.27% 和 5.16%（见表 3）。

表3　长三角地区“三品一标”有效产品区域占比

<table>
<tr><th colspan="2" rowspan="2">项目</th><th colspan="3">无公害农产品</th><th colspan="2">绿色食品</th><th colspan="2">有机食品</th><th>地理标志农产品</th></tr>
<tr><th>企业数（家）</th><th>产品数（个）</th><th>总产量（万吨）</th><th>企业数（家）</th><th>产品数（个）</th><th>证书（张）</th><th>产品数（个）</th><th>产品数（个）</th></tr>
<tr><td colspan="2">长三角合计</td><td>10518</td><td>29696</td><td>3318</td><td>2351</td><td>5075</td><td>1816</td><td>4519</td><td>101</td></tr>
<tr><td rowspan="4">长三角各省市占比（%）</td><td>上海</td><td>12.70</td><td>23.46</td><td>12.24</td><td>7.02</td><td>4.61</td><td>7.70</td><td>30.00</td><td>6.93</td></tr>
<tr><td>江苏</td><td>48.15</td><td>55.72</td><td>69.71</td><td>39.22</td><td>42.54</td><td>30.60</td><td>30.80</td><td>40.59</td></tr>
<tr><td>浙江</td><td>33.88</td><td>15.66</td><td>10.94</td><td>34.62</td><td>25.14</td><td>40.50</td><td>26.20</td><td>25.74</td></tr>
<tr><td>安徽</td><td>5.27</td><td>5.16</td><td>7.11</td><td>19.14</td><td>27.7</td><td>21.10</td><td>12.90</td><td>26.73</td></tr>
</table>

注：①根据表1中数据计算；②表3中无公害农产品、绿色食品为2012~2014年有效产品数；③农产品地理标志产品数指经农业部登记的2008~2014年产品统计数；④有机食品产品数为截至2016年4月统计数。

（三）长三角农产品质量安全形势总体不容乐观

从对环境条件要求较高的有机食品生产来看，截至 2016 年 4 月，长三角地区沪、苏、浙、皖三省一市经认证的有机食品有效产品数 4519 个，获得认证的有机食品有效证书共 1816 张，占全国认证张数（14389 张）的比重为 12.62%，远低于本地区无公害农产品、绿色食品认定企业数、认证产品数平均约占全国 25% 的水平。同期，长三角地区沪、苏、浙、皖三省一市经认定的有机农产品产地面积 113.05 万亩，仅相当于该地区经认定的无公害农产品产地面积的 1.66% 和绿色食品原料标准化生产基地面积的 4.4%；认证（有效期内）的有机农产品年产量 42.28 万吨，仅相当于该地区认证的无公害农产品产量的 1.2% 和绿色食品产量的 2.5%。另外，截至 2014 年底，长三角地区沪、苏、浙、皖三省一市经认证的农产品地理标志产品数共 101 个，占同期全国农产品地理标志产品数（1588 个）的比重为 6.36%，也明显低于本地区无公害农产品、绿色食品认证产品数所占比重。从长三角地区有机食品认证（有效）证书数、农产品地理标志登记数及其占全国比重，与本地区无公害农产品、绿色食品产地面积相比认证的有机食品产地面积，与本地区无公害农产品、绿色食品产量相比认证的有机食品产量等数据来看，长三角地区有机食品的发展态势明显滞后。从有机食品代表着较好的生态环境和较高的农产品质量安全水平来看，这一生产实绩或许从反面证明了长三角地区的农产品质量安全形势的确不容乐观（见表 1、表 2）。

（四）长三角农产品中畜禽水产品安全值得关注

在长三角沪、苏、浙、皖三省一市认证的无公害农产品中，从农（指种植业，下同）、牧、渔业各自占比来看，在认证企业数中分别占 64.67%、18.95% 和 16.38%，在认证产品数中分别占 79.5%、8.4% 和 12.11%，在认定总产量中分别占 87.7%、8.82% 和 3.47%，3 项指标占比中种植业均占绝对优势，牧、渔业占比偏低。再拿我国农、牧、渔业产值来比较，按当年价格计算，2014 年我国农、牧、渔业总产值占比分别为 58.23%、30.78% 和 10.99%，这一比例与长三角当年认证的无公害农产品企业、产品及产量占比进行比较，全国农业（种植业）产值占比远低于认证占比，而牧、渔业产值占比要远高于认证占比，这说明长三角地区认证的无公害农产品中畜禽水产品占比偏低。由于已知规模化的农业经营主体“三品”认证率远高于普通农户，且目前畜牧（渔）养殖业的规模化程度又明显高于农业种植业，按常理来讲长三角地区牧、渔业认证占比应当高于种植业占比才对。如果将“三品一标”理解为受到较为严格监管的国家安全优质农产品，其质量价值水平和品牌影响力应当高于普通农产品。长三角地区较高的种植业无公害农产品认证率和较低的牧、渔业认证率这一反差情况说明，相比种植业产品而言，规模化的牧、渔业养殖场可能怯于产品申报认证后的严格监管，降低了申报无公害农产品的积极性，从而导致牧、渔业认证占比偏低。这也说明目前该地区牧、渔业产品的质量安全形势更为严峻，更应当引起监管部门乃至全社会的关注。

（五）长三角地区发展“三品”生产的潜力巨大

从“三品”认证产量占农产品产量比重来看，长三角地区合计所占比重为20.28%，其中高的如上海市、江苏省，占比分别为58.15%和31.26%，低的如浙江省和安徽省，占比仅分别为9.69%和7.42%（见表4）。加上可能存在的重复认证情况，如有机食品认证中有机水稻和有机大米多经过两次认证，大力发展“三品”生产，提高“三品”产量应该还有很大的潜力与空间。

表4　2014年长三角地区“三品”认定面积与认证产量占比

项目		耕地面积与“三品”产地认定面积			农产品产量与“三品”认证产量		
		耕地面积（万亩）	三品面积（万亩）	三品面积占比（%）	农产品产量（万吨）	三品认证产量（万吨）	三品产量占比（%）
长三角合计		18988.4	9483.3	49.94	24712.4	5011.8	20.28
长三角地区	上海	366.0	133.9	36.58	705.46	410.2	58.15
	江苏	7145.7	7533.1	105.42	11453.4	3580.7	31.26
	浙江	2881.4	462.0	16.03	3925.9	380.4	9.69
	安徽	8595.3	1354.3	15.76	8627.7	640.5	7.42

注：①表4农产品产量统计范围包括粮食、油料、糖料、蔬菜瓜果、茶叶、肉奶蛋、淡水养殖水产品等，与“三品”认证范围大体一致；②统计农产品及“三品”认证产量时，不区分不同品种均按照数量进行加总；③“三品”认定面积、认证产量存在重复情况，因此可能出现占比大于100%的情况，例如表4中江苏省“三品”认定面积占比超过100%5.42个百分点；④“三品”中有机食品产地认定面积及认证产量为2016年数据，其余为2014年数据；农产品产量数据来自国家统计局网站。

三　长三角“三品一标”及特色农业发展存在问题

在产品、产地认证及检测、监管方面，认证单位普遍反映手续繁、费用贵，认证复审（含检测）增加申报、持标企业负担等情况。其中，尤以有机农产品问题较为突出，主要体现在以下几个方面：市场竞争关系致使出现“给钱就认”乱象；认证检测手续繁、费用贵，加重企业负担；有机食品监管存在漏洞，责任尚不清晰；有机编码追溯虽有利于质量监管，但增加企业负担等。

在产销、市场准入及供应链管理方面，存在“三品一标”价格贵、品牌效应不足，致使市场容量小、产品市场竞争力不强等问题，以及认证与非认证产品复合经营导致的监管困难。在农资投入品安全及生产环境方面，目前长三角地区畜禽、水产养殖业问题较为突出，农资投入品不安全，监管困难，畜禽、水产品的质量安全存在很多隐患，城乡居民的消费安全和身体健康面临威胁。

在“三品一标”生产组织与政府扶持方面，当前认证“三品一标”的新型农业经营主体面临着生产成本贵、缺乏劳动力、贷款难、保险难、地方政府扶持力度不足等困难，以及畜禽养殖业粪便污染等问题。

可以将“三品一标”发展及监管问题概括为四个方面：一是“三品一标”生产覆盖面窄，从业者素质偏低；二是“三品一标”产销中存在较高的契约与道德风险；三是“三品一标”品牌建设滞后于规模和种类扩张；四是“三品一标”监管体制不完善，各方认识有差距。

四　加快长三角“三品一标”及特色农业发展建议

一是要加强政府对“三品一标”生产的扶持和管理。包括加强地方政府对“三品一标”生产的认证、检测补贴，理顺“三品一标”管理体制，引导适度规模经营及“三品一标”生产企业的规范管理，规划“三品一标”主体功能区及优化生产布局等。

二是要加快长三角农业规模化、标准化和信息化进程。应当加快发展合作社、种养殖大户、家庭农场、农业龙头企业等新型农业经营主体，推行“环境有监测、操作有规程、生产有记录、产品有检验、上市有标识”的农业全程标准化生产，建立有效的食品安全信息披露机制。

三是要引导“三品一标”调结构、转方式、促升级。从品种上看，长三角整体上要加强蔬菜瓜果、畜禽水产、茶叶、小麦等旱作农产品方面的认证和发展。从地区上看，上海市应当加强绿色食品生产和认证工作；浙江省应推进蔬菜瓜果、畜禽水产、粮油或木本粮油类产品的“三品一标”生产及认证工作；江苏省应推进蔬菜瓜果、畜禽水产、大小麦、根茎类产品的“三品一标”生产及认证工作；安徽省“三品一标”生产及认证规模偏小，应当出台优惠政策，加强政府对“三品一标”生产及认证的财力扶持。解决长三角地区农村畜禽粪便污染及资源化利用问题，是促进“三品一标”生产及长三角农业转方式、促升级的重要途径。

四是要加强“三品一标”监管，提高认证检测效率，简化程序。要抓好认定产地的农资投入品使用，以及“三品一标”生产中农资投入品的源头监管。

五是应加强“三品一标”普及性宣传，提升品牌效力。

六是建议将“三品一标”实绩作为农业示范、验收、升级条件。

参考文献

方丽槐、李政:《浙江省“三品一标”公共品牌培育成效、措施及建议》,《浙江农业科学》2015 年第 11 期。

韩永红:《美国食品安全法律治理的新发展及其对我国的启示——以美国食品安全现代化法为视角》,《法学评论》2014 年第 3 期。

蒋艳芝、刘爱军:《消费者认证标识食品信任的影响因素分析》,《湖南农业大学学报》(社会科学版)2016 年第 1 期。

雷勋平、陈兆荣、王亮:《国外食品安全监管经验与借鉴》,《合作经济与科技》2014 年第 10 期。

刘学锋:《关于加快推进我国“三品一标”事业发展的研究与思考》,《中国食物与营养》2015 年第 8 期。

马爱国:《新时期我国“三品一标”的发展形势和任务》,《农产品质量与安全》2015 年第 2 期。

王喜珍:《国外食品安全监管体制变革趋势及借鉴》,《社科纵横》2013 年第 4 期。

周颖、穆洪涛:《浅析美国食品安全法律监管对我国的借鉴》,《法制博览》2016 年第 7 期。

安徽农业产业化发展路径探索

蒋晓岚*

摘　要： 近年来安徽涉农政策支持力度增大，电商农业、循环农业、休闲农业等新业态不断涌现，农业基地园区化、绿色化、品牌化水平提升，农村社会化服务体系初步形成，农村居民人均可支配收入增长率高于全国平均水平。但是新型经营主体整体实力不强、利益联结松散，农产品加工层次低、产业化链条短、农业综合效益低。农村综合改革是建设与发展的长期动力，基于安徽在现代产业化联合体培育、现代农业示范园区建设、农村“三变”改革试点、田园一体化的乡村建设方面实践，提出农业产业化发展的一些思考和措施。

关键词： 农业　产业化　安徽

* 蒋晓岚，安徽省社会科学院。

一 安徽农业产业化发展成效

（一）规模化经营水平提升，新型经营主体加速成长

2016 年，安徽国家级农业产业化示范基地 15 个，国家重点农业产业化龙头企业、省级农业产业化龙头企业分别为 49 家、915 家，省级示范现代农业产业化联合体 235 家。2017 年工商注册登记的农民合作社 8.9 万家；家庭农场 7.7 万家，数量位居全国第一；培育新型职业农民 5 万人。

2016 年，安徽耕地流转率 45%，规模经营土地面积占比 40%；畜禽养殖规模化率 71%，水产健康养殖示范面积占比 50%。2017 年农村常住居民人均可支配收入 12763 元，同比增长 8.9%，高于全国 0.3 个百分点。创建部省级畜禽养殖标准化示范场 58 家，新增部级水产健康养殖示范场 73 家，“三品一标”农产品总数达 4758 个，全省农产品质量安全例行监测合格率达 99% 以上。

（二）综合服务体系初步形成，科技研发活动逐步活跃

近年来，安徽建立和完善了科技专家大院制度，科技特派员、特聘员和联络员制度，形成产学研推结合的基层农业科技支持模式。涉农专家、科技特派员以开发项目为载体，与龙头企业、专业大户等共建利益共同体，改变了农村科研与推广分离局面，促进地方特色优势产业发展。同时也将农村创业活动转变为系统运作的市场化行为，促进民间研发推广机构的生成。2016 年，安徽农业科技学院与凤阳县小岗村联办现代生态农业研究所，张从宇团队联合 30 多个种粮大户成立优质水稻产业联盟，流转土地 6000 多亩。试种成功的稻鸭共生软香米卖到 8 元 / 斤，并计划组建专业化的加工和销售团队。

2010 年，安徽建立了以农产品为单元、以产业为主线、以综合试验站为基点的 16 个产业技术体系。2016 年整合减少 4 个产业技术体系，新增农业信息化、农机装备应用、农业生态环保和质量安全 3 个服务体系，形成大数据支撑的农业综合服务体系。全省 15 个现代农业产业技术体系、2570 个基层农技

推广机构、3.6 万多名农业科技人员中，常年“包村联户”的达到 1/3，入户服务率 95% 以上。2017 年，安徽农业科技进步贡献率达 62%，高于全国 4.5 个百分点。

（三）依托基地创品牌，粮油产品加工业得到较快发展

2017 年，农产品加工业产值突破 1 万亿元，增长 9.2%。农产品出口额 11.9 亿美元，增长 7.9%，年加工产值超过 5 亿元的产业化集群 150 个。2016 年，中国驰名农产品商标 67 个；省著名农产品商标 340 个，占全省总数的 29.4%。作为安徽农业产业化主战场，2016 年粮油类产品加工产值 2514 亿元，占全国份额的 9.2%，居全国第 4 位；利税总额 92 亿元，居全国第 6 位；加工转化率超过 70%，销售收入超过 20 亿元的企业 7 家，居全国第 5 位。粮油类龙头企业组建了植物油、杂粮、糯米等产业技术创新战略联盟 7 个、专业协会 8 个、专业合作社 304 个。

兼具功能化、营养化、特色化、差异化的功能农产品，从吃得饱、吃得好到“吃得健康”，功能农业有望引领继高产、绿色农业之后的农业 3.0 时代。赵其国院士预测：2020 年，全球将推出 80~100 种功能农产品，中国的产值将达 1000 亿元。2017 年 9 月，全国首家功能农业科技园——滁州高教科创城功能农业科技园项目落地。滁州高教科创城与苏州硒谷科技、苏州南园融通公司联手，按照“产业研究院 + 科技企业孵化器 + 功能农业产业园”发展模式，在功能农业科技研发、高层次人才团队引进、功能农业科技企业孵化及产业化等方面开展合作。

（四）三次产业融合发展，新型业态不断涌现

1. 休闲农业与乡村旅游发展火爆

2017 年，安徽创建全国休闲农业与乡村旅游示范县 14 个，示范点 20 个，最美休闲乡村 16 个，美丽田园 9 个，休闲农业与乡村旅游精品线路 3 条，五星级、四星级休闲农业和乡村旅游示范园区分别为 10 家和 43 家。2017 年

上半年休闲农业和乡村旅游经营主体16072家，比上年底增长26%；从业人员60.28万人，其中农民占比80.26%；接待游客9143万人次，综合营业收入343.77亿元。

2. 农产品电商平台支撑增强，农业物联网建设加快推广

2018年上半年安徽新型农业经营主体开展电子商务营销的有1645家，比2017年底增加166家，自建电子商务平台的有151家，占9%；利用淘宝等第三方交易平台的有1494家，占91%；各地共建立农产品电子商务地方馆72家。2018年上半年农业经营主体电商销售额169.9亿元，同比增长18%。

2018年上半年709家新型经营主体开展农业物联网建设应用，比2017年底增加25家。物联网技术应用于种植业（农作物"四情"大田监测、精细化种植管理）379家，应用面积790万亩；应用于畜牧养殖业159家（养殖牲畜400多万头，家禽1000多万只）；应用于水产养殖79家，应用水面50多万亩；应用于加工车间生产管理68家；应用于农产品质量安全追溯等方面24家。

（五）引导资源要素流向"三农"

1. 开展农业"三项补贴"改革

推动农业信贷担保体系向市县延伸，累计担保金额超10亿元。在全国率先成立省级政策性农业信用贷款担保公司，为6412家合作社、家庭农场等新型农业经营主体担保贷款16.3亿元。

2. 整合财政资金，建立风险补偿基金

在24个县开展风险补偿基金支持合作社发展试点，为2098家农民合作社、家庭农场提供无抵押、弱抵押贷款9.2亿元。

3. 培训职业农民，促进规模主体规范运作

当年培训新型农民5.01万人，评选出优先扶持的省级示范家庭农场300个、示范农民合作社131个。

二 安徽农业产业化发展中存在的主要问题

（一）产业化发展层次较低，农业产业体系不完善

1. 农业综合生产效益较低

2016 年，安徽农业劳动生产率为 1.96 万元 / 人，仅为全国平均水平的 63%；农产品加工业与农林牧渔业总产值之比为 2.08∶1。农产品加工转化率为 56%。全省秸秆饲用率不足 10%，规模化畜禽粪污资源化利用率不足 60%。

2. 先进适用技术成果的源头产出和供给不足

2016 年安徽农业高新技术企业 248 家，占安徽高新技术企业总数的 4.3%，低于全国 8.6% 的平均水平。多数涉农企业研发投入不足 1%，先进适用技术成果的源头产出和供给不足。

3. 利益联结松散

农业产业化龙头企业采取网络化、智能化、精细化的现代“种养加”生态农业发展模式较少。产业化组织采取股份制和股份合作制等紧密型利益联结方式比例很低。

4. 休闲农业项目竞争力不强

休闲农业、旅游农业以观光为主，文化传承、人物历史、风土乡俗等触及不多。多数项目同质性强，缺乏差异化竞争，导致资源过度开发、市场无序竞争、环境严重破坏。

（二）农产品加工业转型升级滞后，带动能力不够突出

1. 现代农业产业园尚未形成集群化、绿色化、融合化发展态势

2016 年安徽绿色食品原料标准化生产基地 43 个，仅占全国份额的 6.2%。40% 的绿色产品品牌、50% 以上的绿色食品加工集中在粮油领域。绿色生产资料、绿色食品原料、绿色食品产品、绿色食品营销等存在缺链、断链现象。

安徽农产品加工科技创新联盟少，精深加工技术装备研发和推广速度慢；

缺乏领军企业带动，集群化成长态势尚未形成。农产品精深加工水平比较低，加工副产物 60% 以上没有得到综合利用。

2. 缺乏特大型企业集团，多数龙头企业处于产业链中低端

安徽农产品加工企业普遍规模较小，80% 的加工企业年产值在 10 亿元以下，超过 50 亿元的仅有 2 家。49 家国家级重点龙头企业中，35 家处于产业链中低端。缺乏农工商综合发展型、科教文旅融合型、国内外连锁发展型的国际化大型企业，也缺乏提供科技服务等专业化企业。

3. 农产品加工企业竞争力较低，成本税负上涨压力较大

多数企业主导产品处于产业链低端，产品附加值较低，地域扩展、产品提升途径有限。2015 年安徽农产品加工企业平均税负占销售收入的 8%~10%，利润仅为销售收入的 3%~5%。

（三）农民合作社没有进入自我增值、良性循环轨道

1. 部分合作社不具备自我发展能力

2015 年全省合作社平均利润仅为 10.4 万元。近年来 21 个国家级示范社、18 个省级示范社资格被取消，因“有名无实”或违法经营，分别有 1322 个、159 个农民合作社被注销、吊销。

2. 合作社普遍经营规模小、服务层次低

全省合作社很少提供销售农产品、购买农资等综合服务，能有效带动农民致富的合作社仅占 20%。

3. 绝大多数合作社与农民的关系黏性不强

合作社规范化程度不高，社员与合作社的约束关系十分松散，多数没有建立起农产品保护价收购制度。

4. 大部分合作社缺乏规范、透明的财务管理制度

多数合作社只有“收入－支出”流水账，没有完整的会计资料；运营能力难评估，外部资源难进入。

5. 多数农业合作社没有进入自我增值、良性循环轨道

农业合作社缺乏在利益联结、内部管理、资本融合、组织联动等方面的创新和建树，尚未进入自我增值、良性循环轨道。

（四）产业化发展面临管理体制和政策障碍

近年来，安徽出台一系列引导品牌化、集群化、高端化、绿色化、生态化、融合化的文件及专项行动计划，形成扶持特色基地、新型主体、新型业态发展的支撑支持体系。但是仍然存在以下问题。

1. 管理体制僵化

国土、环保、消防等部门从自身责任出发，过分强调本部门的管理规范，忽视了产业融合发展的实际需要，加剧了农村产业融合发展面临的用地难、环评难、获证难问题。

2. 办事效率低

休闲农业、乡村旅游、电子商务等新型业态，涉及财政、土地、农业、科技、旅游、商务、质检、工商等十几个管理部门，新型经营主体需要花费大量精力协调，办事效率大大降低。

3. 缺乏统筹规划和安排

缺乏产业融合发展总体规划和布局，难以统筹协调和有序推进农村产业融合发展。

4. 部分政策生产导向过强、消费导向不足

各地制定和执行的政策，主要从生产层面给予扶持，忽视流通、信息、研发等服务环节的政策支持及刺激效应评估，造成区域公共品牌建设滞后以及研发等公共服务平台建设滞后。

三　安徽农业产业化路径探索

近十年来，安徽始终以改革促发展，将典型经验总结上升到全局层面，

通过局部地区的试点、推广，探索新的发展路径，引导和规范全省农业产业化上水平上台阶。

（一）现代产业化联合体发展路径

1. 产业化联合体的兴起与发展

现代农业产业化联合体，是新型农业经营主体创新，也是农业经营方式和组织制度的创新。2012 年 9 月，宿州地区最早开展了 16 个产业化联合体试点。随后出台《促进现代农业产业联合体建设试点方案》等 10 多个配套文件，形成了一套完整的政策支持体系。采取项目安排、财政支持、金融创新、提高农业保险标准等扶持措施，建立了农业科技、农机装备、农村金融、教育培训等四大服务体系。2013 年以来，市县区财政兑现产业化联合体成员土地流转、基础设施建设奖补、贷款贴息等财政扶持资金 7200 多万元。市县政府出资的担保公司每年安排 2 亿元专项担保额度，用于联合体成员贷款担保。培训认证联合体职业农民 2279 人，占全市的 30%以上。

2015 年 8 月，安徽省两办出台了《关于培育现代农业产业化联合体的指导意见》。截至 2017 年底，全省 1031 个产业化联合体，涵盖龙头企业 1132 个、农民合作社 1567 个和家庭农场近 1.3 万个，分别占全省龙头企业，农民合作社和家庭农场总数的 22.3%、2.1% 和 6.9%。其中宿州地区 229 家联合体，占全省总数的 22.2%；覆盖粮食生产、畜牧养殖、蔬菜水果、林木等各类主导产业，年产值 200 亿元以上。

2. 现代产业化联合体具有重要推广价值

农业产业化联合体适应当前我国农业农村改革和发展的现实需求，在要素配置、市场对接、三产融合、提质增效等方面成效明显，体现了农业供给侧结构性改革的组织创新要求，具有重大的推广价值。

一是农业产业化联合体是三产融合发展的重要组织方式。通过经营主体联合，将市场交易的外部性变为联合体的内部性，通过信息和资源共享，打通产需信息快速传递、迅速响应的通道，同时也打通从生产向加工、储藏、流通、销售、旅游等产业环节连接的路径。

二是农业产业化联合体是提升农业社会服务水平的有效形式。联合体内各类主体既是服务对象，也是服务端，形成了一个覆盖农业产前、产中、产后的全程环节。

（二）产业化示范区建设路径

2012 年，安徽首推 16 家产业化示范基地建设试点。省级以上农业示范区耕地面积 1403 万亩，其中核心区建设面积 151 万亩。

1. 高效、绿色、品牌化水平提升

2016 年，示范区高标准农田 880.63 万亩。5 个市、30 个县（市、区）创建 100 个现代生态农业产业化示范区，形成黄山区特色休闲农业融合发展模式、全椒县“互联网 + 稻虾共生”生态综合种养模式、当涂县现代生态渔业健康养殖模式、桐城市“稻油轮作 + 养鸭（鱼）”生态农业模式等。2016 年品牌小麦、水稻、蔬菜生产基地分别为 598 万亩、504 万亩、43 万亩，农产品质量安全监测合格率 99.99%。

2. 新型经营主体培育模式多样化

示范区是以市场为导向、以企业为主导、以创新为动力、以效益为目标的现代农业的有效载体，也是组织创新、机制创新的试验场，以及新型经营主体的培育基地。目前全省示范区涌现了太和县农业经营主体集群发展模式、埇桥区现代农业产业化联合体模式、郎溪县家庭农场协会模式、庐江县“四位一体联合”建设模式等，具有推广应用价值。

3. 多主体共建产业园，形成产业融合发展新趋势

近年来龙头企业、高校院所、涉农资本、新型农民等多主体依托示范区，共建产业园，探索相互参股、股份分红、利润返还、服务协作等紧密型利益联结方式，涉农电商、智慧农业、休闲农业、设施农业、精准农业、生物农业、工厂化农业等新产业、新业态不断涌现。

4. 示范区综合服务体系逐步完善，科技示范作用不断提升

全省基本构建公益性和经营性服务相结合、专项和综合服务相协调的农业社会化服务组织体系。2017 年，安徽拥有 15 个国家农业科技园区、1 个国家级皖江现代农业科技示范区，总数居全国第 1 位。农业科技园区成为农业高新技术成果研发转化及示范辐射、农村科技创新创业、现代农业新兴产业集聚孵化、农村人才培养的重要基地，对全省现代农业发展的示范辐射作用不断提升。建成 15 个粮食绿色高产高效示范县，300 个绿色增产示范区、示范村和示范家庭农场。

（三）村级土地股份合作制建设路径

以建立“村社一体、合股联营”新型经营体制为导向的农村“三变”改革，是村级范围内农业产业化发展的有效实现模式。在 178 个村实施集体资产股份合作制改革的基础上，自 2016 年 8 月开始，在 11 个县（区）的 13 个村开展“资源变资产、资金变股金、农民变股东”的改革试点。这种制度安排可最大限度地集聚、整合和转化农村资源，发展复合型地方特色农业，形成集体资产和农民财产性收入增长机制、财政资金有效使用和管理机制。其主要特点包括以下几个方面。

1. 探索产业化发展的股份合作模式

试点村依托特色产业和生态资源优势，与有实力的经营主体共建股权合作模式。如“村集体 + 农户”模式，即村集体成立经济实体，农户以土地经营权等入股开展合作；“企业 + 农户”模式，即农户以闲置住房等入股企业发展乡村旅游；“企业（合作社）+ 村集体 + 农户”模式，村集体、农户各以土地、资金、实物资产等入股承接企业，或以与承接企业共建的股份公司为合作平台，开展产业化运营。截至 2017 年 2 月，试点村发展土地股份合作社 63 个，入股农户 1.3 万户，入股土地 8.9 万亩。

2. 试点范围逐步扩大

金寨县在做好徐冲村省级试点的基础上，又选择 10 个条件较好的村和 24

个国家扶持集体经济组织试点村自行试点，并逐步推进到71个贫困村。黟县在全县8个乡镇各选择1个村扩大试点。而郎溪县则实现“三变”改革全覆盖，所有行政村挂上村居委、某某股份公司两块牌子。

3. 推进“固定收益 + 递增分红收益”的分配办法，保障参股村民的收益

金寨县徐冲村的主要做法是：集体资源资产资金和财政项目资金全部注入村创福公司，入股外聘的茶叶公司。农民土地可直接入股，也可以土地合作社形式入股；对其他有价资源，采取不同的折股量化方法。村创福公司以优先股入股，不参与日常经营管理，不承担经营风险，但是以村民代表组成的监事会名义进行监管。各方签订合作协议，做到“三个确保、三个递增”，保证参股方权益。

4. 实现了集体和农民双增收

2016年，13个试点村整合投入资金1.26亿元，投入土地7805亩，投入农房2532平方米，开发产业化项目25个。入股农户实现收益分红约344.6万元，其中户均保底收益、分红收益分别为2533元、358.4元。入股村集体实现收益分红约725万元，其中村均保底收益、分红收益分别为38.5万元、17.2万元。

（四）田园一体化乡村建设路径

2017年中央一号文件提出“三区一体”建设目标，其中“一体”指田园综合体。田园综合体是农业多功能发展、乡村城镇化发展的有效模式，是打通农业发展环节，将田园旅游、生态可视化、产品体验、销售有机结合起来，引领农产品多样化、高端化发展的途径。

1. 南陵大浦试验区综合发展模式

2007年3月，南陵县按照“政府引导、企业运作、村企共建、政策创新、产业推动”的共识，自发开展大许镇大浦农村改革试验区建设试点。经过10余年建设和发展，试验区先后被确定为国家农业科技园区、国家现代农业示范区核心区、国家AAAA级旅游景区、全国美丽乡村创建试点、全国休闲农业与乡村旅游五星级企业等。试验区发展特色主要包括以下几个方面。

一是综合规划先行，突出功能区建设。在3个行政村16平方公里范围内，进行道路、沟渠等农业设施及居民点综合规划，对滩涂地、宅基地进行整理复耕。按照精品农产品生产、科技示范展示、辐射带动、培训教育、休闲观光五大功能规划建设七个产业区。

二是以研发基地定位，发展产学研推服务体系。打造现代农业科技孵化器，与多家高校合作开展产学研项目，拥有一支110余人的科普师资队伍。2013年12月，以中国科协唯一的农业海智计划示范项目为资源平台，成立大浦现代农业研究院。

三是发展多样化现代农业，构建较为完善的服务体系。以优质水稻、健康水产、高效园艺为主导产业，构建了技术管理服务体系、生产体系、物资供应体系、物流体系、市场运作体系等。

四是以科普教育体验为重心，发展复合型生态休闲旅游业。建成四星级大浦乡村世界景区，以科普教育体验为重心，形成集旅游观光、乡村体验、田园度假、商务会议、养生居住于一体的复合型生态休闲旅游区。

2. 肥西官亭林海特色小镇模式

一是美丽乡村建设中官亭林海小镇应运而生。合肥郊县肥西县在与主城区对接过程中，顺应城乡一体化发展趋势，推进城乡文明融合，着力构建特色美丽乡村。其间官亭镇3个行政村以村为建设主体，成立特色小镇开发公司，按照多功能、多业态的综合运营方向进行规划建设。

二是以农民合作社为载体，采取企业化运作模式。以农民合作社为载体，对土地流转、开发和运营进行中长期规划，发展现代化、规模化农业产业园区。通过生产、生活、生态的改变，实现农业、加工业、服务业有机结合、互联共生，建设集现代农业、休闲旅游、田园社区于一体的特色小镇。

三是以文化创意为睛，点亮乡村观光体验农业新板块。官亭林海小镇建设过程中，注重保留乡村原生态，尊重和发扬农耕文明，展现农民生活、地域风情、农业特色。同时，打破传统农业社区的产业和空间布局，形成农业生产、文化旅游、农事体验、社区化管理服务等新型发展板块。

建设城乡有机融合的发展共同体没有现成的模式照搬。要发掘都市人田园情结、农村人都市向往的需求潜力，并通过精心设计、特色建筑、环境建设以及人的素质提升来实现小镇价值。

3. 安徽三瓜公社互联网特色小镇模式

安徽三瓜公社坐落在温泉疗养胜地巢湖半汤镇，采取“政府引领、农户参股、企业经营”的合作模式，以民俗文化、休闲旅游、电子商务融入农业产业体系，形成田园一体的宜居、宜业、宜游新农村。

一是通过农村生态系统重构和建筑升级改造，发展宜居乡村。对萧条破旧的 3 个村进行山体、农田、水系整治，开辟出冷泉鱼、温泉鸡、茶等 30 余个产业基地，形成茶、泉、农特、文化等 4 个系列 100 多种特色产品，建成以农业为基础、产品多元发展的新型产业体系。采取“基地 + 专业合作社 + 农民”的订单农业方式，带动农民参与电商产业链各个环节，实现农产品商品化、品牌化、标准化、网货化。2016 年，合作社社员人均增收 5 万元以上，村集体经济增长 200%。

二是进行场景营造，发展宜游乡村。采取村域整体规划方法，形成休闲农业带、观光农业带、体验农业带。西瓜美食村打造 80 家民宿、60 家体验式农家乐、10 处心动客栈酒店，以及亲子欢乐广场、露营基地等观光体验点。冬瓜民俗村兴建六千年民俗馆，发展有巢印象、传统手工艺坊、温泉养生、旅游度假等乡村旅游服务业。2017 年小镇游客接待量突破 500 万人次，旅游收入突破 3.2 亿元。

三是以“互联网 + 三次产业融合”的产业链设计，发展宜业乡村。南瓜电商村成立半汤电商协会、半汤商学院，建设创客中心、乡创基地，吸引一大批入乡创客（新农人）和返乡青年创业。目前信息中心、智控中心、大数据中心、甲骨文安徽总部、傻瓜网电商平台、农特产品销售中心、合肥半汤商学院二期等项目建成，完善了电商服务功能，提升了小镇活力。

参考文献

安徽省农业委员会办公室:《2016 年农业农村工作总结》，http://www.ahny.gov.cn/xxgk/detail.asp?id=10404.2017-01-16。

安徽省粮食局办公室:《2016 年全省粮食产业化重点工作意见》，http://www.ahls.gov.cn/openness/detail/content/574f936b7f8b9a0b20dfb8b9.html。

《上半年安徽农业物联网和农产品电子商务发展情况》，https://new.qq.com/omn/20180713/20180713A1GT3B.html。

安徽省农业委员会:《我省全国绿色食品原料标准化生产基地建设工作取得明显成效》，http://news.wugu.com.cn/article/997518.html2017-04-06。

陈卫东:《在全省一季度农业产业化工作调度会上的讲话》，http://www.ahny.gov.cn/detail.asp?id=5A948E10-26AC-449A-B779-4C606B3C75CD。

安徽省农委:《安徽省 2016 年推进国家现代农业示范区建设情况总结报告》，http://max.book118.com/html/2017/0321/96329652.shtm。

安徽省农委办公室:《我省扎实推进“三变”改革试点工作》，http://www.ahny.gov.cn/xxgk/detail.asp?id=10731.2017-04-06。

《凤阳县小岗村农村改革再发力》,《安徽日报》(农村版) 2018 年 4 月 27 日。

《“美丽乡村欢乐多”——三瓜公社“田园综合体”的探索与实践》，https://sanwen8.cn/p/70aHVUM.html2017-03-23。

苗子健:《2017 年安徽粮食总产 695.2 亿斤　连续 14 年增产》，http://ah.people.com.cn/n2/2018/0317/c358266-31353424.html。

彭旖旎:《安徽两地入选全国休闲农业和乡村旅游示范县》，http://ah.anhuinews.com/system/2018/04/12/007845809.shtml。

《上半年安徽全省休闲农业收入超 340 亿元》,《安徽日报》2017 年 7 月 24 日。

史力:《全省 324 万户农民加入专业合作社》,《安徽日报》2017 年 5 月 12 日。

王永群、徐勇:《安徽：田园综合体成县域经济新动力源》,《中国经济时报》2017 年 5 月 9 日。

杨丹丹、买天、卢静：《1+1+1>3：安徽培育现代农业产业化联合体见成效》，《农民日报》2017 年 3 月 21 日。

尹雪斌：《2018 中国功能农业产业发展报告》，https://www.sogou.com/link?url=DSOYnZeCC_o81dxuM86F5Bi_0cYyr6Nfc42QOhD3_rwVXjuHPmlqfzh3ZfoXRJBg。

俞才贞：《总结大浦新模式　探索新农村试验区建设》，《芜湖日报》2012 年 12 月 6 日。

张永：《去年安徽农民收入增长 8.3%　增幅高于城镇居民》，http://www.ahyouth.com/news/20170427/1294597.shtml。

绿色兴农：江西绿色有机农业发展的成效、问题及建议

江西省社会科学院课题组 *

摘　要： 党的十九大报告提出，大力实施乡村振兴战略，要把增加绿色优质农产品供给放在突出位置。近年来，江西紧紧围绕绿色生态这一最大的财富、最大的优势、最大的品牌，把打造绿色有机农产品示范基地试点省作为全国生态文明试验区建设的主抓手，坚持产地环境优良与产地生态保护并举、科技创新与种质资源保护并重、传统农耕文化与现代农业生产方式共融、绿色理念与政策机制共推、产品优质与品牌优效共进，取得了明显成效。本文还就示范基地建设过程中存在的问题提出了对策建议。

关键词： 绿色有机农产品　质量安全追溯体系　三品一标

党的十九大报告提出，大力实施乡村振兴战略，要把增加绿色优质农产品供给放在突出位置。江西是全国粮食主产区，是自新中国成立以来两个从未

* 组长：李志萌，副组长：张宜红，成员：盛方富、马回、邱信丰。

间断输出商品粮的省份之一；柑橘产量居全国第 3 位，水产品产量居内陆省份第 2 位，出口居内陆省份第 1 位；供沪生猪居全国第 1 位，供港叶类蔬菜居全国第 2 位。近年来，江西紧紧围绕绿色生态这一最大的财富、最大的优势、最大的品牌，努力开展全国绿色有机农产品示范基地试点省建设，取得了明显成效。作为农业部全国唯一的试点省，深入推进农业供给侧结构性改革，增加绿色有机农产品供给，打造全国绿色有机农业发展的“样板区”，为全国提供可复制、可推广的经验模式，是责任也是使命。近期，江西省社会科学院课题组深入南昌、赣州、万载、婺源、永丰等市县进行实地调研，形成研究报告如下。

一 江西绿色有机农产品示范基地试点省建设成效

（一）产地环境优良与产地生态保护并举

优良的产地环境是建设全国绿色有机农产品示范基地试点省的前提。一是绿色资源得天独厚。近五年来，江西省绿色生态空间[①]面积一直维持在15253090公顷左右，绿色生态空间国土密度[②]达 0.92，稳居全国第 2 位；《中国省域生态文明建设评价报告》连续 5 年评价，江西省绿色生态文明指数综合得分均在 78.5 分以上，居全国第 2 位。二是产地生态建设成效斐然。“化肥零增长”行动成效明显（见图 1）。2005 年以来，全省累计推广测土配方施肥 4.5 亿亩，受益农户 4647.0 万户（次），年均减少不合理化肥施用量 5 万余吨（纯量）。自 2013 年起，江西省农药施用强度也呈下降趋势（见图 2）。三是畜禽规模养殖污染治理取得初步成效。截至 2016 年底，江西省畜禽规模养殖比重超过 65%，畜禽粪污资源化利用率达 70%，年减排 COD 140 万吨。四是示范带动作用不断增强。截至 2015 年底，江西省已创建绿色食品原料标准化生产基地 43 个（见表 1），以及一批农业部标准化畜禽养殖场、水产健康养殖示范场、菜果茶标准园、绿色食品原料标准化生产基地。

① 绿色生态空间泛指森林、草地、湿地的面积总和。

② 绿色生态空间国土密度 = 绿色生态空间面积 / 国土面积。

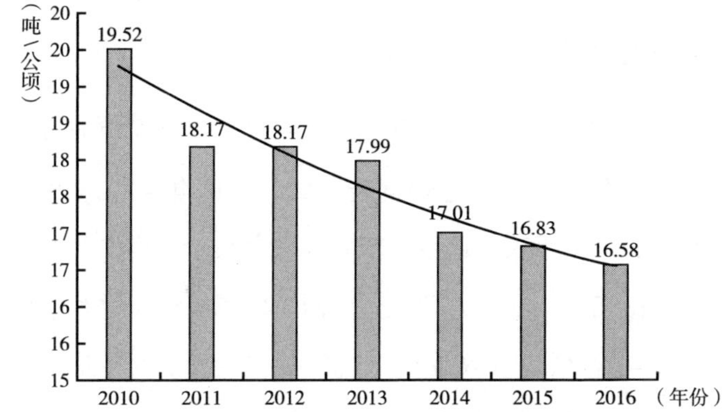

图1　2010~2016年江西省化肥施用强度

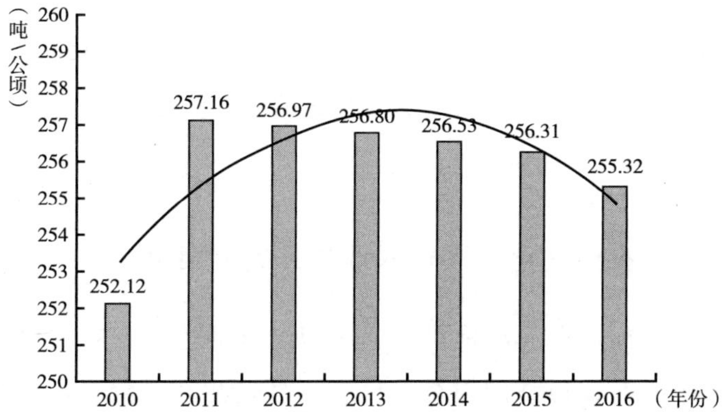

图2　2010~2016年江西省农药施用强度

表1　2013~2015年江西绿色食品原料标准化生产基地情况

项目	2015年			2014年			2013年		
	基地数（个）	规模（万亩）	产量（万吨）	基地数（个）	规模（万亩）	产量（万吨）	基地数（个）	规模（万亩）	产量（万吨）
江西	43	838.6	550.6	41	791.6	528.6	23	408.5	328
全国	665	16853	10610.8	635	16005.5	10118.2	511	12952.2	7867.2
占比（%）	6.47	4.98	5.19	6.46	4.95	5.22	4.50	3.15	4.17

注：江西人口占全国的比重为3.25%；江西土地面积占全国的比重为1.74%。

资料来源：《绿色食品统计年报》（2013~2015年）。

（二）科技创新与种质资源保护并重

优良的种质资源，是建设全国绿色有机农产品示范基地试点省的基础。一方面，注重科技创新，推动育种创新突破。2016 年，以颜龙安院士为代表的一批科研团队的“江西双季超级稻新品种选育与示范推广”获国家科技进步二等奖，超级稻在江西、湖南、湖北、广西、广东等省份进行推广，新增稻谷 43.44 亿公斤，新增社会经济效益 97.76 亿元。“赣无系列”是江西省林科院多年选育的优质油茶品种，比传统油茶产量可高出 10 倍以上，成为农村脱贫致富和乡村产业振兴的经济增长点。另一方面，注重种质资源保护，挖掘地方农业特色。江西拥有优质的地方种质遗传资源，如万年有机水稻、万载百合、婺源鄣山绿茶、永丰茶油、广丰马家柚等优秀的地方种质资源，基本形成“一区一品种、一片一特色”的发展格局。

（三）传统农耕文化与现代农业生产方式共融

把植五谷、饲六畜、渔樵耕读、耕织结合的传统农耕文化特色融入现代农业生产中，是建设全国绿色有机农产品示范基地试点省的依托。一是传统农耕文化不断弘扬。江西省拥有优秀的传统农耕文明，如万年稻作文化，为农业发展沉淀了一座无可比拟的精神富矿，擦亮了农业“金字招牌”。二是农业地方标准不断完善。截至 2016 年底，全省有效的农业地方标准达 314 项，占全省各行业地方标准总数的 63%。三是农产品安全监管防线不断筑牢。农业部陈晓华副部长连续 3 年给江西省政府分管领导写信，感谢江西省在农产品质量安全方面所做的工作。目前，江西建立了 3 个部省级、11 个地市级和 90 个县级农产品质检机构项目；深入开展农产品质量安全专项整治行动，主要农产品抽检合格率达 98.8%，比全国高出 1.3 个百分点。四是农产品质量安全追溯体系不断完善。依托“智慧农业”平台，建立了覆盖省、市、县和生产企业各层级的农产品质量安全追溯信息系统。

（四）绿色理念与政策机制共推

理念与政策机制创新是建设全国绿色有机农产品示范基地试点省的推手。一是政策制定的绿色引导。江西省将绿色生态作为农业供给侧改革的方向和路径，开展绿色生态农业十大行动，将打造全国绿色有机农产品试验基地作为国家生态文明试验区农业发展的主抓手，开展省级绿色有机农产品示范县（市）评选，绿色发展理念已成共识。二是创新考核机制。明确了领导责任追究制，将农产品质量安全纳入市县政府科学发展综合考核。三是强化属地管理。明确地方政府农产品质量安全监管实行属地管理，严格落实生产经营主体责任。将农产品质量安全与政策扶持挂钩，对有不良记录的生产者，将其列入“黑名单”，实行一票否决。四是持续加大扶持力度。自 2015 年开始，江西省每年安排 1000 万元奖补资金，鼓励、支持农产品企业开展“三品一标”认证。

（五）产品优质与品牌优效共进

农产品优质优价是建设全国绿色有机示范基地试点省的目的。一是绿色有机农产品量质齐升。一方面，优质农产品规模不断扩大。截至 2016 年底，江西省“三品一标”产品保有量达 3657 个，有机食品 1024 个，居全国第 4 位；农产品地理标志 74 个，居全国第 6 位。另一方面，绿色有机农业已成为江西省农业投资“引进来”和“走出去”的引擎。据笔者在万载县调研发现，作为最早进入“全国有机食品生产基地”的茭湖乡、仙源乡已成为吸引外资的金字招牌。截至 2016 年底，江西省实际引进农业投资 200.82 亿元，增长 14%；成立江西海外农业投资联盟，新增农业对外投资 1.3 亿美元。二是持续加大绿色品牌打造力度。近年来，江西省重点打造“四绿一红”茶叶，鄱阳湖水产品，“赣南脐橙、南丰蜜橘”果业，“泰和乌鸡、崇仁麻鸡、宁都黄鸡”优质地方鸡等品牌，打响了“生态鄱阳湖、绿色农产品”品牌。三是绿色有机农产品品牌影响力不断提高。通过连续在上海、深圳、香港等地举办的江西鄱阳湖绿色农产品系列展销会、推介会、战略峰会，进一步扩大了江西绿色农产品的知名度和影响力。赣南脐橙、南丰蜜橘、马家柚等10个农产品区域公用品牌成功入选“2017最受消费者喜爱的中国农产品区域公用品牌”100强，其中赣南脐橙以668.11亿元高居品牌价值榜首，江西省绿色有机农产品价格均得到了5%~30%的增长。

二 问题和瓶颈

（一）农产品产地环境制约明显

一是农业生产主体的保护意识不强。农村劳动力文化素质普遍不高，初中及以下文化水平的居多，根据调研，永丰县、万载县、婺源县等地农民合作社、家庭农场、农业大户等新型农业经营主体中具有高中以上文化的仅占四成左右，不少种植户和养殖户缺乏农产品安全方面的知识，对发展绿色有机农产品的重要性、必要性和紧迫性认识不足，对耕地等资源的保护意识不强。二是内源性污染形势不容乐观。许多农户追求自身短期利益，仍在大量使用农药、化肥，阻碍了绿色有机农业的健康发展。三是外源性污染数量有增无减。随着城镇化和工业化的不断推进，局部地区城市和工业“三废”对农产品产地的污染程度加大，给农产品质量安全带来严重隐患，制约和影响了优质农产品的生产。四是绿色食品产地监测面积呈下降趋势。截至2015年，江西省绿色食品产地环境监测面积占全国比重仅为4.03%，比2011年降低了2.36个百分点，呈下降趋势。

（二）优质农产品总量规模偏小

与福建、浙江、湖南、湖北等地区相比，江西省优质农产品总量规模偏小，2016年江西省绿色、有机农产品产量分别居于全国第27位和第21位，处于较落后水平，其发展绿色有机农产品的瓶颈障碍主要表现在以下几个方面。一是有机农产品认证机构数少。目前，江西只有一家本土的可从事有机产品认证的第三方机构——华中国际认证检验集团有限公司，而全国有62家，这与江西作为“全国绿色有机农产品示范基地试点省”的地位不相称，与山东（5 家）、浙江（4 家）、黑龙江（3 家）等省份相比有差距。二是企业申报的积极性不高。绿色有机农产品认证环节多，前期认证费用高，加之目前绿色有机农产品价格优势并不明显，同时对“三品一标”认证的补助政策缺乏连续性和长期性，影响了申报的积极性。三是缺乏相应的退出机制。有些企业注重当时“三品一标”的申报，而不注重后期品牌的经营管理，缺乏相应退出机制，不利于江西省绿色有机农产品整体品牌的打造。

（三）绿色有机产业体系不健全

一是缺少龙头企业。2016 年 10 月 14 日，根据《关于公布第七次监测合格农业产业化国家重点龙头企业名单的通知》的监测结果，江西有农业产业化国家级重点龙头企业 37 家，在全国 13 个粮食主产区中排名倒数第 2 位，从事绿色有机产业的龙头企业就更少，有机生产规模较小，行业发展受限。二是新型农业经营主体弱质性制约农业标准化、科技化、品牌化。江西省新型农业经营主体规模偏小、实力偏弱，推动标准化生产、使用现代科技、进行品牌化建设的意愿和能力不足。三是农业社会化服务供给不足。农业公益性服务机构不完善，基层公益性服务机构人才短缺，缺乏必要的运作经费，难以满足绿色有机农业发展的服务需求。

（四）食品“信任危机”制约了绿色有机农产品销售

一是市场推广力度不够，市场知晓率不高。绿色有机农产品市场营销手段比较落后，市场推广力度不够，市场知晓率不高，大部分农产品以原料及初级产品形式输出，产品附加值低。二是食品安全事件频发酿成“信任危机”。由于食品安全监管体系不健全，绿色有机农产品市场参差不齐、鱼龙混杂，特别是一些绿色有机农产品假冒伪劣等安全事件的出现，使公众对绿色有机农产品产生“信任危机”。三是绿色有机农产品市场信息不对称问题较为突出。消费者很难接触有机农产品的生产加工和销售全过程，造成消费者、生产者、销售者以及政府之间的信息不对称，使得消费者质疑付出的高价格是否能够换来相对安全营养的农产品。同时，环境恶化对有机农产品质量的影响也是消费者疑虑的重要方面。

（五）支撑政策亟待建立健全

一是组织保障亟待加强。绿色有机农产品建设带有公共产品属性，政府作用的有效发挥至关重要，相对周边省份，当前江西省没有建立高规格、多部门构成的“绿色有机农产品示范基地创建领导小组”或专门的管理机构。二是缺少“三品一标”专项经费。“三品一标”是绿色有机农业的重要抓手，目前江西省没有“三品一标”的专项经费，当前的经费额度是从农产品监管经费中切出的一块。三是经费保障力度偏小。2015 年江苏安排农产品质量安全专项资金 2.35 亿元、2016 年广西安排农产品质量安全监管与体系建设专项资金 1.17 亿元、2016 年福建安排农产品质量安全专项资金 5.77 亿元，目前江西安排的农产品质量安全专项资金只有 0.53 亿元，相比差距甚大；对新认证无公害农产品、绿色食品、有机食品、地理标志农产品“三品一标”的补助，江西省分别为 0.3 万元、1.5 万元、1.5 万元、2 万元，安徽省分别为 3 万元、4 万元、4 万元、10 万元，补助力度差距较为明显。

三　对策建议

（一）高位推进，加快出台具体实施方案

强化顶层设计，构建高效的组织保障体系，是推进全国绿色有机农产品示范基地试点省建设的前提。一是建立强有力的推进领导小组。成立以省政府分管领导为组长，以农业、林业、工商、工信、质检、食药、环保、财税、公安、出入境检验检疫等部门负责人为成员的全国绿色有机农产品示范基地试点省建设推进领导小组，定期组织召开推进协调会，协调解决全国绿色有机农产品示范基地试点省建设的重大问题。二是尽快出台“全国绿色有机农产品示范

基地试点省建设的实施方案”。建议由省农业厅牵头，按照农业部批复精神，尽快出台“全国绿色有机农产品示范基地试点省建设的实施方案”，对推进全国绿色有机农产品示范基地试点省建设的主要目标、重点任务、重点工程、实施步骤等予以确认。

（二）强化源头管理，确保绿色有机农产品质量安全

把好农产品质量关，是推进全国绿色有机农产品示范基地试点省建设的基础。一是坚持以源头管控为基础。深入实施农业“十大行动”，继续深入实施农产品质量安全整治，坚决杜绝农（兽）药及其他有毒有害物质流入农产品生产环节，强化农产品质量安全属地管理责任，完善农产品质量安全“不良记录”制度，探索建立农产品质量“合格证”制度，确保江西省农业绿色化发展。二是坚持以标准化生产为引领。支持制定绿色有机农产品生产标准化技术规程，并上升为“国家标准”，建立健全科学、系统的标准化体系，加快推进绿色食品原料标准化生产基地建设。三是坚持以体系建设为保障。加大“三定向”[①]计划招生力度，尤其向贫困户倾斜，进一步充实市、县两级农产品监管、监测人员。同时，充分依托“智慧农业”平台，健全覆盖省、市、县和生产企业各层级农产品质量安全全程可追溯体系。

（三）促进三产融合，做大做强绿色有机农业产业

促进农业与二三产业融合发展，构建绿色有机农业产业体系，是推进全国绿色有机农产品示范基地试点省建设的支撑。一是打造一批全国知名的绿色有机农产品生产基地。立足江西省农业特色优势，因地制宜，积极引导和鼓励农民采取租赁、托管、股份合作等方式，大力发展适度规模经营，高标准、高起点建设一批市场竞争力强、全国一流的绿色有机农产品生产基地。二是大力发展绿色有机农产品深加工。支持鼓励新型农业经营主体兴办绿色有机农产品

① “三定向”即“定向招生、定向培养、定向就业”培养办法。

加工企业，或通过品牌嫁接、资本运作、产业链延伸等方式，引进和培育一批十亿元、百亿元、千亿元产值的绿色有机农业企业，扶持发展一批具有上市潜力的绿色有机农业企业在“新三板”挂牌上市。三是拓展农业多功能。拓展根植于绿色有机农业的生产功能，大力推进“互联网+”，做大做强“赣农保”“土购网”等一批本土农产品电商平台，探索以“电子商务+智能提货柜”的模式向社区直供绿色有机农产品，降低绿色有机农产品销售成本，扩大销量，提高销售收入；拓展根植于绿色有机农业的生态功能，积极探索“生态+”“旅游+”等模式，与休闲、观光旅游、健康养生等功能融合，打造一批田园综合体。

（四）重点产品带动，唱响绿色有机农产品品牌

“三品一标”是推进全国绿色有机农产品示范基地试点省建设的抓手。一要按照《农业部关于推进“三品一标”持续健康发展的意见》要求，积极争取中央财政支持，将“三品一标”工作经费纳入年度财政预算并加大资金支持力度，争取扩大“三品一标”奖补政策覆盖范围与资金规模，不断提高农产品生产经营主体发展“三品一标”的积极性。二要通过获证产品综合检查、质量抽检、标志监管以及对不合格产品或企业亮剑等方式加大证后监管力度，建立完善“三品一标”退出机制，进一步规范“三品一标”生产管理，不断提高标准化生产水平。三要充分利用中国国际有机食品博览会、中国绿色食品博览会、农交会地标专展等“三品一标”专业展示平台，宣传展示推介江西名优特色农产品，进一步唱响“生态鄱阳湖、绿色农产品”品牌。

（五）示范创建引领，建立健全政策保障机制

示范创建引领，建立健全政策保障机制，是推进全国绿色有机农产品示范基地试点省建设的保障。一是设立省级绿色有机农产品发展专项资金。以财政投入为导向，设立省级绿色有机农产品发展专项资金，加大国家农产品质量安全县、省级绿色有机农产品示范县、绿色有机农产品示范基地等创建投入，

并将示范创建经费纳入各级财政预算。二是强化政策配套。对于从事绿色有机农产品开发、生产、销售的企业和个人，按环保产业和高科技产业落实各项优惠政策，并在信贷、土地、金融、税收、奖励方面给予倾斜。三是创新市县领导考核机制。将绿色有机农业列入市县科学发展综合考评，因地制宜地制定相应的考核权重，并根据每年考核结果进行奖惩。

参考文献

陈文胜:《农业供给侧结构性改革：中国农业发展的战略转型》,《求是》2017 年第 2 期。

陈小菲:《江西省现代农业示范区建设研究——基于省级与国家级的比较》,《江西农业大学学报》2017 年第 6 期。

韩俊:《供给侧结构性改革是塑造中国农业未来的关键之举》,《人民日报》2017 年 2 月 6 日。

李志萌:《走绿色兴农之路》,《江西日报》(学与思)2018 年 3 月 5 日。

刘晓青、刘阳:《江西农业供给侧改革的成效、问题与对策》,《生态文明》2017 年第 5 期。

罗必良:《农业供给侧结构的关键、难点与方向》,《农村经济》2017 年第 1 期。

任云忠:《发展绿色农产品路径选择》,《贵州日报》(理论版)2017 年 7 月 5 日。

宋建朝:《立足新时代新形势新任务　全面推进质量兴农绿色兴农品牌强农》,《农民日报》(特稿)2018 年 1 月 3 日。

唐安来、翁贞林、吴登飞、胡智:《乡村振兴战略与农业供给侧结构性改革》,《农林经济管理学报》2017 年第 6 期。

王运浩:《我国绿色食品及有机农产品权威性和影响力提升策略》,《农产品质量与安全》2017 年第 2 期。

魏后凯:《中国农业发展的结构性矛盾及其政策转型》,《中国农村经济》2017 年第 5 期。

翁鸣:《中国农业转型升级与现代农业发展》,《中国农村经济》2017 年第 4 期。

习近平:《决胜全面建成小康社会，夺取新时代中国特色社会主义伟大胜利——在中国共产党第十九次全国代表大会上的报告》，人民出版社，2017。

徐建华:《以质量兴农绿色兴农促乡村振兴》,《中国质量报》(质量时评) 2018 年 2 月 2 日。

江西绿色有机农产品追溯体系建设存在的问题与对策研究

邱信丰 *

摘　要： 江西是唯一的全国绿色有机农产品示范基地试点省，拥有得天独厚的生态环境和品类繁多的绿色有机农产品。但由于信息不对称等因素，江西绿色有机农产品出现优质而不优价、有质量无品牌等问题。建设江西绿色有机农产品追溯体系可以有效解决信息不对称问题，对促进农民富农村美、加快实现江西乡村振兴具有重要意义。本文通过对江西与国内外绿色有机农产品追溯体系发展现状、政策体系、平台建设的比较分析，总结概括出江西绿色有机农产品追溯体系存在的问题，并针对问题提出了相应的对策建议。

关键词： 乡村振兴　绿色有机农产品　追溯体系　江西

习近平总书记强调，要尽快建立全国统一的农产品和食品质量安全追溯管理信息平台。农产品质量安全追溯体系建设是维护人民群众“舌尖上的安

*　邱信丰，江西省社会科学院产业经济研究所。

全”的重大举措，也是推进农业信息化的重要内容。近几年的中央一号文件多次提出，要建立全程可追溯、互联共享的农产品监管追溯信息平台。新时代我国的主要矛盾已经转化为人民日益增长的美好生活需要和不平衡不充分发展之间的矛盾，当前人们对绿色有机农产品的需求越来越大，而绿色有机农产品的供给不仅面临短缺难题，同时还面临信息不对称的问题。这将导致优质不优价，甚至出现“劣币驱逐良币”现象，使得绿色有机农产品市场价格体系难以建立，导致绿色有机农产品难以实现应有价值。在乡村振兴战略背景下，建设绿色有机农产品质量安全追溯体系可以有效弥补市场信息不对称现象，促进农产品供需双方信息互通，提升江西绿色有机农产品市场竞争力，从而推动江西加快实现乡村振兴战略“产业兴旺、生态宜居、乡风文明、治理有效、生活富裕”目标。

一　绿色有机农产品质量安全追溯在江西乡村振兴中的重要作用

（一）建立绿色有机农产品质量安全追溯体系有利于满足人民日益增长的美好生活需要，有利于促进农村产业兴旺和生活富裕

建立绿色有机农产品质量安全追溯体系可以有效保障农产品从“田地到餐桌”的安全，增强人们对江西绿色有机农产品的消费信心，对打造江西绿色有机农产品品牌具有重要促进作用。在可追溯的前提下，通过市场竞争机制可以有效实现优质优价，从而激发绿色有机农产品的生产，引导更多资源流向绿色有机农产品生产和流通领域，进而形成良性的市场激励机制。在良性市场机制下，高质量农产品产业体系将会逐渐形成，现代绿色有机农业产业链将会不断延伸。在当前农民利益联结机制不断完善的情况下，农民因生产绿色有机农产品而获得更高的收入。绿色有机农产品质量安全追溯体系增强了生产者和消费者之间的互信，有助于形成反映绿色有机农产品真实价值的市场价格体系，有助于促进农业产业体系的形成和增加农民收入，真正实现产业兴、农民富。

（二）建立绿色有机农产品质量安全追溯体系对于建设生态宜居乡村意义重大，有助于将绿色发展理念贯穿追溯全过程

当前江西省农业面源污染形势不容乐观，农膜、秸秆、畜禽粪便等农业废弃物未得到有效利用造成多重面源性污染，农户为追求自身短期利益仍大量使用农药、化肥，江西化肥施用强度还略高于全国的平均水平。建立绿色有机农产品质量安全追溯体系，可以有效识别农产品产地、生产企业、检测信息、认证信息等资料，可供消费者辨别选择。在市场优胜劣汰作用下，农业面源污染严重、过度使用农药化肥地区生产的农产品竞争力减弱，从而倒逼农业经营主体合理使用农药化肥，增强农业经营主体环境保护意识，通过市场机制减少农业面源污染，使江西乡村真正成为宜居的理想家园，成为绿色安全农产品的生产宝地。

（三）建立绿色有机农产品质量安全追溯体系有助于营造诚信务实的良好乡风，有利于培育诚信经营的市场风气

可追溯体系的建立使不诚信、不道德的行为无藏身之处，利用科技和平台的力量降低绿色有机农产品生产、流通和消费的风险，投机取巧、坑蒙拐骗等不正当行为的代价将大大提高。农产品质量安全追溯体系将促进农产品生产、流通和消费各环节的信息对称，增强各环节市场主体的相互信任度，从而形成通力合作的良好市场关系，为共同打造绿色有机农产品产业链发挥作用。农产品质量安全追溯体系对农业经营主体起到监督作用，促使农业经营主体不因短期利益而失去长远市场机会。在良性传导机制下，农业经营主体不仅不会铤而走险，而且会主动提高农产品质量和品质，以争取更大的市场份额。特别是当前众多农业创业企业致力于打造绿色有机农产品品牌，这将改善整个农业产业链生态体系，引领农业经营主体诚信务实，营造良好的市场竞争氛围。

二 江西绿色有机农产品质量安全追溯体系发展现状

（一）绿色有机农产品质量安全追溯体系相关政策文件

我国农产品质量安全追溯体系起步较晚，从2015年起才逐步将农产品和食品质量安全追溯纳入新修订的《中华人民共和国食品安全法》。之后国务院及其组成部门、各省份均出台了加快建立农产品（食品）质量安全追溯体系的政策文件。但众多政策文件中都缺乏单独建立绿色有机农产品追溯体系的内容，仅仅是强调率先将“三品一标”农产品纳入追溯体系。本节将梳理概括我国及江西省发布的有关绿色有机农产品追溯体系内容，以阐述绿色有机农产品追溯发展进程（见表1）。

自2015年全国人民代表大会常务委员会通过《中华人民共和国食品安全法（修订）》起，全国范围内建立食品安全全程追溯体系正式提上议事日程。同年，《国务院办公厅关于加快推进重要产品追溯体系建设的意见》发布，提出推进包括食用农产品、食品在内的重要农产品追溯体系建设意见，但全文并没有细分到绿色有机农产品追溯体系建设。

表1 全国和江西有关农产品质量安全追溯体系建设的政策文件

时间	发文部门	文件名称	相关内容
2015年4月	全国人民代表大会常务委员会	《中华人民共和国食品安全法（修订）》	增加了“国家建立食品安全全程追溯体系”内容
2015年12月	国务院办公厅	《国务院办公厅关于加快推进重要产品追溯体系建设的意见》	推进食用农产品、食品追溯体系建设
2016年6月	农业部	《农业部关于加快推进农产品质量安全追溯体系建设的意见》	建立全国统一的追溯管理信息平台
2017年6月	农业部	《农业部关于开展国家农产品质量安全追溯管理信息平台试运行工作的通知》	在山东、广东、四川三省试运行追溯管理平台

续表

时间	发文部门	文件名称	相关内容
2017年6月	商务部等七部委	《关于推进重要产品信息化追溯体系建设的指导意见》	提出到2020年初步建成全国上下一体重要农产品追溯管理体制、标准体系和信息服务体系
2017年10月	质检总局等十部委	《关于开展重要产品追溯标准化工作的指导意见》	推动食用农产品、食品标准化体系建设
2016年12月	江西省人民政府办公厅	《江西省人民政府办公厅关于加快推进全省重要产品追溯体系建设的实施意见》	由商务厅牵头推进食用农产品追溯体系建设
2017年9月	江西省农业厅办公室	《江西省农业厅办公室印发〈关于开展全省农产品质量安全追溯标准化建设试点工作的方案〉的通知》	建成数据信息互联互通、全省统一的农产品质量安全监管与追溯体系

2016年6月，《农业部关于加快推进农产品质量安全追溯体系建设的意见》发布，就提出要推动重点龙头企业、有条件的“菜篮子”产品及无公害农产品、绿色食品、有机食品和地理标志农产品（以下简称“三品一标”）规模生产主体率先实现可追溯，这是绿色有机农产品追溯首次被写入国家部委文件。同年年底，《江西省人民政府办公厅关于加快推进全省重要产品追溯体系建设的实施意见》发布，提出将“三品一标”等企业作为主要对象，建设统一应用系统、统一建设标准、统一追溯信息的农产品质量安全追溯体系，并在2017年率先将国家农产品质量安全县和省级绿色有机农产品示范县列入全省农产品质量安全追溯试点单位。

2017年6月，农业部决定在基础条件好、积极性高的山东、广东、四川三省试运行追溯管理平台，为下一步在全国范围开展追溯管理试点奠定实践基础。此次试点的主要目标是优化国家级追溯平台功能和机制，推进追溯信息资源共享，也并未单独提及绿色有机农产品追溯。同年9月，《江西省农业厅办公室印发〈关于开展全省农产品质量安全追溯标准化建设试点工作的方案〉的通知》发布，提出到2020年力争全省“三品一标”企业、省级以上农业产业化龙头企业、省级农民合作社和家庭农场等生产主体纳入追溯体系的覆盖率达80%以上，基本建成数据信息互联互通、全省统一的农产品质量安全监管与追溯体系。

此外，2017 年 10 月，质检总局等十部委联合发布《关于开展重要产品追溯标准化工作的指导意见》，指出要加强食用农产品、食品等重要产品追溯标准化基础研究、统筹规划重要产品追溯标准体系、探索重要产品追溯标准化试点示范及抓好重要产品追溯标准推广应用，也并未对绿色有机农产品追溯标准做统一要求。

（二）绿色有机农产品质量安全追溯平台建设情况

1. 全国绿色有机农产品质量安全追溯平台建设

当前，我国主要有商务部主导的重要产品追溯管理平台和农业部主导的国家农产品质量安全追溯管理平台，先后于 2016 年 7 月和 2017 年 6 月启动试运行。农业部下属的中国绿色食品发展研究中心于 2016 年专门建立了中国绿色食品溯源平台，已经在包头、汕头、泉州、邯郸、驻马店和开封六个城市开展了农产品加工、畜禽类、水产类等绿色食品溯源，通过溯源平台特定的逻辑和算法，生成绿色食品唯一可追溯二维码，以保障绿色食品质量安全。商务部和农业部的两个追溯平台从食用农产品和食品层面构建了全国性的追溯平台，中国绿色食品溯源平台则是首个针对绿色食品进行追溯的平台，是在前者基础上建立的专业化追溯平台。

商务部重要产品追溯管理平台业务构架分为中央、省级和地市级三级平台，以食用农产品、食品、特色产品、进出口产品、扶贫产品等主要产品为基础，贯穿产品生产加工、仓储物流、批发零售和终端销售各个环节，并将市场化追溯项目和工信、公安、农业、市场监管、安全监管等横向部门通过政务外网进行数据共享互换（见图 1）。农业部建设的国家农产品质量安全追溯管理信息平台涵盖追溯系统、监管系统、监测系统和执法系统四大板块，构建了强有力的农产品质量安全保障网。商务部和农业部主导的两大追溯平台均包含了绿色有机农产品追溯，但并没有凸显出绿色有机农产品的重要性。诸如中国绿色食品追溯平台等可借鉴上述两大平台建设经验，加快打造功能完善、覆盖面

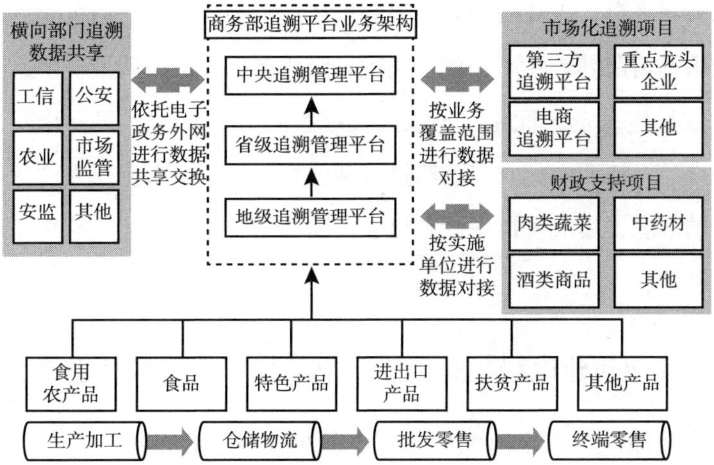

图1　重要产品追溯管理平台体系

广的绿色有机农产品追溯平台。

除以上两大追溯平台外，农垦系统也建立了农产品质量追溯展示平台。早在 2003 年农垦系统就启动了“农垦无公害农产品质量追溯”试点工作，并于 2008 年正式实施“农垦农产品质量追溯系统建设项目”，截至当前农垦农产品质量追溯体系基本形成，全国共有 292 家农垦企业建立了质量追溯体系，追溯产品范围涵盖了蔬菜、水果、茶叶、肉、蛋、禽、水产等主要农产品。

2. 江西省绿色有机农产品质量安全追溯平台建设

江西并没有建立专业化的绿色有机农产品质量安全追溯平台，当前仅启动了全省农产品质量监管追溯平台，预计 2019 年内实现全省主要农产品质量安全可追溯。江西农产品质量安全追溯平台专门有“三品一标”板块，截至 2018 年 7 月 2 日，“三品一标”产品 3480 个，占入网农产品总量的 65.8%，这为实现 2020 年目标打下了坚实基础。实际上，江西农产品质量安全监管追溯体系只是省农业厅打造智慧农业“123+*N*”中的一部分，而“三品一标”仅仅是追溯监管体系中的一部分，并未单独建设绿色有机农产品追溯板块。

江西农垦是江西绿色有机农产品追溯的标杆，全国农垦系统追溯体系（江西）已正式运行。截至 2018 年 7 月，江西共有 20 家企业入驻农垦农产品质量追溯展示平台，入驻的产品种类有水产、水果、茶叶、鸡蛋等，入驻企业数量在全国排名前列。江西农垦率先进行绿色有机农产品质量安全追溯体系建设，立足农垦生态资源优化，积极开发绿色有机农产品，积极开发“三品一标”追溯产品。江西农垦农产品质量追溯体系建设要求企业树立“从田头追溯到心头”的理念，建成大批绿色有机农产品的生产供应基地，打响江西绿色有机农产品品牌。

（三）江西省建设绿色有机农产品质量安全追溯体系的具体举措

江西农产品质量安全追溯体系建设起步较晚、起点较低，农产品检测基础设施很不完善，但也取得了一定的成效。为推动江西绿色有机农产品质量安全建设，健全农产品追溯监管体系，江西省在以下几个方面加强了建设。

一是组建了省农产品质量安全监管局，依托市、县、乡三级监管机构，以及 3 个部省级、11 个地市级和 90 个县级农产品质检项目，于 2017 年底实现了省、市、县、乡四级农产品质量安全监管和检测机构全覆盖。

二是加强了农产品质量安全检测能力。按照“乡速测、县定量、市监督、省预警”的功能定位，县级作为农产品质量安全定量分析的主体，承载了农产品质量安全检测的重要任务。为此，江西加大了基层检测人员的培训力度，在省农业厅厅属高校建立了专门面向基层检测人员的“实训基地”，不断提升基层检测人员的检测水平。当前全省八成以上县级检测机构运转良好，并能够独立进行定量检测分析，这为构建“生产有记录、信息可查询、责任可追究”的农产品质量安全追溯体系奠定了扎实的基础，有力地保障了农产品质量安全。

三是创新了农产品质量安全监督体系。全省建立健全了农产品质量执法监管体系、农产品质量认证体系、农产品质量追溯体系、农产品生产标准体系、农产品质量监测体系、农产品应急处置体系等。为实现农产品可追溯，按照“统一系统建设、统一技术规范”布局，依托江西智慧农业“123+*N*”三大核心平台，建立了覆盖省、市、县和生产流通各环节的农产品质量安全追溯信息系统，在生产主体、流通主体及消费者之间实现了信息对称、资源共享。

三　推进江西绿色有机农产品质量安全追溯体系建设存在的问题

江西绿色有机农产品质量安全追溯体系建设已经取得重要进展，江西农产品质量安全追溯平台已包含“三品一标”农产品，江西农产品质量追溯体系建设在全国处于领先位置。但是，与人们对绿色优质农产品的需要相比，绿色有机农产品质量安全追溯体系建设仍然任重道远。虽然江西省从农产品质量安全制度、平台、标准化、推广等方面大力推动追溯体系建设，初步构建起了省级层面的追溯管理体系，但出于追溯工作起步晚、涉及面广及相关利益主体认知度、参与度低等原因，农产品质量安全追溯体系尚未全面有效广覆盖地运行。江西省绿色有机农产品质量安全追溯体系建设尚存在以下几个方面的不足。

（一）绿色有机农产品追溯体系覆盖追溯主体不够多、追溯范围不够广

由于追溯体系建设还处于初级阶段，目前江西省只把蔬菜、水果、茶叶、生猪、家禽和淡水产品等 6 类优势特色农产品纳入追溯范围，并未将人们日常生活中所需的大部分农产品（食品）纳入追溯体系。此外，省级农业龙头企业、“三品一标”企业、省级农民专业合作社、种养大户、农民合作社等农业经营主体尚未全部纳入追溯体系。2017 年江西省“三品一标”农产品数量为 4712 个，而当前纳入农产品质量安全追溯体系中的仅有 3477 个。此外，江西仅运行了省级农产品质量安全追溯体系，地市级农产品质量安全追溯体系建设尚未完全启动。从全省范围来看，仅南昌市被列为商务部肉类蔬菜流通追溯体系建设试点后开始加强追溯工作，开通了南昌市肉菜流通追

溯管理平台，每月对肉菜流通追溯体系工作进行通报，而其他地市并未启动农产品追溯体系建设。

（二）追溯体系建设涉及部门多、协调难

商务部主管重要产品追溯管理平台建设，其中包括食用农产品、食品、特色产品等主要产品，而农业部又负责农产品质量安全和追溯工作，同时食药局对药品、食品又负有监管职责，农产品（食品）质量安全追溯体系建设涉及众多政府部门，各个部门管辖的内容和范围不尽相同但又存在相互重叠部分，这导致追溯工作难协调、追溯信息渠道不统一，从而影响追溯体系功能的有效发挥。例如，国家重要产品追溯体系是由商务部市场秩序司建设管理，国家食品（产品）安全追溯平台是由国家质量监督检验检疫总局下属的中国物品编码中心主办的，国家农产品质量安全追溯管理信息平台则是由农业部农产品质量安全中心主办。在国家层面就有三个追溯平台，如果省级层面按照国家层面也建立三个平台，将会导致协调难度大、管理混乱、追溯权威性不高，进而影响利益相关方对追溯体系的认知度和认可度。

（三）利益相关方参与积极性不高

农产品质量安全追溯体系涉及农业生产企业、农户、零售商、农产品批发市场、电子商务网站及消费者等众多主体，由于各个主体对农产品质量安全追溯体系的认识不足，以及当前尚未建立有效的激励约束机制和体现“优质优价”的市场价格体系，参与追溯体系建设的农产品在价格上无明显差异，使得参与追溯体系的成本不能被产出的收益覆盖，最终导致参与追溯体系的利益主体失去积极性。

（四）执法监管效率不高

绿色有机农产品质量安全管理体制涉及农业、商务、质检、安检、食药等众多政府部门，部门重叠现象严重且部门之间协调能力较弱，这容易造成管理上

的漏洞和监管上的空白，一旦出现问题部门之间难免存在相互推责的情况。管理、监督责任不明确将大大降低农产品质量安全追溯体系的运行效率，对全省打造全覆盖、互联通的统一追溯体系建设极为不利。除此之外，江西绿色有机农产品质量安全追溯体系的配套系统不完善，运行中的仅有追溯系统而尚未建设监管系统、监测系统和执法系统，这不利于保障追溯工作的安全性和可靠性。

（五）法律法规建设相对滞后

从前文我国有关农产品追溯体系的政策文件可知，当前我国及江西省农产品质量安全追溯体系建设主要是以政策意见等指导性文件来推动，尚未提高到法规条例层面。除了《中华人民共和国食品安全法》是以法律文本的形式对食品安全追溯体系进行规定外，其余全是政府部门的政策文件，但截至目前仍未有与绿色有机农产品追溯相关的专门文件，绿色有机农产品仅仅是被包含在农产品之中来加以覆盖。尽管上述政策文件对推动农产品质量安全追溯体系建设产生了积极的意义，但是由于缺乏法律的强制性，其建设进程和实施效果都将打折扣。欧盟、美国和日本等发达国家对农产品追溯进行了严格的立法，如欧盟早在 1989 年就颁布要求对食品批次进行标记的《89/396 号法案》，并于 2007 年颁布《834/2007 号法案》对绿色有机农产品提出了追溯和标识要求，美国于 2003 年颁布《食品安全跟踪条例》，日本分别于 2001 年和 2011 年颁布了《农业标准法》和《大米可追溯法》。相比较而言，我国及江西省在农产品追溯体系方面进行立法的工作相对滞后，还没有将追溯体系建设提到战略高度。

四　加强江西绿色有机农产品质量安全追溯体系建设的建议

绿色有机农产品质量安全追溯体系的建设是一个循序渐进的过程，需要先行试点而后逐渐推广，以总结追溯体系建设中存在的问题及遇到的难题，为覆盖更多追溯主体和扩大追溯范围奠定基础。江西作为唯一的全国绿色有机农产品示范基地试点建设省份，在建立绿色有机农产品质量安全追溯体系、打造江西农产品特色品牌上更具发展基础和动力，更应先行先试打造绿色有机农产品质量安全追溯示范省份，让江西成为全国家喻户晓的绿色安全优质农产品生产地，助力江西加快推进乡村振兴战略。

（一）加快完善绿色有机农产品追溯平台建设，适时增加追溯主体和扩大追溯范围

为有效、充分发挥江西农产品质量安全追溯体系的功能，需要将人们日常生活所需农产品尽量全部纳入追溯体系。在原有的追溯平台基础上，加快完善绿色有机农产品追溯平台建设，健全绿色有机农产品追溯的功能和机制，将绿色有机农产品追溯体系建设作为江西农产品质量安全追溯工作的重中之重，不断扩大江西绿色有机农产品的影响力和提升绿色有机农产品品牌价值。

当前江西农产品追溯体系覆盖追溯主体不够多、追溯范围不够广，需要进一步将农业龙头企业、农民专业合作社、种养大户、家庭农场等农业经营主体纳入追溯范围，力争将全部“三品一标”产品纳入追溯体系，鼓励生产、流通和消费环节的市场主体申请加入追溯平台，促进绿色生产、绿色流通和绿色消费。此外，在增加追溯主体和扩大追溯范围的同时，也应对绿色有机农产品的生产、流通环节进行监管，发挥消费者对追溯体系的社会监督功能，使追溯体系成为质量安全保障和信息有效反馈的重要平台。

为持续扩大江西绿色有机农产品在全国的影响力，江西应抓住机遇积极对接国家农产品质量安全追溯平台，加快制定与国家追溯平台对接方案，在规范制度和技术标准上与农业部统一，实现部省联动推进、数据互联共享。例如江西绿色有机农产品应加快与中国绿色食品追溯平台的对接，利用平台影响力和公信力抢占全国绿色有机农产品市场发展和推广先机。

（二）发挥政府主导作用，促进各部门分工协作

绿色有机农产品质量安全追溯体系建设是维护人民群众“舌尖上的安全”

的重大举措，是满足人们对更高质量生活需要的重要途径，具有巨大的正外部性。在追溯体系建设过程中，应坚持政府的主导作用，特别是当前追溯体系还处于刚刚起步阶段，更需政府加大前期投入用于软硬件设备建设和开展培训。因此，政府在绿色有机农产品质量安全追溯体系前期建设时，应加大投入力度，充当“助产士”的角色；而在体系完善后则应注重追溯体系的维护和监管，充当“守夜人”的角色。

然而，追溯体系建设涉及众多政府部门，主要是以商务部门和农业部门为主。鉴于农产品质量安全追溯体系建设日益受到政府和民众的重视，未来农产品质量安全追溯可能会提到更高的战略高度。为此，在推动追溯体系建设过程中，应建立统一的追溯工作领导小组，确定追溯工作的主管责任部门，通过各部门的分工协作，解决部门间协作不到位、数据不连通、执法不明确等问题。具体而言，在追溯工作领导小组统一领导下，商务部门负责重要产品追溯管理平台构建，而农业部门负责农产品的质量安全追溯管理平台构建，农业部门同时负责构建绿色有机农产品追溯体系，作为相对独立板块纳入农产品质量安全体系中。将农业部门负责的农产品追溯体系纳入商务部门负责的追溯体系中，从而形成追溯体系制度、标准和规范上的统一，绿色有机农产品追溯体系作为其中重要部分的作用得以显现。

（三）建立激励约束机制，鼓励追溯主体积极参与

在追溯体系建设初期，政府还应建立相应的激励约束机制，鼓励农业经营主体和消费主体加入追溯体系，对于企业加入追溯体系发生的成本进行适当补助。当追溯体系逐步完善、绿色有机农产品优质优价得到体现时，企业将会主动申请加入追溯体系。对于不符合农产品质量安全标准的农产品实施监测预警，发挥监管系统、监测系统和执法系统的联动作用，对不合格农产品进行坚决查处，列入追溯体系黑名单。

除了考虑到参与追溯体系成本收益不对等外，农业经营主体对追溯工作的了解认知度有限、农产品质量安全的意识和能力不足也是参与度低的重要原

因。因此，在追溯体系前期建设中除了弥补农业经营主体的参与成本外，还应积极宣传绿色有机农产品质量安全追溯体系对农业经营主体切身利益的重大影响，引导农业经营主体掌握农产品质量安全标准规范，鼓励农业经营主体通过追溯平台打造农产品品牌，以提高市场知名度、占有率和产品附加值。同时，加大对消费者的宣传引导力度，让消费者认识到农产品质量安全追溯体系建设对生活的重要作用，吸引消费者积极加入农产品质量安全追溯体系。

（四）完善追溯监管平台建设，实现生产流通消费全覆盖

当前江西省绿色有机农产品质量安全监管部门众多，主要采取产供销分段监管为主、品种监管为辅的监管方式。这种监管方式存在协调性差、职能交叉重叠、监管效率不高等问题。同时，“三品一标”产品重认证、轻监管的现象突出，在认证时符合“三品一标”标准，而认证完成后则存在不符合标准情况，认证后的监管力度明显不足。通过认证的农产品也可能存在质量安全问题，这对绿色有机农产品质量安全追溯体系建设是一大挑战。

江西农产品质量安全追溯平台仅有追溯系统，尚未将监管系统、监测系统和执法系统纳入。因此，为保障农产品质量安全，应尽快完善农产品质量安全追溯监管系统，加强对纳入追溯体系中的农产品生产、流通和消费各环节进行监管监测，对不符合质量安全标准的农产品进行查处，从而提升农产品质量安全智慧监管能力，促进农业产业健康发展，确保农产品消费安全。

（五）加强农产品质量安全追溯的立法工作

加强对绿色有机农产品质量安全追溯的立法工作，以法律条文的形式强制实施，不仅可以有效保障农产品生产流通规范和减少农产品质量安全事故，还可以有力提高绿色有机农产品的可信度和知名度。为此，江西应从地方立法上先行先试，借鉴发达国家绿色有机农产品质量安全追溯的有益经验，结合江西绿色有机农产品的特色优势，进行农产品质量安全追溯方面的立法准备工作，选取赣南脐橙、南丰蜜橘等具有江西特色的农产品率先进行追溯立法试

点，增强江西绿色有机农产品品牌的公信力和可靠性，通过法律强制效力保障江西农产品的高质量发展，打造江西农产品质量安全新名片。

参考文献

崔运鹏、庞凤玲:《中国农产品质量安全追溯体系建设现状与展望》,《农业展望》2015 年第 12 期。

陈丽琳、喻法金:《我国农产品质量安全可追溯体系建设现状探析》,《农产品质量与安全》2012 年第 4 期。

杨玲、张梦飞、郭征、杨云燕:《推进农产品质量安全追溯体系建设的思考》,《农产品质量与安全》2018 年第 2 期。

张巴克、郑立平、丁健、严志雁:《关于加快建立江西省农产品质量安全追溯体系的建议》,《江西农业学报》2012 年第 12 期。

张锋、牛静、高芳:《农产品质量追溯体系建设现状与问题及对策》,《中国农学通报》2012 年第 29 期。

张梅:《欧盟、美国和日本农产品物流追溯体系分析与比较》,《世界农业》2014 年第 4 期。

《中共中央国务院关于实施乡村振兴战略的意见》，http://www.gov.cn/zhengce/2018-02/04/content_5263807.htm。

《中共中央国务院关于深入推进农业供给侧结构性改革加快培育农业农村发展新动能的若干意见》，http://www.gov.cn/zhengce/2017-02/05/content_5165626.htm。

《中央农村工作会议举行　习近平、李克强作重要讲话》，http://www.gov.cn/ldhd/2013-12/24/content_2553842.htm。

乡村振兴战略背景下安溪县“互联网+扶贫”发展模式研究

林昌华*

摘　要：党的十九大提出了乡村振兴的重大战略部署，全面吹响农业农村现代化建设总动员的号角。在新时代背景下，探索乡村振兴与“互联网+”新发展模式，拓展扶贫攻坚助力乡村振兴的新路径越来越成为当下关键命题。本文通过分析福建省安溪县乡村振兴的电商发展模式，尝试总结其农村电商快速发展的经验和存在的问题，为其他地区乡村振兴提供新的思路和借鉴参考。

关键词：安溪模式　乡村振兴　互联网+　农村电商

当前，随着信息化、网络化迅速普及发展，“互联网+”模式逐渐成为助力乡村振兴发展的新动能，也势必为扶贫攻坚注入强劲发展动力。根据商务部公布的数据，2018年全国农村网络零售额达到1.37万亿元，同比增长30.4%，全国农产品网络零售额达到2305亿元，同比增长33.8%，农村

---

* 林昌华，福建社会科学院经济研究所。

电商迅猛发展。农村电商在优化农村产业结构、助推农业供给侧结构性改革方面的作用越来越突出，为当前我国实施的乡村振兴战略添加了新动能。近年来，国家、省、市、县各级高度重视并大力支持将电子商务应用于农村领域，促进乡村农业提质增效，农村电子商务呈现出良好的发展态势，农村电子商务助力乡村产业振兴的前景也不断得到拓展。福建社会科学院经济研究所正是在这样的背景下，依托其在安溪县设立的乡村振兴研究基地，以安溪县福田乡为样本，深入实地调研获得乡村一线发展农村电商助力产业发展振兴的经验和对策，积极探索和突破以“互联网＋”助力乡村振兴的对策思路，以期形成具有操作性和参考性的研究成果，现将调研成果报告如下。

一　安溪县“互联网＋扶贫”模式基本现状

（一）安溪县乡村扶贫样本情况介绍

安溪县位于福建省东南沿海，厦、漳、泉“闽南金三角”西北部，隶属泉州市。全县总面积3057.28平方公里，辖24个乡镇460个村居，人口108万；是中国乌龙茶之乡、名茶铁观音的发源地；2018年10月，安溪县入选综合实力百强县、全国投资潜力百强县市、全国绿色发展百强县市。安溪县域发展，尤其是乡村振兴模式在全国都具有一定的代表性和典型性；有鉴于此，选取安溪县偏远乡镇福田乡作为调查样本，对其乡村振兴发展与“互联网＋”结合进行精准扶贫的情况进行详细调查，总结可复制、可吸收的一些经验供学界探讨。

福田乡地处龙岩、漳州、泉州三市交界处，位于安溪县西北部，西与漳平市交界，南与华安县接壤，东邻祥华乡，北毗感德镇，总人口9900多人，面积174平方公里，乡政府距漳平市区43公里，距漳州市华安县城35公里，距安溪县城116公里，辖有5个行政村和福前农场、丰田林场2个国有企业。漳泉肖铁路从境内穿过，有格口、小舟2个火车站，“莆永”高速公路通过福田乡，并设有一个互通口，交通便捷。全乡山林草地面积164.6平方公里，森林覆盖率达到94.6%，属戴云山脉向东南延伸部分，海拔高度为200~900米，气候属南亚热带季风气候，平均气温 16℃ ~18℃，平均降水量 1800 毫米，年日照 2069 小时，无霜期 295 天。境内四面群山环抱，森林密布，生态保护良好。福建云中山省级自然保护区核心区大部分位于福田乡境内，自然资源丰富，环境优美，是安溪县自然生态保护最完好的可持续发展的地区之一。

近年来，乡党委、乡政府在县委、县政府的领导下，以习近平新时代中国特色社会主义思想为指导，贯彻落实党的十九大精神，深入实施乡村振兴战略，加快构建可持续发展的经济体系，立足生态优势，注重保护环境，节约资源，珍惜大自然赋予的秀美风貌和独特环境资源，始终坚持“自然和谐、茶果富民”的发展策略，认真按照上级有关部门关于开展创建环境优美乡镇活动和生态乡镇等有关精神，着力抓好基础设施建设、特色生态农业发展、林下经济种植、云中山自然环境保护旅游开发、环境污染综合整治等工作。积极谋划乡村产业发展的出路，为保护生态环境，美化家园，促进社会、经济和环境的和谐发展奠定坚实基础。福田乡充分发挥山区自然资源优势，积极发展特色农业，以农、林、茶为支柱，突出培育茶叶生产和水果生产。发展茶果绿色食品基地、林竹基地，形成以农业综合开发为重点，二、三产业齐头并进的具有区域特色的经济格局。尤其是“福前芦柑”1997~2002 年连续六年被选送钓鱼台国宾馆，作为款待外宾的佳品，在海内外享有较高声誉。“福前铁观音”销售渠道不断拓展，春秋两季茶叶交易兴旺，农业综合开发的效果和发展潜力日益凸显，为福田乡农村电商发展提供了重要的基础支撑。

（二）“互联网 +”领域政策支撑乡镇发展的现状

随着“互联网 +”战略的全面铺开和政府部门的主动作为，安溪县农村电子商务发展迅猛，迅速开启安溪电商时代，农村电商带动乡村产业发展的成效显著。目前安溪县的电商涉及的行业主要有茶叶和工艺品，现有电商专业人员 7 万多人，电商企业 3000 多家，电商个体 35000 多人。伴随安溪县电商的快速发展，迅速产生了 3 个“中国淘宝镇”——安溪县尚卿乡（全国排名第 5）、城厢镇、凤城镇，以及 11 个淘宝村（灶美村、新楼村、灶坑村、翰卿村、翰苑村、福林村和尤俊村等）。安溪县积极探索“互联网 +”发展模式，电子商务与传统优势产业深度融合发展，取得了积极成效。数据显示，2016 年全县电子商务交易额达 53.74 亿元，同比增长 35%。先后荣膺 2014 年度福建省电子商务示范县、2014 年度福建省农村电子商务示范县以及 2014 年度和 2015 年度中国电商百佳县，2017 年入选国家电子商务进农村综合示范县。多年来，安溪县高度重视农村电商发展的培育工作，在政策层面进行了大力扶持，先后出台《安溪县加快电子商务发展实施意见》《关于开展电商专业人才培训活动的通知》《关于加快安溪县农村电子商务发展的实施意见》《安溪县创建国家级电子商务进农村综合示范县三年行动总体方案》等政策文件，内容涉及设立专项资金、强化服务和监管、实施财税优惠、支持交易平台建设、大力培育电子商务专业人才等方面的优惠措施，有效促进了电商发展。同时也为加快培育农村电商、助力乡村振兴奠定了比较坚实的发展基础。

二　安溪福田“互联网 + 扶贫”模式调研情况介绍

为了深入了解并掌握当前乡村一线通过“互联网 +”助力乡村振兴发展的基本情况，依托福建社会科学院在安溪县福田乡设立的乡村振兴研究基地，课题组通过实地考察、问卷调查等方式对安溪县福田乡农村电子商务发展情况进行了专题调研，以期找到农村电子商务融入乡村产业发展的最佳路径，通过网络平台发挥信息沟通优势全力服务于农村资源，拓展农村信息服务业务、服务领域，使之成为遍布乡村的“三农”信息服务站。推动农村电子商务平台广泛直接地扎根于农村，服务“三农”，使农民成为“互联网 +”的最大受益者。具体调研结果分析如下。

（一）调研方案及方式

1. 问卷情况

本次调查共计发放调查问卷 50 份，回收有效问卷 17 份，有效回收率

34%。问卷由 11 道题组成，填答质量较好，填写完整，且没有明显的前后逻辑错误（见表 1）。

2. 样本分布

17 份调查问卷中，男性和女性数量占比分别为 47%、53%（见图 1）；年龄分布主要集中在农村的青、壮年劳动力群体，17~45 岁被访者占比为 65%，46~64 岁被访者占比为 29%（见图 2）；家庭收入分布主要集中在年收入 3 万~20 万元（见图 3），平均家庭人口规模为 4.75 人。对被访者主要生活来源进行考察（可多选），绝大多数（83.3%）被访者以种植经济作物为主要生活来源，打零工（66.7%）、饲养家畜家禽（50%）是第二大、第三大经济来源（见图 4）。

表1　有效问卷填答情况

项目	年龄	家庭人口数	在村里居住人口	生活来源	家庭年收入	是否有亲友通过网络销售农特产品	您听说过网络卖水果吗	您认为网上卖水果对果农有帮助吗	您觉得在网上卖水果可能存在的困难或阻碍因素有哪些	您愿意在网上开店卖水果吗	如果政府帮助开店并提供网络销售培训您愿意开网店吗
有效值	17	16	10	17	17	17	17	17	17	17	17
缺失值	0	1	7	0	0	0	0	0	0	0	0

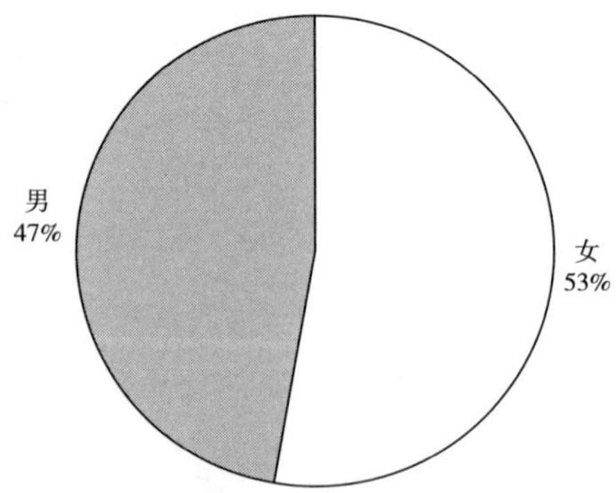

图1　性别分布

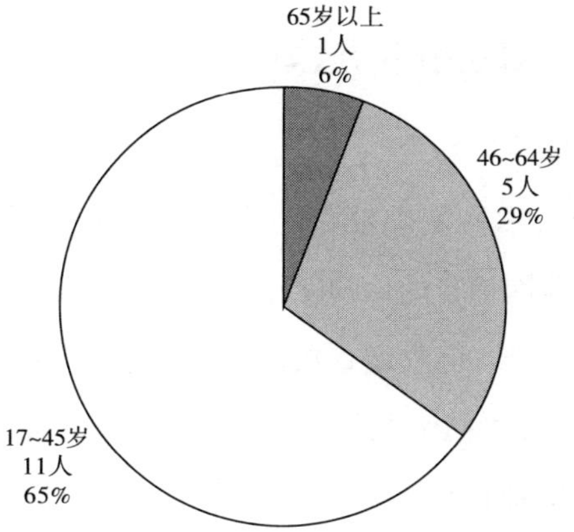

图 2　年龄分布

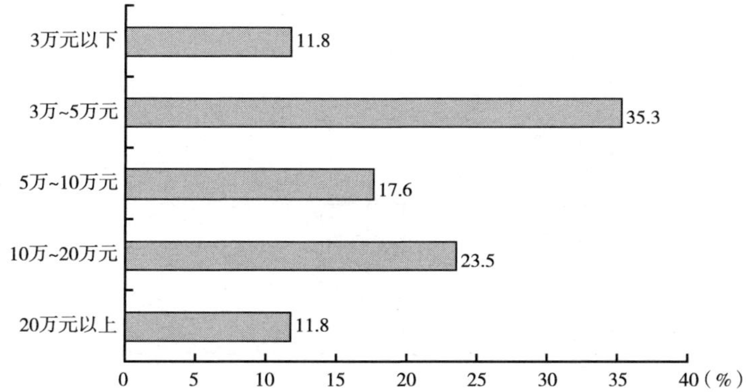

图3　家庭收入分布

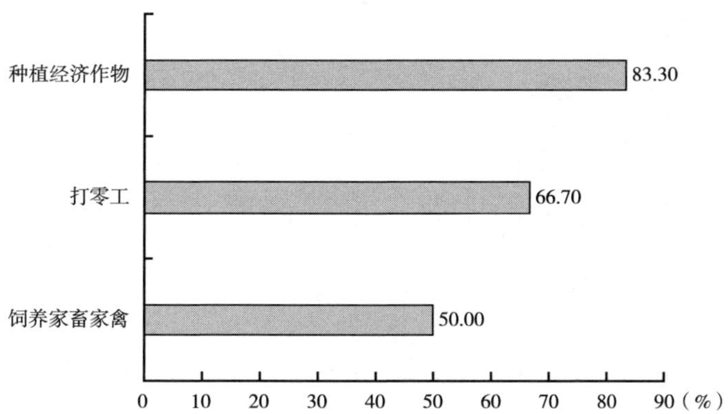

图4　主要生活来源情况

（二）村民对互联网销售的认知

1. 对互联网销售的认知度

随着近年来我国互联网基础设施建设、电子商务的快速发展，当前农村居民对互联网以及互联网销售的认知度比较高，通过互联网销售福田农特产品具有较为广泛的群众基础。问卷调查数据显示，绝大多数的福田村民对通过网络销售水果认知度较高，94.1% 的被访者“知道”或“了解一点”网络卖水果（见图 5），将近一半的被访者（47.1%）身边有亲朋好友通过网络销售农特产品（见图 6）。

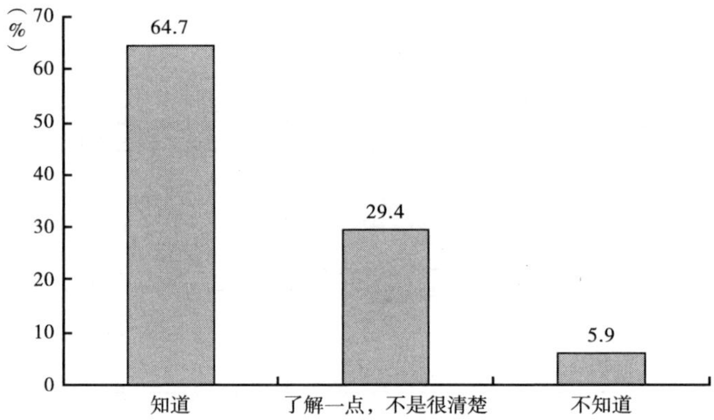

图5　您听说过网络卖水果吗

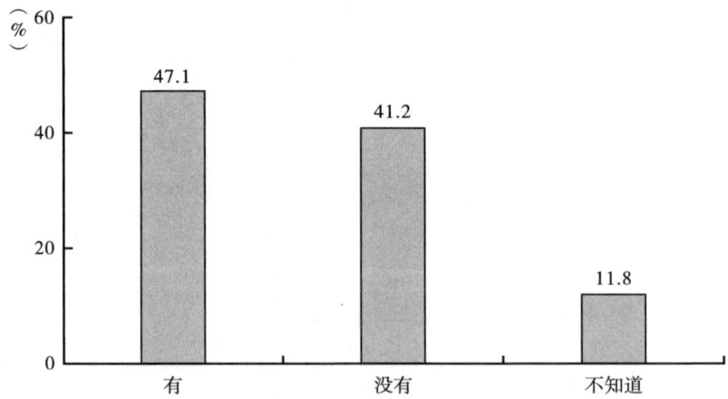

图6　是否有亲友通过网络销售农特产品

2. 对开网店销售水果的态度

82% 的被访者认为在网上开店销售水果，对果农有很大帮助或有部分帮助（见图 7）。进一步分析发现，不同性别的村民对互联网销售水果的认同度存在较大的差别，体现在男性比女性更倾向于认同互联网对水果销售的作用，认为互联网对果农水果销售有很大帮助的男性占比为 77.8%，女性占比只有 25%（见图 8）。同时，年龄对互联网销售水果的认同度也有一定影响（见图 9）。

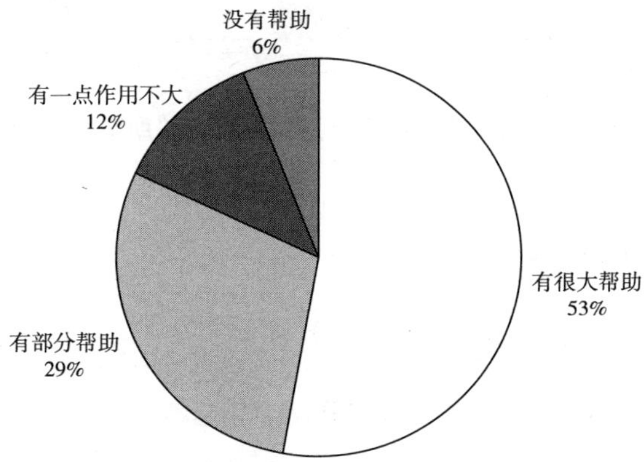

图7　您认为网上卖水果对果农有帮助吗

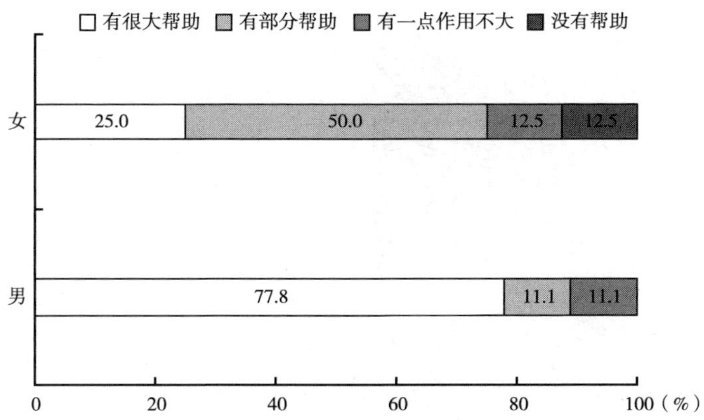

图8　您认为网上卖水果对果农有帮助吗×性别

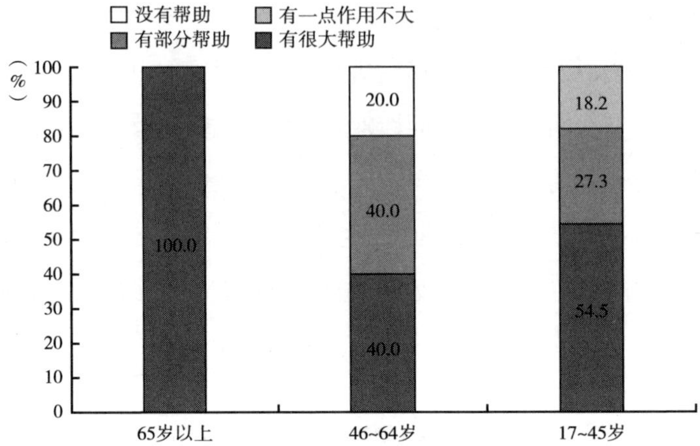

图9　您认为网上卖水果对果农有帮助吗 × 年龄

（三）村民对互联网销售水果的意愿

1. 通过开网店销售水果的意愿

福田乡绝大多数村民对通过互联网开网店销售水果表达了较强的愿望。根据问卷调查统计，被调查村民中，47% 表示非常愿意、41% 表示比较愿意开网店卖水果（见图 10）。从性别来看，男性比女性更愿意开网店销售水果，表

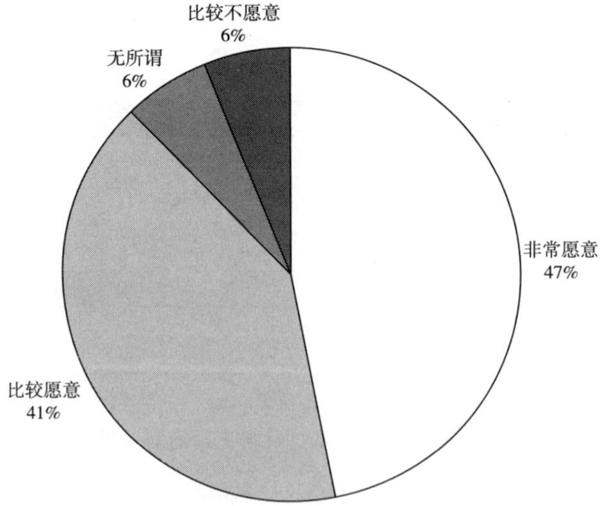

图10　您愿意在网上开店卖水果吗

示非常愿意的男性占比为 66.7%，而女性相应比例为 25%（见图 11）。同时年龄在 46~64 岁的中老年人更愿意在网上开网店销售水果，中老年人离开家乡外出就业的机会和意愿都在减少，更愿意留在故乡工作、生活，80% 表示非常愿意开网店销售水果，20% 表示比较愿意，明显高于 17~45 岁年龄组被访者（见图 12）。

2. 通过网店销售水果的障碍

水果作为生鲜产品，通过互联网销售的制约因素，首先是水果在储存、运输过程中的保鲜问题，其次是基于远程运送的交通、快递行业发展水平，再

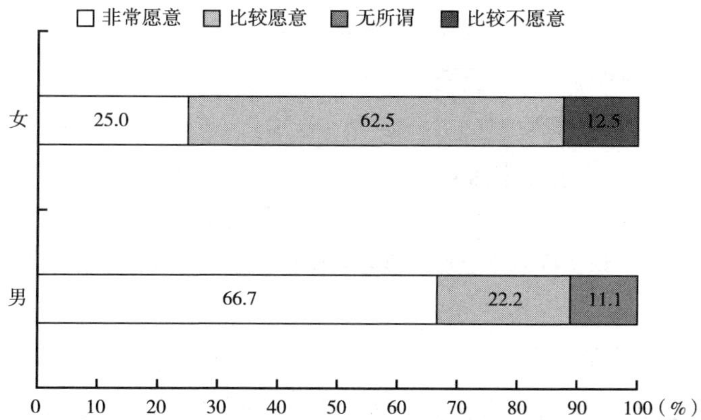

图11　您愿意在网上开店卖水果吗 × 性别

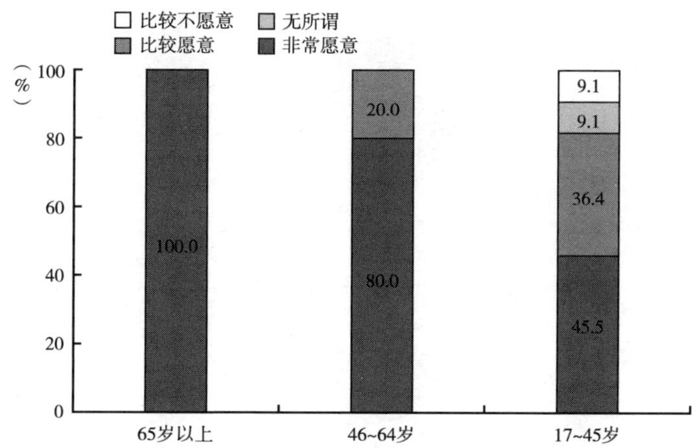

图12　您愿意在网上开店卖水果吗 × 年龄

次是基础网络性能及网店操作水平的限制。调查显示，村民认为影响自己通过网络销售水果的困难或阻碍因素（可多选），排在前三位的分别是：担心邮寄水果不新鲜 / 容易坏（70.6%）、担心物流不方便不好发货（70.6%）、担心不懂电脑网络操作（58.8%）（见图 13）。

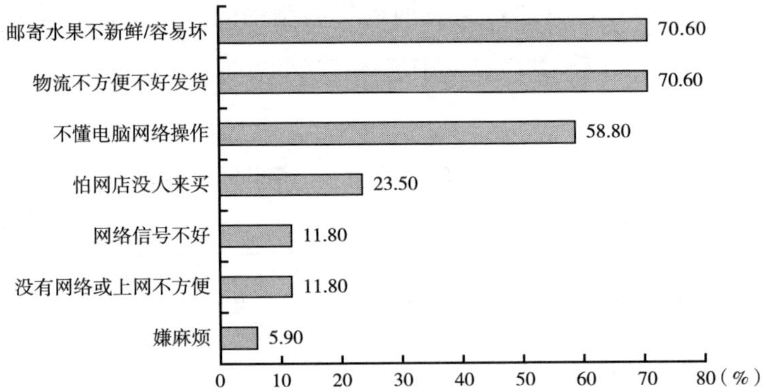

图13　您觉得在网上卖水果可能存在的困难或阻碍因素有哪些

3. 对政府的期待

在政府帮忙开网店并提供相关网络销售培训情况下，表示非常愿意开网店的被访村民比例上升为 59%（见图 14），若是没有附加这一前提条件，表

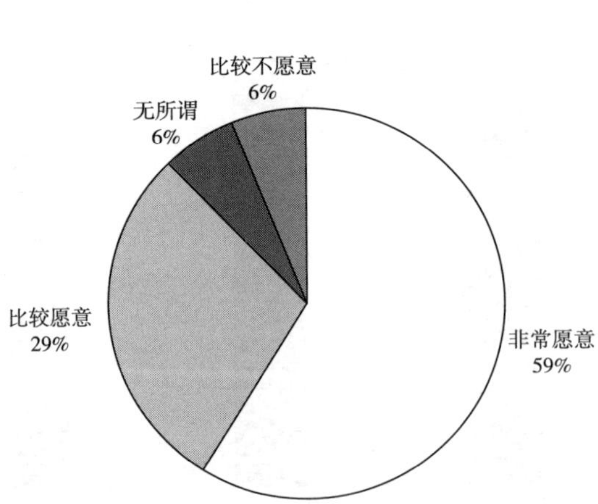

图14　如果政府帮助开店并提供网络销售培训您愿意开网店吗

示非常愿意开网店卖水果的比例为 47%（见图 10），有政府提供帮助让非常愿意开网店的比例上升了 12 个百分点。这说明一方面村民本身具有强烈的愿望，另一方面如果政府给予帮助并提供相关培训能够更加坚定村民的决心和信心。

通过调研可以获知，农村对借力“互联网 +”推动农村电商发展持积极开放的态度，大部分人抱有相当大的热情和发展信心，希望能依托电商平台拓展农村特色产品销售，提高自身收入，改善生活水平。

三　乡村振兴背景下“互联网 +”模式的主要问题和障碍

当前，伴随新一代信息技术的快速发展和互联网技术的全面普及，在“互联网 +”的支撑下，农村电商发展势必迎来空前的良机，但是乡村振兴要想借力“互联网 +”推动乡村产业腾飞，还面临着诸多制约因素，同样也面临着不少亟须克服的困难和问题，安溪县福田乡农村电商发展的瓶颈主要表现在以下几个方面。

（一）对“互联网 +”的认知不够全面

一是对农村电商的认识存在偏差。调研发现少数乡村干部简单片面看待农村电商，认为发展电商是企业的事，还没有引起足够的重视；个别村民受亲朋好友影响赶时髦办微商，连电商基本操作流程都没掌握就匆匆上马；很大部分农户根本没有接触过电商，对电商知识掌握不足。比如在福田乡开展调研时，询问当地农户和个别网店店主对电商的了解，多数人认为电商就是网上卖东西、电商就是微信上卖东西、电商就是淘宝，个别还不晓得什么是电商，等等，电商知识的普及和应用亟待加强。二是发展信心不足。福田乡电商起步晚，基础十分薄弱，整体发展水平相对滞后，加上近年来福田乡的主要果业农特产品品质优良，销售旺盛，市场供不应求，暂时没有出现销售难问题，导致广大农户对开拓电商销售渠道没有足够的兴趣，加上对网上销售缺乏了解，发展信心不足。比如受访村民担心没有从事过电商销售，认为网络上卖的东西多竞争也很激烈，对网上销售量存有一定疑虑；抱有这种心理的农户普遍存在。三是农户期望过高。部分农户把电商当成万能药，认为其不仅可以解决农产品销售难问题，还能快速脱贫致富。比如部分受访村民了解到很多电商在网上销售水果卖价都比较高，利润空间大，认为自己也应该能致富，对网络渠道的销售风险认知还不充分，容易受到物流、服务、宣传等前期准备工作不足的影响，冲动上马造成心理落差巨大，最终形成对农村电商发展的不良影响。

（二）农村电商人才极其匮乏

一是成才难。虽然安溪县电商发展整体水平较高，也通过商务、邮政等部门先后组织了多次电商业务培训，但福田乡地处偏远，受训人数寥寥无几，且由于福田乡农村广大青壮年常年外出务工，农村留守人员多为老、弱、病、残、妇、幼等群体，他们大多文化素质不高、接受新生事物能力有限。二是回乡创业的青年很少，缺乏农村电商的示范带头人。这些因素极大地影响了农村电商在福田乡的普及推广，导致多年来广大村民无法看到有效的“互联网 +”所能体现出的获得感，制约了农村电商的正常发展。

（三）农村电商发展政策支持力度不足

一是缺乏整体规划组织。福田乡地处偏远，电商发展起步较晚，缺乏科学、系统、整体谋划，乡政府对扶持农村电商发展的思路尚未形成，对“互联网 +”的发展认识不足，电商发展没有明确的目标定位、发展模式和科学指导。二是缺乏行业规范统筹。农村电商的兴起，大多数是以 QQ、微信、网店等形式，以个人、家庭式、工作室等模式，部分经营者规范意识淡薄，能赚钱就卖，容易出现无序竞争、贱卖等现象。三是缺乏政策扶持。虽然省、市、县均出台了一系列支持电子商务发展的政策措施，但由于其标准高、要求严，扶持对象评选条件多，一般乡村农户难以符合要求，而且福田乡整体财力紧张，各项配套资金缺口大，加上电商发展水平较低，农村电商发展整体规模很小，缺乏强有力的政府扶持。

（四）农村电商发展的物流配套严重滞后

一是乡村基础设施建设配套不完善。虽然已经基本实现村村通公路的发展目标任务，但公路的等级偏低，自然村公路设施尤为滞后，容易形成物流运输瓶颈。尤其是仍存在一些偏远村庄，交通不便，个别自然村农产品销售还存在肩挑背扛的现象。同时个别偏远村庄网络尚未全面开通，手机信号弱，发展电商无从谈起。二是物流配送覆盖面受限明显。目前福田乡农村电商服务站建设严重不足，农村电商物流配送服务滞后，严重影响农村电商发展；与购物不出村、销售不出村、生活不出村、金融不出村、创业不出村、投递送上门的目标尚有很大距离。三是现代物流业发展滞后。目前福田乡的物流配送网点少、规模很小且零星分散，特别是符合配送条件的物流供给能力严重不足。比如乡内物流配送能力十分薄弱，电商服务点主要设在农村零售小店，甚至农户家中，电商只作副业经营，且为节约成本，人为拉长收发货时间，只有达到一定数量才联系物流公司，容易导致时鲜农特产品不能及时发货、出现售后纠纷，影响农村电商业绩，陷入产销不畅的恶性循环。

（五）乡村农特产品销售品牌意识薄弱

一是培育本土品牌困难较大。福田乡现有的地方特色农产品受各种条件制约，存在规模偏小、标准不一、质量参差不齐等问题，容易造成在电商渠道销售无法形成统一对外品牌形象，农村电商的拳头品牌产品亟待培育。比如福田乡茶果等农特产品当前在电商渠道上零星销售时采取的包装各异，电商服务点、农户、合作社等采用的包装各不相同，没有形成统一标识，品牌效应薄弱。二是产品辨识度低。福田乡特色农产品辨识度普遍偏低，容易出现假冒伪劣、以次充好等现象，容易损害福田整体品牌形象和销售信誉。比如茶叶、芦柑、林下作物等产品在县内小有名气，但农户均以零散销售为主，尚未形成优质品牌的信誉度和美誉度。三是产品趋同严重。福田乡作为安溪农特产品生产大户，茶油、柑橘、茶叶等产地分布广、产量大，产品趋同现象严重，而且周边乡镇的同类产品较多，在一定程度上容易导致产品恶性竞争，不利于福田特色品牌打造。

（六）“互联网 +”农村电商发展安全风险加大

一是网络诈骗难预防。电子商务收发货物要采用实名制，客户的电话、身份等信息容易被不法分子盗取，加上广大农户网络安全意识不强，各种网络诈骗现象容易发生，农村电商交易安全的风险防范压力不断加大，容易影响村民发展电商的积极性和热情。二是农村电商产品质量难保证。福田乡各个村庄生产比较分散，产品质量参差不齐，大多未能标准化生产，缺乏正规品质保证，电子商务规模化推广困难。加上目前尚未建立覆盖批发市场、农户的农产品质量安全标识和可追溯体系，难以对网络交易的农产品质量安全进行有效监管。农产品质量安全缺乏足够保障，消费者对于网上购买农产品缺乏信心。三是售后服务难以保障。虽然电商交易的流程已经比较规范，但很少物流企业能够对寄送中出现的损坏、延误等问题普遍采取先垫赔、后追责的赔偿措施，容易造成农户开拓电商销售渠道的疑虑和担忧。

四　以“互联网 +”助力乡村振兴的对策建议

当前在信息化社会建设如火如荼的背景下，“互联网 +”助力农村电商发展正逢其时。农村电商的发展，将显著带动乡镇仓储物流、运营服务、营销推广、视觉设计、人才培训等本地电子商务服务业的快速发展。从长远来看，本地化的电商服务体系，对促进农村电子商务高效运行、持续创造就业机会、推进产业兴旺、加快扶贫脱贫等具有重要的积极作用。为加快农村电子商务发展、助力福田乡村振兴，课题组建议如下。

（一）发展壮大农业龙头企业

依托农业产业化龙头企业带动，促进农业生产、加工、物流、研发和服务等相互融合，带动产业链前后延伸，形成现代农业产业集群。鼓励发展农民专业合作社和家庭农场，建立“农户生产 + 合作社加工包装 + 电商销售”的产业发展模式。推进“互联网 + 农业”新型业态发展，搭建农产品网上交易、物流配送等电子商务平台，建设农村土特产品的线上线下展示交易平台，利用阿里巴巴农村淘宝、乐村淘等公司农村电商服务点，解决农产品上行问题，让更多农户、合作社、企业参与电商产业，实现农民增收致富。

（二）加强电商农产品品牌建设

实施农业品牌战略，制定奖励政策，开展树品牌、创名牌活动，提高全乡农户整体商标品牌意识。围绕福建优势特色农业产业，如柑橘、林下产品等，综合考虑产品的特性和发展空间，对特色产品进行深加工，打造福田特色品牌。加强品牌保护和监管，加大对商标侵权行为的打击力度，充分利用各种媒体和展销展览会，大力宣传特色品牌，提高品牌影响力。

（三）加强农村物流配送体系建设

建好、管好、护好、运营好农村公路，推进乡村客运网络逐步覆盖完善，推动有条件的乡村增加农村客运线路往来重要节点班次。加快完善农村物流体系。重点依托合作社、邮政网点以及农村流通、电商企业，建设完善农村电子商务配送和综合服务网络，畅通各类生产生活用品下乡、农产品进城双向流通渠道。对乡村基层便民店进行信息化改造，整合各项功能，使之成为电子商务的服务站、电子商务商品的体验店、农特产品的展示店、便捷物流取寄店。

（四）强化农村电商模式运营指导

引导福田的名优特色农产品大户、各类农民专业合作社在商城开设特色馆，增加在线商户数量、丰富在线商品种类，实现“农产品进商城”。要充分发挥农业科技下乡的政策优势，指导相关农产品行业、果业合作社建立行业规范和标准，强化质量保证和产品信誉，满足电商对产品标准化的需求。对重点农产品类目要加快推进农产品追溯体系建设，逐步建设完善农产品质量安全追溯管理信息平台，实现农产品质量安全全程可追溯管理，为电商平台提供更多优质安全的农产品。

（五）注重农村电商人才培养

根据福田乡特色产业发展需求，引导大中专毕业生、新型职业农民、务工经商人员返乡就业创业。加大电商知识培训力度，培养农村电商人才，培育特色农产品，提升知名度，拓宽农产品销售渠道。积极吸收安溪本地职业教育资源，依托安溪县城重点电商培训机构，创新培训方式，尽可能为福田乡有电商发展意愿的农民提供更多有效的培训。千方百计为农村电商发展强化人才支撑，要培育一批电商运营的示范带头人，扶持一批农村电商物流配送服务人员，逐步形成以点带面的农村电商人才发展模式。

参考文献

《2018 年四川省人民政府工作报告》，http://www.sc.gov.cn/10462/10464/10797/2018/2/6/10444541.shtml。

《郴州市人民政府关于印发〈郴州市推进新型城镇化实施纲要（2016~2020 年）〉的通知》，《郴州政报》2017 年 12 月 31 日。

迟中华：《楚雄彝族自治州人民政府工作报告——2018 年 1 月 17 日在楚雄彝族自治州第十二届人民代表大会第三次会议上》，《楚雄彝族自治州人民政府公报》2018 年第 1 期。

《传达学习中央农村工作会议精神》，《新重庆》2018 年第 1 期。

《关于山东省 2017 年国民经济和社会发展计划执行情况与 2018 年计划草案的报告——2018 年 1 月 25 日在山东省第十三届人民代表大会第一次会议上》，http://www.shandong.gov.cn/art/2018/3/2/art_10231_13088.html。

《广西壮族自治区人民政府办公厅关于加快县域现代特色农业示范区建设的实施

意见》（桂政办发〔2017〕91号），http://www.gxzf.gov.cn/zwgk/zfwj/20170721-634898.shtml。

侯秀芳、席云、王栋：《乡村振兴下发展农村电商的路径选择》，《经济论坛》2018年第4期。

李福德：《安溪县农村电子商务发展现状与对策》，《福建农业科技》2017年第7期。

刘奇：《政府工作报告——2018年1月23日在江西省第十三届人民代表大会第一次会议上》，《江西省人民政府公报》2018年第3期。

唐一军：《政府工作报告——2018年1月27日在辽宁省第十三届人民代表大会第一次会议上》，《辽宁省人民政府公报》2018年第8期。

韦俊良：《广西农产品电商发展现状及政策研究》，《区域金融研究》2015年第7期。

严实：《人才支撑：大规模选派干部到乡镇和村工作》，《共产党员》2018年第8期。

杨俐昆：《楚雄市人民政府工作报告——2018年1月27日在楚雄市第九届人民代表大会第二次会议上》，《楚雄彝族自治州人民政府公报》2018年第1期。

姚龙：《从化乡村发展类型与模式研究》，硕士学位论文，华南理工大学，2014。

《政府工作报告——2018年1月18日在汕尾市第七届人民代表大会第三次会议上》，http://www.shanwei.gov.cn/shanwei/gzbg/201804/18726285429740c59e7797fa919cbebf.shtml。

加快推进广西蔗糖产业二次创业积极助推乡村振兴建设

程启原 *

摘　要： 党的十九大报告提出实施乡村振兴战略，其中“产业兴旺”排在总要求首位。蔗糖产业是事关国计民生、涉及国家安全的重要产业，广西许多农民通过种植糖料蔗实现了发家致富奔小康，为广西新农村建设做出了巨大贡献，但近年来受国内外发展形势影响，全区蔗糖产业发展陷入举步维艰困境。研究报告通过分析广西蔗糖产业二次创业面临的主要挑战、存在的问题和制约因素，提出推进广西蔗糖产业二次创业助推乡村振兴建设的对策建议。

关键词： 广西　蔗糖产业　二次创业

党的十九大报告提出“实施乡村振兴战略”，总要求包括五大方面，其中“产业兴旺”排在首位。2018 年中央一号文件指出，产业兴旺是乡村振兴的发展重点。蔗糖产业是事关国计民生、涉及国家安全的重要产业，而食糖是

* 程启原，广西社会科学院农村发展研究所。

我国四大农产品战略物资之一，是3000多种工业品的重要原料。广西蔗糖产量连续多年占全国食糖总产量的60%以上，涉农人口达2000多万、糖厂职工近20万，许多农民通过种植糖料蔗实现了发家致富奔小康，为广西新农村建设做出了巨大贡献，蔗糖产业因此被誉为“甜蜜产业”。但近年来受国内外发展形势影响，广西蔗糖产业发展面临诸多困难，整个产业发展陷入举步维艰困境。2017年4月，习近平总书记在广西考察时强调，要推动蔗糖产业转型升级实现二次创业。加快推进广西蔗糖产业二次创业，对贯彻落实习近平总书记指示精神，切实推动广西乡村振兴战略实施，积极维护国家食糖战略安全，促进民族地区发展、民族团结和谐、国家边疆安全、农村社会稳定、脱贫攻坚实现等具有重要的积极意义。

一　广西蔗糖产业发展主要现状简要概述

目前，广西共有93个县（市、区）种植糖料蔗，拥有制糖企业集团14家、糖厂103家，日榨蔗能力约70万吨。2017/2018年榨季开榨糖厂共91家，全区糖料蔗种植面积约1140万亩，入榨甘蔗共5000多万吨，产糖量600多万吨，约占全国食糖总产量的60%。蔗糖产业综合利用产品30余种，研发出了朗姆酒、好青春甘蔗醋、甘蔗浓缩汁等一批新产品，蔗渣、糖蜜、滤泥等利用率达100%，蔗渣制浆造纸产量居世界第一，蔗渣发电量居全国第一，全区蔗糖产业综合利用产值占制糖总产值之比达40%以上。广西蔗糖产业科技发展形成了具有自主知识产权的科技创新体系，并积极走出国门参与“一带一路”建设，在东南亚、美洲、非洲等地区的多个国家取得了显著成绩。近年来，广西先后制定出台《关于促进我区糖业可持续发展的意见》《广西优质高产高糖糖料蔗基地建设试点实施方案》《广西糖业二次创业总体方案（2015~2020年）》《关于加快推进我区制糖企业战略重组的指导意见》《广西推进“双高”基地生产全程机械化实施方案》《广西糖业发展“十三五”规划》《贯彻落实创新驱动发展战略打造广西九张创新名片工作方案（2018~2020年）》等一系列政策文件，积极促进广西蔗糖产业发展并巩固在全国的核心地位。

二　广西蔗糖产业二次创业面临的主要挑战

（一）糖料蔗种植面积被大幅蚕食

近年来，随着糖料蔗种植成本特别是人工成本迅速增加，糖料蔗种植收益越来越差，农民种植糖料蔗积极性越来越低，纷纷改种百香果、火龙果、柑橘、香蕉和速生桉等水果和经济林，广西糖料蔗种植面积被大幅蚕食，每年减少100万亩以上。此外，其他经济作物劳动强度相对糖料蔗较低，更适应农村劳动力缺乏、以中老年为主的人口结构，所以部分地区出现其他经济作物与糖料蔗抢地现象，导致糖料蔗产量和蔗糖产量连年走低。目前，广西水果种植总面积近2000万亩，2017年全区水果种植新增面积达130万亩以上，许多县市将百香果、火龙果等作为扶贫开发项目引进种植，扩张速度甚至令农业部门都吃惊。

（二）国外糖业对中国市场虎视眈眈

国际食糖贸易量每年约6000万吨，其中2000万吨受政府双边协议支配，4000万吨在国际市场自由流通，主要出口国有巴西、澳大利亚、泰国、印度等。近年来，中国产糖量持续下滑，而食糖消费需求不断增加，2017/2018年制糖期全国产糖量虽然有所增加，但也只有1000万吨左右，而食糖消费需求却高达1500多万吨，食糖消费缺口达500多万吨。巴西、澳大利亚、泰国、印度等世界主要产糖国由于食糖生产成本较低，食糖市场竞争力远远强于广西蔗糖。据测算，巴西、澳大利亚、泰国、印度等国每吨糖料蔗生产成本在200元左右，而广西则高达400元以上，按照8吨糖料蔗产1吨糖计算，广西食糖成本比国外至少高出1600元。中国巨大的食糖消费市场，让国外糖业对中国市场虎视眈眈。

（三）遭受食糖进口和走私严重冲击

近年来，我国大量进口国外食糖，严重影响了国内食糖市场，对广西蔗糖生产销售产生了严重冲击。由于我国食糖需求缺口巨大，而且关税与其他国家相比较低，特别是配额外关税只有 50%，而发达国家食糖进口关税平均高达 120% 以上，欠发达国家甚至高达 160% 以上，最近几年我国食糖进口量都在 300 万吨以上，2015 年甚至超过 480 万吨，创我国食糖进口量新高，而同年广西产糖量只有 600 多万吨。国家虽然从 2015 年开始严格实施了三年行业自律控制配额外食糖进口量，但这只是暂时措施。2017 年 5 月国务院关税税则委员会对我国关税配额外进口食糖征收保障措施关税，实施期限为 3 年，3 年保障措施关税税率为第一年 45%、第二年 40%、第三年 35%。但广西蔗糖产业不可能永远依靠行业自律和保障措施，这只是给广西蔗糖产业二次创业提供短暂的战略机遇期。另外，近年来我国食糖走私非常猖狂，不但使国家关税蒙受巨大损失，广西蔗糖产业发展更是深受其害，每年走私到中国的食糖均超过 200 万吨。

（四）面临国内食糖加工企业激烈竞争

广西蔗糖产业不但受到国外糖业的严重影响，而且面临国内食糖加工企业的激烈竞争。由于国内外食糖价格差距较大，国内原糖加工利润空间很大，配额外进口原糖每吨加工利润在 1000 元以上，即使是在征收保障措施关税后税率高达 95% 的情况下配额外进口原糖每吨加工利润也有 500 元以上。面对巨大利益，我国非糖产区特别是沿海地区建立许多食糖加工企业，它们大量低价进口国外原糖回来加工，然后低价在国内抛售，抢占国内市场。中糖协的数据显示，近年来国内原糖加工产能增长迅速，目前国内原糖加工产能在 800 万吨以上。我们调研了解到，山东日照凌云海糖业集团有限公司每年进口原糖加工 150 多万吨，约占广西全区蔗糖产量的 1/4。国内非糖产区食糖加工企业已占据我国长江以北食糖市场，造成国产蔗糖难以跨越长江销往我国北方市场。

三　广西蔗糖产业二次创业存在的主要问题

（一）糖料蔗种植品种单一和退化严重

目前，我国糖料蔗种植品种主要是台糖系列品种，占全国糖料蔗种植面积的 50% 左右，占广西糖料蔗种植面积的 70% 以上，有“中国糖都”美誉的广西崇左市新台糖 22 号种植面积甚至占全市糖料蔗种植面积的 85% 以上。广西引入新台糖系列品种已有近 30 年时间，经过长期反复种植，早已严重老化退化，产量和糖分与世界其他糖料蔗主产区相比差距较大。由于糖料蔗种植品种单一、老化退化严重，糖料蔗成熟期集中，既增加了收割和加工压力，也提升了病虫害大面积传播风险，迫切需要培育出适应广西种植的甘蔗优良新品种。如 2017 年 10 月来宾市糖厂技术人员对该市当家品种新台糖 22 号检测，甘蔗糖分较上年同期低 1.5~2.3 个百分点，呈逐年下降趋势。

（二）糖料蔗机收率低成为制约二次创业瓶颈

目前，广西糖料蔗机收率不到 10%，绝大部分还是人工砍收，导致糖料蔗种植成本大大提高，严重影响广西蔗糖市场竞争力，成为制约广西蔗糖产业二次创业发展瓶颈。一是广西蔗田大部分是坡地，不但地块小而且平整度差，而目前广西甘蔗收割机器几乎都是从国外进口的大马力甘蔗收割机，如美国凯斯、迪尔等品牌甘蔗收割机，既不适合广西蔗田的地理特点，而且售后服务水平较差、维修成本较高。二是广西本土甘蔗收割机研发落后。广西目前虽然也研发出一些适合当地蔗田地理特点的中小型甘蔗收割机，但是由于生产技术落后，机器质量较差，很难推广大面积使用。三是目前使用的国外甘蔗收割机收割质量普遍较差，不但剥叶不干净，去尾多损耗大，糖厂定损率较高，对蔗农收入影响较大，而且对糖料蔗宿根损坏率高，普遍达 30% 以上，因为国外甘蔗种植一般不留宿根，甘蔗宿根损坏部分只有等到来年长苗时才能确定，但此时补种甘蔗已经延误农时，而且补种部分和宿根长势参差不齐，严重影响当年糖料蔗的生长和收成。

（三）制糖企业产品创新研发能力比较薄弱

由于长期受到政府蔗糖产业发展管理机制消极影响，广西制糖企业普遍缺乏市场竞争动力，对企业产品创新研发重视不够，目前全区制糖企业很少有产品创新研发专门机构，产品创新研发能力非常薄弱，几十年来制糖企业主要产品除了朗姆酒以外几乎都是白砂糖、赤砂糖和酒精、机制纸等低附加值产品，不但主要产品基本相同，同质竞争市场压力巨大，而且缺乏高附加值的创新产品，几乎都是作为食品工业原料等，直接面向终端消费的高附加值品牌产品很少，产品利润非常低，市场风险高度集中，导致食糖市场一有风吹草动，全区蔗糖产业发展就陷入举步维艰的困境。

（四）糖料蔗价格指数保险试点效果有待提高

2016 年 1 月，广西 2015/2016 年榨季糖料蔗价格指数保险试点工作正式启动，对自治区农垦集团、扶绥县、武鸣区、武宣县、鹿寨县、融水县 1.13 万户蔗农种植的“双高”基地糖料蔗提供 9 亿元的价格保险保障。蔗田每亩保费 180 元，其中财政补贴 80%，糖厂和蔗农各负责 10%。2015/2016 年榨季，全区糖料蔗价格指数保险试点赔款总额不到保费总额的 20%，保险调节预期效果远远没有得到发挥。如 2015/2016 年榨季扶绥县总保费有 2000 多万元，才赔付 300 万元左右。价格指数保险试点保险合同由保险公司单方制定，没有充分考虑政府和糖厂、蔗农三方权益，保险合同过分强调和注重保险公司权益，如扶绥县总保费 2000 多万元，但是按照封顶赔付率才赔付 1080 万元，保险公司没有承担任何风险。

（五）“双高”基地建设存在问题亟待解决

一是资金支出缓慢影响实施主体积极性。“双高”基地建设采取“以奖代补”方式，验收合格后实施主体才能获得奖励资金。由于验收内容繁多，验收进度很慢，导致资金支出非常缓慢，对“双高”基地实施主体的积极性影响较大，已出现改种其他经济效益较高作物现象。二是建设项目手续烦琐。建设项目招投标工作手续繁多，影响了项目招投标工作进度，加上验收环节进度比较缓慢，连带影响建设资金支出进度。三是糖料蔗种植比较零碎分散。按照《国家糖料蔗主产区生产发展规划（2015~2020年）》标准，广西虽然可以筛选出32个县（市、区）的585万亩蔗田，但是由于受“双高”基地建设标准影响，前期规模化经营地块已经基本完成（多为经营大户和蔗糖企业），剩余面积均为农户种植的零碎分散蔗田。受土地规模经营标准限制，一些县（市）“双高”基地建设任务完成率面临逐年下降的趋势。

（六）制糖企业生产设备普遍老化落后

目前，广西共有103家糖厂，但由于设备老化等其他因素，每年开榨糖厂逐渐减少，如南宁市共有糖厂20家，但2011年全市只有17家糖厂开榨生产，2012年减少到16家，2015年减少到15家。与其他蔗糖产业大国相比，广西相当部分制糖企业特别是民营糖厂生产设备还比较落后，有的还在使用20世纪五六十年代的生产设备。一是全区制糖企业生产设备整体生产水平普遍落后世界其他蔗糖产业大国制糖企业20年以上，许多糖厂生产设备技术改造升级缓慢。二是广西糖厂现有生产设备技术标准主要是适应目前人工精细砍收甘蔗水平，很难适应机器收割甘蔗水平，机器收割甘蔗与人工砍收相比剥叶残留多，头尾损耗较大，糖厂因此给机器收割甘蔗定损率高达10%以上，大大影响了蔗农的种蔗收入。为了适应未来糖料蔗种植机械化要求，实现二次创业目标，广西制糖企业要加快改造更新落后生产设备，切实提高生产效率和经济效益。

四　制约广西蔗糖产业二次创业主要因素分析

（一）糖料蔗种植小农模式已落后于现有生产力发展水平

广西农村全面推行家庭联产承包责任制30多年来，极大地提高了广大农村生产力发展水平。但是随着广西经济社会快速发展，这种分田到户分散的小农经营模式已经落后于现有农村生产力发展水平，这是目前制约广西蔗糖产业转型升级发展实现二次创业的关键因素。一家一户分散的甘蔗种植小农模式对广西糖料蔗标准化、集约化、机械化、良种化生产形成制约，导致糖料蔗种植经济成本很高，从而连带造成蔗糖成本原料占比过高，导致广西蔗糖市场竞争力不强。糖料蔗种植小农经营模式效益很低，使农民增收难度越来越大，增收空间越来越小，严重影响广大农民种蔗积极性，许多蔗农被迫改种收益较高的其他经济作物，造成广西糖料蔗种植面积连年减少。

（二）划分蔗区限制糖料蔗自由流通导致各方关系不顺

多年来，广西一直实行划分蔗区限制糖料蔗自由流通的管理机制，这种管理机制有利也有弊，但随着市场经济快速发展其弊端日益凸显。划分蔗区限制糖料蔗自由流通不但违背“市场在资源配置中起决定性作用”的经济发展规律，而且没有任何法律依据，导致政府、蔗农、糖厂之间关系不顺。一是榨季期间蔗区政府每年都要抽调大量工作人员设卡拦截糖料蔗外流，激发了政府与蔗农的矛盾，造成干群关系紧张。二是有的制糖企业长期拖欠蔗款，蔗农为了及时获得蔗款只好千方百计把糖料蔗卖给其他蔗区制糖企业，造成蔗农和蔗区糖厂关系紧张。三是划分蔗区限制糖料蔗流通虽然保证了蔗区制糖企业的糖料蔗供应，但也封死了其他糖料蔗来源渠道，限制了制糖企业投资扩大生产的发展空间，有些实力较强的制糖企业只好暗中提高价格竞争其他蔗区的原料蔗，造成制糖企业之间关系紧张。

（三）糖料蔗政府定价糖－蔗价格联动机制弊端日益凸显

一直以来，广西都是实行糖料蔗政府定价糖－蔗价格联动机制，即自治区政府统一规定糖料蔗收购价格，并根据生产成本测算对应蔗糖价格，蔗糖价格每上涨 100 元 / 吨，制糖企业榨季结束后结算给蔗农 6 元 / 吨。这种糖料蔗政府定价糖－蔗价格联动机制，看似既保障了蔗农利益，又实现了糖价上涨时蔗农和制糖企业双方分享，但也存在诸多弊端，并且问题日益凸显。一是政府对糖料蔗实行统一定价，制糖企业对糖料蔗完全没有任何市场竞争权利，而蔗糖价格却受市场供需情况影响，既引发“政府蔗”与“市场糖”对峙，又限制糖料蔗供应使制糖企业之间因为失去糖料蔗价格竞争而缺乏发展动力。二是实行政府定价糖－蔗价格联动机制，糖价上涨收益由蔗农和制糖企业双方分享，对蔗农吸引力不大。蔗农比较看重眼前利益，制糖企业榨季结束后才根据蔗糖价格上涨情况结算分享利益给蔗农，这部分延后利益对种蔗面积不大的蔗农来说吸引力不大，而且能不能得到还是个未知数，在糖价下跌时不但没有得到分享利益，而且有些制糖企业还长期拖欠蔗款，甚至引发社会稳定问题。近年来受国内外发展形势影响，广西绝大部分制糖企业大面积亏损，连带打击了蔗农种蔗积极性。

五　推进广西蔗糖产业二次创业助推乡村振兴建设的对策建议

（一）积极培育新型糖料蔗种植经营主体

一是大力建设农村糖料蔗种植合作社，按照统一整地、统一耕种、统一管理、统一收割要求，积极发展糖料蔗生产适度规模化经营。二是积极引导农民将撂荒土地和零散蔗田以股份、合作等形式交给农村经济能人规模化种植糖料蔗。三是鼓励制糖企业和农业企业投资种植糖料蔗，并统筹兼顾小农户，把小农生产引入现代农业发展轨道。

（二）改革政府定价糖－蔗价格联动机制

自治区每年根据生产成本测算并出台糖料蔗最低收购价格，以保护广大蔗农基本利益，并通过最低收购价格宏观调控全区糖料蔗种植规模。制糖企业可以根据发展需要以不低于最低收购价格自主定价收购糖料蔗，糖料蔗收购价格和食糖市场价格脱钩，自治区通过食糖价格指数保险方式扶持制糖企业，确保国家食糖战略安全。

（三）开放糖料蔗在全区范围内自由流通

《十八届三中全会公报》指出，市场在资源配置中起决定性作用。开放糖料蔗在全区范围内自由流通，蔗农可以把糖料蔗卖给区内任何一家糖厂，通过市场行为引导并购组建“航母型”制糖企业，以增强广西制糖企业市场竞争实力。基于全区蔗糖税收“一盘棋”考虑，以进厂糖料蔗种植地域统计各个县域糖料蔗产量占全区比例，统筹分配全区整个榨季蔗糖税收。

（四）大力培育广西本土糖料蔗优良品种

培育本土糖料蔗优良品种，是实现广西蔗糖产业二次创业的前提基础。要统筹利用国家和自治区相关资金，加大广西本土糖料蔗优良品种培育投入力度，整合全区高等院校和科研院所技术力量，建立健全技术人员培育甘蔗优良品种激励机制，在全区糖料蔗主产县（市、区）建立糖料蔗优良品种培育科研基地，大力培育和推广种植本土糖料蔗优良品种。

（五）积极鼓励制糖企业研发高附加值产品

习近平总书记在广西视察时指出，创新是引领发展的第一动力。广西虽然是糖业大省，但不是糖业强省，制糖企业产品创新研发动力不强，缺乏在全国有名、附加值高的品牌产品。要积极鼓励制糖企业研发高附加值市场终端产品，延伸产业链开拓发展食品加工产业，拓宽企业利润来源渠道，增强企业抵抗市场风险能力，走综合经济和循环经济发展道路。

（六）整合力量研发糖料蔗中小型收割机

糖料蔗机收难问题是目前制约广西蔗糖产业二次创业的一个瓶颈问题，要整合各方力量联合研发适合广西的糖料蔗中小型收割机。一是在《广西糖业二次创业总体方案（2015~2020 年）》实施中重点向糖料蔗收割机研发项目倾斜。二是整合广西产学研等技术研发力量协作攻关研发适合广西的糖料蔗收割机。三是积极扶持广西民营企业和民间力量研发糖料蔗收割机。

（七）加快“双高”基地建设资金支出进度

一是适当简化“双高”基地建设项目招投标工作手续和验收手续，提高工作效率，加快验收工作进度。二是加强与农业开发银行等金融机构合作，市县财政为“双高”基地建设主体贷款补贴利息。三是对已经落实的“双高”基地建设项目，建议自治区先拨付50%建设资金，待“双高”基地验收合格后再拨付其余建设资金，减轻实施主体建设资金压力。

（八）深化中越糖业合作助推“一带一路”建设

习近平总书记在广西视察时指出，广西有条件在“一带一路”建设中发挥更大作用，要立足独特区位，做足“边”的文章，夯实中国 – 东盟开放平台。2018 年 4 月 20 日，自治区主席陈武在河内拜会越南总理阮春福时表示，要进一步深化与越南各领域务实合作。越南土地肥沃，气候温和，适宜种植甘蔗，目前广西龙州、大新、凭祥等已在越南合作种植糖料蔗几万亩，实现双方互惠互利与合作共赢。

（九）探索“双高基地 +”现代生态新模式

按照“循环经济”“共享经济”“绿色生态”原则，探索“双高基地 +”现代生态新模式，集成现代化甘蔗高产栽培技术、甘蔗与饲料作物间作套种轮作技术、现代化生态畜牧养殖技术、甘蔗尾叶微生物发酵饲料化技术、沼气厌氧发酵技术、沼气液体有机肥水肥一体化应用技术，将甘蔗产业和畜牧养殖业进行深度有机融合，形成一条绿色农业经济循环链，并可衍生其他种养循环新模式，实现产业兴旺、生态宜居、农民增收、生活富裕，推动广西乡村振兴。

（十）改革糖料蔗价格指数保险试点做法

一是改革糖料蔗价格指数保险做法，因为糖料蔗是由政府定价，现行做法不能很好地处理政府定价和保险价格之间关系，而价格保险主要是针对市场变化影响价格变动。二是集中资金进行蔗糖价格指数保险试点。因为蔗糖价格变动是市场行为，这正是需要价格指数保险试点发挥作用的地方，可以有效化解“政府蔗”和“市场糖”矛盾，防止糖价大起大落影响国家食糖战略安全，较好地维护广西制糖企业利益。

（十一）建立全区蔗糖产业大数据服务平台

利用信息化技术手段采集涉及蔗糖产业生产经营过程所有数据，将蔗糖产业全链条所涉及的良种繁育推广、糖料蔗种植面积、糖料蔗生产管理、农资和农机服务、农业金融服务、制糖企业生产规模、食糖供需信息、食糖价格变动等要素有机联系起来，通过大数据云平台计算对这些数据进行整合、分析，对广西蔗糖产业全链条数据进行战略性规划与运用，为各级党委政府科学决策提供数据分析参考。

（十二）扶持制糖企业大力改造落后生产设备

根据《广西糖业二次创业总体方案（2015~2020 年）》基本思路，围绕蔗糖产业生产全链条机械化目标，大力扶持制糖企业对现有蔗糖生产设备进行技术改造，淘汰落后生产设备，提高企业生产效率；改进蔗糖生产工艺，提高企业产品生产质量，避免出现因为国家有关部门抽检发现不合格产品从而影响整个产业发展的现象。

江苏省新型农业经营体系建设现状及推进策略

高　珊*

摘　要：新型农业经营体系是实现乡村振兴的重要环节。近年来江苏省各类新型农业经营主体大量涌现，规模化和专业化的经营趋势日益显著，科技装备和社会化服务水平明显提高，相关政策措施不断完善。但是，全省小农分散及粗放式经营的传统格局尚未根本改变，仍然存在农业劳动力供给"质""量"的双重制约、资源环境保护压力亟待缓解、科技服务与实际需求尚未有效对接、叠加经营风险应对不足等问题。为促进全省农业高质量发展，加快构建新型农业经营体系，要确立充分发挥新型经营主体的引领作用、全力瞄准提质增效的改革目标、着力打造先进科技服务的创新平台、注重强化各类扶持政策的支撑合力等推进策略。

关键词：江苏　农业经营体系　新型经营主体

* 高珊，江苏省社会科学院农村发展研究所。

江苏省现代农业建设水平一直位居全国前列。进入“十三五”时期，全省大力推进农业产业结构调整，积极构建新型农业经营体系，坚持走可持续发展的绿色农业道路。深入分析现阶段江苏省在建设农业经营体系过程中面临的新情况、新问题及新导向，既是建设“富强高美”新江苏的重要环节，又是实现乡村振兴战略的必由之路。

一 江苏省建设新型农业经营体系的现状特征

当前江苏省农业生产经营正在向规模化和专业化方向发展，新型农业经营主体数量大幅增加，科技装备和社会化服务水平不断提高，配套政策措施持续完善。具体表现在以下四个方面。

（一）新型经营主体大量涌现

江苏省在稳定家庭经营的前提下，种养大户、家庭农场和各类合作社以及农业企业使农业经营格局发生了重大变化。

1. 种养大户及家庭农场成为规模经营主力军

根据农业部门统计，2017 年江苏省经营耕地面积 50 亩以上的农户有 13.46 万户，比 2011 年增加了 4.26 万户。2017 年江苏省家庭农场有 4.42 万个，其中从事种植业、养殖业及种养结合的家庭农场比例分别为 69.61%、19.83% 和 7.07%。这两类主体确保了粮食等重要农产品生产的总量供给和产能基础，成为传统式家庭经营向现代化集约经营转变的骨干力量。

2. 农民合作社及农业企业联结带动力量加强

根据农业部门统计，2017 年江苏省农民专业合作社有 8.65 万个，入社成员超过 1300 万个，其中普通农户占比为 95.78%。同年，江苏省 736 家省级以上龙头企业销售（交易）额超 7000 亿元，净利润逾 180 亿元，带动省内农户 660 余万户，占全省总农户数的 46.8%，其中销售（交易）额超百亿企业 15 家。这两类主体是统一组织生产、运用新型科技的良好载体，对农业高质量发展产生引导与示范带动效应。

（二）规模经营趋势更加显著

江苏省以农业现代化工程为引领，通过农地经营权流转、股份合作、土地托管、联耕联种等方式，加快推进土地集中型和统一服务型适度规模经营。

1. 土地规模流转有序规范

根据农业部门统计，2017 年江苏省家庭承包耕地流转面积已经占总承包面积的 61.45%，比 2011 年增加了 20.24 个百分点。当年流转出承包耕地的农户占总承包户的 52.77%，流转用于粮食作物生产的耕地面积占总流转面积的 50.12%，分别比 2011 年上升了 17.26 个百分点和 12.09 个百分点。同年，家庭农场经营耕地 982.25 万亩，占家庭承包耕地总面积的 19.10%。

2. 社会化服务组织蓬勃发展

根据农业部门统计，2017 年江苏省农业生产托管服务组织有 1.98 万个，托管服务面积为 1226.89 万亩，接受服务的对象有 300.13 万个，在代耕代收、统防统治、测土配方施肥等环节发挥了重要作用，普通农户接受服务面积在 2/3 以上。其中农村集体经济组织、农民合作社、农业企业作为服务主体的比例分别为 18.70%、40.12% 和 3.31%。农业社会化服务组织提供服务的过程，也是新产品、新技术、新装备导入农业生产的过程。

（三）科技服务水平快速提升

江苏省实施科教兴农战略、挂县强农富民工程、农业科技入户工程等措施，加快农业科技成果转化应用，大力推动专业化服务组织发展。

1. 科技与物资装备水平全国领先

根据统计年报，2017 年江苏省农业机械总动力为 4991.4 万千瓦，比 2016 年增长 1.7%。同年，全省新增节水灌溉面积 265.5 万亩；新增设施农业面积 51 万亩。江苏省已经遴选建设 14 个省级现代农业产业技术体系，累计创新集成农业新技术近 700 项，重点解决农业生产重大关键技术难题。全省创建省部级智能农业示范基地 55 个，规模设施农业物联网技术应用面积占比超 14%，节本增效效果显著。

2. 为农服务专业化程度加强

根据农业部门统计，2017 年江苏省农机服务合作社、植保服务合作社和土肥服务合作社分别占服务业合作社的比例为 54.97%、15.06% 和 1.93%。全省深入推行科技特派员制度，加强科技服务超市建设。推动线上线下农业科技成果交易，打造“一站式”农业科技成果交易市场。加快信息技术普及推广，扩大益农信息覆盖面。促进新品种、新技术、新模式、新装备推广运用，不断改善农业生产、经营、管理条件。

（四）支持保护手段日益完善

江苏省注重从制度完善的角度支持保护新型农业经营体系建设，在主体培育、土地流转、社会服务、产业融合、金融信贷等多方面释放政策红利。

1. 扎实推进农村体制机制改革

农村土地确权登记颁证、村级集体经济发展“股田经营”模式、农村集体产权制度改革、农村“两权”抵押融资、农村小型水利设施产权改革等成果逐步在全省层面推广应用。农村金融改革不断深化，整合成立新型农业经营主体融资风险补偿基金，注册登记省级农业信贷担保公司。探索农业保险及补贴方式革新，以期有利于新型农业经营体系的建立发展。组织专门力量对实施方案进行评估总结，及时反馈调整。

2. 制定相关政策引领地方实践

江苏省从实际出发，出台一系列规范和推动全省新型农业经营体系建设的规划及政策文件，并大力推动政策落地生效。目前已经编制出台《“十三五”新型农业经营主体发展规划》《“十三五”深化农业经营体制改革发展规划》《关于加强政策体系建设促进新型农业经营主体发展的实施意见》《关于加快推进农业产业化省级示范联合体建设的通知》等，进一步分解细化目标，按步骤、分时间推进。

二　江苏省探索新型农业经营体系的阶段性问题

“十三五”时期，江苏省农业农村经济发展继续保持稳中有进的良好趋势，并出现了阶段性的时代特点。总体而言，全省小农分散及粗放式经营的传统格局尚未根本扭转，农业劳动力素质及生产经营效率不高、科技服务供给跟实际需求脱节以及诸多叠加风险难以规避等现实问题，难以在短期内彻底改变。

（一）经营主体素质提升空间较大

农业劳动力供给仍然面临“质”“量”的双重制约。这既是城镇化与工业化共同推进的结果，也反映了人口红利消失对农业的不良影响。

1. *劳动力总量不足和结构性矛盾突出*

从数量上看，根据农业部门统计，2017 年江苏省农村劳动力中从事第一产业的劳动力比重为 21.67%，比 2011 年减少 2.7 个百分点；2017 年江苏省农村劳动力中常年外出务工的劳动力比重为 39.14%，比 2011 年增加了 1.55 个百分点。从结构上看，根据第三次农业普查数据，2016 年江苏省规模农业生产经营人员中，年龄在 55 岁及以上的比例为 37.6%，初中及以下文化水平的比例为 88.6%，纯种植农户的比例为 62.6%。

2. *优质劳动力稀缺导致生产经营能力受限*

高端、个性化、差异化农产品短缺，优质安全的农产品供给不足，部分低端农产品供过于求，农产品供求结构性失衡。全省领军型农业企业不多，农产品加工业落后产能过剩，转型升级步伐不快。根据农业部门统计，2017 年江苏省拥有注册商标、通过质量认证的家庭农场比例分别为 5.43% 和 2.79%。2017 年江苏省实施标准化生产、拥有注册商标及通过质量认证的合作社的比例分别为 7.21%、8.80% 和 6.27%。

（二）资源环境保护压力亟待缓解

农业产业结构优化调整与资源环境承载能力之间的冲突难以回避。资源环境约束倒逼农业生产经营方式的集约化转型与绿色发展。

1. 农地利用格局有待改善

小农分散经营格局仍然是江苏省农业生产的主要形式。根据农业部门统计，2011~2017 年，江苏省家庭经营耕地规模 10 亩以下农户占总数的比例维持在 92% 以上，土地规模流转有较大的潜力空间。随着土地确权工作的推进，加之农业剩余劳动力的社会保障还不到位，农户的惜地情绪增加，细碎化的家庭经营格局有所固化。伴随规模流转的土地整治工程迫在眉睫，引发大型农业机械无法下田、规模化社会服务难以开展等不利局面。

2. 农村环境质量状况不容乐观

全省水污染、工业化土壤污染总体向好，但复杂性污染源增多，农村生产生活环境首当其冲。长期以来的生产经营习惯，导致化肥农药残留，面源污染及农业废弃物乱堆乱放等问题还未根本改变。近年来，全省自然灾害及极端天气频发，加剧了农产品病害高发的现象。在区域布局上，还存在水土资源与经营规模、生产方式及收益增值不匹配的情况，过度开发与开发不足并存。这些都对农产品生产能力和质量安全产生潜在威胁。

（三）科技服务需求尚未有效对接

技术、服务与新型经营主体之间的真实需求尚有不匹配的地方。针对各类经营主体的实际需求有的放矢，才能更好地服务农业，加快科技成果转化。

1. 农业科技创新仍有较大差距

目前全省具有农业科技先导性、原创性的重大研究成果还不多。农业科技资源配置偏重于大宗农产品，对于高效设施农作物、经济作物等关键环节急需突破。科研与生产、科技单位与企业、技术人员与农民的结合还不够紧密。农业科技成果转化率还不高，具有国际影响的品牌比较少。乡镇等基层农技组织力量比较薄弱，专职农技推广人员匮乏，老龄化严重，农村实用人才科技素质总体偏低等问题较难改变。

2. 现有服务体系过于偏重生产性服务

与新型经营主体在金融、技术、信息、经营管理等方面的综合服务需求有所偏差。在有机、无公害、绿色、地理标志等高端农产品的认证培育方面缺乏规划指导。公益性与经营性农业社会化服务组织的数量不足、水平不高。以农民专业合作社为例，根据农业部门统计，其提供的社会服务还较为单一，购买、仓储和加工服务尚显不足。

（四）各类经营风险化解方案不足

自然风险、市场风险及政策风险叠加导致农业受到的内外冲击力度加大。农业的弱质属性需要从多方面化解和改善。

1. 土地流转不畅是规模经营的重要障碍之一

因农地产权不明晰，土地市场机制发育不全，引发土地流转中存在租赁成本过高的现象。农地流转交易成本快速增加、流转期限较短等问题，进一步加剧了粮食和其他农产品生产成本的上升，诱发“非粮化”“非农化”的转向。加之生产用房、烘干晾晒场地等配套基建用地指标紧张，新型经营主体的发展空间受限。上述情况均不利于土地集中和可持续性的投资与经营，也难以保证土地流转双方的根本利益。

2. 融资困难及保险不足加剧了经营风险

一方面，农业金融服务发展仍显滞后，处于起步阶段的新型经营主体普遍面临资金短缺问题。他们往往自有资金有限，而金融扶持政策不全面，导致土地承包使用权、农机具等主要资产不能抵押，很难从银行等金融机构获得贷款。民间信贷仍然是主要的借贷渠道。另一方面，除基本的政策性保险外，农业保险中各类商业性保险尚属空缺。“广覆盖低赔率”的农业保险体系，难以帮助受损主体，尤其是规模主体快速恢复生产。

三　构建江苏省新型农业经营体系的思路建议

为推动全省现代农业的高质量发展，需要构建与之匹配的现代化新型经营体系。树立全球农业一体化定位，加强研判国内外宏观形势及政策导向，赋予农业经营制度更多新的时代内涵。以各类新型经营主体为引领，围绕提质增效的改革目标，打造现代高效的科技服务平台，群策群力在全省范围内真正建立起集约化、专业化、组织化、社会化相结合，以农户家庭经营为基础、以合作与联合为纽带、以社会化服务为支撑的新型农业经营体系。

（一）充分发挥新型经营主体的引领作用

新型经营主体具有鲜明的示范功能、组织功能和服务功能，能够在率先行动的同时，带动、支持、联结广大普通农户在乡村振兴战略中积极作为。

1. 培育多元化新型经营主体

促进农户合理分化，承包小农和经营大农必将长期共存。吸引更多年轻的有识之士，如继承父辈资源的“农二代”、农业院校毕业生、加工企业主等进入农业领域，不断引入新理念和新技能，着力提升农业劳动生产效率和竞争力。针对不同类型的职业农民分类培训并进行职业技能鉴定，除基本技能外，系统培训统筹核算、管理营销、风险预估、技术应用等多方面的知识和能力。

2. 建立融合共享机制

鼓励涉农企业、家庭农场、种养大户和普通农户以土地、林权、资金、劳动、技术、产品为纽带，开展多种形式的合作与联合。推广订单购销、利润返还、直接投资、股份合作等多种形式的利益联结关系，发展生产、供销、信用“三位一体”的综合合作。严格履行契约，与小农户共享收益。积极创建示范型农业产业化联合体，鼓励龙头企业与产业链上、下游各类市场主体联合成立产业协会与产业联盟，推动农业产业做大做强。

（二）全力瞄准产业提质增效的改革目标

以农业产业高质量发展为目标，积极开发农业多种功能，让新产业、新业态、新格局成为新型农业经营体系的标志与特征。

1. 提高农业全产业链价值

不断拓展农业的广度和深度，加大一二三产业融合力度，推动农业产业与生态休闲、旅游观光、文化教育等产业的整合发展。积极发展订单农业、会员制农业等形式，通过家庭农场、龙头企业和合作社等新型主体制定统一标准和技术规范要求，以规模经营促进现代生产要素集中投入。实施“苏合”品牌培育工程，加快农产品绿色、健康、安全等新的需求结构转向，切实提高产品附加值和竞争力，为品牌创建打下坚实基础。

2. 优化农业区域布局

积极推进粮食生产功能区和重要农产品生产保护区的“两区”建设与管护，加快推进高标准粮田和农田水利设施建设，以适应现代大型机械耕作及规模经营，确保基本产能、高效产能、绿色产能和抗灾能力。在资源匮乏、生态脆弱、环境污染严重地区加快开展退耕、休耕、轮作，激励新型经营主体实行可持续的土地利用方式，鼓励自主开展农田整治。尽快在全省范围内形成水土资源、环境承载和农业生产协调配合的空间格局。

（三）着力打造先进科技服务的创新平台

依托先进的科技与服务平台，增强农业发展新动能和新活力，为打造高效、集约、专业的现代经营体系营造有利条件。

1. 致力农业科技创新

建设一批现代农业科技综合示范基地，以生态、高产、高效创建项目建设为载体，在育种、农机、标准化、精深加工等方面获得更大突破。引导农业企业加大研发投入和研发机构建设，积极培育发展农业科技型企业。建设农业科技成果网上交易公共平台和农业科技服务云平台。鼓励新型经营主体运用先进的物资装备和大数据、云计算、物联网等技术，发展电子商务、智慧农业和绿色农业，大力提高生产经营效率。

2. 着眼镇村服务一体化和为农服务规模化

发挥供销、农垦等系统优势，打造为农服务综合体。重点培育涵盖农资服务超市、土地经营权金融抵押、农产品保鲜储运、产地烘干、秸秆处理等领域的新型服务主体。广泛吸引科研院校及有实力的民营企业参与社会服务网络，探索建立集农技指导、信用评价、保险推广、产品营销于一体的公益性、综合性农业公共服务组织，在县乡一级扶持一批专业性强、效率高、资质可靠的农业技术服务公司。

（四）注重强化各类扶持政策的支撑合力

更好地发挥政府主导作用，进一步加强市场在资源配置中的决定性作用。加强土地、产业、财政与金融等各类政策的衔接互动。

1. 坚持家庭经营和适度规模经营的主导地位

深化农村土地产权改革，促进土地向新型经营主体有序集中，引导新型经营主体集群集聚发展。探索将新型经营主体带动农户的数量和成效，作为相关财政支农资金和项目审批、验收的重要依据。鼓励有条件的地方探索将新型职业农民纳入职工社会保障体系。对新型经营主体发展较快、用地集约且需求大的地区，适度增加年度新增建设用地指标，并按规定减免相关税费。

2. 加大信贷和保险等政策的综合支持力度

支持新型经营主体申报各类财政支农项目和产业基金。稳步开展农村承包土地经营权抵押贷款、农民住房财产权抵押贷款、粮食生产规模经营主体营销贷款和大型农机具融资租赁等试点。积极推动农业生产设施抵押贷款和生产订单、农业保单融资。推动农业保险由保成本向保产量、保收入、保市场价值转变，探索开展价格指数保险、收入保险、信贷保证保险、农产品质量安全保证保险、畜禽水产活体保险等创新试点。

参考文献

耿志超、吴沛良:《江苏实现农业持续增产得益于科技进步》，http://js.people.com.cn/n2/2017/1031/c360301-30874615.html。

江苏省农村统计处:《农业生产稳定增长，农村改革充满活力》，http://tj.jiangsu.gov.cn/art/2017/9/14/art_4028_6400202.html。

王伟健:《江苏依靠科技进步发展绿色现代农业》,《人民日报》2017 年 11 月 29 日。

隋福民:《培育新型农业经营主体不可忽视的四个问题》,《学习时报》2017 年 2 月 25 日。

杨岳:《努力率先实现农业现代化》,《人民日报》2017 年 10 月 27 日。

张红宇:《发挥新型农业经营主体对改革的引领作用》,《经济日报》2017 年 2 月 10 日。

朱琼:《机遇挑战并存，江苏农业产业化如何引领农业现代化》，http://jsnews.jschina.com.cn/jsyw/201805/t20180510_1592861.shtml。

乡村振兴背景下河北农村创业创新主体培育研究

赵然芬　穆兴增*

摘　要： 推进农村创业创新是实施乡村振兴战略的强力抓手。河北农村创业创新实践有效推进了乡村振兴全面提速，其实践探索的返乡下乡能人带动、龙头企业带动、创业创新园区（基地）孵化、特色产业拉动、科技创新驱动等模式有效促进了河北返乡农民工、大学生、退役军人等主体的创新创业。此外，调研发现，创业培训力度、正规金融融资可得性、政府双创工作推进力度、地方创业氛围、政府创业项目供给量等亦是影响农村双创主体创业创新的重要因素。在乡村振兴背景下，加快培育双创主体，推进河北农村创业创新发展，要从强化政府工作力度、完善培训体系和机制、加大资金扶持力度、营造浓厚创业氛围等方面着手发力。

关键词： 创业创新主体　乡村振兴战略　河北

* 赵然芬，河北省社会科学院农村经济研究所；穆兴增，河北省社会科学院农村经济研究所。

党的十九大提出要大力实施乡村振兴战略。实施乡村振兴战略，关键在于建立健全城乡融合发展的体制机制和政策体系，清除阻碍要素下乡的各种障碍，促进资本、技术、人才等现代要素向农业农村流动。推进农村创业创新，以返乡农民工、大学生、退役军人等作为双创主体，通过建设现代农业、发展新兴产业、培育新兴业态等，实现“体面”的经济收入和人生价值，进而示范、引领、带动更多的现代要素集聚农村，献力农业农村现代化建设，是实现乡村振兴的强力抓手。

一　农村创业创新有力推进了河北乡村振兴

2016 年，河北省人民政府办公厅发布《关于支持返乡下乡人员创业创新促进农村一二三产业融合发展的实施意见》。在一系列政策措施支持下，河北农村创业创新取得了显著成效，有力推进了乡村振兴。

一是有力推进了农村产业兴旺。截至 2017 年末，河北农村创业创新园区（基地）达到 160 个，各业态创业创新人员 7 万余人，创办各类经营主体 10137 个，实现营业收入 767 亿元，带动转移就业 60 多万人。农村创业创新主体采用新技术、新模式，发展新业态，有力推进了河北现代种养业发展和农村产业结构的优化升级。种养业是农村创业创新的最大领域，河北从事种养业的创业主体占到全部创业主体的 56.6%，其中从事种植业的有 61.7%，从事养殖业的有 25.2%，其余的为种养兼营。此外，农村创业创新主体从事农产品加工的占 7.3%，从事制造业（不含农产品加工）的占 6.27%，从事电商的占 3.75%，从事休闲农业和乡村旅游的占 2.28%，从事农机服务的占 1.42%，从事植保服务的占 1.81%，还有 19.02% 的创业主体从事运输、批发零售、服务业等。

二是培养了乡村振兴生力军。农村创业创新的发展有力吸引了大批适龄劳动力和高学历创业者的参加，这部分创业主体已经成为农业农村经济发展的新动能。课题组调查发现，河北 98% 的农村有创业创新活动，创业创新主体集中在“70后”到“90后”，不同年龄段从事行业不尽相同。以种养业为例，创业创新主体以“60后”与“70后”为主，所占比重达到83%，而农村电商等新兴产业以“90后”为主，农产品加工业、制造业等以“80后”为主。在受调查的创业者中，学历为大专的占7.0%，本科的占1.9%，硕士及以上的占0.3%。

三是促进了农村和谐和民主治理。在返乡农民工中，超过半数的创业者认为，“家乡的个人发展机会更多”与“家庭需要照顾”是他们返乡创业的主要原因。返乡创业的农民工在创造财富的同时，也有效缓解了农村的空巢留守等社会问题，促进了农村社会和谐稳定。同时，村党支部书记、村委会主任或“一肩挑”创业，或农村能人回乡创业后选任村党支部书记、村委会主任或“一肩挑”，是河北农村创业创新中的一个普遍现象，这些创业能人或带领村集体组织成员一同创业，或创业成功后造福乡里，带领村民共同创业致富，发展集体经济，建设公共产品和社会事业，有效改善了村风村貌，推进了民主进程。

二　新时期河北农村创业创新发展实践及典型案例

在国家政策和政府措施的强力引导下，河北农村创业创新主体适应市场需求，瞄准产业发展导向，积极引用新技术、新材料、新模式、新理念等，农村双创呈现出蓬勃发展的良好局面，涌现出了诸多成功经验与典型案例。

（一）新时期河北农村创业创新发展特点

一是全产业链条、宽产业领域创业，着力促进农村三产融合发展。河北农村双创主体大多利用当地的农业农村资源，结合科技、市场、信息、特色、区位等优势，从最具地方特色、最易规模开发、最熟悉易上手行业入手开展创业，创业领域涉及生态养殖、果蔬种植、农产品加工、手工艺制作、休闲农业与乡村旅游、电子商务、商贸物流、农业社会化服务等多个行业和门类。

同时，农村双创主体不断拓展农业产业链条和价值空间，大力发展种养一体化生态农业、农产品产加销“一条龙”模式，以及“农业+休闲”“农业+光伏”“农业+电商”“农业+扶贫”等新兴业态，着力推进农村一二三产业融合发展。

二是创业主体多元化，但以返乡农民工为主，其他创业主体比重呈上升趋势。河北农村双创以返乡农民工为主，这个比例大概占到67%，大学生占比17%左右，退役军人占到9%左右。但随着河北农村创业创新政策的完善、农村营商环境的优化等，以大学生、退役军人、外出创业成功人士等为主的非农民工主体呈现快速增长态势，尤其是籍贯为本地、在外地已经创业成功的有情怀、有担当的创业创新主体，在回报家乡、造福桑梓理念驱使和地方优惠政策及良好营商环境的吸引下，带着资本、资源回乡创业，造福乡里。这类创业主体具有丰富的创业经验、先进的经营理念、雄厚的资本、尖端的生产技术、广泛的营销网络等，在引领地方产业发展、促进产业集聚方面日益发挥重要作用，已经成为河北农村创业创新的一大亮点。

三是创业空间广泛，但创业园区的服务支撑作用日趋增强。从目前来看，河北农村创业创新主体广泛分布在创业创新园区内外，2017年，园区内外双创主体数量比为2∶5。随着政府对创业创新园区建设支持力度的加大，入驻园区的农村创业创新主体日益增多，园区对农村双创的支撑作用日趋增强。调查显示，园区一般都为双创主体提供水、电、气、创业培训等服务，工商注册等行政事务办理方便，金融服务易得性高，对大专及以上高学历的双创主体吸引力较大，园区内该类创业群体的占比达到17.3%，比园区外高8.8个百分点；其提供的创业服务使创业主体面临的创业困难相较于园区外也明显较少，尤其是创业培训服务方面，园区内接受过创业培训的主体比例高达87.2%，比园区外高出近30个百分点。

（二）河北农村创业创新典型模式及案例

近年来，河北扎实推进农村创业创新，通过抓政策、育主体、建机制、搭平台、搞服务等，着力解决双创主体发展难题，破除农村创业创新发展瓶颈，其实践总结的五种经典双创模式有力推进了河北农村创业创新的大发展。

一是返乡下乡能人带动型。该模式由返乡下乡人员通过创办、领办企业或合作社等新型农业经营主体，或者创建农业园区等方式引领带动周边农村创业创新。河北邢台南宫市王家屯村党支部书记王朝良，以村“两委”干部、大学生村官、村致富能手为核心社员，组织成立了王家屯村经济股份合作社，带动全村 859 人入社。王家屯村经济股份合作社创办了邢台市第一个集现代农业、休闲、旅游于一体的观光园区，先后投资 2000 万元创建梨花小镇特色产业园区，引领创办了南宫市博凯林业有限公司、河北开泰肉羊养殖有限公司、南宫市详凯农业科技有限公司、南宫市九农农业技术服务公司、南宫市福和祥肉羊养殖专业合作社、南宫市金硕果蔬种植农民专业合作社等创业创新主体，打造了凤池游乐园、草莓采摘园、荷花观赏园、错季葡萄、有机梨、肉羊养殖等集产、游、娱于一体的产业发展链条，带动了近 30000 人次就业。2017 年，王家屯村被评为“中国村庄 2017 特色村”，王朝良入选河北省“千名好支书”。

二是龙头企业带动型。该模式依托国家或省级龙头企业的发展优势，辐射、引领和带动当地农村双创主体创业创新，为龙头企业提供配套产品和服务。河北新发地农副产品有限公司位于河北保定高碑店市，是河北重要的农产品物流龙头企业，近年来，该公司依托自身规模以及交通、科技、环保等优势，通过为双创主体提供培训、融资担保、生活保障等服务，引导双创人员与农业合作社、食品加工企业对接等，积极带动周边返乡下乡在乡人员创业。截至 2017 年，直接或间接带动 3000 余家农村双创主体在蔬菜种植、高端农产品流通、农产品电子商务、观光农业、循环农业等领域成功创业。

三是创业创新园区（基地）集群型。该模式以农业企业或园区（基地）为平台或载体，为农村创业创新提供见习、实习、实训、咨询、孵化等多种服务，通过共享平台和载体资源，实现一定地域范围内的要素集中、产业集聚、企业集群和技术集成。2017年被农业部认定为“全国农村创业创新基地”的河北省邢台市隆尧县境内的河北宝信物流有限公司，是一家集农产品生产、仓储冷贮、货运配送、电子商务、现代物流、现代农业、商务信息于一体的综合性现代物流商贸企业。近年来，宝信依托自身资源优势，创建了2000余平方米的河北宝信创业孵化基地，免费为农村各类创业创新人才提供办公场所、家具、水、电、网等服务设施和创业创新技能、技术培训等服务。截至2017年，已孵化成功创业企业31家，提供就业岗位1000余个，带动当地及周边6000余户农户增收致富。

四是特色产业拉动型。该模式依托特色产业，推动创业创新，围绕产业链的上、中、下游生产和服务需求开展创业创新活动，形成大、中、小企业及各类经营主体集聚、产业集群式发展的创业生态系统。邢台隆尧是全国食品工业强县、全国食品工业十大发展特色县，有包括今麦郎在内的农业产业化龙头企业120多家。多年来，隆尧县委县政府高度重视双创工作，强措施、重实效，围绕今麦郎等食品加工企业的发展壮大，积极开展产业链创新，依托东方现代农业园区双创平台，大力引导、服务、管理农村各类经营主体创业创新。截至2018年5月，园区已培育孵化食品加工及配套企业80多家，畜禽养殖企业20余家，种养专业合作社249个，带动1万多户农户创业增收。

五是科技创新驱动型。该模式依托高校、科研院所的科技优势，大力发展产学研合作，深入推进科技创新、技术进步、成果转化与地方特色、地方优势、主导产业的全面耦合，依靠科技带动、合作拉动、服务推动等方式构建由点及线到面的农村创业创新发展态势。连续16年被评为全国科技进步先进县的河北邯郸曲周县，在以县委书记为组长的县农村创业创新工作领导小组的指引下，持续加大与中国农业大学、河北工程大学、天津科技大学、河北省农科院等的合作力度，深入推进县校合作、企校合作、村校合作，以共建试验站、科技创新园区、研究院、科技小镇、科技小院联盟、青年教师和大学生教育实践基地、大学生创业孵化中心、技术转移中心等方式引进农业创新人才团队，为当地农业经营主体和双创人员提供技术指导。同时，引导农业园区、农业龙头企业、农民合作社建立新型职业农民实习实训基地、农民田间学校，为返乡下乡人员、大学生、退役军人等提供教学观摩、实习实训和创业孵化场所，“手把手、面对面、全覆盖”传授创业知识和农业生产技术。截至2017年，曲周县农村创业创新园区已发展龙头企业16家，农民专业合作社和家庭农场48家，创业创新人员达到5800人，其首创的“科技小院”推广模式实现了科技与农民的无缝对接，近年来累计培训农民15000余人，解决和对接技术难题50项，其经验和做法被《自然》杂志、《新闻联播》和《朝闻天下》等电视栏目报道推广。

三　农村双创主体创业创新影响因素分析

国内对农村双创主体创业创新影响因素的研究很多，赵路、杨凤、刘溢海和来晓东、朱再昱等认为，融资难易程度、创业政策环境、创业资源丰裕度、创业公共服务供给、创业氛围、个人素质（包括年龄、文化程度、专业技能、资金实力、创业动机、风险容忍度等）、家庭因素等是影响农民、大学生等主体创业创新的主要因素。[①]课题组在总结梳理相关研究的基础上，针对农村创业创新影响因素在河北保定、邯郸等6市开展实地调研。调查结果显示，创业培训力度、正规金融融资可得性、政府双创工作推进力度、地方创业氛围、政府创业项目供给量、当地经济水平、个人资金实力等与是否创业呈正相关关系。

调查发现，创业培训力度越大、频次越高，正规金融融资越容易，政府推进双创工作的积极性越高、力度越大，政府提供的创业项目越多，地方创业氛围越浓厚，当地经济发展水平越高，个人资金实力越强，农民、大学生、退

① 赵路：《农村创新创业人才特征与培养研究》，《科技管理研究》2016年第1期；杨凤：《农村创新创业影响因素分析》，《齐齐哈尔大学学报》（哲学社会科学版）2017年第10期；刘溢海、来晓东：《“双创”背景下农民工返乡创业意愿研究——基于河南省4市12县的实证分析》，《调研世界》2016年第11期；朱再昱、余汉英、苗其俊：《新型职业农民创业情况的调查研究——以江西为例》，《江西科技师范大学学报》2017年第5期。

役军人等主体的创业意愿越强，创业的概率也越大。尤其是在地方创业氛围浓厚的地方，周围创业主体示范性越强，经济发展水平越高，自身资金积累越雄厚，返乡下乡人员创业的动力越强，几乎达到了100%创业。

而就已经实现创业的农村双创主体来说，尽管不同发展阶段会遭遇不同的发展难题，但总的来说，影响其创业进程的因素主要集中于资金、土地、技术、保险、政策等方面。

四　美国农村创业创新发展经验借鉴

20世纪90年代兴起的美国创业革命促进了美国中小企业的快速发展，时至今日，美国中小企业数量已占全美企业总数的99%，尤其是美国农村地区创建的中小企业，为增加农村地区就业、促进农村经济发展与稳定做出了很大贡献。为推动农村地区中小企业创建与发展，美国政府营造了良好的农村创业创新环境，提供了多方位扶持，其在创业硬件、创业资本环境以及创业内在机制建设等方面都处于领先地位，其中部分做法对河北省乃至全国农村创业创新发展都具有借鉴意义。

一是完备的创业教育培训体系。美国创业教育培训覆盖了从小学到研究生的所有阶段，目前全国已有500所大学开设创业课程并提供学位。美国创业教育中，小学到高中阶段提供创业基本技能课程，大学到研究生阶段提供创业高级技能课程，没有进入大学的高中学历创业者还可以选择进入社区大学学习计算机、科学技术、企业管理等专业技能，创业者所需的知识都可以通过学校创业教育体系得到补充和完善。此外，美国诸多社会组织机构还经常举办创业竞赛、创业俱乐部、创业交流会等形式众多的创业活动来提升创业者技能，营造创业氛围。

二是完善的金融支持体系。资金短缺也是众多美国创业者经常遇到的难题，美国的社区银行、风险投资中的“天使投资”和创业投资基金都针对创业者开办了融资项目。尤其是小企业管理局（SBA），自设立以来就针对不同创业者提供融资支持，如针对科技创新小企业的“小企业创新研究计划”，针对乡村发展的“乡村优先贷款担保项目”，针对妇女、退伍老兵的贷款计划等，以及近几年提出的“促进私募股权和风险资本与农村初创公司互动”计划，都在某种程度上有效缓解了创业者的资金困难，促进了中小创业主体的发展。

三是健全的政府扶持体系。为推进创业者创建和发展中小企业，美国政府成立了小企业管理局（SBA），专门代表小企业利益，主要为中小企业提供融资、咨询、管理培训和争取政府订单等服务，每年小企业通过SBA参与的采购项目金额占政府采购合同总金额的23%。此外，还通过设立“小企业出口流动资本项目”“出口服务中心”来促进小企业发展进出口贸易。同时，美国政府针对创业初期小企业抗风险能力低的情况，推出了针对小企业特点的、综合涵盖多个基本险种的“一揽子”保单，为小企业提供保障。

五　推进河北农村创业创新更好更快发展的对策与建议

2018年中央一号文件指出，实现乡村振兴，要从农业内外、城乡两头共同发力，探索促进资本、技术、人才等要素向农业农村流动的有效政策措施，清除阻碍要素下乡的各种障碍，激发农村创业创新活力。

（一）强化政府工作力度，着力加大农村创业创新服务供给力度和加快平台建设

1. 强化政府工作力度

一是建议各县（市）成立由县委书记任组长、县长任第一副组长的县（市）农村创业创新工作领导小组，统筹协调推进各县（市）农村创业创新工作。二是加大农村创业创新基层行政力量投入，增加人财物力，尤其是人力供给，着力改变基层一人身兼数职的窘迫局面。三是以县为单位建立重点项目领导包联责任制，农村创业创新工作领导小组各成员与县级及以上重点项目和企

业实施分包联系，协调推动解决实际问题。

2. 加大农村创业创新服务供给力度

一是加大政策服务供给。针对当地农村创业创新发展中存在的土地、人才、资金短缺等各种普遍性问题，在不违反国家相关政策方针的基础上，结合本地经济社会发展实际，出台实施地方性政策和文件，同时采取有效措施保证政策文件的落地与实施，尤其是市场准入、金融服务、财政税收、用地用电、创业培训、社会保障、信息技术和创业园区等方面的扶持政策要落到实处，以加快推进当地农村创业创新发展。二是优化农村创业创新环境。加快推进“多证合一”扩容升级，扩大“多证合一、一照一码”覆盖范围，实现持照即可经营，切实降低企业制度性成本。加快推进“互联网＋政务服务”建设，积极推进网上审批，开设农村创业创新登记绿色通道，降低企业和群众办事成本。

3. 加快农村创业创新平台和载体建设

按照“政府搭建平台、平台聚集资源、资源服务创业”的思路，加快农村创业创新平台、载体和基地建设。依托各类农业园区、工业园区、物流园区、文化产业园区、创意产业园区、科技孵化基地等，建设农村创业创新园区，鼓励大型企业、知名村镇、大中专院校等社会力量建设见习基地、创业孵化基地和创客服务平台，利用平台和基地要素集中、产业集聚、企业集群、技术集成优势，促进现代科技、生产方式和经营模式与农村创业创新的融合发展。

（二）完善培训体系和机制，着力提升农村创业创新培训精准度和效率

1. 完善创业素养教育

一方面，借鉴美国和西北农林科技大学经验，鼓励地方经济类高等院校在农村创办创业培训基地，结合自身教育、学科优势为农村创业创新主体开展经营管理等基础知识教育培训，或者与县（市）职教机构、农村创业创新园区和基地等开展合作，为农村双创主体普及创业创新的基本理论知识，在创业理论、农业实践、创新思维、创业精神等方面全方位提升双创主体创业素养。另

一方面，在省级层面组织相关专家、企业家、农村创业创新主体典型等，组建农村创业创新宣讲团，以理论宣讲、知识下乡、网络授课、远程教学等方式给农村双创主体普及农村双创基础知识。

2. 完善创业技能教育

以创业创新园区、孵化基地为主体，探索以政府购买服务或给予政策优惠的方式，鼓励园区和孵化基地依托自身资源优势，结合当地资源、区域特色开展创业创新实用技术和技能培训。鼓励社会资本开展农村创业创新实用技能培训，把培训与就业、创业精准对接，开展“订单式”“定向式”技能培训，提高创业主体培训质量。

3. 完善创业“实战”教育

鼓励农村创业创新成功主体开辟“实训车间”“实训基地”，供处于创业创新初期的双创主体免费学习、教学与培训，手把手地传授创业经验。邢台威县要求每家入驻威县现代农业产业园核心区企业和农业龙头企业拿出不低于50亩的土地作为农村双创主体实战培训基地，引导农民合作社建立田间学校供农村双创主体教学观摩、实习实训，取得了非常好的培训效果。

（三）加大资金扶持力度，着力提升农村创业创新资金可得性

农业生产风险大，投资回收期长、利润率低，正规金融机构贷款难、贷款贵、贷款期限短等，是众多以农业为主导产业的农村创业创新主体普遍面临的发展难题。资金短缺难题，要依靠政府、金融机构、农村双创主体、城市工商资本等多方协同解决。

1. 加大金融创新力度，提高融资可得性

一是加快推进金融扶持农村创业创新政策文件的落地实施，督促地方各商业银行抓紧制定出台相关措施，真正将扶持政策落到实处。二是鼓励地方性金融机构根据农村创业创新主体经营类型、创业阶段等开发合适的金融产品和服务模式，政府给予一定的政策、贴息等优惠扶持。三是推动金融机构与当地农村创业创新工作主管部门、园区、基地、孵化器等深度合作，建立专门评审

机制，对符合要求的农村创业创新经营主体和项目降低贷款门槛，发放小额贷款、信用贷款、低息贷款，开发政府、园区、孵化器担保贷款等，提高融资可得性。

2. 加大财政扶持力度，降低农村创业创新成本

一是加大税收优惠力度。在具体落实定向减税和普遍性降费政策基础上，加大对农村创业创新主体的税收优惠力度，如对成立1年以内的农村创业创新经营主体免征增值税和营业税，成立1~3年的，其所得按50%计入应纳税所得，并按20%的税率缴纳企业所得税。二是发挥财政资金引导作用，以带头组建创业种子基金、参股设立创业投资基金、设立创业奖励基金等方式，引进民间风险投资基金，撬动城市工商资本，集聚农村闲置资本，按照"政府引导、项目选择市场化、资金使用公共化、提供服务专业化"原则扶持农村创业创新主体发展。三是完善农村创业创新风险保障机制。一方面，借鉴美国经验，根据县经济社会发展水平和财政能力，设立最低标准的农村创业创新失败补偿标准。另一方面，加大政策性农业保险扶持力度，扩大保险覆盖范围，除国家规定的玉米、小麦、能繁母猪和生猪等险种外，由县根据农业发展方向，把特色、优势、主导农产品生产纳入保险范围，同时加大保费补贴力度，鼓励商业保险机构开发针对农村创业创新的地方险种和业务。

3. 加大创新力度，支持农村创业创新主体开展资金互助

以县（市）为统筹范围，由县财政投入启动资金，由县农村创业创新工作主管部门组织有意愿的农村双创主体集资组建互助"资金池"，池内资金存入政府指定合作银行，由财政资金做担保，银行放大10倍数额作为互助组织信贷总额度，各成员根据出资额和资金供需情况享受一定倍数信贷额度。

（四）开展多种形式宣传推介活动，着力营造浓厚创业氛围

一是强化政策宣传。充分利用电视、手机、互联网、村广播等宣传媒介，多渠道、多层次、全方位宣传省、市、县各级政府鼓励倡导农村创业创新的方

针政策、优惠措施，强化地方政府与本土外出事业成功人士的沟通与联系，鼓励引导其返乡创业；建立创业项目库，对返乡创业者免费开放，搭建对接平台，帮助创业者与创业项目对接。二是强化典型推介。开展省、市、县三级农村创业创新典型评选活动，表彰宣传其创业事迹，总结、宣传、推广其创业经验和发展历程，弘扬自强自立、勇于开拓的创业精神，营造乐于创业、敢于创业的环境氛围。

农业生产性服务组织发展研究

——以山东为例

樊祥成*

摘　要： 本文在分析农业生产性服务组织发展现状的基础上，认为目前农业生产性服务组织发展表现出供给主体多元化、服务全程化、服务手段现代化、服务专业化和规模化等特点，同时农业生产性服务组织也面临一些问题，在一定程度上制约了农业规模经营和现代农业发展。随着农业分工专业化的深入以及新型农业经营主体的发展，农业生产性服务组织仍然具有广阔的发展前景。根据农业经济发展趋势，对农业生产性服务组织未来的发展方向进行了分析。

关键词： 农业生产性服务组织　专业化　山东

培育壮大农业生产性服务组织，是实现农业现代化的内在要求，是构建现代农业产业体系、生产体系、经营体系的基础支撑。现阶段，农业生产性服务组织包括农村集体经济组织、农民合作社、龙头企业、专业服务公司、服务

* 樊祥成，山东社会科学院农村发展研究所。

联合体等多种经济单位。农业生产性服务组织的经济活动贯穿农业生产全过程，直接完成或协助完成农业产前、产中、产后各环节作业。从各地的实践看，农业生产性服务组织是当前我国农业经济领域最具活力的力量之一，其逐渐成为农业社会化服务体系的重要组成部分，为各类农业生产经营主体提供覆盖全程、综合配套、便捷高效的生产性服务。

一　农业生产性服务组织的发展现状

农村土地实行家庭承包经营制度以后，农户成为农业生产经营的主体，农业生产的所有环节几乎全部内部化于农户家庭经营的层次中，而设想中的集体统一经营层次却没有在绝大多数地方发展起来。在这种情况下，农户必须独自或者几家联合应对所有的农业生产环节。毕竟，农业生产中还是有一家一户干不了也干不好的事情。农户的应对之策是基于血缘关系、邻里关系的互助合作。在这种情况下，农业生产分工专业化程度很低。随着经济社会的发展，农业生产内部化的格局逐渐被打破，农业生产社会化程度不断加深。

专业化的农机作业服务市场的形成和发展是农业生产社会化程度不断加深的一个显著表现。由于农业生产季节性特点十分突出，加之农户土地经营规模小且土地细碎，农机具必定处于长时间闲置的状态。这就决定了每个农户都拥有农机具或者几户联合购买使用农机具都是不经济的。为了提高农机具的使用效率，一些农机户开始向那些缺少劳动力的农户提供农机作业服务，突破了农机自我服务的范畴，农机服务开始走上专业化轨道。与此同时，较为专业的农机大户开始出现，一些农机户联合起来组成各类农机服务组织。截至2016年，我国农机合作社数量接近6万个。总体来看，农业生产环节中需要农机作业的很大部分（比较典型的是耕、播、收环节），已经从农户家庭经营层次分离出来，形成了一个专业市场，农业生产分工向前迈出了一大步。

目前，一些经济组织开始提供植保、灌溉等田间管理环节的服务，一些省市把加快培育新型植保组织、扶持专业化统防统治组织作为推进粮食高产创建工作的重要措施。据统计，2016 年，鲁、苏、浙三省从事农机、土肥、植保、畜牧兽医、种子、种苗等服务的农业生产性服务组织和公司达 3.17 万家。建设培育壮大农业生产性服务组织，有利于推进农业生产的专业化、商品化和社会化，对解决农业生产过程中的关键问题、促进农业稳定发展具有重要作用。

二　农业生产性服务组织的发展特征

农业生产性服务组织为农业提供生产性服务，能够把各种现代生产要素注入农户家庭经营，有效地提高农业的物质技术装备水平，推进农业生产的专业化、商品化和社会化，提高农作物产量和品质，实现小农户与现代农业发展的有效衔接。从山东省各地的实践看，农业生产性服务组织的发展表现出以下特点。

（一）服务供给主体趋于多元化

与农业生产性服务起步阶段相比，专业化的服务供给主体有了很大的变化。起始阶段，专业化的服务供给主体主要是包括农机大户、农资经销户等在内的农村从事生产性服务的专业农户。目前，这些专业农户已经具备了一定的职业化程度，有的还联合起来成立了服务型专业合作社，组织化程度进一步提高。夏津县农家丰植保农机服务专业合作社，成立于 2011 年，目前拥有社员 107 人，各类大中型植保和耕作机械设备 87 台（套），小型设备 400 多台；日常虫草害防治作业能力 10000 亩以上，日耕、种、收农机田间作业能力 2000 亩以上。各类社会资本也纷纷进入农业生产性服务领域，成立农业服务公司，开展为农服务。德州齐河县的山东齐立新农业服务有限公司，成立于 2013 年，公司注册资金 1600 万元，建有装备库 1600 平方米、药品库 1000 平方米，配有罗宾逊 R44 直升机 1 架、无人机 6 架及配套喷药设施和自走式喷雾机 40 台、大型水旱两用喷雾设备 3 台。每天作业能力达到 4 万 ~5 万亩。公司以实施政府购买服务统防统治项目为切入点，服务于农业和林业，根据实地情况制定病虫害防治措施，并科学提供作物增产方案。公司自运营以来已服务完成小麦、玉米统防统治面积112万亩次，带动全县200万亩次农作物实现统防统治。2017年7月18日，我国首家开放的现代农业服务平台——金丰公社在北京正式创立。它是由金正大集团发起并控股，世界银行集团国际金融公司、华夏银行共同参与的。金丰公社的目标是，建立1000家县级农业服务机构，为中国5000万农民提供全方位种植服务。目前，金丰公社在山东省成立了20多家县级机构，在临沭县开展了土地托管等服务。

（二）服务内容逐步覆盖到农业生产全过程

农业生产性服务是农业生产分工专业化的结果，因此服务内容也会随着分工专业化的深化而逐步扩展。农机作业、生资供应等服务是最早发展起来的，目前农业生产性服务组织的服务内容有了很大程度的扩展。夏津县农家丰植保农机服务专业合作社，能够提供包括全程技术指导、病虫害统防统治、整地、播种、施肥、收割以及配套农资供应等方面服务，还邀请农业技术专家组成技术顾问团队，成立了农业科技培训中心，采取室内教学培训、田间技术实训、现场示范观摩、网上技术交流等形式，把科学的栽培质保管理技术传授给农户。济宁大粮农业服务有限公司是一家面向种粮大户、家庭农场、农民专业合作社等新型农业经营主体的农业社会化服务组织，主要提供粮食作物播种、施药、收储、销售以及生产资料购销、农业金融贷款等农业生产全产业链服务。目前，该公司服务农户达到200余家，服务面积10万余亩。为了解决规模农户融资难的问题，该公司2015年10月与京东共同合作，利用京东的“京农贷”产品，向汶上及周边县区的农民提供农作物种植贷款。

（三）服务手段日益现代化

随着科技进步和信息技术的发展，农业生产性服务由原来传统的现场代购代销和线下服务，发展到目前通过提供网络销售平台，开展线上销售、网上服务。目前，网络进村入户、手机 App、农村淘宝、京东电商等模式开始广泛应用。山东思远蔬菜专业合作社与国家农业信息化工程技术研究中心合作，开发了思远“农保姆”App，合作社社员使用该 App 能够学习标准化种植技术，分享种植经验，解决生产中的难题。服务工具也由原来以普通人工操作的农机具、植保机械，发展为无人机播撒农药、远程物联网智慧农业。一些实力较强的合作社或龙头企业凭借自身实力或通过政府财政补助项目购置了植保无人机、联合收割机、播种机、自动配方施肥机等，农业物质装备水平得到提升。前面提到的济宁大粮农业服务有限公司，从 2013 年开始应用植保无人机作为粮食病虫害防治的新式武器。目前，公司自用无人机达到 20 架，培养无人机操作员 50 余人。青岛高产农机专业合作社拥有大型拖拉机、玉米小麦联合收割机等大型机械40余台，免耕播种机、深松整地机、灌溉机械等机具70多套，2 架植保遥控飞机及粮食烘干设备 1 套。夏津县农家丰植保农机服务专业合作社购置了日本丸山 3WP-500CN 水旱两用动力喷药机、德国雷肯天狼星 8 背负式喷药机、3WFBM8-18 多旋翼农用无人植保机等一系列世界先进的植保农机装备，作业效率、作业质量大幅提高。

（四）服务专业化、规模化优势逐步显现

农业生产性服务组织提供农业生产性服务，具有专业化和规模化的优势。专业化优势来源于先进的设施装备和专业的操作技术。夏津县农家丰植保农机服务专业合作社利用新进的德国雷肯欧派悬挂式翻转犁、雷肯启康动力驱动耙和宽幅播种机整地播种，能够保护土壤微生物，提高耕地肥力，实现小麦每亩增产 150 斤以上。规模化优势突出体现在统防统治上。据胶州市调查，2015 年以来实施小麦统防统治，相对农民自行防治，小麦平均产量提高了 6.5%，该市高产农机专业合作社利用免耕播种机，推行机械化保护性耕作，实行深松、播种、施肥、镇压复式作业以及收割、秸秆还田联合作业，减少了作业程序，每季每亩节省翻耕作业费 80 元，耙地作业费 50 元，通过秸秆还田，土壤肥力增加，每亩化肥使用量减少 25 公斤，节省成本 80 元。

根据济宁大粮农业服务有限公司的测算，飞防植保作业能够实现节水 90% 以上，节药 40% 以上，单机作业效率超过 300 亩 / 天，是使用地面机械的 3 倍，人工防治的 20 倍。

三　农业生产性服务组织发展中存在的问题

从调研的情况看，农业生产性服务组织在农业生产中的作用越来越重要，取得的成效明显，但同时也面临着一些问题，在一定程度上制约了农业规模经营和现代农业发展。

（一）承担的市场风险较大

从农业生产性服务组织经营情况看，存在服务业务不稳定、忙闲不均、资产闲置情况，形成了投资风险，阻碍了适度规模经营和现代农业发展。比如对粮食烘干服务的需求，受天气影响很大。如果粮食收获季节遇连日阴雨天气，设备的利用率就会很高；如果粮食收获季节遇到晴好天气，农民为节约成本基本不去租用。当然，这种情况不是山东省所独有，其他地区也是如此。江苏宿迁市宿城屠园乡粮食种植家庭农场集群投入 1300 多万，在政府仅补贴 30% 的情况下，购置了 5 台烘干设备，但是由于天气原因 2017 年利用率近乎为零。

（二）服务供给存在一定的盲目性

农业机械在这方面有过深刻的教训。由于缺乏长远眼光，在很长一段时间内，我国农机购置补贴政策没有关照到农机作业对土壤可持续利用的影响，耕作机械以旋耕机为主。在这种情况下，秸秆还田和浅旋耕长期并存，以至于还田的秸秆无法深埋，不但无法实现秸秆还田增加土壤有机质的初衷，而且未能腐烂的秸秆还影响到种子的发芽率，在一些地方小麦种子的播种量比应用秸秆还田技术之前增加了 1 倍，甚至还给病虫害滋生蔓延提供了温床。当 2014

年中央提出大力推进机械化深松整地和秸秆还田等综合利用时，深松、深耕机械作业能力无法满足需要。当前农机购置补贴政策已经针对这种现象做出调整。目前，基本的农机作业服务供给已经趋于饱和，而农民迫切需要的种子供应、技术指导、农产品市场销售等薄弱环节和关键环节服务，往往多数经营主体不能提供或者服务能力跟不上。

（三）缺少服务标准和仲裁机制

农业生产性服务具有一定的风险，存在造成农作物损失的可能性。因此，一旦产生损失，农户与服务组织的纠纷就不可避免。由于目前还缺乏完善的服务标准和仲裁机制，在发生纠纷协商无果时，任何机构都无法为农业生产性服务供需双方提供有效的损失评估。

四 农业生产性服务组织未来发展方向

随着农业分工专业化的深入以及新型农业经营主体的发展，农业生产性服务组织仍然具有广阔的发展前景。根据农业经济发展趋势，预计农业生产性服务组织未来的发展主要表现在以下几个方面。

（一）服务内容将会更加全面

当前，山东省农业生产性服务领域更多地聚集在产中阶段，农民对农机作业、植保等方面服务的需求比较强烈。产后阶段的生产性服务领域包括粮食烘干、产品存储、市场流通、育种育苗。测土配方等方面的服务也有较大发展。但是，这些服务内容与近期农业部、国家发展改革委、财政部联合发布的《关于加快发展农业生产性服务业的指导意见》中提出的要在农业市场信息服务、农资供应服务、农业绿色生产技术服务、农业废弃物资源化利用服务等 7 个领域发力的具体要求相比，还有较大差距。这些领域的服务内容仅靠政府、龙头企业等主体难以实现，需要农业生产性服务组织发挥作用。

（二）服务方式将会更加便捷

美国等国家农业生产性服务业发展得较为成熟，服务十分便捷，通常通过电话便可获得耕、种、播、收、物流、销售等服务。就像我国在信息化和移动支付领域领先全球的情形一样，随着移动互联等信息化技术的发展，我国农业生产性服务线上供给也有可能成为常态。新的农业生产性服务线上供给平台可能在不远的将来就会出现，供需双方之间的信息壁垒将会减少，服务交易将会更加便捷。于山东来说，需要及早部署，支持农业生产性服务企业特别是专业化服务企业充分利用互联网技术，装备自己，发展自己，充分利用新的信息手段推介自己，宣传自己。

（三）市场整合将会更加激烈

像农机服务等农业生产性服务业市场发育已经比较成熟，服务组织面临着激烈的市场竞争，兼并重组成为必然现象。此外，国内的农业生产性服务组织还面临着跨国农业服务企业的竞争。孟山都（Monsanto）、杜邦（DuPont）、巴斯夫（BASF）等跨国农业公司都纷纷布局农业生产性服务，提供精密播种技术、精准农业气象、农业数据分析、智能化灌溉等综合信息服务。因此，生产性服务组织应该不断提升自身发展能力，培育市场竞争优势，迎接不断到来的市场挑战。

（四）支持和约束将会更加强化

目前，政府对生产性服务组织在资金扶持、业务指导、订购服务、定向委托，以及税收、信贷优惠政策落实等方面的政策支持力度不足，为农服务设施设备用地指标难以落实。随着国家对农业生产性服务业重视程度的提高，专业性服务组织将会得到更多的政策支持。同时，政府也将会进一步规范服务组织的管理和运营，推动服务标准的制定和实施，完善服务纠纷调解、仲裁或法律诉讼。

参考文献

Liu Jing, Meinzen-Dick Ruth, Qian Keming, Zhang Lubiao, and Jiang Li, "The Impact of Irrigation Management Transfer on Household Production in Central China," http://publications.iwmi.org/pdf/H030877.pdf.

Mary K. Mathenge, and David L., "Tschirley, Off-Farm Work and Farm Production Decisions: Evidence from Maize-Producing Households in Rural Kenya," http://citeseerx.ist.psu.edu/viewdoc/download?doi=10.1.1.188.4227&rep= rep1&type=pdf.

Kamiljon T. Akramov, "Decentralization, Agricultural Services and Determinants of Input Use in Nigeria," *IFPRI Discussion Paper* No. 00941, http://www.ifpri.org/sites/default/files/ publications/ ifpridp00941.pdf.

Scott H. Irwin, Darrel L. Good, and Joao Martines-Filho, "The Performance of Agricultural Market Advisory Services in Corn and Soybeans," *American Journal of Agricultural Economics* 88 (2006).

陈洁、刘锐、张建伦:《安徽省种粮大户调查报告——基于怀宁县、枞阳县的调查》,《中国农村观察》2009 年第 4 期。

龚道广:《农业社会化服务的一般理论及其对农户选择的应用分析》,《中国农村观察》2000 年第 6 期。

韩苗苗、乐永海、孙剑:《我国农业社会化服务服务水平测评与制约因素解构》,《统计与决策》2013 年第 3 期。

洪仁彪、张忠明:《农民职业化的国际经验与启示》,《农业经济问题》2013 年第 5 期。

黄祖辉、蒋文华、张忠根:《当前我国农户家庭经营中的交易途径与合约方式》,《浙江社会科学》1998 年第 5 期。

孔祥智、徐珍源:《农业社会化服务供求研究——基于供给主体与需求强度的农户数据分析》,《广西社会科学》2010 年第 3 期。

鲁可荣、郭海霞:《农户视角下的农业社会化服务需求意向及实际满足度比较》,《浙江农业学报》2013 年第 4 期。

农业部经管司、经管总站研究小组:《构建新型农业社会化服务体系初探》,《农业经济问题》2012 年第 4 期。

仝志辉:《“去部门化”:中国农业社会化服务体系构建的关键》,《探索与争鸣》2016 年第 6 期。

“山东省农业生产性服务业转型升级”调研组:《山东省农业生产性服务业调查与思考》,《经济动态与评论》2017 年第 2 期。

王晓宇:《2016 农机合作社扬帆远航》,http://news.nongji360.com/html/2017/01/214156.shtml。

王玄文、胡瑞法:《农民对农业技术推广组织有偿服务需求分析——以棉花生产为例》,《中国农村经济》2003 年第 4 期。

徐勇、邓大才:《社会化小农:解释当今农户的一种视角》,《学术月刊》2006 年第 7 期。

张宏宇、张涛、孙秀艳、杨春悦:《农业大县如何发展农业生产性服务业——四川省的调研与思考》,《农村经营管理》2015 年第 10 期。

四 乡村环境、文化与治理

乡村振兴战略视角下农村移风易俗问题研究

周 立*

摘 要： 河南省在推进农村移风易俗方面取得了明显成效，但存在阵地意识不到位、推进方法不新颖、制度机制不健全、公共文化服务不充分等问题。下一步推进移风易俗工作应该做好“六个相结合”，即移风易俗工作与党建工作、脱贫攻坚、精神文明建设、法治建设、传承弘扬优秀传统文化以及农村科普工作相结合。

关键词： 河南省 移风易俗 问题 对策

党的十九大首次提出了实施乡村振兴战略，并把乡风文明作为乡村振兴的主要内容加以强调；2018 年中央一号文件也明确指出，要培育文明乡风、良好家风、淳朴民风，不断提高乡村社会文明程度。开展移风易俗活动，营造良好社会风气，是焕发乡风文明新气象的重要内容和有力保障，是推动社会主义核心价值观在农村落地生根的必然要求，是深化美丽乡村建设的有效途径，

* 周立，河南省社会科学院。

是完成脱贫攻坚任务的重要抓手，同时也有助于党风政风民风的向上向善，能让乡村充满乡情，让人们记得住乡愁，助力全面实现小康社会，意义特别重大。近年来，河南农村积极推进移风易俗工作，取得较好效果，但也存在一些问题，还有很多工作需要思考、推进与深化。

一　农村推进移风易俗工作的主要做法

河南农村在积极推进移风易俗工作的过程中采取了一些富有成效的做法，涌现了一批先进典型，积累了一些先进的经验，值得在今后的工作中推广借鉴。

（一）建立多方齐抓共管的工作机制

领导重视和建立强有力的工作机制，是搞好农村移风易俗工作的关键举措。从河南来看，大多地方通过县级统筹、乡镇管理、村级落实等上下联动、齐抓共管的工作机制，使移风易俗工作扎实推进。长垣县等一些县（市）下发了开展移风易俗文明节俭操办红白事的通知，制定了总体要求、重点工作、方法步骤、工作措施和操办红白事参照标准，在全县（市）掀起了“反对陈规陋习，提倡文明新风；反对大操大办，提倡节俭之风”系列活动。郑州市突出村镇的历史文化、民俗风情和地方特色，通过市、县、乡三级激励机制的完善，加大对文明村镇建设的奖励和支持力度，打造了新郑市辛店镇、登封市周山村等一批特色村镇，带动乡风民风为之一新。济源市、永城市、浚县等一批美丽乡村示范县，在一二三产业融合发展、乡镇污水处理上的先进经验值得总结借鉴。

（二）制定完善移风易俗的制度体系

解决移风易俗过程中遇到的难题，必然要结合各地实际情形，制定和完善相关制度。譬如，针对喜庆活动大操大办、攀比炫富、厚葬薄养等不正之风，推行“一约四会”（“四会”即红白理事会、村民议事会、道德评议会、禁毒禁赌会，有些地方甚至是“六会”），制定“四会”章程，规范村规民约，遏制歪风邪气。对移风易俗推进给予专项财政支持，建立相关考核制度，给予奖励。柘城县积极探索开展“推动移风易俗、树立文明乡风”活动，不断建立健全各项规章制度，确保事情有人干、责任有人担。以民风带家风，以家风促乡风，引导群众革除陈规陋习、崇尚文明新风。在“一约四会”基础上增设“红娘协会”，抓“关键少数”，规范红娘收取的媒礼标准，宣传“模范红娘”，让过去“天价彩礼”幕后推手的红娘，成为移风易俗工作中的中坚力量。南阳市重点面向农村开展孝善敬老活动，通过成立孝善理事会、设立孝善基金等措施确保移风易俗工作的常态化、制度化。

（三）发挥典型模范人物的示范作用

俗话说，村看村，户看户，群众看干部。党员干部、德高望重的乡贤和成功人士是引领民风民俗的重要标杆。柘城县纪委依据《中国共产党纪律处分条例》《中国共产党党员领导干部廉洁从政若干准则》《农村基层干部廉洁履职若干规定》等法律法规严格限制婚丧事宜操办规模、严格执行操办婚丧事宜申报制度。党员干部带头签订《党员干部办理婚丧事宜承诺书》，在移风易俗工作中，起到模范带头作用。在树立“身边好人”方面，商丘市走在了前列。2018 年 3 月 30 日，中央文明办在河南商丘举办“中国好人榜”发布仪式暨全国道德模范与身边好人现场交流活动。商丘市近年来有 204 人入选“中国好人榜”候选人，24 人荣登“中国好人榜”，8 人分获全国、全省道德模范或道德模范提名奖。“身边好人”得到群众认可，其示范带动作用不可小觑，可以使整个城市“崇德向善”之风盛行。

（四）创新宣传教育引导的方式方法

时代变了，人们的生活、消费等方式也变了，如何用更加新颖、生动的形式吸引群众、贴近群众、宣传教育引导群众，各地在这方面也动了不少脑筋、下了不少功夫。柘城县创新传统戏曲剧目，用戏说事，以戏明理。组织县坠琴剧团自编自演《特殊婚礼》《请闺女》《彩礼风波》等以移风易俗为题材的剧目下乡巡回演出1600余场，观看群众30万人次。创新传播渠道，利用新媒体传播公益微电影《雷哥定亲》，点播量近500万次。宝丰县以马街书会、魔术演艺等为媒介，通过新闻宣传、专题节目、文艺汇演和发放宣传手册等方式，逐渐转变"大操大办才有面子"的观念，并借助"乡规民约"软文化，使"移风易俗"成为现实。开封市、汤阴县等地开展"弘扬家庭美德"主题道德讲堂活动，巩义市树立孝文化村等，都在传承中华民族良好家风家训，弘扬仁、孝、信等传统美德方面做出了积极的努力。

二　当前推进移风易俗工作中存在的问题

河南农村的移风易俗工作虽有一些富有成效的做法，但铺张浪费、厚葬薄养、人情债、赌博迷信等陈规陋习依然有所抬头和表现，这虽然和根深蒂固的传统观念有关，但同时也说明农村移风易俗工作还存在问题。

（一）阵地意识不到位

在推进移风易俗工作中，个别县区、乡镇重视程度不高、担当意识不够，一些基础性的工作没有实质性进展，个别地方移风易俗公示栏建设标准低。有的"一约四会"形同虚设，作用发挥不好。有的县区对移风易俗工作的重要性、长期性认识不足，没有进行持续有效的宣传，导致部分群众对移风易俗工作不理解、不支持。有的村虽然设立了移风易俗方面的理事会，但面对出现的陈规陋俗不敢动真碰硬，工作起来畏首畏尾，导致红白事"指导标准"形同虚设，孝老爱亲停在口头上。在一些偏远山区少数党员干部自己大操大办、"二次装棺"、发大丧、修大墓等现象仍有发生。

（二）推进方法不新颖

推进移风易俗工作难在革新、重在坚持。个别地区的党员干部在观念上没有充分重视移风易俗的重要性，工作中仍然热衷于搞轰轰烈烈的“大呼隆”，铺天盖地地“拉标语”，没有打“持久战”的决心和信心，而是指望一朝一夕把几千年形成的陋习革除掉。一些地区移风易俗工作推进缺乏创新的方式方法，没有注意“姿态”和“尺度”问题，缺乏因势利导，硬的太硬，软的太软。有的农村制定的乡规民约“破旧”“立新”兼顾不够，“软”与“硬”照顾不周，也不简便易行，不能实事求是地解决问题，致使移风易俗工作收效不大。

（三）区域发展不平衡

河南农村推进移风易俗工作区域发展不平衡问题比较突出。经济较发达地区、精神文明创建成效显著的地区，移风易俗工作推进较为顺利、有效。而在经济落后地区、偏远地区，移风易俗成为政府工作中的“老大难”“硬骨头”。个别地区的党委政府对移风易俗的宣传力度和对禁止大操大办的制止力度不够，缺少对群众在喜事新办、丧事简办、文明节俭办理婚丧事方面必要的引导，没有起到相应作用。“天价彩礼”的根源有深层的经济学和人口学因素，并非一纸红头文件可以根除。在经济落后地区尤其是农村，出生性别比甚至达到 120 以上。只有从根本上扭转“重男轻女”的落后观念，在婚姻中给予女性充分的财产安全和生活保障，才能从根本上改变严重失衡的出生性别比，进而让“天价彩礼”失去生存土壤。此外，许多地区的移风易俗工作推进不够全面，仍停留在红白事层面。而豫南地区赌博风气横行、西华县建庙活动有所抬头等现象也说明个别地方政府对移风易俗的整体工作重视不够。移风易俗是一项系统工程，只有每项工作协调平衡发展，才能达到风俗改造、环境优化、乡风文明，进而实现社会文明进步的目的。

（四）制度机制不健全

缺乏考核机制，是移风易俗工作难落实的重要原因。不少地区在工作部署、任务推进上能够与政策保持同步，但一到实绩考核就缺乏积极性，导致“部署—推进—考核”不能形成工作的良性循环。个别地区的党员干部还存在地方风俗属于“私生活”的保守观念，上热、中温、下冷，水流不到头的情况仍然存在。在移风易俗的过程中，旧的不合时宜的风俗和新的文明的风俗往往同时并存，基层党组织不能有效加以甄别、指导和监督，导致旧的陋俗不能及时被摒弃，文明乡风无法有效建立。例如遗体土葬屡禁不止，上有政策、下有对策，由于地域和历史等方面的因素，一些地区的民政部门把殡改工作放在无足轻重的位置，公然违背《殡葬管理条例》。面对违反《殡葬管理条例》的行为，不敢抓、不敢管。不少地区遗体火化率明显倒退。这说明文明乡风只有得到制度保障，才会被群众更好地坚持下去。

（五）公共文化服务不充分

移风易俗表面上改变的是行为习惯，实质上改变的是价值观念。基层公共文化服务的问题主要集中在两个方面。一是文化资源不足，力量分散。各地普遍存在多头管理、条块分割，部门职能交叉、资金投入分散，难以实现综合效益。有些地方公共文化硬件设施规模大、标准高，但对配套设备购置及维护、资源建设、服务开展等缺乏应有的资金和人力支持，难以正常运营。二是形式单一，效能低下。基层公共文化设施不能吸引当地群众，而对戏曲、广场舞等群众喜闻乐见的娱乐形式无法充分利用，创新力度不足。

三　下一步推进移风易俗工作的建议

河南农村在推进移风易俗工作中，有成效，也存在不少问题，有些问题甚至比较突出。为此，河南农村下一步推进移风易俗工作应该做好“六个相结合”。

（一）移风易俗工作与党建工作相结合，加强农村基层党组织建设

近年来，随着城镇化进程的加快，农村人口流失严重，人才匮乏，基层党组织软弱涣散问题比较突出。调研中发现一个规律：凡是基层党组织坚强，支部书记有威信，村“两委”班子配备齐全的行政村，当地的移风易俗工作开展得就比较好，不仅组织有序、落实到位，而且还能创造性地开展工作；凡是基层党组织涣散的行政村，移风易俗工作就难以开展，甚至无法开展。特别是不同行政区域的交界接壤之处，远离行政中心，组织松散，工作落实不到位等问题突出，与行政中心周边地区两相对比，差别非常明显。因此，在移风易俗工作中，要牢牢抓住基层党建这个“牛鼻子”，用党建工作推动各项工作的顺利开展，使移风易俗工作卓有成效。我们要清醒地认识到：一是党建本身就是农村思想道德建设的重要抓手，党建抓好了，党员干部作风过硬了，党风政风就能扭转，就能带动促进民风向上向善；二是在推动移风易俗工作中，党员干部示范带头作用很大，党员干部怎么干，群众都在背后看，特别是婚丧嫁娶的大操大办，抓好党员干部，这项工作就抓好了一半，党员干部首先要转变思想观念，摒弃陈规陋俗，带头移风易俗，婚丧从简先从自家做起，这样再去开展工作就有说服力，群众才能更信服；三是移风易俗工作是一项长期工作，不是一朝一夕就能够完成的，陈规陋俗难以彻底根除，而且容易反弹，但从上到下的政策早就有了，需要基层党组织久久为功，常抓落实不松懈，才能革除旧俗，树立新风。因此，在开展移风易俗的工作中，各级党委要高度重视基层党建工作，从抓基层党建入手，选好支部书记是关键，配齐村级班子是基础，只有确保基层党组织坚强有力、正常运转，才能保证移风易俗工作不中断、不松懈。

（二）移风易俗工作与脱贫攻坚相结合，营造农村振兴的社会环境

精准脱贫是三大攻坚战之一，河南的脱贫任务很繁重，要实现党的十九大报告提出的“脱真贫、真脱贫”，就要找准致贫的社会根源。调研中发现，陈规陋俗不仅影响着农民的观念，也阻碍了农民的脱贫致富，是农民贫困的原

因之一。一方面，陈规陋俗寄生于贫困偏远的土壤。古语说“仓廪实而知礼节”，相反，“衣食缺而少廉耻”。调研中发现，越是远离行政中心的村庄，陈规陋俗越是根深蒂固，“天价彩礼”、红白事大操大办、奢侈浪费、盲目攀比、封建迷信等不良社会风气越是严重。另一方面，陈规陋俗的存在直接导致了一些原本经济状况良好的家庭再度沦为贫困户。近几年，在个别地区“因婚致贫”的现象屡见不鲜。在农村脱贫工作中，要深入挖掘导致贫困的社会根源，树立文明乡风，崇尚节俭，减少贫困地区、贫困家庭的不必要开支，减轻贫困家庭的额外负担。当前，全省精准脱贫进入攻坚克难阶段，各级党委政府要“双管齐下”，把移风易俗与脱贫攻坚结合起来，把移风易俗当作脱贫攻坚的助力器，通过移风易俗工作的开展，既可以为脱贫攻坚创造良好的外部环境，又能够直接减少经济负担，让贫困家庭把有限的财力、物力用在家庭下一步的发展致富上。

（三）移风易俗工作与精神文明建设相结合，全面提升农村文明程度

广大农村地区一直是全社会精神文明建设的薄弱环节和“低洼”地区，道德滑坡严重，社会风气堪忧。当前河南农村不少地方的主要做法是兴建文化广场和文化大院、刷文化墙和标语等，这些做法大大提高了农村精神文明建设的硬件水平，但从方式和效果上看，不免过于老套和流于形式，不能适应新时代、新变化，不能够入脑、入心，不能把社会主义核心价值观完全融入群众的生活中。精神文明建设是一项系统工程，移风易俗是其中的一个重要环节，孤立地开展移风易俗，容易让移风易俗沦为一项阶段性应景工作，应该把移风易俗与精神文明建设结合起来，作为一项长期工作来抓，以破除陈规陋俗为突破口，在破除旧俗的同时大力宣传身边好人、文明家庭、先进典型事例，把社会主义核心价值观通过展览、微视频（微电影）、故事会等多种新颖活泼、贴近群众的形式展示出来、表演出来、讲述出来，这样既可以丰富群众的精神文化生活，又能在潜移默化中提高群众的文明程度和文化修养，达到“润物细无声”的效果。

（四）移风易俗工作与法治建设相结合，加快推进农村治理能力现代化

中国农村大多是以血缘关系为纽带而聚集在一起的社区，这造成了乡村社会里凡事讲人情、找关系，宗法观念依然残留，法制观念淡薄，制度观念欠缺。那么，如何用现代法治理念取代落后的传统社会理念就成了农村治理能力现代化的核心问题，而移风易俗的本质是用现代文明理念取代落后的传统社会观念和行为规范，比如用“生男生女都一样”取代“重男轻女”，用“火葬”取代“土葬”等，这些问题已经从风俗观念上升为法律问题，但单纯靠法律手段解决难免生硬，不仅难以取得预期的效果，而且还时有反弹，甚至严重倒退。从所调研行政村的成功经验来看，他们合理利用了熟人社会的特点，制定了切实可行的村规民约和成立“四会”，以村规民约为准则推进移风易俗，以村民自身组成的各种“会”作为行为主体，把移风易俗作为推进农村法治建设的有效途径，通过普遍设立村规民约，制定符合本村实际的奖惩办法来约束村民，从而培养农民自我治理的主体意识和规则意识，增强农民的参与积极性，树立规则的权威。在此基础上，进一步宣传普及、落实执行国家的法律法规，减少地方社会各种不成文的陋俗、潜规则带来的阻力，让法律法规的效力得到充分发挥，以此来推进和保障移风易俗工作的顺利进行。

（五）移风易俗工作与传承弘扬优秀传统文化相结合，繁荣兴盛农村文化

习近平总书记在十三届人大一次会议上与山东代表团讨论政府工作报告时提出乡村振兴中要有文化振兴。要振兴乡村文化，既要“输血”，又要“造血”。政府所提供的公共文化服务和公共文化产品属于短期有效的“输血”行为，要让乡村文化振兴，必须自身能够“造血”，让农民成为自身所需文化产品的生产者、供给者，这就需要激活乡村文化振兴的内在动力。乡村文化的成分参差不齐，既有精华，又有糟粕。因此，各地在推进移风易俗的过程中必须

要加以甄别，对于陈规陋俗，毫无疑问要进行移易；对于精华部分，则要与传承弘扬优秀传统文化结合起来，特别是那些进入各级非物质文化遗产名录的民俗文化，它们不仅不是移风易俗的对象，而且还是各级政府应该认真保护、合理利用的优秀传统文化资源，是激活乡村文化的内生动力源泉，不能在“倒洗澡水的时候连同孩子一起倒掉了”。相反，古代乡贤资源可以充分发掘并加以整理，积极借鉴；民俗文化资源既可以进行开发，又可以加以利用作为规范民众行为的辅助手段；宗教文化资源则旅游价值和教育功能兼具；家风家训既要广泛传播，又要弘扬继承，在移风易俗的实践中实现传统文化资源与现代社会的顺利过渡与有效衔接，开创农村繁荣兴盛新局面，焕发乡风文明新气象。

（六）移风易俗工作与科普工作相结合，逐步提高农民的科学文化素养

在一些落后偏远的农村，封建迷信、重男轻女、灵魂不死以及“等、靠、要”等落后观念和不良生活习惯仍有一定的市场，有时候还会严重影响人们的日常生活和政府工作的开展，要革除这些陈旧腐朽的思想观念和不良生活习惯，需要把移风易俗与科普工作结合起来，通过更加深入、全面、权威的科普知识宣传，让群众进行自我革命，主动摒弃那些落后观念。特别是随着政府公共服务意识、能力和水平的不断提高，每年的送文化、科技、卫生“三下乡”活动日趋增多，而且内容和质量也逐渐提高，应该增强这些活动的针对性，与移风易俗工作互相配合，协调开展工作，改变人们的落后观念和不良习惯，养成文明思想和健康习惯。比如，习近平总书记大力倡导的“厕所革命”，在彻底改变的客观条件尚不充分的前提下，首先通过科普宣传，提高人们的健康卫生观念，为下一步的工作奠定基础；所谓扶贫，既要扶志，又要扶智，贫困群众的“贫”不光表现在经济收入上，还表现在“志”和“智”上，把移风易俗与科普工作相结合，可以通过宣传普及科学文化知识，给贫困群众换换旧脑筋，先在“志”上立起来，在“智”上富起来，这样离脱贫致富也就不远了。

黑龙江省乡村振兴中的农村环境治理

李小丽*

摘　要：党的十九大报告提出实施乡村振兴战略，指出“必须始终把解决好‘三农’问题作为全党工作重中之重”，按照“产业兴旺、生态宜居、乡风文明、治理有效、生活富裕”的总要求，黑龙江省在生态环境建设中重点对农村环境进行治理并取得显著成效。对垃圾进行整治，使村屯综合卫生环境得到改善；饮水工程建设，消除了农村饮水“不安全”隐患；修护路桥，使村屯公路畅通。农村环境治理是系统工程，在防控、治理手段和治理能力及监督管理等方面需要加强。应加快农村生活基础设施建设，提升农村公共服务“软实力”，培育农民“我爱我家”新理念，探索实行农村保洁公司化运作是农村环境治理的有效途径。

关键词：黑龙江省　乡村振兴　农村环境治理

党的十九大报告提出实施乡村振兴战略，指出“必须始终把解决好‘三农’问题作为全党工作重中之重”，要按照“产业兴旺、生态宜居、乡风文明、治理有效、生活富裕”的总要求，推进农业农村现代化发展。黑龙江作为农业大省，在推进农业供给侧结构性改革，构建现代农业生产体

---

*　李小丽，黑龙江省社会科学院农村发展研究所。

系、产业体系和经营体系的同时，加大了农村环境治理力度，在中央资金的支持下集中财力，积极采取有效措施进行乡村环境整治，使全省农村面貌发生了很大改观。

一　黑龙江省农村环境治理成效

黑龙江省农村环境治理的重点是农村垃圾处理，但在农村危房修护、危桥改造、村路建设、饮水安全等方面同时进行多方治理，多管齐下，农村环境治理成效显著。

（一）垃圾清理整治，村屯综合卫生环境改善

垃圾处理一直是农村环境整治的“硬骨头”，黑龙江省经过多年努力，通过集中治理“五乱”（柴草乱放、粪土乱堆、垃圾乱倒、污水乱泼、畜禽乱跑）现象，使村屯综合卫生环境得到很大改善。2017 年，黑龙江省进行卫生综合集中整治的村屯 4393 个，占全省自然村屯的近 13%。“十二五”期间，累计投入资金 18.01 亿元，全省确立 673 个农村环境连片整治示范项目，涉及建制村 2124 个，围绕农村畜禽粪便污染、农业废弃物污染、村屯合并后所带来的垃圾和污水污染问题等难点进行重点整治，直接受益的农村人口为 627 万人，占全省农村总人口的 39.91%。

（二）饮水工程建设，消除农村饮水“不安全”

农村居民饮水不安全同样是困扰农村居民多年的难题。近年来，黑龙江省加大了农村安全饮水工程建设力度。一是整合资金，加大对水源地保护资金扶持，加大饮水工程建设投入；二是开展农村饮用水供水基础设施建设；三是对饮用水水源地水污染进行防治及安全整改；四是对饮用水质的净化。2016 年、2017 年这两年共完成农村安全饮水工程 3069 处，解决了 231.5 万农村居民饮水不安全问题。省水利厅的数据显示，近 5 年来，全省农村饮水安全工程

建设累计投资 61.5 亿元，建成农村集中供水工程 11040 处，解决 13994 个村屯 739.8 万农村居民饮水安全问题，全省农村自来水普及率达到 86%。

（三）路桥修护会战，村屯公路畅通

截至 2017 年上半年，全省农村公路总里程突破 11.8 万公里，乡镇通畅率 100%，行政村通畅率 99.95%，等级公路比重达到 85.6%，优良中等路比重达到 75.2%。2017 年，共完成农村危桥改造 624 座，实施农村公路安全防护工程 1.2 万公里，集中改造平交道口 1.9 万处，农村公路整体安全性得到明显改善。

近两年，全省共改造农村危房 25.4 万户，改善了 66.3 万人的居住条件；通过“厕所革命”行动，改造农村公共厕所 15164 座，累计改造室内厕所 19 万处。

二　黑龙江省农村环境治理的主要经验做法

为了补齐农村环境治理“短板”，黑龙江省委省政府在落实美丽乡村建设规划的同时，集中力量开展农村垃圾、污水的整治，在治理过程中主要采取政府主导，多部门配合；制定规划，分类推进等办法，短期内即取得了不错效果，并积极总结了可复制的经验和做法。

（一）政府主导，规划先行

公共环境治理，政府应当承担起主要责任，尤其是农村公共环境建设，在基础设施薄弱、“脏乱差”到积重难返的情况下，需要在政府的主导下进行治理的突破。首先省委省政府进行了高起点的谋划和精细的顶层设计，“十二五”以来，先后制定了一系列农村环境治理和美丽乡村建设规划，以规划为指导进行统筹治理。

2011 年，黑龙江省政府发布了《黑龙江省农村环境综合整治联合行动实施方案》，省环保厅、省发改委、省住建厅、省农委、省水利厅等 18 个职能

部门参与了全省农村环境综合整治联合行动，形成上下联动、多部门配合、纵横交错的推进态势。针对农村突出的环境问题，用5年的时间，使黑龙江省“农村环境基础设施建设得到加强，农村居住环境明显改善，农民环境意识显著提高，严重影响农村和农业生产的主要环境问题得到有效解决，农村循环经济、绿色经济、低碳经济格局初步形成，农村环境保护工作步入规范化轨道”。

2014年，省政府根据《国务院办公厅关于改善农村人居环境的指导意见》（国办发〔2014〕25号），发布了《黑龙江省人民政府办公厅关于改善农村人居环境的实施意见》（黑政办发〔2014〕70号），提出要“在全省实施‘百村示范、千村达标’创建活动”，并对农村环境治理要达到的既定目标、主要任务、实施步骤、保障措施等做了详细安排。

2015年，为深刻领会习近平总书记关于美丽乡村建设的重要论述，为进一步落实党的十八届三中全会、四中全会精神，结合“百村示范、千村达标”创建活动，将污水治理、垃圾处理、柴草堆放治理、村庄绿化美化等乡村治理工作与美丽乡村建设相融合，发挥体制机制对环境治理、乡村振兴的引领和保障作用。

（二）分层推进，典范带动

面对庞大、复杂的农村环境整治工程，必须采取科学有效的治理方法，才能达到预期效果和目标。各地的情况不一，污染程度不同，因此，在治理过程中要避免“一刀切”，针对各地区不同的突出问题，研究制定出因地制宜的技术治理方法。根据农村环境治理经验可复制的特点，黑龙江省政府要求参与农村环境治理的各部门，按照“抓点、带线、促面”的工作原则，逐级分层，进行归类处理，取得了事半功倍的效果。“百村示范、千村达标”工程引领带动美丽乡村建设作用明显，哈尔滨“六路百村”示范带、齐齐哈尔“百村千屯”示范带、牡丹江“三带四区精品”示范带、佳木斯“一心两沿一环”示范带、绥化“百村精品”示范带等集中连片建设典型，带动势头有如星火燎原，激发了广大农民主动参与的自觉性和积极性，治理效果充分显现，环境治理热潮带动乡风文明程度明显提高。

（三）多措并举，产业推进

黑龙江省农村环境污染总体分为两大类，一类是生活性污染，另一类是生产性污染，包括秸秆焚烧。畜禽粪便既属于生活性污染也属于生产性污染。面对随着农业现代化发展，种植业规模不断扩大、畜牧业发展势头强劲，随之产生的农药、化肥、地膜、畜禽粪便及乡镇企业的“三废污染”等农业生产性污染的严峻形势，黑龙江省采取了多措并举、多途径治理的办法。一是在生产过程中严格控制土地面源污染和生产垃圾污染及污水的排放。截至2017年底，全省减农药、减化肥、减除草剂的“三减”示范面积达到3000万亩，与此同时，在全省大力推广测土配方施肥技术，全省安排有机肥试验示范基地221处，共落实生物药剂防控试验示范项目8项、统防统治与绿色防控融合示范区25个。二是环境改善与产业推进的良性互动。“农业＋文化＋旅游＋科技＋康养”等多元的产业融合模式正在黑龙江农村环境治理改善中悄然兴起。在产业发展过程中减少对环境的污染和破坏，通过农村基础设施和环境的改善促进产业融合发展。环境良好不仅能促进绿色有机食品的发展，同时也为发展旅游、康养等产业创造良好条件。

（四）观念渗透，宣传鼓动

针对农村居民不讲究卫生、随手乱扔垃圾等生活陋习，行之有效的纠正办法一是从观念上改变，培育良好生活习惯的意识，使之对农村居民产生潜移默化的影响；二是大力宣传，借助广播、电视、网络等手段及通过在田间地头、街道宣讲等传统方式，教育和引导农民养成良好的生活习惯和产生对高品质生活的向往。自2015年《黑龙江省美丽乡村建设三年行动计划（2015~2017年）》实施以来，在整治和改变农村环境的同时，培育良好民风、树立新型道德风尚的宣传教育也在紧锣密鼓地展开。全省通过“美在农家”、“小手拉大手”、星级文明户评选、寻找最美家庭的活动，对“十星级文明户”在贷款、保险和帮扶政策等方面进行倾斜，让更多人意识到文明给自己和家庭带来的真正实惠；通过公益广告、墙体标语等在村内街道、农村大集、文体广场等场所张贴，并通过“好人榜”“善行义举榜”“公开栏”等宣传栏的设立，引导村民向身边的道德典范学习，树立新时期中国特色社会主义核心价值观，做新时代有新思想、新追求、新生活的社会主义新农民。

（五）多方筹措，加大投入

为避免资金投入分散和资金投入不足的问题，按照《黑龙江省美丽乡村建设三年行动计划（2015~2017年）》的要求，改革创新了美丽乡村建设投入机制，建立政府财政投入、农民自筹、帮扶共建、社会参与四位一体的投入渠道。尽管资金来源多元化，但各县（市）在整治项目的设立上能够进行统筹安排、集中投入，做到了“渠道不乱、用途不变”，对于能够起到引领带动作用的示范点和示范带，资金集中投入；对于环境问题突出、急需整治项目优先安排资金处理。“十二五”期间，全省累计投入18.01亿元，对于农业生产性污染、畜禽粪便污染和垃圾污染等进行整治；2016年、2017年这两年，共投入资金125.21亿元，集中开展农村环境卫生综合整治行动，并进行农村饮水安全工程建设、农村危房改造和村内道路及危桥修护，对全省农村环境进行了多维度治理。

三　黑龙江省农村环境治理面临的困难与考验

在农村环境保护链上，从防控到治理再到监管应当是一环扣一环，任何环节都不可或缺，哪个环节出现问题都会直接影响农村环境保护效果。黑龙江省农村环境经过多年的集中治理，已经取得了突破性进展。但是，随着农业生产的不断发展和农民物质文化生活水平的不断提高，农村环境保护压力越来越大，面临的问题越来越突出，治理难度也在不断加大。因此，全省农村环境综合整治仍面临着巨大挑战与严峻考验。

（一）防控措施亟待完善

目前，黑龙江省农村环境治理所面临的任务繁重、情况复杂、新题难解，给环境治理带来不少困难。环境治理前期的污染情况严峻，防控措施与手段还需进一步加强。一是农村环境污染“包袱”甩掉难。垃圾堆积已经达到环境承载边际值、生活基础设施简陋导致污水随意排放产生污染、养殖方式传统导致畜禽粪便未经无害化处理直接排入环境形成面源污染，长期累积的污染“包袱”难甩。二是农村居民的环境保护意识淡漠，对环境破坏的认识不足，多年养成的随意乱丢垃圾和不讲究卫生的习惯难改。三是点多、面广给环境治理带来难度。黑龙江省数万个自然村屯散落在47万平方公里的土地上，村屯的位置分散、相距较远为覆盖物和污染物的转运带来较高的时间和运输成本。

（二）治理手段有待提高

黑龙江省农村环境治理工作起步较晚，环境保护机制有待健全，环境治理工作手段有待提高。一是全省农村地区生活基础设施比较落后，大部分农村地区长期缺乏生活污水处理和生活垃圾处理设施；二是全省农村公共环境服务长期缺失，许多村屯缺少专业的保洁队伍和垃圾清运队伍；三是农村环境整治和保护涉及的职能部门较多，环保、财政、水利、住建、卫生等部门之间的沟通与协调仍不顺畅，农村环保联动工作机制尚需完善；四是农村环境治理手段还应更加科学化、现代化。

（三）监管能力仍需加强

监督和管理也是黑龙江省农村环境治理需要加强的一个环节。即便整治工作取得了一定的效果，但科学合理的监督和管理不到位，整治的效果很难巩固，监督和管理是绕不过去的“最后一公里”，也是难行的“最后一公里”。首先是环保机构缺失，由于管理体制的障碍，目前黑龙江省县（市）级以下的乡镇没有专门的环境保护机构，这是环保难以覆盖基层村屯的重要原因。其次是专职环保人员配备不足，导致乡镇乃至村屯环保能力不够。最后是县（市）日常的环保资金不足，使农村的环保治理无法正常运转。

（四）秸秆焚烧压力巨大

目前黑龙江省秸秆处理技术并未普及，秸秆综合利用率低，尽管省、市、县各级政府采取了一定的限制措施，但秸秆焚烧的处置方式仍未有大的改变。据测算，黑龙江省秸秆产量每年约 9000 万吨，我国卫星遥感监测的数据显示，2017 年 11 月黑龙江省秸秆焚烧的火点增加了约 41%。秸秆焚烧之所以难以控制，一方面是因为秸秆综合利用率低，秸秆变饲料、秸秆变肥料、秸秆变原料、秸秆发电等技术手段未与秸秆的产量相适应。另一方面，东北气候因素导致秸秆还田难度大。大量的秸秆焚烧造成了大气污染。随着农业现代化发展，生产能力的提高使秸秆产量不断增加，秸秆的污染治理刻不容缓。

四　黑龙江省农村环境治理的应对措施

黑龙江省农村环境治理仍处于探索阶段，在不断自我总结经验的同时，在国家乡村振兴战略框架下，要积极学习和借鉴国际、国内的经验和做法，按照省委书记张庆伟在 2018 年 2 月 9 日召开的黑龙江省农村工作会议上提出的“推进基础设施和公共服务向农村延伸，引导工商资本向农村流动，促进人才技术向农村集聚，推进城乡深度融合发展”的要求，结合黑龙江省农村发展的特点和实际，探讨出适合黑龙江省农村环境整治的应对措施，加快推进黑龙江省乡村振兴发展。

（一）加快农村生活基础设施建设

应加快农村生活基础设施建设。按照美丽乡村建设及全面建成小康社会的标准和要求，农村生活基础设施建设包括供排水设施、农村道路、垃圾处理、村容村貌、厕所革命等内容。其中，供排水设施是保障村容村貌整洁、垃圾处理顺畅、厕所革命彻底的基础，因此，今后一个时期应当将工作重点放到农村供排水设施建设上。目前，黑龙江省农村自来水供给率已达到75%，但公共排污系统还处于缺失状态，亟须补齐这块“短板”。完善的排污系统能够节省垃圾处理和环境保护的成本，极大地提高农民生活质量和农业生产效率，真正做到“乡风文明”“治理有效”。

（二）提升农村公共服务“软实力”

应尽快探索提升农村公共服务“软实力”。公共服务包括生活基础设施和服务机制、服务管理等软、硬两个方面的内涵。软实力建设以强化政府服务功能为主，提高政府公共服务管理水平。根据2017年初中共中央办公厅、国务院办公厅发布的《关于加强乡镇政府服务能力建设的意见》，黑龙江省应在“准确把握实现基本公共服务均等化的发展方向”的同时，“以强化乡镇政府服务功能为重点，以优化服务资源配置为手段，以创新服务供给方式为途径，有效提升乡镇政府服务水平”。

根据黑龙江省农村基层组织特点，建立适合农村的基层服务体系，以多元的农村服务供给方式，提高农村居民公共服务供给效率。

（三）探索实行农村保洁公司化运作

市场化运作是农村环境治理的发展新趋势。公司化的专业保洁能够使农村的环境治理更及时、更细化、更到位，同时能够提供多个岗位解决农民就业，提高农民的收入。目前，黑龙江省的7000个行政村都配备了保洁员，对农村垃圾处理起到了一定的辅助作用，但应借鉴有经验的省份的做法，引进高水准的专业保洁团队，使黑龙江省农村垃圾处理更加专业化、社会化。

（四）培育农民“我爱我家”新理念

应继续加强对农民环境保护意识的培养。农村环境治理既包含对农民生活家园的治理，也包括对农民精神家园的建设。精神文明建设应与生活环境整治同步进行，只有精神文明升华到一定程度，才能够达到乡风文明和生态宜居。因此，必须破除农村原有的“陈规陋习”，重塑新时代、新农村的新风尚，培育农民爱家爱国的新情怀。目前，黑龙江省已有很多地区在丰富农村文化生活，培育乡土文化队伍，创评文明村镇、星级文明户、“最美农民”等方面取得了很好的经验。这些有益的做法和经验应在黑龙江省农村地区全域推广，使全省农民真正成为具有新思维、新理念，懂经营、会管理，爱家、爱国的新时代新型职业农民。

参考文献

曹忠义:《实施乡村振兴战略建设农业强省　奋力开创新时代三农工作新局面》,《黑龙江日报》2018 年 2 月 10 日。

《环境保护部关于印发〈全国农村环境连片整治工作指南（试行）〉的通知》（环办〔2010〕178 号），http://www.hnhxhbj.gov.cn/zhengfuxinxigongkai/ziranshengtai/2017-04-19/510.html 。

《关于印发〈黑龙江省美丽乡村建设三年行动计划〉的通知》（黑农办发〔2013〕4 号），http://www.hljagri.gov.cn/xncjs/xztz/201306/t20130617_519957.htm。

《黑龙江省人民政府办公厅关于转发省环保厅等部门黑龙江省农村环境综合整治联合行动实施方案的通知》（黑政办发〔2011〕49 号），http://www.hlj.gov.cn/wjfg/system/2011/12/29/010279210.shtml。

孙佳薇:《妙笔绘美景　乡村展新颜》,《黑龙江日报》2017 年 9 月 10 日。

习近平:《决胜全面建成小康社会　夺取新时代中国特色社会主义伟大胜利——在中国共产党第十九次全国代表大会上的报告》，人民出版社，2017。

畜牧业合作社嵌入基层治理的实践与机制研究

——以青海省梅陇模式为例

张　敏*

摘　要： 梅陇生态畜牧股份合作制建立的“以草定畜、草畜平衡、增草增畜、畜草同步发展”的均衡发展机制，对改善草原生态、建设环境友好型社会具有示范作用。本文通过解析合作社的成长路径，回顾梅陇生态畜牧业专业合作社的10年发展历程，展示出畜牧业合作社作为“创新农村社会管理的有效载体”在参与牧区社会治理方面发挥的社会和政治作用。

关键词： 生态畜牧业　股份合作制　产业融合

一　问题的提出

从合作社经营到“分田到户”是我国农牧业历史上的成功经验，但随着

*　张敏，内蒙古社会科学院公共管理研究所。

社会经济发展，一家一户分散经营的模式已经不能适应当前经济和市场新形势。自2007年《农民专业合作社法》出台后，全国各地纷纷出台政策鼓励发展农民（牧民）专业合作社。历经10年，总的来看，农民专业合作社的成功案例相对更多且经验更为丰富，而牧业地区受多重因素影响，合作社发展速度相对缓慢。特别是与很多国家的农民专业合作社不仅履行一般性的经济职能，同时还成为对政府部门的行政决策有相当影响力的“利益集团”甚至“压力集团”相比[①]，畜牧业合作社在发挥社会功能和政治功能方面的作用还略显不足，尤其是作为“创新农村社会管理的有效载体”而参与牧区社会治理的功能发挥得还不充分。本文利用嵌入性理论分析青海省天峻县梅陇生态畜牧股份合作社运行模式，试图探讨以下两个问题：一是在基层社会治理结构转型过程中，畜牧业合作社对牧区基层治理的作用如何实现；二是解析合作社的成长路径，为生态脆弱且不发达的民族地区村落进行村域治理模式转换提供参考。

二　嵌入性理论框架：一个分析框架

Polanyi提出“嵌入性”概念后，Granovetter等诸多学者对嵌入性理论进行了发展。Granovetter将嵌入分为关系嵌入（Relational Embeddedness）和结构嵌入（Structural Embeddedness），并指出“人类的经济行为是嵌入在具体的、不断变化的社会关系之中的”。[②]在“嵌入”是“具体的个人间的联系以及侧重信任、防范社会不法行为的结构”的概念得到广泛认同的基础上，Zukin和Dimaggio提出了嵌入的四种影响因素，即经济行为受到结构、认知、文化和政治四种嵌入性影响[③]；Hagedoorn从企业行为选择受

① 董进才：《专业合作社农民政治参与状况分析——基于浙江省示范合作社的调查》，《农业经济问题》2009年第9期。

② Granovetter Mark, “Economic Action and Social Structure: The Problem of Embeddedness,” *American Journal of Sociology* 91 (1985).

③ Zukin S., and Dimaggio P., *Structures of Capital : the Social Organization of the Economy* (Cambridge : Cambridge University Press, 1990).

特定国家与产业环境、企业组织间网络的历史背景及合作企业间的双边关系影响的角度将嵌入性划分为环境嵌入性、组织间嵌入性和双边嵌入性三个层次。这里的双边嵌入性（相当于关系嵌入）是指关系双方重视彼此间的需要与目标的程度，行动者可以直接通过网络中结点间的相互联系纽带来获取信息收益，从互动的频率、感情强度、亲密程度和互惠交换四个维度，关系类型可以进一步划分为强关系和弱关系两类。①也有其他学者，如Halinen和Tornroos将嵌入分为时间、空间、社会、政治、市场和技术六类②；Jessop认为嵌入性包括人际关系的社会嵌入、组织间关系制度的嵌入和复杂离心社会中的不同功能的制度秩序的社会嵌入③；Andersson et al.根据跨国公司内部的运营和价值链进行网络分析，将嵌入性分为业务嵌入和技术嵌入④。总之，随着嵌入性理论研究的逐步深入，不同学者在不同研究领域内对嵌入性理论的内涵和外延进行了扩展，另外也反映出嵌入概念的广度已经超出最初的界定，含义越来越泛化。本文运用嵌入三层次理论，试图对畜牧业合作社在基层治理的实践和作用进行剖析，以期完成对典型案例在协同治理方式上的诠释。

三　案例背景和说明

本文选择青海省天峻县梅陇生态畜牧业专业合作社作为研究对象。该合作社位于青海湖西北部、柴达木盆地东缘，地处海西、海南、海北三州交汇处的天峻县。天峻县平均海拔4000米以上，全县辖3个镇7个乡62个行政

① Hagedoorn J., "Understanding the Cross-Level Embeddedness of Interfirm Partnership Formation," *The Academy of Management Review* 31 (2006).

② Halinen A., and and Tornroos J. "The Role of Embeddedness in the Evolution of Business Networks," *Scandinavian Journal of Management* 14 (1998).

③ Jessop B., "Regulationist and Autopoieticist Reflections on Polanyi's Account of Market Economics and the Market Society," *New Political Economy* 6 (2001).

④ Andersson U., Forsgren M., and Holm U., "The Strategic Impact of External Networks: Subsidiary Performance and Competence Development in the Multinational Corporation," *Strategic Management Journal* 23 (2002).

村和2个社区，是一个以藏族为主体的多民族聚集地区，有藏、汉、回、蒙古、撒拉等15个民族，户籍人口2.3万人，少数民族人口占85.98%。天峻县作为纯牧业县，全县总面积3855万亩，其中，天然草场3806.62万亩，可利用草原面积2280.45万亩。由于地处高寒、气候干旱，植被盖度低，牧草生长期短，草地生态环境极其脆弱，从天峻县草原生态状况统计数据来看，全县3镇7乡普遍存在不同程度的草原退化、沙化现象，其中，退化草地面积占草场总面积的61.72%，中度以上退化草场占可利用草场的38.28%；草地退化导致生态平衡失调，鼠虫害发生面积917.9万亩，严重危害面积达到1790.9万亩。2011年《青海三江源国家生态保护综合试验区总体方案》出台后，面对生态改善压力，天峻县实行以县人民政府、乡（镇）人民政府为责任主体，乡（镇）政府一把手负总责的目标责任制，将草原生态保护政策落实纳入年度目标考核范围。县人民政府会同各乡（镇）人民政府落实草原生态保护补奖机制目标任务，乡（镇）与牧委会签订目标责任书。但是，受自然因素及牧业产业化水平、牧业科技含量低等方面因素的制约，长期以来，广大牧民群众保留着“靠天养畜”的简单生产方式和传统经营方式，受语言和受教育程度的限制，牧民外出就业的渠道和范围较小，人、草、畜矛盾较为突出。

梅陇村是天峻县的重点贫困地区，人均年收入仅为4623元。在全县草地生态畜牧业试验区建设试点的相关政策支持下，2008年成立生态畜牧专业合作社，在经历了试点起步、探索创新、凝练固化等发展历程后，逐步形成了“以草场承包经营权和牲畜折价入股、劳动力专业分工、生产指标量化、用工按劳取酬、利润按股分红”的股份合作制经营模式。2012年全村16户贫困户已经实现整体脱贫；2015年实现入社率100%；2017年，社员收入20865元，比组建初期增加了16065元，增长率为335%，高于天峻县人均可支配收入增长率的平均水平；牲畜母畜比始终控制在80%以上，较入股前的45%增加了至少35个百分点；仔畜繁活率达到80%以上，成活率达到90%以上，牲畜等级比例进一步扩大，并被农业部授予“全国农民专业合作社示范社”称号。

梅陇生态畜牧业专业合作社不仅是现代牧民专业合作社的成功案例，而且作为生态脆弱区的经济主体在嵌入基层生态治理经验方面具有典型性，是分析基层协同治理的良好样本。

四　静态分析：三层嵌入关系与协同治理

（一）关系嵌入与生态治理

在传统的生产经营模式和“管控型”的治理方式下，梅陇村牧民按草畜平衡标准放养牲畜与自身经济利益之间存在冲突，即使有禁牧和草畜平衡补贴，“牧民还是愿意将牲畜作为衡量财富的标准”，受文化和习俗影响，未成立合作社前，梅陇村牧民饲养藏羊 3~4 年才出栏，每年要消耗鲜草近 1500 公斤，增重却不超过 2 公斤。成立合作社后按照“专业分工、牲畜分群饲养”等做法规模化放牧后，羔羊 6~8 个月就可以出栏，既节省了饲草，又确保了羊肉肉质最佳，实现了经济效益最大化。牧户以草场承包经营权、牲畜折价入股，每股 2400 元，其中，草场入股按照草场承包经营权折价标准以亩计算，如表 1 所示结成了经济利益共同体。按合作社章程规定，户牧民可以入社的牲畜数必须符合草畜平衡标准，即每 24 亩草场入股 1 头牛或 4 只羊，超出标准的牲畜不可折股入社，由原牧户自行处理；没有达到标准的可以按标准逐步补齐。

表1　草场承包经营权、牲畜折价入股方案

藏羊（元/只）		牦牛（元/头）		草场（元/亩）	
对牙及以上羊	800	4岁及以上牛	2400	夏季	2
周岁羊	600	3岁牛	1300	秋季	3
羔羊	400	2岁牛	1000	冬季	5
—		犊牛	400	—	

因为同一村的牧民间彼此了解程度较深，属于“强关系”状态，在独立经营阶段，出于熟人社会人际关系方面的顾虑，牧民对超载放牧的情况往往采取老好人心理，但在利益共同体结构下，为维护自身利益而形成了相互监督的网络体系，基本上解决了“单一治理结构”下生态与生计的困境。在生产方面，针对夏秋草场牲畜潜载力强、冬春草场牲畜潜载力弱的现状，合作社对入股草场进行合理配置，开展划区轮牧和优化放牧制度建设，明确规定放牧顺序、放牧周期和分区放牧时间，逐区放牧，轮回利用，采取一个季节一个区的轮牧方式，给草场以足够的休养周期。合作社依据政府业务指导部门提供的草地生产力测算结果，将冬春草场划分为22个轮牧单元，每个单元划分为2个轮牧小区，放牧天数为207天；秋季草场划分为27个轮牧单元，放牧天数为90天，年轮牧两次；夏季草场划分为27个轮牧单元，放牧天数为70天。“草场划区轮牧”后，部分草场得到充分休养，较好地解决了一家一户经营造成的牲畜迁移频次和牧民流动经营行为降低的问题。近10年间，合作社草场产草量亩均增产15~20公斤，植被覆盖率提高10个百分点，通过合作社的有效自治较好地解决了生态治理问题。

（二）结构嵌入与精准扶贫

税费改革后，只能把软指标当成硬指标来搞好的乡村基层组织严重缺乏工作的主动性和积极性，“政府－村‘两委’－牧民”的治理效果因村“两委”的松散而明显弱化。梅陇生态畜牧业专业合作社实现了入社率100%，所以实际上合作社作为村集体经济组织与村“两委”形成了互嵌关系。定性量化的扶贫帮困制度可以说明这一点。自2009年起，梅陇生态畜牧业专业合作社整合“整村推进扶贫开发项目”资金38万元，购买后备优良生产母羊850只，外加合作社原有的后备生产母羊50只，共900只生产母羊用于扶贫帮困工作。合作社每年扶贫4户贫困户，每户225只，由合作社统一经营，合作社将所产的生产母羔配股给贫困户，增加贫困户股份份额和分红收益，第二年再重新安排4户贫困户，以此类推，滚动扶持，从讨论制定扶贫方案到执行和监督都是在合作社的框架下完成的。合作社之所以能够替代“两委”班子完成精准扶贫并取得良好成效，是因为梅陇生态畜牧业专业合作社是以梅陇村为单位组建并形成的内部组织机构。

合作社建设初期，梅陇村所在的新源镇政府要求以村为单位组建股份合作制生态畜牧业专业合作社及内部组织机构，村（乡）“两委”班子成员或党员必须带头先入社。因为前期“两委”班子成员的带头作用，所以在民主选举中产生的理事长和理事会成员大多由有能力的班子成员提任，合作社不仅是一个经济主体，而且还肩负政治功能。按照政治学理论，政府的规范性职能是向民众提供适宜的公共产品和公共服务，而在“空壳化”集体经济无力承担这一职能后，合作社在基层治理中发挥了主导作用，这也为牧民自治提供了空间。

（三）环境嵌入与民主协商

经济作为一个制度过程，是嵌入在经济和非经济制度之中的，任何一个乡村社会的治理模式形成都离不开特定的制度框架。①无论是前期在生态畜牧业专业合作社的建立、母畜饲养、有机畜产品品牌建设、能力提升示范创建方面的扶持政策，还是通过委托－代理的形式建立合作社的过程，政府所起的作用都十分关键。如表 2 所示，自鼓励生态畜牧业专业合作社建设以来，省级政府在推进“股份合作制经营模式”建设方面的投入达到 14041 万元，州级先后共投入 4378.6 万元。天峻县每年对全县草地生态畜牧业试验区建设试点社从生产要素整合入股质量方面予以评价，评价指标包括入社户数、入股草场面积、入股牲畜数、统一安排劳动力总人数四个方面，对评价较好的合作社再次予以奖励。

① 王进、赵秋倩:《合作社嵌入乡村社会治理的模式与动力问题研究》,《理论导刊》2016年第6期。

表2　海西州推进“股份合作制经营模式”建设资金统计

项目名称	内容	投资金额（万元）		
		省级资金	州级资金	合计
组建生态畜牧业专业合作社	全州以村为单位组建生态畜牧业专业合作社150个	3230	3230	6460
牧区能繁母畜饲养补贴试点项目	2012年11个、2013年7个	586	—	586
能力提升示范社创建项目	2013年实施20个	920	—	920
牧区能繁母牛饲养补贴	2013年实施2个	100	—	100
有机畜产品品牌建设项目和高效养殖推广示范项目	茶卡羊品牌、6个生态畜牧业专业合作社高效养殖推广示范	500	—	500
组建生态畜牧业金融服务中心	天峻县和都兰县各组建生态畜牧业金融服务中心1个	—	100	100
贷款贴息试点项目	补贴都兰县和天峻县生态畜牧业合作社贷款贴息	—	90	90
2015~2017年全国草地生态畜牧业试验区建设	实施基础设施、科技推广、能力提升等17项建设项目	8705	958.6	9663.6
合计		14041	4378.6	18419.6

不难看出，政府与合作社的关系既有“扶持”也有“制衡”。将梅陇生态畜牧业专业合作社打造成示范性合作社是二者的共同目标，政府通过合作社的成功实现政绩，合作社与政府合作可以获得更多项目支持。在密切的互动关系下，合作社和村集体的“非体制内精英”发挥了重要作用，他们一方面代表牧民向上进行利益诉求，另一方面向下发挥协调和组织作用。在组织机制上，合作社股东按每人一票的形式而不是按股份大小享有话语权，通过召开社员大会对社员牲畜资产配股制度、社员自食羊分配制度、外出看病住院资金垫付制度、牲畜核查清点制度、社员外出学习考察制度、合作社管理人员工资标准、定性量化的扶贫帮困制度和三产发展计划等进行不断修订和完善。严格落实“理事会提议、监事会和理事会商议、党支部审议、成员代表大会决议、财务和社务公开”的“四议两公开”重大事项议事制度，健全完善合作社盈余分配办法，保障社员知情权、决议权等民主权利。所以梅陇生态畜牧业专业合作社

作为中间环节参与基层治理的模式是构建多元化“民主协商”机制的范例，合作社参与基层治理的有效性越强，作为“有效载体”的作用就会越大。

五　动态分析：互动与善治

在10年的实践中，梅陇合作社也遇到过很多问题，如养殖牲畜大户不愿入社、抵触思想严重、合作社内部管理制度不够细化等。但事实证明，通过调动多元利益主体，形成强大的村民力量，可以促进合作社与牧民间的良性互动，达成真正的“善治”。

建设初期，梅陇合作社理事会先后组织召开社员大会100多次才制定了合作社章程、生产要素作价入股方案、划区轮牧方案和减畜方案、内部管理和财务制度及承包合同，形成了专业化分工和科学养殖方案。例如对牲畜实行“统一轮牧、统一育肥、统一防疫、统一配种、统一加工、统一销售、分群养殖”的“六统一分”管理方式，就是通过有经验的牧民反复讨论形成的。但即使经过反复协商，有些方案和制度仍然存在不够细化的问题，例如，没有考虑牧户自食羊的安排造成牧民隐瞒实际牛羊数量，所以在执行分配方案一年后又增加了自食羊的分配方案，最初计划按每人每年2只羊来分配，但因影响大股东利益而无法执行，最终全体股民投票决定按股份分配，股份最多的股东每户每年能分到18只自食羊。

建设中期，因为合作社打破传统分散养殖方式，建立了草场、牲畜、劳力、技能、管理等要素参与分配的“股份分红、工资报酬和绩效奖励”分配格局。所以在年收入兑现合作社办公经费、生产成本、管理和放牧人员工资报酬后，除去盈利资金的70%用于社员股份分红外，还有剩余盈利就作为合作社公积金，用于扩大再生产和绩效考核。对如何扩大生产和进行投资，也是在不断协商基础上动态完成的，合作社先后几年利用积累资金分别投资成立洗车行、在县城繁华地段购置商业用房、在省会投资入股经营宾馆，一方面扩大经营范围、分担经营风险，另一方面也对除放牧员和负责草料种植基地管理牧户人员以外的剩余40户劳动力进行了有效转移。这种第一产业与第二和第三产业的融合发展，被合作社称为“非地经济”，通过发展“非地经济”，合作社完成了由单纯依靠传统畜牧业增收向多元化经营的转变，拓展了自身的社会网络，使合作社得以进入良性循环，获得更多“弱关系”的支持。

六　总结与启示

回顾梅陇生态畜牧业专业合作社的10年发展历程，与其说“梅陇模式”是牧业生产方式上的创新，不如说梅陇模式是基层治理的成功。梅陇合作社实现了增产增收，转人减畜，优化结构，转变生产、经营、组织、发展方式的“双增双减一优化四转变”目标，取得了生态效益、生产效益和生活效益的“三生共赢”，更为重要的是，它作为典型案例展示出少数民族聚居的省份的基层治理模式正在发生深刻变化并且逐步走向成熟。

畜牧业合作社嵌入牧区基层治理的优势表现在以下几个方面。一是合作社通过“生产资料入股、按股分红”的形式将牧民联结成利益共同体，在利益共同体结构下，为维护自身利益而形成了相互监督的网络体系，可以将冲突化解为自律。二是合作社作为经济实体与村集体经济相契合，破解了“空壳化”集体经济无力承担公共服务职能的问题。三是合作社与政府的双向式嵌入关系弥补了“管控型”单一治理的弊端，民主协商的有效性有利于合作社“有效载体”作用的发挥。按照党的十九大关于“加强社区治理体系建设，推动社会治理重心向基层下移，发挥社会组织作用，实现政府治理和社会调节、居民自治良性互动”的要求，合作社嵌入基层治理是未来的趋势也是发展方向，虽然梅陇生态畜牧业专业合作社还处于初级发展阶段，但对同样生态脆弱且不发达的民族地区村落进行村域治理模式转换，还是有一定的借鉴意义。

参考文献

〔美〕马克 · 格兰诺维特:《镶嵌：社会网与经济行动》，罗家德译，社会科学文献出版社，2007。

兰建平、苗文斌:《嵌入性理论研究综述》,《技术经济》2009 年第 1 期。

李婵娟:《“嵌入性”视角下合作社制度生存空间的塑造》,《农业经济问题》2013 年第 6 期。

王进、赵秋倩:《合作社嵌入乡村社会治理的模式与动力问题研究》,《理论导刊》2016 年第 6 期。

周飞舟:《从汲取型政权到“悬浮型”政权——税费改革对国家与农民关系之影响》,《社会学研究》2006 年第 3 期。

西部地区乡村治理和乡风文明建设面临的困境及对策研究

——基于重庆的调查*

丁忠兵　张　莉**

摘　要： 乡村治理是乡村振兴的基础，乡风文明是乡村振兴的保障。重庆集大都市、大农村、大山区、大库区于一体，其农业农村的发展条件和主要发展指标与我国西部地区平均水平较为接近，是我国西部地区农村发展的典型代表。从在重庆进行的乡村治理与乡风文明建设专题调研发现，当地基层干部的整体精神面貌较好，农村社会风气整体好转，但也存在一些突出问题：村民异质性增强，村民自治面临新挑战；党员队伍整体年龄偏大，农村基层组织建设的基础不牢；农村集体经济运行机制不健全，发挥村党组织对集体经济组织的领导核心作用面临挑战；等等。这些问题在整个西部地区具有一定的普遍性，亟待引起重视。

关键词： 乡村振兴　乡村治理　乡风文明

---

* 本文系国家社科基金项目“大数据背景下西南山区信息贫困的定量测评与破解机制研究”（18XMZ077）的阶段性成果。

** 丁忠兵，重庆社会科学院农村发展研究所；张莉，重庆社会科学院农村发展研究所。

乡风文明、乡村治理是党的十九大报告提出的实施乡村振兴战略的重要内容，也是实现国家长治久安和中华民族伟大复兴中国梦的重要基础。我国是农业大国，乡村治理不只是农村内部的自我管理和发展问题，更关系到党在农村的执政基础、中国特色社会主义民主政治的发展，是国家治理体系和治理能力现代化的基础。乡风文明不仅反映农民对美好生活的需要，也是构建和谐社会和实现强国梦的重要条件。近年来，受农村人口外流、村庄“空心化”及外部环境变化等因素影响，我国的乡村治理与乡风文明建设面临不少问题和挑战。村庄“空心化”作为当前中国较为突出的社会经济现象，日益制约着新农村建设和城乡一体化发展，致使现阶段的乡村治理特别是村级治理面临新的难题。人口外流使乡村社会的发展与治理主体发生了改变，深刻影响着原有的社会秩序与运行模式，给乡村社会带来巨大冲击。外出的农民长期在城乡间流动，村民之间的交往度降低，陌生感增强，乡村社会呈现出半熟人社会。人口流动带来观念改变、传统习惯规则失效和正式制度规则难以落地，村庄秩序动荡问题凸显。出现了混混治村、乡村治理灰色化等诸多问题，乡村治理的内卷化问题突出。乡村内部物质建设与精神建设不平衡，农村精神文明同步发展不够，导致乡村人际关系日益疏离、乡村公共舆论愈发弱化、伦理道德逐渐式微、公共精神不断衰落。一些地方村落共同体解体，德孝文化和诚信文化削弱，守望相助传统消失，邻里矛盾突出，干群关系紧张，各种矛盾的积累甚或成为社会不稳定因素。

重庆集大都市、大农村、大山区、大库区于一体，其农业农村发展在我国西部地区具有典型性。全市农村面积占土地面积的95%，山地丘陵面积占土地面积的98%，乡村常住人口占全市常住人口的36%，97%的区县（自治县）涉及农业生产，常住人口人均耕地1.14亩，农村居民2017年人均可支配收入12638元。重庆农业农村的发展条件与主要发展指标与我国西部地区平均水平较为接近。为准确把握当前我国西部农村在乡村治理与乡风文明方面出现的新问题和面临的新挑战，优化相关政策举措，助推当地乡村振兴战略取得更好成效，近日笔者在参与相关课题研究过程中赴重庆市 6 个区县的 11 个村[①]进行了乡村治理与乡风文明专题调研，通过深度访谈、院坝座谈、进村入户实地察看等方式，收集了大量鲜活的一手素材。调研发现，当地农村社会风气整体趋好，群众环境保护意识明显增强，村民房前屋后的环境卫生状况有较大改善，大操大办、“无事酒”、赌博等陈规陋习在不少地方得到较好遏制，诚信经营意识进一步增强，欺客宰客现象明显减少。当然，与党的十九大报告及 2018 年中央一号文件提出的乡村振兴要求相比，当地乡村治理与乡风文明建设也还面临一些困难和问题，亟待引起重视。

一　村民异质性增强，村民自治面临新挑战

在过去较长时期内，我国农村是一个典型的熟人社会，共同的生产生活、共同的利益诉求、共同的文化认同为乡村实施村民自治奠定了良好基础。但在调查中我们发现，随着城乡人口的大规模流动，当地多数农村的村民构成发生了重大变化，传统的户口和承包地在本村、长期劳动生活在本村的村民越来越少，而长年在外务工生活的村民占农村青壮年劳动力的绝大部分，并有越来越多的村民举家搬迁到场镇、城市生活。不同村民群体之间共同的利益诉求越来越少，文化认同越来越弱，收入差距越来越大，生产生活方式日益多元化，异质性越来越强，农村传统熟人社会特征正在消减。由此导致乡村社会信任水平明显降低，村民的公共事务参与度降低，议事协商成本增高，形成决议难度增大，村民自治面临挑战。

一是农村人口外流问题突出。在课题组实地调研的重庆璧山区福禄镇红山村，全村 3000 余人，约 1/3 的人口留守在家，约 1/3 的人口长年在外务工，约 1/3 的人口跟随子女、父母在外生活。在重庆奉节县一偏远行政村，全村现有

① 11 个行政村分别是璧山区福禄镇红山村、合川区太和镇晒经村、酉阳县可大乡客寨村、酉阳县黑水镇平地坝村、黔江区中塘乡迎新村、黔江区金溪镇长春村、黔江区濯水镇双龙村、奉节县康乐镇铁佛村、奉节县竹园镇金狮村、巫溪县古路镇观峰村、巫溪县宁厂镇邓家村。

376户1006人，有劳动能力的586人，其中75%在外务工。在村上有唯一住房的家庭仅16户，在本场镇购房的有263户，在镇外购房的有72户，有25户村民在村上的住房已长年无人居住。在重庆巫溪县高山行政村，现有村民114户396人，但常住村民仅100多人，大量村民都集中在县城打工、带孩子、读书。

二是农村社会的人员构成日益复杂。近年来，越来越多的企业老板、工商业主来到农村承包流转土地，从事农业生产经营活动，他们与当地农民之间不再是传统意义上的熟人关系，而主要是一种契约关系、利益关系。企业老板无论是承包流转土地、长期雇工还是收购农民的产品都需要签订合同，需要耗费较高的契约成本，同时还离不开村社干部的协调沟通和牵线搭桥。璧山区一龙头企业老板坦言，由于担心与当地农户发生矛盾，企业都没敢在当地长期雇工，对当地少数农民在公司承包的流转土地上种菜、偷采水果、毁坏苗木等行为也不敢严厉制止。

三是不同人群的利益诉求差异较大。普遍来看，留守在家继续从事农业生产的村民对土地仍看得很重，不愿为河道整治、公路建设等公益项目腾退耕地，导致一些公益性基础设施建设项目难以立项启动。那些生产、生活重心已不在农村的村民则对村里公共事务不关心，只有利益索取（国家相关补助、集体收益分红一分不能少），不愿投入（不愿出资或投工投劳），导致农村通过民主商议发展的公共事业难以得到村民普遍支持。部分到发达地区务工的村民则对承包地的未来增值收益抱有不切实际的过高的期望，在目前每亩几百元的土地流转价格下，宁愿撂荒，也不愿流转，这使得村“两委”在协调土地流转和推动适度规模经营上面临较大困难。

对此我们建议，继续弘扬农村孝老爱亲、重义守信、勤俭持家等传统美德，重塑守望相助和谐邻里关系，增强乡村社会的内部认同和内在凝聚力。根据村民的生产生活状态对村民进行分类，如大致划分为农业生产类、务工增收类和城镇定居类，让村民自主选择所属类别。同时细分村上公共事务，主要涉及哪类村民的公共事务就组织该类村民进行商议，提高村民自治成效，降低自治成本。多采取化整为零方式召开村民会议，村干部多跑路，深入社、组及场镇村民聚居点召开村民会议，宣传党的方针政策，商议村里重大事项，让村民少跑腿，最大限度地保障村民知情权，最大可能地方便村民参与自治。

二　党员队伍整体年龄偏大，农村基层组织建设亟待加强

农村党员是农村社会的先进分子，是农村先进生产力和先进文化的代表，也是农村基层党组织建设的基石，是农村基层党组织发挥领导核心作用的基本保障。在实地调查中我们发现，一方面当地农村合村并社现象普遍，农村基层组织的服务对象和工作任务大幅增加；另一方面新发展党员普遍较少，党员队伍整体年龄偏大，党员干事创业的积极性和能力不足，难以满足农村基层繁重的工作任务要求。

一是村社范围大幅扩大。各地合村并社现象普遍，但村民交往仍以传统自然村落为主，村民在更大范围的相识、相知尚需时日，村社干部需要与更多村民打交道，他们要真正获得新并入村社村民的认可、支持、信任需要一个较长的过程。在我们实地调研的行政村几乎都存在合村并社现象，如璧山区福禄镇红山村由原来的红山、桂阳、沙石 3 个村合并而成，黔江区濯水镇双龙村于 2007 年由原来的野竹、双龙 2 个村合并而成，奉节县康乐镇铁佛村下辖的 5 社由原来的 22 个村民小组合并而成，奉节县竹园镇金狮村下辖的 3 个村民小组由原来的 12 个小社合并而成。

二是党员队伍整体年龄偏大。如课题组实地调研的酉阳县可大乡客寨村，现有中共党员 40 名，平均年龄 50 岁，其中 80 岁以上党员 3 人。酉阳县黑水镇平地坝村现有党员 64 名，平均年龄达到 59 岁，其中 60 岁以上的党员 38 人，80 岁以上的党员 10 多名。黔江区金溪镇长春村现有党员 48 人，其中 50 岁以上的党员占比超过 60%，初中学历的党员占比超过 60%，党员队伍整体年龄偏高，学历偏低。一些村镇发展新党员的指标较少，也在一定程度上加剧了基层党员队伍的老龄化。据介绍，酉阳县可大乡有 63 个党支部，但一年仅有 2 个党员发展指标，导致目前 30 岁以下党员占比不到 10%。

三是农村“微腐败”频频曝光。近年来随着国家反腐力度的加大，发生在农民身边的“微腐败”案件被大量查处、曝光，村社干部的整体形象受到一定损害，农民对村社干部的信任度降低，导致传统的主要凭借村社干部个人威望实施乡村治理的方式难以为继。在调研中，据一位有丰富农村工作经验的当地干部介绍，有的村因前任村干部贪污工程款被查处、曝光，导致现任村干部说什么老百姓都不信，工作难以开展。

对此我们建议，加大对党的纲领、路线、方针、政策的宣传力度，充分发挥农村优秀老党员、老支书的示范作用，讲好先进典型故事，优化宣传方式，提升宣传成效，进一步巩固提升党在农村的光辉形象，增强党的吸引力。以返乡创业农民工、新型农业经营主体为重点，有针对性地宣传、普及中国共产党的入党要求、入党条件、入党程序等知识，加强教育引导，加大在优秀青年农民中发展新党员的力度，为农村党员队伍充实理念信念坚定、科学文化素质较高、产业发展能力较强的新生力量，进一步夯实党在农村的执政基础。乡村治理要在巩固自治基础上更加突出法治和德治，将更多的乡村事务管理工作纳入法治化轨道，明确赋予乡村干部管理乡村事务的法定职责、职权，着力普及农村法律知识，培养村社干部法治观念，建设法治乡村。通过开通乡村微信群、举办文体活动等方式，搭建健康向上的群众交流交往平台，将反面教育与正面宣传相结合，增进彼此了解，增强信任，改善农村干群关系。

三　农村集体经济运行机制不健全，发挥村党组织对集体经济组织的领导核心作用面临挑战

发展壮大集体经济是农村打赢脱贫攻坚战的重要支撑，也是提升乡村治理成效、提高农村公共服务水平的重要保障。党的十九大报告明确提出要深化农村集体产权制度改革，壮大集体经济。2018 年中央一号文件进一步提出，加快推进集体经营性资产股份合作制改革，推动资源变资产、资金变股金、农民变股东，探索农村集体经济新的实现形式和运行机制，发挥村党组织对集体

经济组织的领导核心作用。为贯彻落实党的十九大精神，2017年12月，中共重庆市委办公厅、重庆市人民政府办公厅制定印发了《关于开展农村“三变”改革试点促进农民增收产业增效生态增值的指导意见》（渝委办发〔2017〕53号），明确提出“力争到2020年，基本完成农村集体产权制度改革，基本消除‘空壳村’”的发展目标。从我们实地调研的情况来看，当地多数村庄已开始启动“三变”改革，着力发展壮大农村集体经济，但成效尚不明显，且在集体经济运行机制方面面临不少困难和挑战。

一是对集体股、农民股的股权设置尚处于探索中。如我们实地调研奉节县竹园镇金狮村，村上投入50万元扶贫资金入股到重庆市谦政农业发展有限公司发展软籽石榴，其股权设置是：村集体股份利润分成占10%，农民土地入股股份利润分成占40%，公司利润分成占50%。但分成基数都不是公司的利润，而是销售收入。据当地干部解释，公司销售收入的账目是比较清楚的，按销售收入分成更易于操作，能更好地保护村集体和农民利益。巫溪县古路镇观峰村将原村“两委”办公楼折价800万元入股“江雅庄园”从事农家乐经营，还吸收了农民的土地入股和贫困户的扶贫资金入股，明确规定贫困户的股份按6%的比例实行保底分红。在巫溪县宁厂镇邓家村，据当地乡镇干部、村干部介绍，当地农民、村集体入股企业、合作社等经营主体从事生产经营活动，农民、村集体都不愿承担经营风险，一般的股权设置都是要求公司实行保底分红，年分红通常为股金的6%。从中我们看到，不少地方入股公司开展农业经营活动的农村集体股、农民土地股，其股权设置名义上是入股，实质上是出租，或可称为特殊股，其合理性、合规性尚有待进一步检验论证。

二是对村集体经济的经营方式尚处于探索中。奉节县竹园镇金狮村计划在2018年开展集体资产确权工作，并注册成立股份合作社来管理集体经济。巫溪县古路镇观峰村是委派村委会副主任到投资入股的“江雅庄园”任副总经理，以此保障集体股权权益。巫溪县宁厂镇邓家村投入项目资金150万元建立的香菇产业园目前由村“两委”直接经营，效益不是太好，村上打算今后将香菇产业园流转给其他市场主体经营，村集体只是收取租金。在多种农村集体经济经营方式中选择，到底哪种经营方式更加科学合理，尚需实践检验。

三是对集体非经营性资产缺少量化确权的内在动力。据我们在巫溪县宁厂镇邓家村调研了解，该村过去也搞过集体资产确权，但当时的集体资产只有办公楼、公路等非经营性资产，不存在集体资产收益、集体资产流失问题，村干部、村民都没有确权的内在动力，致使当时的集体资产确权流于形式。

对此我们建议，对于农村集体资产的量化确权和股份化改造不能草草了事，而是需要进一步探索集体股权的设置方案和集体经济的运行机制，探索通过委派董事会成员、监事会成员、经理、财会人员等方式，将村党组织对集体经济的领导核心作用落到实处，并确保集体资产的保值增值。要将国家监察体系延伸到村集体经济组织的核心成员，确保村派驻集体经济管理人员尽职尽责。对集体经济的涉足领域要有所选择，尽可能不在一般竞争性领域通过现金方式入股企业，尽可能通过固定资产出租的方式发展壮大集体经济，以此降低集体经济的管理难度和市场风险。

四　农民的主体意识比较淡薄，增加了乡村发展和乡村治理的成本

乡村振兴，主体在民。2017 年 11 月，中央农村工作会议指出，实施乡村振兴战略要“坚持农民主体地位”，发挥“亿万农民的创造精神”。一般来讲，农民的主体意识包括自我意识、参与意识、自主意识、创新意识等多个方面，提升农民主体意识既是实现农业农村现代化的重要条件，也是实现农民自身能力素质提升的内在要求。我们调查发现，当地不少农民的主体意识较为薄弱，难以适应乡村振兴战略实施的要求。

一是部分农民公德意识比较缺乏，“三个和尚没水吃”现象比较常见。农民公德意识的缺乏，突出表现在一些地方农民“用水贵”“用水难”问题上。据一些地方农民反映，当地水池漏了、水管坏了没人修，周围几家人都不想管，找到村里又管不过来，认为村委会不作为。而村干部抱怨，农民只管用不

管维护，村里经费和人手都管不过来，压力很大。调研组专门问了几个农民，他们也承认修水管和水池技术难度并不大，但是因为涉及多户人家，往往就难办了，大家相互推诿，结果就成了“三个和尚没水吃”。另外，在农村环境卫生管理中，农民公德意识缺乏问题也表现得比较明显。调研发现，现在农民普遍能将自家房前屋后和家庭环境打扫得比较干净整洁，但在路边、河边、广场等公共场所随地乱扔垃圾现象还比较常见，导致在同一个村庄，私人区域和公共区域卫生状况天差地别。一些村干部反映，由于群众乱扔垃圾的习惯很难制止和改变，各村社仍需要组织人手定期集中清扫，财力难以负担。

二是一些农民还存在比较严重的“等、靠、要”思想。座谈中不少村干部反映，当地常住人口以留守老人为主，很多人没有主动参加学习培训的积极性，村“两委”组织召开社员会议，一般都得发点交通费、误餐费，否则会议就很难组织起来。上级政府在乡镇、村里举办一些免费技术培训班，当地农民大多不太关心培训的内容，而是更关心有没有奖品、误工费。一些地方搞农业开发项目，不少农民对开发项目的效益如何不太放在心上，但对补贴、补偿有多少看得很重。一些地方贫困户好吃懒做却能得到政府各种补贴，非贫困户辛苦一年却只能挣到微薄收入，导致大家心理失衡，出现争当贫困户的怪现象。

三是少数基层干部对农民的主体性认识不充分。一些地方村干部分不清楚村“两委”主要职责和村民自治事务的界限，采取事无巨细、来者不拒、一手包办的态度，不仅自己疲于奔命，降低了财政资源的效益，而且导致对主要职责落实不到位，疏于思考村里长远发展。一些地方村干部又存在当“官老爷”的错误思想，脸难看、群众事难办。一些村干部工作方法简单，认为政府免费发东西给群众，群众就该无条件欢欢喜喜接受，不考虑各个村社的实际情况，不关注农民的意愿、喜好和诉求，导致政府花了钱，群众却不领情。

对此我们建议，要多种途径加强对基层干部的宣传教育，正确认识乡村振兴战略实施中农民主体地位的基本导向。加强对农民的思想教育，把中央的方针政策变成农民群众的自觉行动，充分调动农民建设美丽家园、追求美好生活的热情，充分发挥他们的聪明才智和主观能动性。强化环境熏陶，为农民主体意识的培育营造良好外部环境。以新型农民为重点，把培育农民的主体意识纳入新型农民培育、培养工作之中。

五　农村文化供需不对称问题突出，降低了村民生活的幸福感

文化是农村几千年发展历史的沉淀，是农村人与物两大载体的外在体现，也是乡村振兴战略的灵魂所在。近年来，随着农村居民收入水平的提高和温饱问题的逐步解决，他们的文化需求日益强烈，国家也为丰富农村文化生活投入了大量资源。但在调研中我们发现，当地村级文化设施和各种文化活动实施效果很不理想，村民需求并没有得到很好解决，存在突出的农村文化供需不对称现象，主要表现在以下两个方面。

一是居住分散，人口流动性增强，农村文化资源有效供给面临严峻挑战。重庆农村是典型的山区，道路曲折，村民普遍居住分散，电影下乡等传统文化供给方式面临观影群众越来越少的尴尬。村民们普遍反映，“送电影的队伍是很负责的，我也晓得他们辛苦，明白国家的福利”，但自家与集中播放点距离远，“晚上黑灯瞎火来回走上一两个小时，不划算、累得很，不如在家看电视”。我们调研的各个村都建有农家书屋，但利用率普遍较低。如在巫溪县宁厂镇邓家村，据村干部反映，每年到书屋借阅图书的村民也就 100 人次左右，超过 2/3 的村民从来没到村上农家书屋借过书。一些村民反映，“要学农业科技知识看央视农业频道更好，不愿意走那么远去专门借一本书来看”。

二是文化供给品位和质量滞后于现阶段农民对文化生活的需求。由于电视、网络信息的发达，城市文明和娱乐对农民产生了巨大的冲击，农民的眼界得到了较大的提高，对日常娱乐活动和节目的品位要求也明显提升，但政府在农村的公共文化供给没有实现同步转变，仍在沿用以往对农村农民送文化的固有思维，造成“剃头挑子一头热”现象。很多村民告诉我们，送来的电影说教味道重，好多是几十年前的片子，电视上都已看过了。文艺演出“那些演员又

没电视上的明星出名，就是看着台上演员很卖力，觉得冷场不太好，纯粹勉强去凑个人头捧个场”。还有一些村民坦言，“去看电影才不是去看那个片子，主要是几个朋友可以凑成一堆好聊天”。另外，重庆农村普遍安装了高音喇叭，叫“村村通”，村民可以边干活边收听新闻、通知，较受群众欢迎。但一些地方经费有限且管理体制不顺，加之出于周边群众反映喇叭吵人等原因，喇叭通响率偏低，利用效率不高。

对此我们建议，要坚持供给侧结构性改革的思路，顺应人口分布和流动趋势，基于农民的需求变化来优化文化资源，创新文化供给形式。如继续保留送电影下乡、农家书屋等传统农村文化供给方式，但应选择更适合农民需求的影片和书籍送下乡。通过给农民提供文化消费券等形式积极开辟新的文化下乡途径，吸引市场主体参与乡村文化供给，让农民自主选择喜欢的文化产品去消费。

六　部分地区的陈规陋习难以根治，削弱了农民干事创业的精气神

乡风文明是社会进步的重要表现，也是助推乡村持续健康发展的动力源泉。近年来，通过地方政府的宣传引导及明文整治“无事酒”，广大农村的封建迷信、非法传教活动大幅减少，重男轻女思想逐渐弱化，办“无事酒”等陈规陋习得到明显遏制。但在调研中我们发现，少数地方攀比之风、铺张浪费现象有所抬头，不少地方厚葬习俗仍根深蒂固，给当地干部群众生产生活带来困扰，削弱了农民干事创业的精气神。

一是人情支出负担仍然较重。在奉节县康乐镇铁佛村，据村民介绍，每年每户需要参加各种酒席（只是婚丧嫁娶、偶尔大生日）约 50 场，每次人情消费至少 200 元，亲近家人送 1500 元、2000 元的都有，每年每户人情支出一般在 15000 元以上，至少占到家庭收入的 1/3。在合川区太和镇晒经村，据村干部反映，当地农村吃、住、行的消费并不高，读书国家也有很多补贴和政策支持，但人情送礼支出仍然较大，一年下来支出上万元，有时候一天就要赶

五六场酒席，压力比较大。在各个村调研发现的一个普遍现象是，村民一边抱怨人情支出负担重，一边又强调这些事情不得不参加，自己也很纠结、无奈。

二是改头换面的攀比铺张现象有所抬头。在实地调研的有些村，农民收入普遍不高，但在红白喜事上是摆酒办席一个比一个拼，有的还要请戏班子搭台唱戏，动辄数万元的支出。一些农民即便自己没钱，遇到红白喜事时借钱也要把场面搞得较为隆重，只为在村里有面子。在奉节县和巫溪县调研时，沿途豪华坟头从路边到山里比比皆是。据座谈中村民介绍，当地仅刻一个墓碑，少则三五千元，多则一两万元，是笔不小的支出。在奉节县某村入户访谈时我们发现，不少农户家里常备有大量红牛、王老吉等，院坝角落还堆放着几十个已经喝完的空易拉罐。与当地村民收入相比，这种消费习惯略显奢侈。

三是部分村民价值观发生扭曲。在一些村里，勤劳致富等传统美德受到质疑，那些长年在家辛勤劳作的人被认为是太老实、没出息，挣钱、发财成为判别一个人是否成功的最重要标志，也是决定一个人在当地是否受尊敬的最重要因素，诚实守信、耕读传家等传统美德和家风越来越不被看重。一些村民受社会不良环境影响，成天就想着拉关系、找门路、挣大钱、挣快钱，不惜违法乱纪、铤而走险。

对此我们建议，各地出台有关政策加以引导、采取有效措施加以纠正，要持续整治“无事酒”，引导村民制定简单易行的村规民约。要抓宣传引导，转变群众传统观念。引导干部群众从我做起，从身边做起，移风易俗，倡树新风。要抓制度完善，夯实移风易俗基础。可以通过召开村民代表座谈会、发放倡议书、签订承诺书、入户宣传等形式，把禁止大操大办婚丧喜庆事宜纳入各村村规民约，用制度化的形式引导村民主动转变观念。要抓示范引领，遏制盲目攀比之风。突出农村党员的先锋带头作用，通过组织纪律禁止村“两委”干部大操大办红白喜事。

总的来看，近年来，随着城镇化、工业化进程的快速推进及信息通信技术的进步，我国西部地区乡村作为人口净流出地，当地的人员构成发生了重大变化，村民异质性增强，人际关系日渐疏离，传统的熟人社会特征正在消减，农村传统价值观念和社会习俗的影响力越来越弱，加之村社范围大幅扩大，农村党员队伍整体年龄偏大，农村集体经济薄弱，导致当地乡村治理和乡风文明建设面临不少困难和挑战，迫切需要全面贯彻落实党的十九大精神，加快推进西部地区乡村振兴战略的实施，优化相关政策举措，着力提升西部农村的乡村治理水平及乡风文明建设水平。

参考文献

耿羽:《灰黑势力与乡村治理内卷化》,《中国农业大学学报》(社会科学版)2011年第2期。

贺雪峰:《半熟人社会》,《开放时代》2002年第1期。

“提升四川乡村治理能力的途径和措施”课题组:《乡村治理能力提升之策——以四川省为例》,《农村经济》2017年第12期。

吴理财、刘磊:《乡风文明是乡村振兴的应有之义》,《政策》2018年第4期。

吴森、李巧兰:《流动人口的边缘性与村治秩序的震荡——以鄂西灵村为例》,《华中师范大学学报》(人文社会科学版)2000年第2期。

杨春娟:《村庄空心化背景下乡村治理困境及破解对策——以河北为分析个案》,《河北学刊》2016年第6期。

于法稳:《实施乡村振兴战略的几点思考》,《国家治理》2018年第3期。

朱启臻:《乡风文明是乡村振兴的灵魂所在》,《农村工作通讯》2017年第24期。

五 会议小结

乡村振兴与精准脱贫的进展、问题与实施路径

——“乡村振兴战略与精准脱贫研讨会暨第十四届全国社科农经协作网络大会”会议综述

崔红志 *

2018 年 8 月 5~6 日，由中国社会科学院农村发展研究所、贵州省社会科学院主办，习水县委、县人民政府承办的“乡村振兴战略与精准脱贫研讨会暨第十四届全国社科农经协作网络大会”在贵州省习水县召开。来自中国社会科学院、全国地方社会科学院、高校等 25 家单位的 100 多名专家学者参加会议，并围绕乡村振兴与精准脱贫进行了深入研讨。全国人大常委会委员、农业与农村委员会副主任委员刘振伟，中国社会科学院学部委员张晓山，中国社会科学院农村发展研究所所长魏后凯，中共贵州省委党校（贵州行政学院）副校（院）长罗凌分别做了题为“乡村振兴立法问题”“深化改革　打赢脱贫攻坚战”“2020 年后中国减贫的新战略”“精准脱贫与乡村振兴之‘塘约经验’面面观”的主题报告。现将与会专家学者的主要观点予以综述。

---

* 崔红志，中国社会科学院农村发展研究所。

一 精准脱贫的进展、问题与展望

（一）精准扶贫的进展

党的十八大以来，党中央把贫困人口脱贫作为全面建成小康社会的底线任务和标志性指标，并要求到2020年在中国现行标准下，农村贫困人口实现脱贫，贫困县全部摘帽，解决区域性整体贫困。张晓山指出，以习近平同志为核心的党中央把脱贫攻坚工作纳入“五位一体”总体布局和“四个全面”战略布局，对打赢脱贫攻坚战做出了一系列重大部署。当前，政府采取了一系列超常规举措，构筑了全党全社会扶贫的强大合力，并且保持了贫困县领导班子的稳定，预计2020年应该可以完成脱贫攻坚任务。

魏后凯分析了近年来扶贫工作的成效。魏后凯指出，2013~2017年，贫困地区农村居民人均可支配收入年均名义增长12.4%，扣除价格因素，年均实际增长10.4%，实际增速比全国农村平均水平高2.5个百分点。2017年，贫困地区农村居民人均可支配收入9377元，比上年增长10.5%[①]，扣除价格因素，实际增长9.1%，比全国农村平均增速高1.8个百分点。按照2010年贫困标准（每人每年2300元，2010年不变价），中国农村贫困人口从1978年的77039万人下降到2017年的3046万人，贫困发生率从97.5%下降到2017年的3.1%。从不同区域的情况看，东部地区减贫速度最快，西部地区减贫规模最大，现有贫困人口主要集中在中西部地区。2017年，东部地区的贫困人口为300万人，占全国贫困人口总数的9.8%，贫困发生率为0.8%；中部地区的贫困人口为1112万人，占全国贫困人口总数的36.5%，贫困发生率为3.4%；西部地区的贫困人口为1634万人，占全国贫困人口总数的53.7%，贫困发生率为5.6%。贫困发生率在7%以上的有贵州、云南、西藏、甘肃、新疆5个省份，贫困发生率在0.5%~3%的有河北、内蒙古、辽宁、吉

① 资料来源于《2017年国民经济和社会发展统计公报》。

林、黑龙江、安徽、江西、山东、湖北、重庆10个省份，贫困发生率在0.5%以下的有北京、天津、上海、江苏、浙江、福建、广东7个省份。

在扶贫攻坚中，一些地方创造了比较成功的经验。2012~2017年，贵州省累计减少农村贫困人口670.8万人，贫困发生率从2012年的26.8%下降到2017年的8%以下，创造了全国脱贫攻坚“省级样板”。贵州省安顺市平坝区乐平镇塘约村辖11个村民组，共有921户3393人，拥有耕地面积4881亩。2013年，塘约村还是贵州省最贫困村之一。到2017年，塘约村的农民人均可支配收入达到了10030元，比2013年增加了6000多元。此外，80%的农户户均年收入在3万元以上，50%的农户建起了新房，贫困人口全部脱贫。村里还建成了村文化广场、林荫小道、健康步道、自行车道等基础设施，被评为贵州首届“十佳美丽乡村”。罗凌结合近几年贵州省安顺市塘约村的实践探索对“塘约经验”进行了研究，认为塘约村成功的奥秘在于：以地为媒，实现了人心的聚合；以股为介，实现了产业的整合；以制度为规，实现了干群关系的融合。

到2020年实现农村贫困人口全部脱贫、贫困县全部摘帽，是在现行贫困标准下的脱贫和摘帽。现行标准是否太低从而产生“数字脱贫”“数字摘帽”，是社会各界普遍关心的问题。魏后凯的研究结论是：现行标准并不低。魏后凯指出，中国农村贫困线为2300元（2010年不变价），2015年现价为2855元。按2011年购买力平价（PPP）（1美元兑3.696元人民币）计算，相当于每天2.11美元；按中国农村购买力平价（PPP）（1美元兑3.04元人民币）计算，相当于每天2.57美元。而且，现有扶贫标准并未涵盖所有惠农政策，即只考虑了转移性收入，未考虑减少农村贫困家庭生活消费支出的因素。实际上，2014年，中央财政投入中至少有11项未进入贫困人口收入统计，但贫困人口因为各级财政投入而人均受益1496.96元。如果加上这一块，按PPP计算，2015年中国农村贫困标准为每人每天3.19美元，按农村PPP计算为每人每天3.87美元。此外，世界银行有低贫困线和高贫困线两个标准。低贫困线为生存贫困线，每天1.25美元，而高贫困线为每天2美元标准。低贫困线与高贫困线之间为发展贫困。由此可以看出，中国的贫困线已经远高于世界银行的贫困线，中国现行的贫困线并不低。

（二）脱贫攻坚的重点区域

与会代表认为，中国脱贫攻坚面临的任务仍然十分艰巨，脱贫攻坚的主要难点是深度贫困地区。目前，全国共有 832 个国家扶贫开发工作重点县（592 个国定贫困县和 680 个集中连片特殊困难地区县，扣除交叉后的总数为 832 个）。至 2017 年 11 月初，全国已有 28 个贫困县摘帽，还有 804 个贫困县需要陆续摘帽。从区域来看，脱贫攻坚的重点是深度贫困地区，主要是“三区三州”（西藏、四省藏区、新疆南疆四地州和四川凉山州、云南怒江州、甘肃临夏州）。2016 年，“三区三州”贫困人口占全国贫困人口总量的 8.2%，贫困发生率约为 16.69%，相当于全国平均水平的 3.7 倍。2016 年，“三区三州”212 个县常住人口出生率为 16.41%，死亡率为 5.64%，自然增长率为 10.77%，呈现“高出生率、低死亡率、高自然增长率”的传统型人口增长特征，其人口出生率和自然增长率分别比全国平均水平高 3.46 个和 4.91 个百分点，而死亡率比全国平均水平低 1.45 个百分点。在这 212 个县中，有 136 个县人口自然增长率相对较高。

魏珍和郭婧指出，2017 年，青海省 15 个深度贫困县贫困发生率都在 20% 以上，藏区深度困难乡镇占比高达 25%。青海省省内贫困人口致贫因素复杂多样且相互叠加。藏区地方病、高原病多发，像玉树、果洛两州因病致贫的占比超过 50%；贫困群众增收渠道狭窄，政策性收入占比超过 60%；深度贫困地区大都处在生态环境脆弱、社会发育滞后、基础设施短板明显的地方，自然灾害频发，地理位置偏远，气候条件恶劣。

张安虎对新疆的扶贫攻坚形势进行了分析。张安虎认为，新疆有 22 个深度贫困县、192 个深度贫困乡镇、1962 个深度贫困村，涉及 39.61 万户 162.75 万深度贫困人口，占新疆乡村人口比重的 13.15%，占新疆贫困人口总数的 85.76%。贫困呈现“两高、两低、三差、三重”的特征，即贫困人口占比高、贫困发生率高，人均可支配收入低、受教育程度低，基础设施差、公共服务差、发展能力差，低保人口脱贫任务重、因病致贫和因病返贫人口脱贫任务重、贫困老人脱贫任务重。

（三）扶贫成效的可持续性和边缘贫困问题值得关注

1. 贫困地区和贫困人口的可持续发展问题

与会代表认为，尽管到2020年能够实现在现行标准下农村贫困人口脱贫、贫困县全部摘帽，但贫困地区和贫困人口的可持续发展问题值得关注。据统计局的相关数据，从2010年到2017年，全国平均转移性收入占农民人均收入的比重由7.65%增加到19.40%；经营性和工资性收入的比重由88.97%降低到78.30%。如果单从贫困人口的收入构成看，转移性收入的占比可能更高。但是，依靠增加转移性收入提高的办法来实现脱贫摘帽是不可持续的。而且，转移性收入有一个天花板。魏后凯通过国别比较分析得出，目前中国的转移性收入已经接近这个天花板。张晓山指出，当有劳动能力的贫困人口能靠产业发展脱贫，其收入构成是以经营性收入和工资性收入为主，同时财产性收入有较大提高，不再主要依靠转移性收入，这样的脱贫才是可持续的，脱贫结果才真实，脱贫成效才真正能获得群众认可、经得起实践和历史检验。

2. 边缘贫困问题

魏后凯指出，大量资源向贫困人口的集中使贫困线之上的低收入边缘人口受到“忽视”和“挤压”，导致低收入人口收入增长缓慢，甚至出现下降趋势。低收入农户所面对的问题主要表现在三个方面。一是20%低收入户收入增速不稳定，时高时低。2014年低收入户的人均可支配收入名义增速为–3.8%，2015年为11.5%，2016年为–2.6%，2017年为9.8%。二是收入平均增速低。2014~2017年，20%低收入户人均可支配收入年均增速仅有3.5%，其中，2014年、2016年均为负增长。三是高收入户与低收入户的收入差距在扩大。2017年高收入户收入是低收入户收入的9.48倍。张晓山指出，精准识别是在穷人中找穷人，这样就会有一部分人被排除在脱贫对象之外，其贫困程度可能比得到帮助的建档立卡户更严重。如何帮助徘徊在贫困边缘的人口摆脱贫困，促进其发展，值得关注。张晓山建议，应对徘徊在贫困边缘的人口有一个基本估计和了解，将原则性和灵活性相结合，把一部分项目资金或扶贫资金留出来，通过整个区域的脱贫政策和区域发展政策帮助这部分边缘性人口脱贫。

（四）建立脱贫攻坚与乡村振兴联动机制

实施乡村振兴战略和坚决打赢脱贫攻坚战，是确保中国如期实现全面建成小康社会奋斗目标的重要战略支撑，反映了中国“三农”工作面临的新形势和扶贫工作面临的新任务，具有重要的战略意义。与会者认为，必须把实施乡村振兴战略与推动脱贫攻坚相衔接，让二者互促共进、长效发展。

魏后凯指出，脱贫攻坚是到2020年必须实现的战略任务，而乡村振兴则是一项长期的战略，要将乡村振兴战略融入脱贫攻坚战，按照“产业兴旺、生态宜居、乡风文明、治理有效、生活富裕”的总要求，把乡村振兴战略思路贯穿脱贫攻坚战的全过程，依靠全面激活要素、主体和市场，促进农村产业振兴，拓展农民财产性增收渠道，建立农民持续增收和脱贫致富的长效机制。建立农民持续增收的长效机制需要把握两点：一是应激活资源，拓宽农民财产性收入；二是转变农业生产方式，发展现代高效绿色农业，建立各具特色、具有竞争力的现代乡村产业体系。

（五）2020年后的扶贫任务

与会代表认为，反贫困是一个永恒的课题，在2020年贫困人口如期脱贫之后，中国将进入扶贫开发的新阶段。应更加注重相对贫困，高度重视多维贫困，实行统筹城乡贫困的新战略。

1. 更加注重相对贫困

贫困是一个相对概念。目前，中国大部分地区的极端贫困问题已经得到了解决，但低收入人口越来越多。尽管能解决低收入人口的基本生存问题，但困收入水平较低，而且具有脆弱性，随时有可能陷入绝对贫困境地。2020年之后，农村的相对贫困问题将更加突出，扶贫政策应更加注重减少相对贫困、缩小收入差距、促进共同富裕。

2. 高度重视多维贫困

以往对贫困的测量，多以收入高低作为衡量标准；解决贫困问题，也多从收入入手，如通过收入转移的现金支付或物质支持。但贫困具有多维性，贫困不仅意味着收入水平低，更重要的是贫困者缺乏可发展的资源、能力与机会。与会代表认为，应从多维贫困的视角认识贫困现象、解决贫困问题，为贫困人口提供发展机会、促进贫困人口能力提升。

3. 实行统筹城乡贫困的新战略

魏后凯把经济发展与贫困类型之间的关系概括为四个阶段。第一阶段主要是农村贫困，城市贫困很少；第二阶段主要是农村贫困；第三阶段是城市贫困与农村贫困并重；第四阶段主要是城市贫困，几乎没有农村贫困。在2020年之后，中国将进入城市贫困与农村贫困并重的第三阶段，应实行统筹城乡贫困的新战略，由此需要注意两点。一是统筹城乡贫困治理。根据城乡价格、消费习惯等差异，研究制定城乡统一的贫困标准，统筹考虑城乡贫困问题。二是防止农村贫困向城市转移。魏后凯介绍说，2014年底，其研究团队在北京、深圳等城市开展了针对外来务工人员的调查，外来务工人员综合贫困发生率约为20%。据此推算，2015年中国城市外来务工贫困人口约5500万人，而当前中国城市户籍贫困人口约1700万人，外来务工贫困人口占城市贫困人口总量的3/4左右，贫困问题从农村向城市转移的特征显著，必须采取有效措施来防止农村贫困向城市转移。

二　有序推进乡村全面振兴

乡村振兴战略是新时期做好“三农”工作的重要遵循，正在有序推进。与会代表围绕实施乡村振兴战略的一些重大问题，进行了深入研讨。

（一）明确乡村全面振兴的标志和实施路径

与会专家认为，实施乡村振兴战略，必须围绕乡村全面振兴这一长远目标，扎实推进乡村产业振兴、人才振兴、文化振兴、生态振兴和组织振兴。魏后凯认为，“五个振兴”是当前促进乡村全面振兴的核心内涵，也是实施乡村振兴战略的五个关键支撑点。它们既各自成篇，又相互联系、相互促进，构成一个有机的整体。扎实推进“五个振兴”，是促进乡村全面振兴的关键路径。

张晓山采取案例研究的方法，论证了“五个振兴”之间的关系。概括来说，产业兴旺是脱贫和乡村振兴的关键；为了实现产业兴旺，就需要培育本土化和专业化人才，实现乡村人才振兴；要使人才在产业振兴中充分发挥作用，则必须以技术创新与组织创新、制度创新的有机结合为保障。

刘振伟指出，乡村振兴需要法律制度支撑。乡村振兴法律制度既包括专门的《乡村振兴促进法》，也包括服务乡村振兴战略的其他法律制度。现在涉农的法律有 26 部，其他法律有涉农条款的有 73 部，国务院的条例有 76 部，这些都需要根据乡村振兴战略的实施做出进一步修改。而当务之急是把专门的《乡村振兴促进法》制定出来，同时对其他既有的法律进行修改。

（二）因地制宜，分类推进

中央提出实施乡村振兴战略，一些地方片面地理解为所有的乡村都要振兴。与会专家认为，中国村庄类型具有多样性、差异性，应根据村庄特点因地制宜制定规划措施，分类推进。

魏后凯指出，乡村全面振兴并非指现有的每一个村庄都要振兴。随着城镇空间的不断扩张和乡城人口迁移，某些村庄因变为城区或者人口都迁走了而注定要消亡。实施乡村振兴战略，一定要坚持因地制宜、分类指导、精准施策，针对不同区域、不同类型的村庄，实行分区分类的差别化推进策略，鼓励探索多种形式的乡村振兴模式，打造各具特色的乡村振兴样板。

郭晓鸣等结合四川省的情况，把村庄类型划分为以下四类。一是重点发展类村庄。对有一定产业发展基础、基础设施和公共服务设施较为完善、宜居宜业的村庄，积极引导农村人口适度集中居住和吸引外出人员回乡创业，集聚要素，激活产业，优化环境，提高活力，建设生态宜居美丽村庄。二是城市郊区类村庄。对有天然区位优势的城市郊区村庄，要发挥城市的辐射带动作用，加快推进城乡规划布局、产业发展和基础设施、公共服务的融合及共同发展。三是特色保护类村庄。对自然遗产、文化资源丰富的村庄，要把改善农民生产生活条件与保护自然文化遗产统一起来，传承保护历史文化古镇、传统村落、民族村寨和古建筑，大力传承弘扬千年农耕文明。四是搬迁撤并类村庄。对地处偏远、环境恶劣、“一方水土养不起一方人”的村庄，实行移民搬迁；对于人口规模较少、基本功能丧失的空心村庄，实行撤并。

（三）激活要素资源

土地、劳动力、技术和资本是乡村经济发展必备的要素。与会代表认为，应创新体制机制，激活要素资源，为乡村振兴提供新动能。

1. 促进乡村人才振兴

与会代表普遍认为，农村优质人才流失严重，城市人才、技术要素流入农村还面临一些障碍，乡村振兴普遍面临技术、人才和新型经营主体严重不足的问题。需要采取相关的对策措施。一是通过制定多层次、多形式的新型职业农民教育体系，改革农民培训制度，建立技术培训、学校教育等多种培训形式，健全以政府购买服务为主要形式的新型职业培训服务，大力激发更多的农民成为新型职业农民。二是大力挖掘和培养乡村本土人才，通过设立奖励基金、创业基金、传统文化技能工作室等方式，激活乡村人才传承和发扬传统文化的动力。三是建立农民工返乡创业的多元激励机制，改善乡村创业环境，激活返乡下乡创业就业动力。四是探索多种形式的乡村引才引智方式，促进各类人才流向和留在农村。

2. 加快农村土地制度改革

土地是实现乡村振兴中最重要、最具潜力的资源。崔红志指出，近年来，各地围绕如何盘活农村土地资源，开展了丰富多样的实践探索，但总体上看，土地制度改革亟待深化。一是鼓励农村集体经济组织在符合规划的前提下，直接参与土地开发，或者通过参与联营、联建、入股等多种形式来开发存量建设用地。二是在保证数量占补平衡、质量对等的前提下，探索支持农村分散零星的集体经营性建设用地调整后集中入市，重点用于发展乡村产业。三是加快推进农村宅基地制度改革，允许腾退宅基地转变为经营性建设用地，直接入市或以“地票”形式间接入市。四是缩小征地范围，为农村集体经营性建设用地入市提供空间。同时，在征地过程中全面建立并落实村级经济发展留用地制度，采用“优先预留、优先规划、先留后征”的方法发展村级集体物业。

3. 完善资金保障政策

魏后凯指出，实施乡村振兴战略，必须坚持农业农村优先发展，实行农村偏向的政府公共资源增量配置政策，把政府掌握的公共资源优先投向农业农村，促使政府公共资源人均投入增量向农村倾斜，通过增量调整使农村人均占有的公共资源存量逐步接近城市，从而实现城乡公共资源配置适度均衡和基本公共服务均等化。与会者认为，要建立财政涉农资金整合的长效机制，将不同层面、不同渠道的支农资金整合后统筹使用，瞄准乡村发展关键环节整体投入。周晓燕指出，在推进乡村振兴战略和全面深化改革的同时，应不失时机地推进财政涉农资金统筹整合长效机制的构建，与时俱进地改造、重构和提出政府管理职能观念、财政研究体系、“三农”问题解决办法等，从而实现理论创新与治国理政实践的有效互动。有专家指出，金融机构支持农村的资金力度一直较为薄弱。以贷存比指标来看，2010~2014 年中国 1942 个县市的贷存比小于 1 的占比高达 55%~68%，说明农村存款外流情况较为普遍。虽然中央一直强调要确保财政投入持续增长，但目前中国有超过 3 万亿元的“三农”金融缺口，单靠财政支出无法弥补。因此，需要进一步发展互助金融，尤其是需要利用土地流转拓宽融资渠道。郭晓鸣等认为，要健全金融资本支持乡村振兴的有效机制，应全面建立以县为主、省市适当补助、县域封闭运行的涉农贷款风险金制度，支持符合条件的农村金融机构发行“三农”专项金融债券，加快发展新型农村金融组织，支持乡村产业发展。同时，应探索社会资本支持乡村振兴的财政奖补机制，对长期投入的企业给予更多财政支持、贴息政策和配套项目投入，推广农业项目 PPP 模式和特许经营、参股控股等方式，引导和撬动社会资本投向农业农村。

三　实施乡村振兴战略需要注意的倾向

与会代表认为，乡村振兴战略的开局良好，但仍存在一些值得注意的问题。郭晓鸣等概括了四个特别需要加以重视和有效防范的倾向。

（一）过度行政化

实施乡村振兴战略需要充分发挥政府在规划、协调、战略引导和政策支持等方面的主导作用。在这些重要领域，政府具有不可替代的作用。但是，政府不是无所不能的，政府不能凭借其所掌控的资源优势和垄断权力通过层层下指标和行政命令方式强行推进乡村振兴，不能以损害乡村发展中的市场机制和要素配置市场化为代价来推进乡村振兴。一些地方把乡村振兴变成了政府强力推动的行政行为，这蕴藏着极大的潜在风险。当前，一要防止单纯利用行政手段对乡村振兴下指标、定任务，求多求快，求大求全，超越现实基础，不充分考虑区域差距和差异的现实约束，人为提档加速，弯道超车，追求短期速效；二要防止简单化地采用熟悉的老思路和旧方法，统一要求，“一刀切”推进，以及不计成本地塑造典型、打造样板；三要防止不惜以与改革方向背道而驰的方式收回已经下放的各种权力，重新集中掌控各类资源，通过强化行政干预能力来快速实现政绩化的乡村振兴。

（二）过度形式化

一些地方不坚持以人为本，不把维护农民和农村社区基本权益视为实施乡村振兴战略的核心要求。相反，把建房修路和外在形象塑造放在突出的中心位置，搞一些不切实际的花架子，高成本实施高大上的形象工程，甚至只注重简单移植城市文化元素，把咖啡屋、小酒馆、外国农庄、异域城堡等“一窝蜂”地导入乡村。这种不计成本、不惜代价的高标准盲目攀比，不仅造成有限资源的巨大浪费，而且还使厚重的乡村文化价值、历史价值和情感价值遭受冲击，乡村振兴因此走偏或迷失方向。

（三）过度同一化

产业振兴是乡村振兴的关键支撑，如果产业不发展，收入不增长，其他住房、环境、公共服务和社会治理即便有显著改善，乡村振兴也难以持续。因此，在推进乡村振兴过程中如何进行产业选择，是一个极其重要并且极具挑战性的问题。从各地乡村产业振兴的实践情况看，普遍将延长农业产业链、价值链，发展高附加值的产业环节，扩展农业多种功能，培育乡村新产业新业态作为重点发展方向。但是，一些地方忽视乡村地域区位条件、特色资源禀赋和都市圈消费人群的特征，大部分乡村将发展休闲农业和乡村旅游作为产业振兴的切入点和着力点。应当清醒地认识到，任何产业发展都客观存在供求的市场规律，虽然农业与乡村旅游的一三产业融合具有较大的发展空间，但同样需要防止主要由行政力量推动的超越现实需求的过度、过量扩张，从而避免因产业供过于求带来较大的利益损失。

（四）过度外部化

在新的历史条件下，乡村振兴是一个开放性的发展过程，既不能主要依靠乡村内部有限的自积累加以推进，又不可能完全依靠政府的财政投入予以支撑。于是，吸引城市资本进入将是一个无法回避的重要选择。大量实践证明，合理引入城市资本进入乡村发展领域具有难以估量的巨大资源激活效应。但是，城市资本的进入应当是有门槛和受管控的，如果无条件和无限制地引入城市资本，在这个过程中最重要的利益主体——农民和农村集体经济组织，将有可能被边缘化，甚至被无情挤出，农村稀缺的土地和生态资源有可能被低价剥夺，乡村振兴的持续性和稳定性必然会受到严峻挑战。

四　未来值得研究的重大问题

“三农”工作是全党工作的重中之重。党的十九大以来，中央做出了一系列重大战略决策，明确提出实施乡村振兴战略，要打好脱贫攻坚战，到2050年要全面实现乡村振兴，全面实现农业农村现代化，要建设一个现代化的农业强国。在新的形势下，有许多重大的战略性、全局性、综合性问题，需要“三农”理论界去研究、探索。对此，魏后凯梳理了11个重大问题。

一是乡村振兴与新型城镇化的联动问题。实施乡村振兴战略，不是不要城镇化，而是新型城镇化与乡村振兴两手都要抓、两手都要硬，要实现联动。乡村振兴一定要在未来城乡人口和空间格局下实现。

二是乡村振兴与扶贫攻坚的联动问题。扶贫攻坚是到2020年实现的短期目标，而乡村振兴战略是到2050年的长期战略。一定要实行长短结合，把二者有机地衔接起来，建立一种可持续的联动机制。

三是农业农村现代化的标准和战略问题。中央提出要加快推进农业农村现代化。农业农村现代化不是农业现代化的简单延伸，其科学内涵和标准是什么，需要采取什么样的推进战略和政策措施，这些都需要进行深入研究。

四是现代农业强国的标志与战略问题。中央提出要建设农业强国，值得思考的是现代农业强国的标志和实现途径是什么，这也是需要研究的一个重大战略问题。

五是2020年后中国贫困标准与战略问题。反贫困是一个永恒的话题。2020年实现现有标准下的脱贫以后，中国的贫困标准与新的反贫困战略需要进行超前研究。

六是现代乡村产业体系的构建问题。乡村振兴一定要有产业的支撑，要建立现代乡村产业体系。如何构建现代乡村产业体系的理论基础，以及它的支持政策体系，这本身就是一个重大的研究课题。

七是农村财富的核算及增值途径。近年来中国城乡收入差距虽然在缩小，但是城乡财富的差距在不断扩大。如何对农村财富进行科学核算，中国农村财富怎么来实现增值，怎么迅速扩大，这些都是重大的理论和现实问题。

八是如何将农村房地产市场纳入统一的房地产市场。现在中国的房地产市场是一个不完全的、扭曲的市场，只有城市市场，没有农村市场。如何把农村房地产市场纳入城乡统一的房地产市场体系中，也是一个需要进行研究、探索的重大战略问题。

九是农业生态价值的核算与补偿问题。近年来，学界相继将森林、草原、湿地纳入生态补偿范畴。农业具有多维功能，不只是单纯提供农产品，还具有观光价值、生态价值等。农业的生态价值怎么进行核算，如何补偿，包括补偿的机制和政策，也需要进行研究。

十是乡村转型的理论与政策问题。当前，中国乡村已经进入加快全面转型的新阶段，这种乡村转型具有丰富的内涵和多维特征。对于乡村转型的理论与政策体系，也需要理论界进行系统研究。

十一是乡村振兴的相关法律制度问题。实现乡村全面振兴，需要全面深化农村改革。目前的农村改革尤其是土地制度改革，有很多是“违法”改革，这就需要在总结各地实践经验的基础上，对现有相关法律进行修改完善，并及时制定新的法律，如《乡村振兴促进法》等。乡村振兴的法律制度保障，既涉及诸多理论问题，也涉及政策问题，需要进行多学科的综合性研究。

为乡村振兴与脱贫攻坚提供智力支撑

——在“乡村振兴战略与精准脱贫研讨会暨第十四届全国社科农经协作网络大会”闭幕式的总结讲话

吴大华*

“乡村振兴战略与精准脱贫研讨会暨第十四届全国社科农经协作网络大会”马上就结束了，根据会议的安排，我做一个会议的小结。本次会议首先得到了中国社会科学院农村发展研究所、全国社科农经网络理事会的高度重视。全国社科农经协作网络大会是中国社会科学院主办的，理事长是蔡昉副院长。很遗憾蔡院长没有出席，但是中国社会科学院农村发展研究所高度重视，会前派了科研处处长等前来考察，反复磋商会议的主题，把上年开会的论文集提前带到会场，发给与会代表。本次会议提前征文，得到很多高校、社会科学院的积极响应，征集了60多篇文章，会后还要认真地甄选、编辑，每年都要出版，由中国社会科学院农村发展研究所负责。

本次会议代表来自全国各地的25家社会科学院，还有一些高校和有关部门的同志，加上习水县各级领导干部，超过200人，会议规模不小，会风也

* 吴大华，贵州省社会科学院。

好，不像有些会议开到一半人就跑了一半了。让我感动的是习水县的各级干部的素质高，能坚守到会议结束，看来是认真践行贵州省委的“五步工作法”中的第三步“干部培训”环节抓得实。

上午的主题演讲，四位大咖介绍了全国的一些信息，给我们扩大了信息量，开阔了眼界。中共贵州省委党校副校长罗凌也介绍了贵州的经验。下午分乡村振兴和脱贫攻坚两个专题进行了深入研讨。我自始至终参加了第一组的讨论，听了 11 位老师的发言，深受启发。刚才两个组的代表把主要观点做了充分的介绍，应该说会议到这个阶段取得了较为丰硕的成果。这里做一个简单的小结。

第一，本次会议具有浓郁的时代气息。脱贫攻坚是全党当前最大的中心、最大的政治、最大的大局。习近平总书记关于精准扶贫、脱贫攻坚做了一系列的论断，他到过贵州多次，2012 年、2015 年还有每一次贵州的一些重大会议节点，他都发来贺信或批示，比如说 2018 年的数博会、生态文明贵阳国际论坛都发来贺信。最近的是 2018 年 7 月 19 号在毕节试验区成立 30 周年之际，习近平总书记做了重要的指示，对毕节市取得的成绩给予了充分的肯定，强调要精锐作战，务求精准，确保毕节试验区按时打赢脱贫攻坚战；要着眼长远、提前谋划，做好同 2020 年以后乡村振兴的衔接，着力推动绿色发展、人力资源开发、体制机制创新，努力把毕节试验区建设成为贯彻新发展理念的示范区。这是对贵州毕节试验区的批示，对贵州、对全国都有重要的意义。关于做好同 2020 年以后乡村振兴的衔接问题，与本次会议的主题“乡村振兴战略与精准脱贫”是非常契合的。

本次论坛之所以在贵州、在习水召开，是因为贵州是全国脱贫攻坚的主战场，习水县今年要出列。贵州要培植后发优势，奋力奋发赶超，走出一条有别于东部、区别于西部其他省份的发展新路。这需要牢牢守好发展和生态两条底线，需要深入贯彻落实习近平总书记在参加党的十九大贵州省代表团讨论时提出的新时代贵州精神。

贵州这几年的发展是党和国家事业发展的缩影。习近平总书记在 2018 年两会期间参加山东省代表团审议时又对乡村振兴做了重要指示，上午山东省社会科学院副书记王兴国研究员做了一个很好的报告，介绍了山东省打造乡村振兴的七种模式，对全国来说具有指导意义，我觉得山东省社会科学院这方面工作走在了全国的前列。因此，本次会议紧扣“十三五”欠发达地区脱贫攻坚，还有2018年的中央一号文件即全面部署实施乡村振兴战略，具有很强的时代气息和前瞻性、指导性，这是第一个特点。

第二，本次会议具有强烈的问题导向。我在第一组听了四位嘉宾的发言，他们紧紧抓住了各个省份在乡村振兴战略实施，特别是脱贫攻坚中存在的问题。围绕“问题意识”开展对策性研究是社科院系统的优势和特点。我们进行了大量的调查研究，选点可能是一个县、三个县，也可能是两个区域，以小见大，在对乡村振兴战略实施过程当中，特别是脱贫攻坚过程当中存在的问题进行认真剖析，提出政策建议。在剖析问题的时候，我个人认为很多学者求真务实，不空谈，以大量的数据和个案来佐证，有的同志是从正面来提出建议，有的是从反面来提出要杜绝的不良倾向，或者是提醒大家应当注意今后在工作当中会出现的问题。我觉得每一个命题都坚持从实践中来，并力求破解实践中的难题，因此具有很强的问题导向。

第三，本次会议虽然时间比较短，但有明显的智库功能。关于精准扶贫、脱贫攻坚，习近平总书记在不同的场合提出要善于运用辩证法思维来谋划、来思考，很多嘉宾在发言中就乡村振兴和脱贫攻坚或者是欠发达地区的跨越式发展等，从战略定位、产业选择这些方面进行了研究，揭示了在乡村振兴或者是在脱贫攻坚中一些共性的规律，但是也从不同的省份、不同的区域、不同的县市出发，根据不同地区的资源禀赋、区位特征、产业基础、民族民俗、文化底蕴等探索出独特的发展路径，提出了建议。我觉得这种辩证思维在研讨中得到了充分的体现，很多发言从经济、社会、文化、教育、资源等不同的角度来阐述怎么样实施好乡村振兴战略，怎么样把脱贫攻坚与乡村振兴战略有机结合等，提出了很多对策建议。这些建议反映了社科院系统很好地发挥了新型智库功能。社科院系统大多从事理论研究，出席这次会议的研究人员很多来自农村发展研究所、区域经济研究所、产业经济研究所等，还有来自精神文明研究所的，他们从文化的角度来解决精神脱贫的问题等。相对来说，贵州省在这方面，从事扶贫研究、从事乡村振兴研究的人才比较欠缺，特别是有影响力的、领军型的人才比较缺乏，还有区域影响力的特色有待加强。这次邀请省内外的著名专家，比如刘振伟副主任委员，长期从事农业工作，是全国人大常委会委员、农业与农村委员会副主任委员。张晓山学部委员是著名的“三农”专家，多次到贵州调研，昨天下午他调研以后，晚上 11 点半才把他的发言稿发给会务组，老学者的认真值得年轻人学习。这次研讨会借助了省内外的力量来深入研究贵州省乡村振兴和脱贫攻坚的工作，昨天看了习水县农业农村几个点。习水县这些年在脱贫攻坚当中形成了一些成功的经验，大家昨天也感同身受，今天县政协王主席也做了介绍。贵州省社会科学院与习水县是战略合作单位，我们经常来，对习水县比较了解，前不久习水县脱贫出列已经迎接了国检，结论还没有出来，我们表示衷心的祝福。

第四，本次会议有一定的思想交锋。关于乡村振兴和脱贫攻坚怎样有机融合，比如说乡村振兴战略，第一是产业革命、产业兴旺，有的人说首先是要“通”，路通、电通、水通、网通等，还有其他的一些观点。我个人觉得这些不同的观点，涉及面广也是有好处的，对乡村振兴战略的实施，存在哪些问题，仁者见仁、智者见智，在学术理论界是可以理解的，有思想交锋是好事。毛泽东说:“讲学术，这种学术也可以讲，那种学术也可以讲，不要拿一种学术压倒一切。”所以学术思想交锋是好事，我们欢迎多元性的思想交锋，这有助于我们理清思路。这次研讨会取得了丰硕的成果，也达成了一些理论的共识。当然也有缺点，乡村振兴战略是中央一号文件的主题，主题比较大；脱贫攻坚是全党重中之重的工作，是全党的头等大事。要在一天之内开展深入的研讨，时间不够。有不少同志写了文章但是还没有机会发言，还有实务部门的同志和理论研究的同志交锋比较少，这是缺点，今后有待改进。习近平总书记在党的十九大报告中指出，经过长期努力，中国特色社会主义进入了新时代，这是我国发展新的历史方位。那么就乡村振兴战略研究，就要满足这个新时代我国发展的现实需要，顺应当代哲学社会科学发展规律，特别是“三农”问题发展的一些趋势，立足当下、开阔视野，去借鉴一些国外成功的经验，提炼总结我国各地在实践中已经形成的好经验、好做法。实现扶贫理论、乡村振兴和脱贫攻坚理论和实践有机的衔接，要以马克思主义为指导，坚持理论推陈出新。党的十九大报告提出 21 世纪中国的马克思主义一定能够展现出更强大、更有说服力的真理力量。中国特色社会主义思想是马克思主义的最新成果，当前我们的扶贫理论研究、乡村振兴研究还比较薄弱，今后应该以习近平新时代中国特色社会主义思想为指导，推动我们的基础理论研究，不断推陈出新，结合中国特色对脱贫攻坚以及乡村振兴道路进行全新的诠释和与时俱进的阐发，同时也要在实践中有更多创新的发展，做出创造性的贡献。

第五，要立足中国脱贫攻坚的实践和乡村振兴的实践，坚持学术研究的问题导向。脱贫攻坚问题的研究具有很强的实践性、现实性、针对性，我觉得要立足中国当今脱贫攻坚和乡村振兴的实践，坚持学术研究的问题导向，总结提炼在实施脱贫攻坚和乡村振兴战略方面创新的经验，按照习近平总书记重要的指示精神，做好同 2020 年以后乡村振兴的衔接，特别是在开创绿色发展、贯彻新发展理念方面做出更大的贡献。最近，贵州省发展和改革委员会委托贵州省社会科学院在做《贵州省乡村振兴战略规划（2018~2022 年）》，中共中央、国务院印发的《乡村振兴战略规划（2018~2022 年）》中特别强调“乡村兴则国家兴”。早在 2003 年，浙江省就启动实施“千村示范万村整治”工程，15 年来，浙江农村村容村貌发生了巨大变化。曾经的贵州，为求温饱种粮食，开荒开到山坡顶；为求生存去打工，田园荒芜人烟稀；为求经济毁植被，水土流失石漠化。因此，在做规划的时候，我们还要向兄弟省份学习，高起点规划、高标准整治、高水平推进、高质量提升。

最后，再次致谢，感谢与会代表积极参加研讨会，感谢习水县四大班子的领导，还有有关部门的同志为本次会议付出的辛勤劳动，感谢媒体记者对本次会议有效的报道。会议还没结束，很多媒体，如新华社、多彩贵州网、人民网等已经播出了一些消息，这就是弘扬本次会议正能量的表现，谢谢大家！

图书在版编目（CIP）数据

精准脱贫与乡村振兴的理论和实践 / 魏后凯，吴大华主编. -- 北京：社会科学文献出版社，2019.9
ISBN 978-7-5201-5214-3

Ⅰ. ①精… Ⅱ. ①魏… ②吴… Ⅲ. ①农村-扶贫-研究-贵州 Ⅳ. ①F323.8

中国版本图书馆CIP数据核字（2019）第150395号

精准脱贫与乡村振兴的理论和实践

主　　编 / 魏后凯　吴大华
副 主 编 / 崔红志　许　峰

出 版 人 / 谢寿光
责任编辑 / 吴　敏　柯　宓

出　　版 / 社会科学文献出版社 · 皮书出版分社（010）59367127
地址：北京市北三环中路甲29号院华龙大厦　邮编：100029
网址：www.ssap.com.cn
发　　行 / 市场营销中心（010）59367081　59367083
印　　装 / 三河市龙林印务有限公司

规　　格 / 开　本：787mm×1092mm　1/16
印　张：26　字　数：390千字
版　　次 / 2019年9月第1版　2019年9月第1次印刷
书　　号 / ISBN 978-7-5201-5214-3
定　　价 / 128.00元

本书如有印装质量问题，请与读者服务中心（010-59367028）联系